商务馆对外汉语教学专题研究书系(第二辑)
总主编　赵金铭
审　订　世界汉语教学学会

汉语第二语言学习者语言系统研究

主编　王建勤

2019年·北京

总主编 赵金铭
主　编 王建勤
作　者 （按音序排列）

蔡淑美	陈海燕	陈　楠	邓小宁
付玉萍	高小平	高玉娟	洪　炜
黄理秋	梁珊珊	刘　瑜	陆燕萍
彭淑莉	齐春红	祁　辉	全香兰
施春宏	石　锋	孙玉卿	唐智芳
王功平	王　静	王　娟	王茂林
温宝莹	萧　频	邢红兵	杨玉玲
杨　圳	张　妍	赵成新	赵　杨
周士平	周小兵		

目 录

总　序 …………………………………………………………1
综　述 …………………………………………………………1

第一章　语音偏误研究 ……………………………………1
第一节　法国学生汉语元音学习中母语迁移的实验研究 ……1
第二节　印尼华裔留学生汉语三合元音韵母偏误分析 ………10
第三节　美国留学生习得汉语节奏特征之研究 ………………26
第四节　印尼、韩国留学生汉语单元音韵母发音分析 ………39
第五节　外国学生汉语静态声调习得偏误分析 ………………58
第六节　印尼留学生普通话舌尖前/后塞擦辅音感知偏误
　　　　机制 ……………………………………………………74

第二章　词汇偏误研究 ……………………………………92
第一节　印尼学生汉语单音节动词语义偏误的主要类型及
　　　　原因 ……………………………………………………92
第二节　韩语汉字词对学生习得汉语词语的影响 ……………107

第三章　句法偏误研究 ……………………………………118
第一节　留学生汉语宾语偏误分析 ……………………………118

第二节　汉语中介语介词性框式结构的偏误分析 …………132
　　第三节　老挝留学生汉语结构助词"的"习得考察 …………155
　　第四节　英语母语者汉语动结式习得偏误分析 ………………174
　　第五节　基于汉语中介语语料库的二价名词习得研究 ………186

第四章　话语偏误研究 ……………………………………………209
　　第一节　从中介语语篇偏误看母语对二语习得的影响 ………209
　　第二节　韩国学生叙述性口语语篇逻辑连接情况调查 ………219

第五章　词汇习得实验研究 ………………………………………235
　　第一节　留学生单音节多义语素构词习得过程的实验研究 …235
　　第二节　韩国学生汉语词语习得研究 …………………………247
　　第三节　汉语二语者近义词差异的习得考察 …………………264
　　第四节　美国学生"识词不识字"现象实验研究 ……………278

第六章　句法习得研究 ……………………………………………295
　　第一节　汉语动词带宾语"被"字句习得研究 ………………295
　　第二节　韩国留学生汉语持续体"V着"的习得考察 ………311
　　第三节　新西兰学生"把"字句习得调查 ……………………326
　　第四节　汉语准价动词的二语习得表现及其内在机制 ………346

第七章　习得顺序研究 ……………………………………………377
　　第一节　日本学生汉语元音习得的实验研究 …………………377
　　第二节　两种"得"字补语句的习得考察 ……………………391
　　第三节　越南语母语者汉语趋向补语习得顺序研究 …………404

总　序

赵　金　铭

　　对外汉语教学专题研究书系是商务印书馆出版的同名书系的延续。主要收录2005—2016年期间，有关学术期刊、集刊、高校学报等所发表的有关对外汉语教学研究论文，涉及学科各分支研究领域。内容全面，质量上乘，搜罗宏富。对观点不同的文章，两方皆收。本书系是对近10年对外汉语教学研究成果的汇总与全面展示，希望能为学界提供近10年来本学科研究的总体全貌。

　　近10年的对外汉语教学与研究，呈现蓬勃发展的局面，与此同时，各研究分支也出现一些发展不平衡现象。总体看来，孔子学院教学、汉语师资培训、文化与文化教学、专业硕士课程教学等方面，已经成为研究热门，研究成果数量颇丰，但论文质量尚有待提升。由于主管部门的导向，作为第二语言汉语教学的汉语本体研究与汉语教学研究，在一定程度上被淡化。语音、词汇及其教学研究成果较少，语法、汉字及其教学研究成果稍多，汉字教学研究讨论尤为热烈。新汉语水平考试研究还不够成熟，课程与标准和大纲研究略显薄弱。值得提及的是，教学方法研究与教学模式研究、汉语作为第二语言习得研究、现代教育技术研究及其在教学中的应用研究，发展迅速，方兴未艾，成果尤为突出。本书系就是对这10年研究状况的展示与总结。

近10年来，汉语国际教育大发展的主要标志是：开展汉语教学的国别更加广泛；学汉语的人数呈大规模增长；汉语教学类型和层次多样化；汉语教师、教材、教法研究日益深入，汉语教学本土化程度不断加深；汉语教学正被越来越多的国家纳入其国民教育体系。其中，世界范围内孔子学院的建立既是国际汉语教育事业大发展的重要标志，也是进一步促进国际汉语教学持续发展的一个重要平台，吸引了世界各地众多的汉语学习者。来华外国留学生汉语教学与海外汉语教学，共同打造出汉语教学蓬勃发展的局面。

大发展带来学科研究范围的扩大和研究领域的拓展。本书系共计24册，与此前的22册书系的卷目设计略有不同。

本书系不再设《对外汉语课堂教学技巧研究》，增设《汉语作为第二语言教学的教学方法研究》和《汉语作为第二语言教学的教学模式研究》两册。汉语作为第二语言教学，既与世界第二语言教学有共同点，也因汉语、汉字的特点，而具有不同于其他语言作为第二语言教学的特色。这就要求对外汉语教学要讲求符合汉语实际的教学方法。几十年以来，对外汉语教学在继承传统和不断吸取各种教学法长处的基础上，结合汉语、汉字特点，以结构和功能相结合为主的教学方法为业内广泛采用，被称为汉语综合教学法。博采众长，为我所用，不独法一家，是其突出特点。这既是对外汉语教学的传统，在教学实践中也证明是符合对外汉语教学实际的有效的教学方法。与此同时，近年来任务型教学模式风行一时，各种各样的教法也各展风采。后方法论被介绍进来后，已不再追求最佳教学法与最有效教学模式，教学法与教学模式研究呈现多样化与多元性发展态势。

进入新世纪后，对外汉语教学学科理论研究的一个重要进展是开拓了第二语言习得理论与实际问题的研究，从重视研究教师怎样教汉语，转向研究学习者如何学习汉语，这是一种研究理念的改变，这种研究近10年来呈现上升趋势。除了《汉语第二语言学习者语言系统研究》《汉语作为第二语言的学习者研究》，本书系基于研究领域的扩大，增设了《基于认知视角的汉语第二语言习得研究》和《多视角的汉语第二语言习得研究》，从多个角度开辟了汉语学习研究的新局面。

教育部在2012年取消原本科专业目录里的"对外汉语"，设"汉语国际教育"二级学科。此后，"汉语国际教育"作为在世界范围内开展汉语作为第二语言教学的名称被广泛使用，学科名称的变化，为对外汉语教学带来了无限的机遇与巨大的挑战。随着海外汉语学习者人数的与日俱增，大量汉语教师和汉语教学志愿教师被派往海外，新的矛盾暴露，新的问题随之产生。缺少适应海外汉语教学需求的合格的汉语教师，缺乏适合海外汉语学习者使用的汉语教材，原有的汉语教学方法又难以适应海外汉语教学实际，这三者成为制约提高对外汉语教学质量、提升对外汉语教学水平的瓶颈。

面对世界汉语教学呈现出来的这些现象，在进行深入研究、寻求解决办法的同时，也产生了一种急于求成的情绪，急于解决当前的问题。故而研究所谓"三教"问题，一时成为热门话题。围绕教师、教材和教法问题，结合实际情况，出现一大批对具体问题进行研究的论文。与此同时，在主管部门的导引下，轻视理论研究，淡化学科建设，舍本逐末，视基础理论研究为多余，成为一时倾向。由于没有在根本问题上做深入的理论探讨，将过多的精力用于技法的提升，以至于在社会上对汉语作为一个学科产生了不同认识，某种程度上干扰了学科建设。本书系《汉语作为第二语言教学的学科理论研究》和《汉语作为第二语言教学的教学理论研究》两册集中反映了学科建设与教学理论问题，显示学界对基本理论建设的重视。

2007年国务院学位办设立"汉语国际教育硕士专业学位"，目前已有200余所高等院校招收和培养汉语国际教育专业硕士。10多年来，数千名汉语教师和志愿者在世界各地教授汉语、传播中国文化，这支师资队伍正在共同为向世界推广汉语做出贡献。

一种倾向掩盖着另一种倾向。社会上看轻汉语作为第二语言教学的观点，依然存在。这就是将教授外国人汉语看成一种轻而易举的事，这是一种带有普遍性的错误认知。这种认知导致对汉语作为第二语言教学科学性认识不足。一些人单凭一股热情和使命感，进入了汉语国际教育的教师队伍。一些人在知识储备和教学技能方面并未做好充分的准备，便匆匆走向教坛。故而如何对来自不同专业、知识结构多层次、语言文化背景多有差别的学习者，进行汉语作为第二语言教学的专业培养和培训，如何安排课程内容，将其培养成一个合格的汉语教师，就成为当前迫切需要解决的问题。本书系增设的《汉语作为第二语言教学的教师发展研究》《汉语作为第二语言标准与大纲研究》以及《汉语作为第二语言教学的课程研究》，都专门探讨这些有关问题。

自 1985 年以来，实行近 20 年的汉语水平考试（HSK），已构成了一个水平由低到高的较为完整的系统，汉语水平考试（HSK）的实施大大促进了汉语教学的科学化和规范化。废除 HSK 后研发的"新 HSK"，目前正在改进与完善之中。有关考试研究，最近 10 年来，虽然关于测试理论和技术等方面的研究仍然有一些成果出现，但和以往相比，研究成果的数量有所下降，理论和技术方面尚缺乏明显的突破。汉语测试的新进展主要表现在新测验的开发、新技术的应用和对重大理论问题的探讨等方面。《汉语作为第二语言测试研究》体现了汉语测试的研究现状与新进展。

十几年来，汉语作为第二语言教学史的研究越来越多，也越来越深入。既有宏观的综合性研究，又有微观的个案考察。宏观研究中，从学科建设的角度探讨汉语教学史的研究。重视对外汉语教学历史的发掘与研究，因为这是对外汉语教学学科建设中不可缺少的一部分。宏观研究还包括对某一历史阶段和某一国家或地区汉语教学历史的回顾与描述。微观研究则更关注具体国家和地区的汉语教学历史、现状与发展。为此本书系增设《汉语作为第二语言教学史研究》，以飨读者。

本书系在汉语本体及其教学研究、汉语技能教学研究、文化教学与跨文化交际研究、教育技术研究和教育资源研究等方面，也都将近 10 年的成果进行汇总，勾勒出研究的大致脉络与发展轨迹，也同时可见其研究的短板，可为今后的深入研究引领方向。

本书系由商务印书馆策划，从确定选题，到组织主编队伍，以及在筛选文章、整理分类的过程中，商务印书馆总编辑周洪波先生给予了精心指导，在此深表谢意。

本书系由多所大学本专业同人共同合作，大家同心协力，和衷共济，在各册主编初选的基础上，经过全体主编会的多次集体讨论，认真比较，权衡轻重，突出研究特色，注重研究创新，最终确定入选篇章。即便如此，也还可能因水平所及评述失当，容或有漏选或误选之处，对书中的疏漏和失误，敬请读者不吝指教，以便再版时予以修正。

综　述

　　第二语言习得研究领域从发端到现在已有半个世纪的历史了。50年来，第二语言习得研究得到长足的发展。从20世纪80年代开始，第二语言习得研究形成了许多不同的研究领域，如第二语言习得研究的语言学视角（UG approach）、社会语言学视角（sociolinguistic perspectives）、认知视角（cognitive approaches）以及社会文化视角（sociocultural perspectives）等。[①]汉语作为第二语言的习得研究虽然起步比较晚，但经过30多年，特别是近十几年的发展，也初步形成了一些新的研究领域。

　　根据这些研究领域，本丛书的语言习得卷，将汉语作为第二语言的习得研究汇集成四册：《汉语第二语言学习者语言系统研究》《汉语作为第二语言的学习者研究》《基于认知视角的汉语第二语言习得研究》《多视角的汉语第二语言习得研究》。这四册文集反映了近十几年来汉语第二语言习得研究的不同领域的研究成果。

　　本册文集主要是关于汉语作为第二语言的"学习者语言"（language-learner language）系统[②]研究。第二语言"学习者语言"

---

　　① Rosamond, M. & Myles, F. & Marsden, E. *Second Language Learning Theories* (3rd ed.). Routledge, 2012.

　　② Ellis, R. *Understanding Second Language Acquisition*. 上海外语教育出版社，1985.

系统，按照 Selinker 的观点，是指第二语言学习者的"中介语"系统。① 但 Rod Ellis 认为，"学习者语言"系统是一个更为宽泛和中性的概念，研究领域包括学习者的语言偏误分析、中介语研究、语言习得顺序研究以及学习者的语言变异研究等。这些研究涉及了学习者第二语言理解与表达的各个层面。限于篇幅，本书从初步筛选的近 400 篇学术文章中精选了 26 篇。这些精选的文章虽然不能反映汉语学习者语言研究的全部，但亦能管中窥豹，在一定程度上反映这十余年间汉语作为第二语言的学习者语言系统研究的一些新进展。

一 汉语第二语言学习者语言系统研究现状

自 2004 年以来，汉语第二语言习得研究，无论在数量还是质量上都得到较大的增长和提升。在众多的研究领域中，汉语学习者语言系统研究依然占据了汉语第二语言习得研究的半壁江山。在 800 多篇已发表的汉语第二语言习得研究学术论文和期刊文章中，汉语学习者语言系统研究占比高达 48%，是汉语习得研究者关注最多的领域。就研究的范围而言，汉语作为第二语言的学习者语言系统研究涵盖了汉语的各个层面，如偏误分析，涉及语音、词汇、句法、语用、话语分析等多个层面的研究。虽然这

---

① Selinker, L. Interlanguage. *International Review of Applied Linguistics in Language Teaching*, 1972 (10).

些研究依然属于传统领域，但有些研究在研究水平和研究方法上均有所提升。① 此外，汉语学习者的中介语研究、汉语习得顺序研究虽然数量不多，但仍然是学者们关注的研究领域。② 近些年来，汉语习得研究在已有研究领域的基础上不断扩展，实证研究逐渐增加，学者们开始关注针对不同母语背景的汉语学习者汉语习得过程的调查研究和认知实验研究。研究的范围在汉语语音、词汇、句法以及汉字习得各层面均有涉及。③

从近十几年汉语学习者语言系统研究的发展过程看，这一研究领域呈现出动态发展的特点，相关研究有消有长。汉语各语言层面的偏误分析仍然保持了不断增长的发展趋势。其中，语音偏误分析在十几年前作为相对薄弱的研究领域，近些年发展较快。基于实验语音学方法的偏误分析成为研究的主流，弥补了以往语音偏误分析仅凭主观听辨和分类描写研究的不足。④ 汉语词汇偏误分析一直是学者们涉猎较少的研究领域，但近些年相关研究也有所增长。目前已有的汉语词汇偏误分析大都从本体和对比的角度进行研究，从习得和认知角度的实验研究较少。⑤ 汉语学习者的中介语研究和习得顺序研究，作为传统的研究领域，近些年有所减少。"中介语"有广义和狭义之分。广义的"中介语"与本文所说的"学习者语言"系统相对应。因此，广义的中介语研究并不一定建立在中介语理论的基础上，也不一定采用传统的中介

---

① 见本书第一章第二节、第三节、第五节，第二章第二节，第三章第二节，第四章第一节。
② 见本书第七章第一节、第三节。
③ 见本书第五章第二节、第三节。
④ 见本书第一章第一节、第四节、第六节。
⑤ 见本书第二章第一节，第五章第一节。

语研究方法。狭义的"中介语"研究是以中介语理论为基础的相关研究。近些年所谓"中介语"研究,大都属于前者,而后者的研究大都局限于理论介绍与探讨。

习得顺序研究,特别是20世纪70年代的习得顺序研究,在第二语言习得研究中一直争议较多。汉语习得顺序研究主要是汉语语法习得顺序的研究。如周小兵、邓小宁对不同母语背景的学习者对汉语两种"得"字补语句习得顺序的考察。[①] 齐春红对母语为越南语的汉语学习者关于汉语趋向补语习得顺序进行研究。[②] 也有学者对汉语语音和词汇习得顺序进行探讨,但这两个领域的研究非常少。[③] 习得顺序研究数量减少,一方面是由于研究方法的局限,二是结论的一致性和外推力比较弱。

除上述研究外,近些年汉语学习者语言系统研究也有一些新进展。一是以理论为导向的习得研究有所增加,如基于实验语音学理论的语音偏误分析,以各种语言理论为导向的汉语句法偏误分析等。这种基于某种理论框架的偏误分析,弥补了传统偏误分析缺少理论基础的不足。二是研究方法的改进。早期的汉语习得研究,大都局限于偏误的分类和描写性研究。近些年,汉语习得的实证研究逐渐增加,研究的质量得到较大提升。

[①] 见本书第七章第二节。
[②] 见本书第七章第三节。
[③] 见本书第七章第一节。

二 汉语第二语言学习者语言系统研究的进展

第二语言学习者语言系统的研究，如偏误分析、中介语研究以及习得顺序研究，作为早期的第二语言习得理论，在对外汉语教学研究领域引进得比较早，因而对汉语作为第二语言的习得研究影响比较大。在这些理论的影响下，学习者语言系统研究成为汉语习得研究的一个重要研究领域，而且取得了一些新进展。

（一）汉语偏误分析

国外早期的偏误分析脱胎于对比分析的"弱势说"（weak version）。尽管 Corder 对学习者语言偏误的意义给予充分的阐释，[①] 但是偏误分析方法有两个主要问题一直为学者们所诟病。一是偏误分析缺少理论支撑。由于缺少理论基础，学习者的语言偏误通常是按照目的语的表层结构进行分类和描写，因而，这些分类和描写难以避免见仁见智的问题。正如 Ellis 指出的那样，偏误分析的理论缺陷是以目的语变体作为比较的参照点，即仅通过以目的语标准为参照来解释学习者的语言，是一种"比较谬误"（comparative fallacy）。[②] 二是研究的范围狭窄。尽管有学者认

[①] Corder, S. P. The Significance of Learners' Errors. *International Review of Applied Linguistics in Language Teaching*, 1967(5).

[②] Bley-Vroman 指出，任何以目的语系统或二选的上下文语境对中介语进行分类的研究都可能无法对中介语的结构做出解释。任何依据目的语系统选择调查数据，如以偏误数据库语料为起点的研究都更容易模糊所研究的现象。因此，中介语研究必须避免这种基于比较的谬误方法。详见 The Comparative Fallacy in Interlanguage Studies: the Case of Systematicity. *Language Learning*, 2010(1).

为这并不是偏误分析本身的问题,①但事实上偏误分析主要关注的是学习者语言偏误,在研究的范围上难免以偏概全。由于这些原因,早期的汉语偏误分析也同样存在这些问题。不过,近十几年来,汉语第二语言学习者的语言偏误分析,无论在理论基础还是在研究方法上均有所改进,以某一理论为导向的汉语偏误分析研究逐渐增多。这些研究主要包括汉语学习者句法偏误分析和语音偏误分析两个层面。

在句法层面,黄理秋、施春宏在构式理论以及中介语理论的框架下,对汉语学习者习得汉语特有的介词性框式结构的偏误类型进行了详细的描述,并对偏误产生的原因进行了阐释。②但该文并没有局限于简单的偏误分类和描写,也没有停留在对目的语规则的描写,而是从多个角度,特别是从中介语产生的认知基础来解释汉语学习者习得汉语介词性框式结构产生偏误的原因。这种以理论为导向的偏误分析在一定程度上避免了早期偏误分析方法上存在的问题。

在语音层面,近些年来,语音偏误分析与实验语音学相结合的研究逐渐增多,汉语语音偏误分析的研究方法也不断改进。其中,王茂林③和王茂林、孙玉卿④先后采用实验语音学研究范式,分别探讨了印尼和韩国学生汉语单元音韵母以及印尼华裔学习者汉语三合元音韵母产出的偏误。这两项研究通过学习者发汉语元音共振峰 F_1、F_2 的分析,对学习者的偏误进行了精细的描写,对

---

① Ellis, R. *The Study of Second Language Acquisition* (2nd ed.). 上海外语教育出版社,2013.
② 见本书第三章第二节。
③ 见本书第一章第四节。
④ 见本书第一章第二节。

偏误产生原因的分析有理有据。

此外,语音偏误分析除了与实验语音学理论相结合,在研究方法上与实验研究相结合,逐渐摆脱了简单的分类和统计差错率的研究思路,研究质量得到较大提升。王功平、刘瑜根据"母语磁吸模型"(native language magnet model)理论,通过实验研究,系统考察了印尼学习者感知普通话4个舌尖前/后塞擦辅音的偏误特点及其形成机制。[①]研究发现,汉语学习者发音部位上偏误率显著大于发音方法上的偏误率,不同汉语水平的学习者呈现不同的变化趋势。学习者这些感知偏误的形成,是多种因素综合作用的结果。该研究的特点在于,将偏误分析置于特定理论的框架下,因而对学习者偏误产生机制的解释具有一定的理论基础和依据。此外,该研究建立在比较严格的实验设计的基础上,严谨的研究方法使结论更为可靠,并具有一定的外推力。

上述研究将汉语偏误分析与特定理论和研究方法相结合,在一定程度上弥补了汉语学习者语言偏误分析早期研究在理论与方法上的不足,为后续汉语偏误分析的理论与方法提供了参考和借鉴。

(二)汉语词汇习得研究

词汇习得一直是汉语二语习得研究领域的薄弱环节。相较而言,学者们对汉语句法习得研究的关注要高于对汉语词汇习得研究的关注。即使是已有的汉语词汇习得研究,主要采取基于结果的偏误分析方法,实证性研究较少。但是,近十几年来,汉语词汇习得研究取得了一些进展。学者们开始关注学习者汉语词汇习得的

---

① 见本书第一章第六节。

难点和特点，采用实证的方法探讨汉语学习者词汇习得的过程和习得机制。比如汉语多义语素构词的习得研究，汉语近义词的习得研究，以及汉韩同形同义词、近形同义词、异形同义词等不同类型的词汇习得过程的研究。这些研究的共同特点是，采取比较严格的实验方法探究不同母语背景的汉语学习者词汇习得的认知机制。

王娟和邢红兵通过实验研究考察了汉语中不同类型的单音节语素，如自由语素和粘着语素、构词能力强弱以及义项间语义相关的强弱等变量对学习者词汇习得的影响。[①] 研究发现，语素义项类型，即自由语素的义项比粘着语素的义项更难习得；语素义项的构词能力越强对学习者语素习得干扰越大。因此，作者认为，课堂教学和教材编写不宜过度强调语素教学，语素教学有利也有弊，应该适度。这项研究的意义在于，对外汉语教学不能仅仅依据语言结构本身的规律对课堂教学如何教进行简单的推论，而应根据学习者的习得过程和机制，制定符合语言习得和认知规律的教学策略。

除上述研究外，近些年，汉语词汇习得机制的研究引起学者们的关注。洪炜、陈楠通过实验研究对不同汉语水平的学习者对汉语近义词相近义项和不同义项的习得机制做了详细的探讨。[②] 该研究发现，初级汉语水平的学习者对近义词相近义项和不同义项均难以正确地区分。中级汉语水平的学习者近义词不同义项的区分好于相近义项。高级汉语水平的学习者对两类义项的区分不存在显著差异。作者认为，初级汉语水平的学习者之所以不能正确区分两类义项，是因为在这个水平学习者的心理词典中，近义词是以词条作为表征单位，不是以义项作为表征单位，因而，即

---

① 见本书第五章第一节。
② 见本书第五章第三节。

使是近义词差异比较大的不同义项也无法区分。中级汉语水平的学习者随着汉语水平的提高，心理词典中近义词表征单位逐渐由词条表征分化为义项表征，因而能够较好地区分不同义项。高级阶段由于学习者心理词典中近义词不同义项的分化基本完成，形成了比较稳定的以义项为单位的近义关系网络。该项研究的价值在于，一方面，学习者之所以容易混淆近义词相近义项甚至不同义项，是因为近义词的不同义项在学习者的心理词典中是以词条作为表征单位，因而不能区分 Levelt 所说的不同义项间的"固定语义关系"（intrinsic relation）；① 另一方面，近义词义项习得的表征单位是由词条到义项的动态发展过程。这些结论解释了汉语学习者对习得汉语意义相近和相关的近义词感到困难的原因。

（三）汉语句法习得研究

汉语句法习得研究一直是学者们研究的重点领域。其中汉语特殊句式的习得研究引起许多学者的关注。但是，由于受国外习得理论的影响，汉语作为第二语言的习得顺序研究成为汉语句法习得研究使用较多的研究范式。基于这种范式的研究大都属于特定句法特征的习得顺序研究。如彭淑莉"汉语动词带宾语'被'字句习得研究"一文，详细地考察了汉语 6 类动词带宾语"被"字句的习得过程和习得顺序。② 刘瑜通过定量分析，描述了汉语 4 类"V 着"句式的习得过程。③ 高小平通过语料的统计分析，分

---

① Levelt, W. *Speaking: From Intention to Articulation.* Cambridge University Press, 1989.
② 见本书第六章第一节。
③ 见本书第六章第二节。

别从横向和纵向两方面考察了汉语16类"把"字句的习得顺序。①这些研究发现,汉语的特殊句式或句法特征是汉语特有而学习者母语没有或不同的现象,因而是学习者最难把握的语言现象。学习者对这些特殊句式的理解和掌握是一个不断探索和发展的过程。通过学习者习得过程的考察,可以发现学习者在不同习得阶段的阶段性特征,为观察学习者对汉语特定句式和句法特征的习得机制提供了窗口。但是这些研究基本上是在早期习得顺序研究的框架下,通过差错率或正确率的排序来探讨习得顺序,并试图以此为课堂教学提供依据。但是,由于习得顺序研究在研究方法上的局限,其结论还有待于进一步探讨和证实,因而也很难直接应用于课堂教学实践。

与上述研究不同的是,近些年,有些句法习得研究是在某些句法理论的框架下探讨第二语言学习者对汉语特定句法的习得过程和机制。如杨圳、施春宏根据配价理论和构式理论对汉语学习者习得汉语"准价动词"的语言表达和习得机制进行了探讨。②该研究发现,准价动词特殊的框式配位,即介词与准价动词共现的配位(如NP_1+prep NP_2+V)是准价动词习得的关键和难点。该文不仅对汉语学习者汉语准价动词的产出和误用进行了细致的描写,而且从三个方面,即框式意识的建构、非常规形义关系、特殊界面特征,对学习者准价动词习得的机制进行了分析和探讨。该研究的特点是,在特定的句法理论框架下探讨准价动词的习得过程,而不是基于归纳式的描写得出经验式的结论。从而使对汉语学习

---

① 见本书第六章第三节。
② 见本书第六章第四节。

者习得准价动词的习得过程的解释具有明确的理论依据。此外，该研究不局限于对学习者汉语准价动词习得过程的描写，而是从不同的角度和层面对学习者习得准价动词的机制做出了理论阐释。

从上述研究可以看出，汉语句法习得研究，包括语言习得顺序研究，主要是建立在详细的语言学描写的基础之上，对结论的阐释也是以语言学理论为依据。但是，汉语句法习得机制的探讨不仅涉及语言学理论，而且必然会涉及语言习得和认知理论。如果仅限于语言学描写，对习得机制的理论阐释必然会感到力不从心。

（四）研究方法

学习者语言系统研究在汉语习得研究领域是成果最多的研究领域。这一方面是因为，汉语习得研究受语言学理论的影响比较大，因而比较偏重学习者语言系统的描写和分析；另一方面，由于国外第二语言习得其他研究领域的理论引进比较晚，汉语习得研究的领域相对狭窄。尽管如此，近十几年来，汉语学习者语言系统研究在研究方法上有进展也有不足。

就研究方法而言，汉语学习者语言系统研究主要包括三类研究，即汉语学习者语言系统的描写研究、学习者习得过程和机制的调查研究及实验研究。早期的描写研究主要是以学习者的目的语为参照，对学习者的语言偏误进行分类和描写。这类研究难免会削足适履。原因是，学习者的语言系统与其目的语系统不同，有其自身发展的规律。Selinker 之所以把学习者的语言系统称作"中介语"，① 就是因为它是不同于学习者母语和目的语系统的

---

① Selinker, L. Interlanguage. *International Review of Applied Linguistics in Language Teaching*, 1972 (10).

独立的语言系统。近十几年来，汉语学习者语言系统的研究已经摆脱了早期描写研究的局限，许多研究都建立在汉语学习者中介语语料库的描写和统计分析的基础之上。这些研究通过横向比较和纵向描写，为系统考察学习者汉语习得过程奠定了基础，同时也为实验研究提供了一手材料和研究的起点。但是，即使是基于学习者语料库的描写研究，也仍然存在一些局限。因为这种基于归纳式的语言现象的描写，是根据学习者语言表达的表层结构进行分类和统计分析，缺少学习者语言偏误产生的心理语言学过程的分析，其结论由于缺少理论的支撑往往流于表面化。

　　由于语言描写方法的局限，近些年来，汉语习得研究领域的实证研究逐渐增多。这些实证研究主要包括两个方面，一是采取基于定量的调查研究，二是实验研究。相较而言，调查研究的方法在汉语习得研究领域使用得比较广泛，而实验研究则相对少。调查研究的长处在于可以根据研究的问题对某一领域进行较大规模的横向调查，也可以进行纵向的个案研究。但有些调查研究由于缺少研究设计，研究的变量缺少控制，其结论缺少外推力，也在一定程度上影响了研究质量的提升。除了调查研究，最近这些年，实验研究也有所增长。如语音习得研究将实验语音学和认知实验研究相结合。实验语音学为语音习得研究提供了更为科学的描写手段，实验研究为语音习得过程和机制的研究提供了更为严谨的研究方法。语音习得研究不再局限于语音偏误的分类描写。

三 汉语第二语言学习者语言系统研究展望

第二语言学习者语言系统研究虽然是一个历史较长的传统研究领域，但在未来汉语作为第二语言的习得研究中仍然是一个重要的研究领域。然而，自 20 世纪 80 年代，第二语言习得研究呈现多元发展趋势，而且形成了基于不同理论视角的研究领域。因此，如何认识学习者语言系统研究的优势和局限是值得进一步探讨的问题。

显然，第二语言学习者语言系统研究在学习者语言特征和习得过程的描写上具有一定的优势。比如，偏误分析虽然在研究方法上存在一定的局限，但是这些局限不是不可以克服的。按照 Ellis 的观点，[1] 尽管偏误分析存在一定的问题，但是，偏误分析仍然可以作为第二语言习得研究的起点。通过偏误分析，学者们可以发现学习者语言习得在哪些语言层面上存在什么问题，这些问题为后续研究提供了线索和研究的起点。这就是说，未来各语言层面的汉语偏误分析研究应该在学习者语言系统描写的基础上，与其他研究方法，如调查研究或实验研究的方法相结合，探讨语言偏误产生的心理语言学过程和认知机制。学习者的语言偏误属于语言表达层面的问题，只有揭示语言表达层面的心理语言学过程，才能够对这些语言偏误产生的原因和认知机制做出科学的阐释，从而使语言偏误分析建立在更为严谨的研究方法基础之上。

---

[1] Ellis, R. *The Study of Second Language Acquisition*. Oxford University Press, 1994.

在 20 世纪 70 年代，语言偏误分析研究衰落之后，语言习得顺序研究曾经是第二语言习得研究最有影响的研究领域。但是，由于在研究方法上也存在一些问题，语言习得顺序研究也存在许多争议。因此，汉语作为第二语言的习得顺序研究，应该避免重蹈覆辙，不断拓宽理论视野，改进研究方法。比如 20 世纪 80 年代的"多元发展模型"（the multidimensional model）[①]，其理论导向和研究方法已有很大的改进，在一定程度上避免了 70 年代习得顺序研究存在的问题。为此，汉语习得顺序研究，应借鉴多元发展模型的研究思路，从多个维度探讨汉语习得顺序和习得过程，推进这一研究领域的发展。

上述两个研究领域是汉语学习者语言系统研究领域两个比较密集的研究领域，但汉语学习者语言系统研究显然不限于这两个领域。纵观近十几年汉语习得研究的现状与发展，汉语学习者语言系统研究呈现一些新的发展趋势：一是学习者语言系统研究在研究方法上不再局限于语言现象的描写与分类，而与实证研究密切结合，二者的结合不仅为汉语学习者语言研究提供了更为严谨的研究方法，而且为这一研究领域创造了广阔的研究空间。二是以理论为导向的语言习得研究逐渐增多。汉语学习者语言系统研究要避免重描写、轻解释的现状，必须将语言描写建立在坚实的理论基础之上。缺少理论支撑的经验式描写往往流于表面化，只有建立在宽阔的理论视野基础上的描写研究才能深刻地揭示语言习得的认知机制和规律。我们期望汉语学习者语言系统的未来研究无论在理论上还是研究方法上都能够更上一层楼。

---

① Clahsen, H. J. & Meisel & Pienemann, M. 1983. 转引自 Ellis, R. *The Study of Second Language Acquisition*. Oxford University Press, 1994.

第一章

语音偏误研究

第一节 法国学生汉语元音学习中母语迁移的实验研究①

一 研究的理论基础

语言迁移与对比分析。语言迁移指的是学习过程中学习者已有的知识或技能对新知识或新技能的获得所产生的影响。在第二语言的学习中，母语与目的语的语言结构特征相同之处产生正迁移，母语与目的语的语言结构特征相异之处产生负迁移。正迁移能够促进第二语言的学习，负迁移则相反。第二语言习得的主要障碍来自第一语言（母语）的干扰。② 语言学习中的母语迁移表现在语音、语法、词汇和语义等各个方面。本节主要分析母语迁移在语音方面，特别是元音方面的正、负迁移现象。

对比分析假说认为，学习者的母语是第二语言习得中的主要障碍，母语和目的语之间的差异与其可能导致的困难之间成正比，

---

① 本节作者：高玉娟、石锋，原载《云南师范大学学报》（对外汉语教学与研究版）2006年第4期。

② Lado, R. *Linguistics Across Cultures: Applied Linguistics for Language Teachers*. University of Michigan, 1957.

即"差异=难度"。① 差异越大，难度就越大。第二语言习得的困难可以通过对比分析来确定。教师如果把目的语和学生的母语体系进行比较，可预测两种语言的差异所造成的学习中的难点，从而在教学中采取预防性的措施，建立有效的第二语言教学法，克服母语的干扰并尽力形成新的习惯。

石锋认为，每一种语言和方言的语音都是成系统的，表现为各自的语音格局。② 元音格局则是元音系统性的表现，包括的内容可以是元音的定位特征、内部变体的分布、整体的配列关系等。依据单元音跟音节中其他结构成分的组合关系，可以划分出不同的元音级别。在汉语中，出现在单韵母中的元音是一级元音。在其他语言中，能够单独组成音节，或单独出现在辅音之后组成音节的单元音是一级元音。一级元音的格局是全部元音格局的基础，具有典型的代表性。本节讨论的元音的格局专指一级元音的格局。利用语音实验测得元音第一共振峰（F_1）和第二共振峰（F_2）的频率，绘制成声学元音图，或叫声位图。声学元音图和生理舌位图在相对位置上大致对应，从中可以直观地考察同一元音音位内部变体的表现以及不同元音之间的分布关系等。

本节以汉语和法语的元音格局为基础，对比考察法国学生的汉语元音和中国学生汉语元音的差别，从而找出法国学生学习汉语元音的偏误所在，以便在今后的教学和学习中克服母语负迁移的影响。

---

① Lado, R. *Linguistics Across Cultures: Applied Linguistics for Language Teachers*. University of Michigan, 1957.

② 石锋《北京话的元音格局》，《南开语言学刊》2002年第1期。

二　研究方法

发音人：辽宁师范大学外国语学院 4 名会说标准普通话的学生，大连轻工业学院 4 名能说标准法语的来自法国的初学汉语的留学生。请其分别发汉语语音和法语语音。

实验语料：中法两国发音人的汉语发音材料是相同的，为含有 7 个一级元音 /i、a、u、y、ɣ、ʅ、ɿ/ 的单音节词。[①] 而法语的发音材料是含有 9 个一级元音 /a、i、u、o、ə、e、y、ɔ、ɛ/ 的单音节词。

实验设备：实验测算和统计制图使用的是南开大学中文系和计算机系合作开发的电脑语音分析软件"桌上语音工作室"（Mini-Speech Lab）。

对照比较：分别得到 4 名中国学生汉语元音格局图和 4 名法国学生法语元音格局图和汉语声位图，以此作为分析比较的依据。

三　法语的元音格局

法语的一级元音有 9 个，分别是 /i、a、u、y、e、o、ɛ、ɔ、ə/。4 名法国学生发音的法语元音格局图见图 1-1。[②]

[①] 石锋《北京话的元音格局》，《南开语言学刊》2002 年第 1 期。
[②] 高玉娟、石锋《中国学生法语元音学习中母语迁移的实验研究》，《外语与外语教学》2006 年第 4 期。

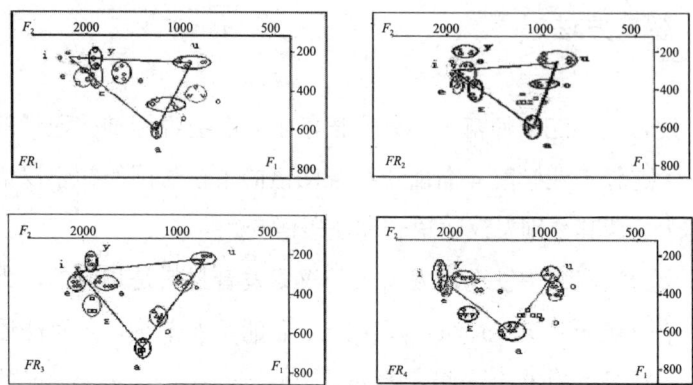

图 1-1　4 名法国学生所发的法语元音格局图

综合上述 4 名法国学生的发音，我们可以归纳出法语元音格局的特点：（1）顶点元音 /a、i、u/ 的连线呈近似的等边三角形。（2）高元音 /u/ 的第二共振峰（F_2）的数值大约在 800-1000Hz 之间。（3）低元音 /a/ 的第一共振峰（F_1）数值大约在 600-700Hz 上下。（4）元音 /o/ 和 /ɔ/ 的位置比较稳定，基本上位于 /u、a/ 的连线上；/u、a/ 连线垂直方向四个元音的排列次序是 /u、o、ɔ、a/，而且四个元音的分布比较均匀。（5）/y/ 元音基本上处于 /i、u/ 连线上贴近 /i/ 的位置。（6）/ə/ 在三角形上部靠前的位置，比较稳定。（7）/i/ 和 /a/ 连线上各个元音的排列次序是 /i、e、ɛ、a/，但是分布不均匀，多数情况下 /e/ 和 /ɛ/ 更靠近 /i/ 的位置。（8）从整个格局图上看，法语的元音三角形较小，整体的分布区域不大，各元音的分布不均匀。

四　汉语的元音格局

普通话的一级元音有 /i、a、u、y、ɣ、ʅ、ɿ/ 7 个。4 名中国学

生所发的汉语元音格局图如下：①

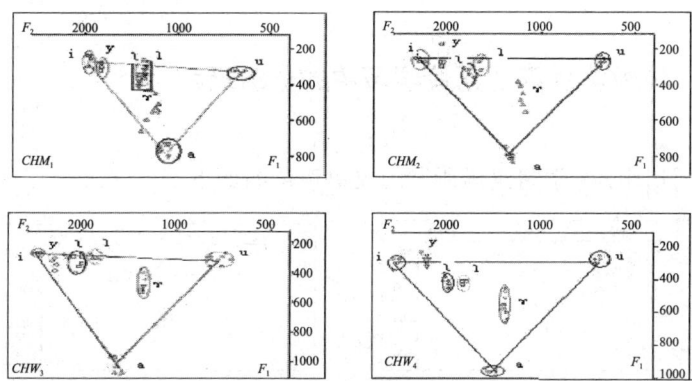

图 1-2　4 名中国学生所发的汉语元音格局图

上述 4 名中国学生汉语普通话的元音发音具有以下特点：（1）三个顶点元音 /a/、/i/ 和 /u/ 的连线呈近似的等边三角形；/a/、/i/ 连线和 /a/、/u/ 连线大致呈对称分布。（2）低元音 /a/ 的第一共振峰（F_1）的数值在 800—1000Hz 左右，说明 /a/ 的舌位较低；/a/ 与其他元音相距较远。（3）后高元音 /u/ 的第二共振峰（F_2）的数值较小，在 700Hz 以下，比较靠后。（4）/a/、/i/、/u/ 为高元音，/ɣ/ 为央元音，/ɿ/、/ʅ/ 为舌尖元音，它们在位置上有高低的参差。除了低元音 /a/ 之外，其他元音在水平方向上的排列次序 /i、y、ɿ、ʅ、ɣ、u/ 是稳定的。元音 /y/ 在 /i/ 和 /u/ 之间靠近 /i/ 的位置。两个舌尖元音 /ɿ/、/ʅ/ 在三角形上部稍靠前的位置，舌尖后元音 /ʅ/ 在舌尖前元音 /ɿ/ 的前面。（5）中元音 /ɣ/ 具有很强的游移性，其分布是一个从上到下的狭长带，具有明显的动程。（6）从整体上看，汉语的元音

---

① 高玉娟、石锋《中国学生法语元音学习中母语迁移的实验研究》，《外语与外语教学》2006 年第 4 期。

三角形较大,整体的分布区域较广,而各个元音的分布不均匀。①

五　法国学生汉语元音学习中的母语迁移

法国学生学习汉语所发的汉语声位图如下:

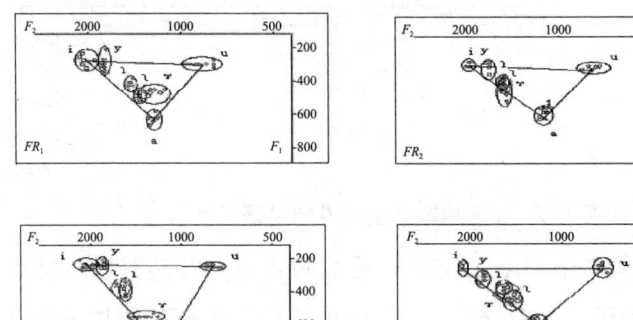

图1-3　4名法国学生所发的汉语元音声位图

4名法国学生所发的汉语元音如图1-3所示。将图1-3的声位图与图1-2的汉语格局图进行比较,可以明显地看出法国学生所发的汉语元音和中国学生所发的汉语元音之间的异同。

相近之处:(1)从整体的三角形形状上看,法国学生的汉语元音三角形与中国学生的汉语元音三角形大体一致,都呈近似的等边三角形;/a/、/i/ 的连线和 /a/、/u/ 的连线大体呈对称分布。(2)法国学生所发的 /i/ 元音和 /y/ 元音在声位图中的位置与汉语元音格局中的位置大体一致。

相异之处:(1)相比之下,法国学生发的汉语元音,整体

---

① 石锋、温宝莹《中、日学生元音发音中的母语迁移现象》,《南开语言学刊》2004年第2期。

的三角形较小。具体说来，/a/ 的第一共振峰（F_1）数值较小，在 700Hz 以下，舌位较高；/u/ 的第二共振峰（F_2）数值较大，高于 700Hz，舌位靠前。（2）法国学生发的央元音 /ɣ/ 的位置不稳定，或在 /a/ 和 /i/ 的连线上，或与舌尖元音重叠。与中国学生所发的 /ɣ/ 音相比，没有自上而下的动程，不具游移性。（3）法国学生发的两个舌尖元音 /ʅ/ 和 /ɿ/ 的位置，除了 FR_1 外，其余 3 人所发的两个音，其位置都是重叠的，而且多数靠近或处在 /a/ 和 /i/ 的连线上。不仅如此，与中国学生的发音相反，法国学生发的 /ʅ/ 在前，/ɿ/ 在后。（4）各个元音在三角形中的分布不均匀，/u/ 与其他元音相距较远。

正迁移认为，两种语言的相同之处容易学。关于 /i/ 和 /y/ 的位置，在法语的元音格局中，/i/ 与汉语前高元音 /i/ 的位置大体相近，略靠后些；法语的 /y/ 元音和汉语的 /y/ 元音同属于前高、圆唇元音，位置也大体一致。这样，在这两个元音的发音上就会出现语言学习中的正迁移。正迁移使得法国学生所发的 /i/ 元音和 /y/ 元音在声位图中的位置与汉语元音格局中的位置大体一致，因此，法国学生很容易就能掌握汉语中的这两个元音。

对比图 1-1 和图 1-2 可知，除了两个前高元音 /i/ 和 /y/ 外，其他各元音在两种语言中存在着不同程度的差异，所以法国学生在学习这些元音时，母语的负迁移影响较大。比较图 1-1 和图 1-2 后可知：（1）汉语 /a/（$F_1 > 800Hz$）的舌位低于法语 /a/（$F_1 < 700Hz$），而图 1-3 显示，法国学生发的汉语 /a/，其第一共振峰（F_1）的值恰好与法语元音格局图（图 1-1）中的 /a/ 的位置相当。同样，在汉语格局图（图 1-2）中，/u/ 的第二共振峰（F_2）的值小于 700Hz，比较靠后，而法语格局图中这个音的

F_2 数值却大于 700Hz，舌位比较靠前；图 1-3 显示，法国学生发的汉语 /u/ 音，其 F_2 大于 700Hz，正好是母语法语 /u/ 的位置。以上两点恰好说明法国学生在发 /a/ 和 /u/ 这两个顶点元音时，是用母语的相似发音代替汉语发音造成的负迁移的结果。（2）法语的 /ə/ 位于三角形前部靠上的位置，比较稳定，不像汉语的央元音 /ɣ/ 具有自上而下的动程；然而图 1-3 显示，法国学生在发汉语的 /ɣ/ 时，既不位于三角形中央，又不具动程，而且常常与两个舌尖元音的位置重叠，出现了较大的偏误，这一偏误大多是用母语的发音替代的结果。（3）法国学生对于母语中没有的音 /ɿ、ʅ/ 的学习，就体现了学习者的心理距离对于语言学习的作用，同样会产生负迁移。其表现是特别不稳定，有的人舌尖前后不分，或重叠，或偏低，或呈上下排列而不是前后排列。（4）相比之下，法国学生汉语一级元音的发音有趋央的趋势，表现为低元音趋高，后元音趋前。

六 结论及对于教学的启示

通过上述的声学实验及对比分析，我们认为，第二语言语音的习得和母语语音的习得是有差异的。母语的语音习得是成系统进行的，因此语音格局是成体系的、稳定的，不同元音之间的相对位置在总体上是一种有序的平衡分布。[①] 作为发音人母语的汉语和法语的元音格局的分布，具有稳定的规律性，同一语言中不同发音人的元音格局是一致的。而第二语言的语音学习是逐一进

[①] 石锋、温宝莹《中、日学生元音发音中的母语迁移现象》，《南开语言学刊》2004 年第 2 期。

行的,正如本节中法国学生的汉语发音,因此其格局只是大致的、模糊的,缺乏系统性和协调性,不同人的发音差别较大,与学习者的语言修养和语言学习环境密切相关。

针对法国人学习汉语元音产生的母语迁移现象,我们在教学中应该注意以下几个问题:

(1)鉴于法国学生在发汉语/a/的时候,舌位高于汉语标准音,所以教师在教学中应强调发音时降低舌位,嘴唇成自然状态。

(2)对于另一个顶点元音/u/,应注意指导学生发音时舌位靠后一些。

(3)两个舌尖元音/ʅ/、/ɿ/是与前面声母同部位的较高位置上的元音,在教学中一方面应该强调在声母发完之后,舌头应该继续保持紧张状态,另一方面注意让学生将舌头放在较前和较高的位置上。在发/ɿ/时,舌尖接近上齿背,不发生摩擦,嘴唇也不圆。在发/ʅ/时,舌尖接近硬腭。

(4)由于母语负迁移的影响,法国学生在汉语元音发音时,发音器官活动不积极,肌肉紧张程度不够,给人以"懒懒散散"的感觉,造成发音时舌位趋央。[①] 因此,教师在教学中应强调,汉语中除了轻声音节中的/ə/外,都是紧元音,这样就要求发音时发音肌肉紧绷,发音器官活动积极。

---

① 朱川《外国学生汉语语音学习对策》,语文出版社1997年版。

第二节　印尼华裔留学生汉语三合元音韵母偏误分析[①]

汉语普通话有四个三合元音韵母：iao、iou、uai、uei，它们都是由三个元音音素复合而成的，起首的元音是韵头，也叫介音，中间的是韵腹，末尾的是韵尾。有的三合元音韵母受声调和前拼声母的影响，发音会有一些变化。徐世荣指出，iou 的发音会受声调的影响，当声调是阴平和阳平时，iou 的韵腹发音会变弱，整个韵母的动程变得比较平直；而当声调是上声和去声时，iou 的韵腹发音就不会变弱。[②]uei 的发音同时会受声调和前拼声母的影响，如果 uei 自成音节，或者前拼声母是舌面后音 g、k、h，并且声调是阴平和阳平时，uei 的韵腹发音会变弱；同样的声韵组合情况下若声调是上声和去声，uei 的韵腹发音就不会变弱。如果 uei 的前拼声母是舌尖音 z、c、s、d、t、zh、ch、sh、r 等，并且声调是阴平和阳平，uei 的韵腹发音会变得很弱，接近消失；同样的声韵组合情况下若声调是上声和去声，uei 的韵腹发音会变弱。

对外汉语教学中学习者的母语背景是我们应当考虑的重要因素，不同母语背景的留学生在学习汉语语音时所面临的难点会有所不同。有关不同母语背景学习者习得汉语语音的研究主要有：王秀珍分析了韩国人学习汉语语音的难点和偏误，王燕燕考察了

---

① 本节作者：王茂林、孙玉卿，原载《世界汉语教学》2007 年第 1 期。
② 徐世荣《普通话语音知识》，文字改革出版社 1980 年版。

第二节 印尼华裔留学生汉语三合元音韵母偏误分析

菲律宾华裔学生学习汉语语音的情况,蔡整莹、曹文分析了泰国学生汉语语音的偏误,梅丽研究了日本学习者习得普通话卷舌声母的语音变异情况。①

外国留学生在学习汉语语音时,三合元音韵母是学习的难点之一。关于汉语三合元音韵母的学习情况,朱川指出,有的留学生在读包含三合元音韵母的音节时会把介音丢掉,例如会把 uai 读成 ai。② 毛世桢还发现有的留学生三合元音韵母发音存在动程不够的现象。③

尽管有关留学生汉语语音学习问题已经有了不少研究,但我们尚未发现对印尼华裔留学生三合元音韵母习得偏误的研究。本节将采用语音实验的方法对此进行考察。

一 印尼华裔学生与中国学生三合元音韵母发音比较

(一)发音人、字表及录音

本实验使用了 16 位印尼留学生和 10 位中国学生的录音材料。印尼留学生 8 男 8 女,都是华裔,初级汉语水平,在中国学习汉语半年到一年之间。中国学生 5 男 5 女,都来自北方官话区,普

---

① 王秀珍《韩国人学汉语的语音难点和偏误分析》,《世界汉语教学》1996 年第 4 期;王燕燕《菲律宾华裔学生汉语语音的调查与分析》,《世界汉语教学》1997 年第 3 期;蔡整莹、曹文《泰国学生汉语语音偏误分析》,《世界汉语教学》2002 年第 2 期;梅丽《日本学习者习得普通话卷舌声母的语音变异研究》,《世界汉语教学》2005 年第 1 期。
② 朱川《外国学生汉语语音学习对策》,语文出版社 1997 年版。
③ 毛世桢《对外汉语教学语音测试研究》,中国社会科学出版社 2002 年版。

通话熟练。

录音字表由 80 个汉字组成（见附录 1），字表包含三合元音韵母与各种声母的组合。由于 iou、uei 的发音会受声调的影响，对含有这两个韵母的音节尽量包含各种声调。此外字表还包含了单元音 a、i、u 自成音节的字，目的是作为元音的参照点。字表中每个汉字都标有拼音，录音时随机排列顺序。

录音在暨南大学华文学院录音室完成，语音信号直接接入电脑，使用 Cool Edit Pro 软件录音，采样率为 1.6kHz，保存为 wav 文件。

（二）分析方法

考察三合元音的发音，我们是从元音的共振峰入手的。元音的音色与第一第二共振峰关系密切，第一共振峰（F_1）与舌位的高低有关：舌位高，F_1 就小；舌位低，F_1 就大。第二共振峰（F_2）与舌位的前后有关：舌位靠前，F_2 就大；舌位靠后，F_2 就小。用横轴表示第二共振峰，纵轴表示第一共振峰，把坐标的零点设在右上角，做出的图就是声学元音图（如图 1-4），它与元音舌位图大致对应。在声学元音图上，单元音是一个代表点，二合元音是连接两个端点的线，三合元音则有两个端点和一个拐点，通过三点可以构成一条曲线，拐点就是中间的元音。[1]

我们的具体分析方法是，先用 Kay CSL-4400 提取各音节韵母的第一共振峰和第二共振峰，再对每个韵母取相同点数的共振峰频率值，这里我们每个韵母取 20 点。然后按照韵母、国别和

---

[1] 曹剑芬、杨顺安《北京话复合元音的实验研究》，《中国语文》1984 年第 6 期；吴宗济、林茂灿《实验语音学概要》，北京大学出版社 2014 年版；石锋、刘艺《广州话元音的再分析》，《方言》2005 年第 1 期。

性别等不同的组别进行统计,求出各点的平均值,再根据平均值绘出声学元音图。由于 iou 的发音会受声调的影响,故此我们把含韵母 iou 的音节分为两组进行统计,阴平、阳平为一组(平声组),上声、去声为一组(上去组)。uei 的发音会受前拼声母和声调的影响,所以含韵母 uei 的音节根据声母和声调的不同分为四组:舌面后—平声组、舌面后—上去组、舌尖—平声组和舌尖—上去组,零声母音节与舌面后音组放在一起。

(三)结果

1. 印尼华裔学生与中国学生韵母 iao 的比较

图 1-4 是印尼学生和中国学生韵母 iao 的声学元音图比较,a 是女生的图,b 是男生的图,图 1-4 实线和虚线分别代表印尼学生和中国学生发音时共振峰的变化轨迹。从图 1-4 可以看出,即使是在初级汉语水平阶段,印尼华裔留学生 iao 的习得结果也算不错。图中显示,印尼学生 iao 的主要偏误是拐点不到位,比中国学生的偏高,女生在这一点上表现更为明显(见图 1-4a)。对拐点第一共振峰频率值的 ANOVA 检验结果表明,印尼学生与中国学生之间有显著差异:女生 $F_{(1, 142)}$=20.9,$p < 0.001$;男生:$F_{(1, 142)}$=8.6,$p < 0.01$。他们 iao 的起点舌位也有些偏低,起点第一共振峰频率值 ANOVA 检验结果表明国别组间差异显著:女生 $F_{(1, 142)}$=7.9,p=0.01;男生 $F_{(1, 142)}$=14.2,$p < 0.001$。由于印尼女生 iao 的拐点偏高较多,致使其终点也略高一些。

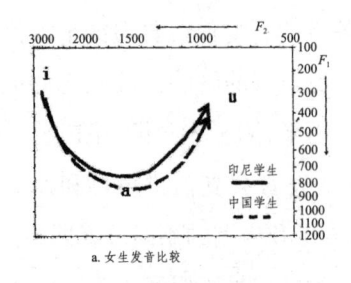

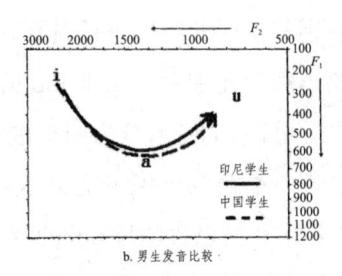

图 1-4　印尼华裔—中国学生 iao 的声学元音图

2. 印尼华裔学生与中国学生韵母 uai 的比较

图 1-5 是印尼学生和中国学生韵母 uai 的声学元音图比较。由这两张图可以发现，印尼学生男女共有的特点是 uai 的终点收得"过高"。中国学生读 uai 时，舌位从拐点到终点只有较小的动程，而印尼学生这一段的动程过大。终点第一共振峰频率值 ANOVA 检验结果表明国别组间差异显著：女生 $F_{(1,129)}$=25.4，$p<0.001$；男生 $F_{(1,129)}$=31.8，$p<0.001$。除此之外，与中国学生相比，印尼女生（图 1-5a）uai 的拐点也有些偏高：$F_{(1,129)}$=42.8，$p<0.001$，起点有些偏前，起点第二共振峰频率值 ANOVA 检验结果表明国别组间差异显著：$F_{(1,129)}$=7.6，$p<0.01$；印尼男生（图 1-5b）uai 的拐点有些偏后，拐点第二共振峰频率值 ANOVA 检验结果表明国别组间差异显著：$F_{(1,129)}$=14.2，$p<0.001$，起点有些偏低：$F_{(1,129)}$=42.9，$p<0.001$，同时也有些偏前：$F_{(1,129)}$=14.9，$p<0.001$。

a. 女生发音比较　　　　　　　b. 男生发音比较

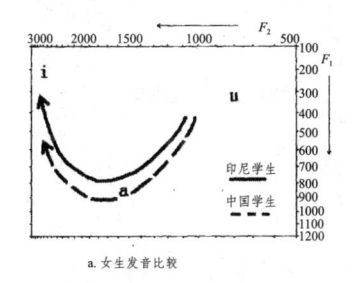

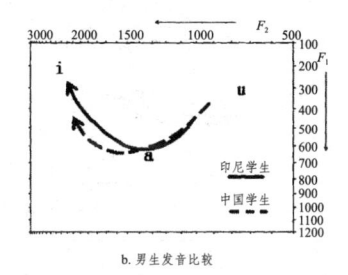

图 1-5　印尼华裔—中国学生 uai 的声学元音图

3. 印尼华裔学生与中国学生韵母 iou 的比较

上文谈到，韵母 iou 的发音会受声调的影响，故此我们对 iou 的发音分两组进行考察：阴平、阳平为一组（平声组），上声、去声为一组（上去组）。图 1-6 是印尼学生和中国学生韵母 iou 的声学元音图比较。图 1-6a 和 1-6b 是 iou 平声调的图，图 1-6c 和 1-6d 是 iou 上去调的图。从这四张图可以看出，不管是男生还是女生，也不管是什么声调，印尼学生 iou 的拐点都存在不到位现象。他们所读的 iou 韵腹都比中国学生的偏高一些：$F_{(1, 545)}=37.3$，$p < 0.001$，同时终点也都有些偏前：$F_{(1, 545)}=28.5$，$p < 0.001$。印尼学生 iou 的起点基本都把握得较好，只有男生上去调的起点有些偏后（图 1-6d）：$F_{(1, 129)}=9.3$，$p < 0.01$，另外印尼男生的 iou 过于平直（图 1-6b 和 1-6d），而女生 iou 的发音因为受拐点偏高的影响，终点也有些偏高（图 1-6a 和 1-6c）。考察中国学生不同声调 iou 的发音，可以看出与上去调韵腹相比，女生平声调 iou 的韵腹变弱不明显：$F_{(1, 104)}=1.59$，$p > 0.05$，而男生平声调 iou 的韵腹变弱比较明显：$F_{(1, 104)}=11.0$，$p < 0.01$。

a. 女生平声调发音比较

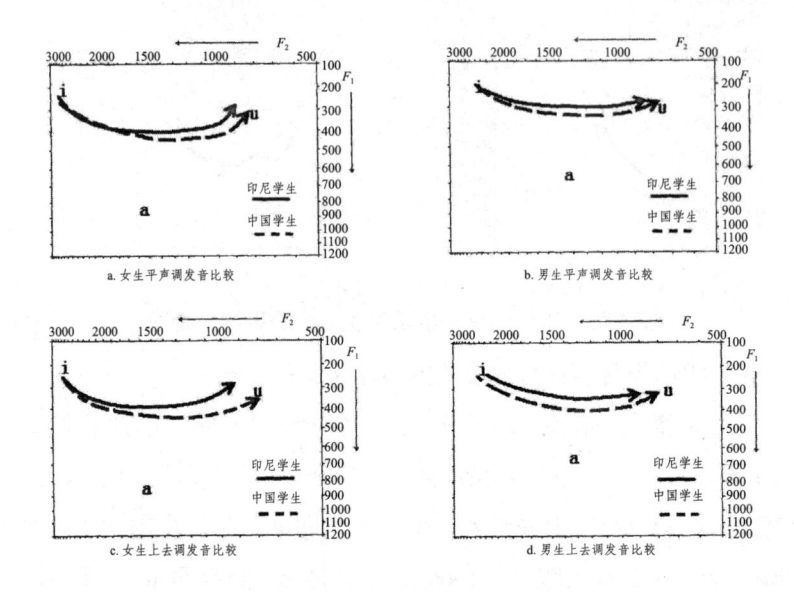

b. 男生平声调发音比较

c. 女生上去调发音比较

d. 男生上去调发音比较

图 1-6　印尼华裔—中国学生 iou 的声学元音图

4. 印尼华裔学生与中国学生韵母 uei 的比较

韵母 uei 的发音会受前拼声母和声调的影响，故此我们对 uei 发音的考察分为四组进行：舌面后—平声组、舌面后—上去组、舌尖—平声组和舌尖—上去组，零声母音节包含在舌面后组中。图 1-7 是印尼学生和中国学生韵母 uei 的声学元音图比较。a-d 是 uei 前拼舌面后声母的图，e-h 是 uei 前拼舌尖声母的图。由这八张图可以发现，印尼华裔学生 uei 的发音偏误与 iou 的偏误有类似之处，他们 uei 发音的主要偏误也是拐点不到位，同时起点有些偏前。印尼学生 uei 的拐点，不管是前拼什么声母，是男生还是女生，也不管是什么声调，都比中国学生的偏高：$F_{(1, 909)}=70.5$，$p<0.001$，而且起点都有些偏前：$F_{(1, 909)}=63.3$，$p<0.001$。至于印尼学生 uei 的终点，基本没有什么问题，只有男生舌尖组上去调的终点有些偏高（图 1-7h），这与拐点偏高有关。

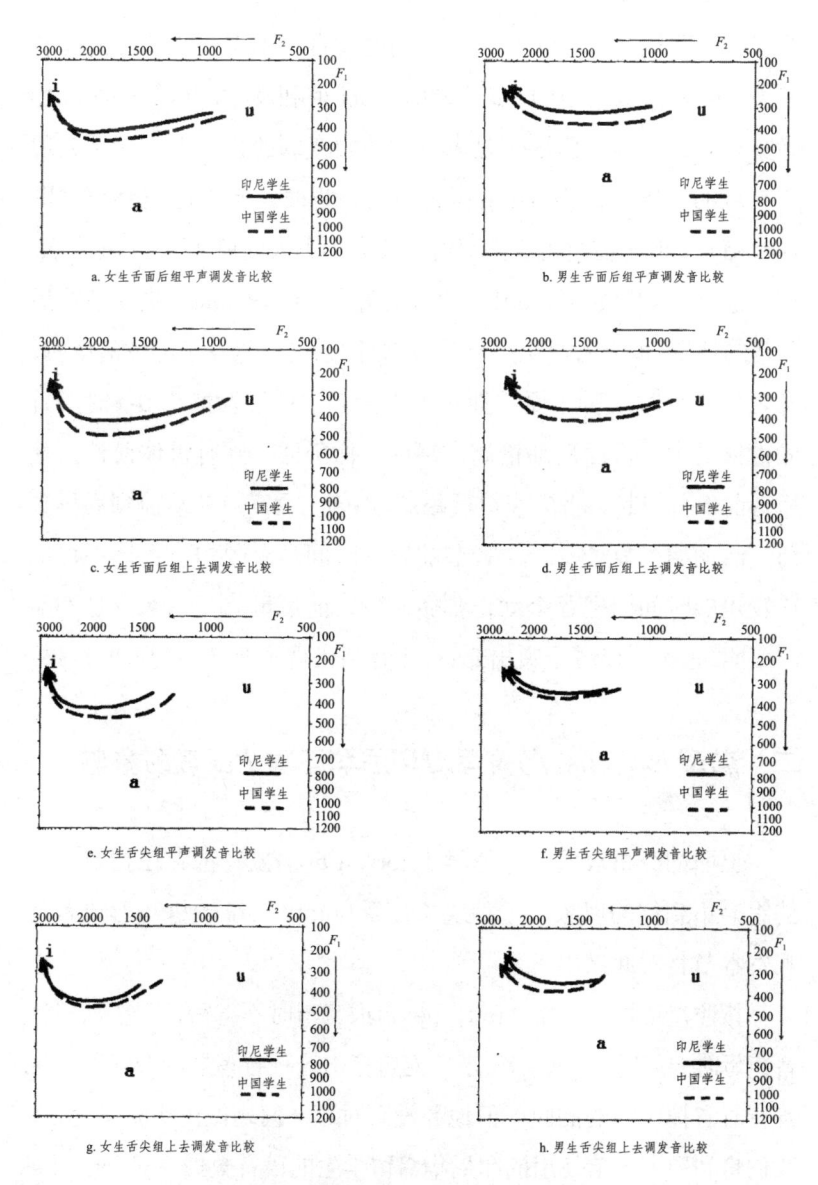

第二节　印尼华裔留学生汉语三合元音韵母偏误分析

a. 女生舌面后组平声调发音比较

b. 男生舌面后组平声调发音比较

c. 女生舌面后组上去调发音比较

d. 男生舌面后组上去调发音比较

e. 女生舌尖组平声调发音比较

f. 男生舌尖组平声调发音比较

g. 女生舌尖组上去调发音比较

h. 男生舌尖组上去调发音比较

图 1-7　印尼华裔—中国学生 uei 的声学元音图

比较中国学生三合元音韵母 uei 不同声调及前拼不同声母时

的表现,我们发现,相对于上去调的发音,平声调的韵腹的确有些变弱: $F_{(1, 349)}$=10.9, $p < 0.01$。uei 前拼不同声母时发音也确实有较大差异,但这不是表现在韵腹变弱的程度上,而是表现在起点的位置上。当 uei 前拼舌面后声母时,起点比较到位(图 1-7a-d),但是前拼舌尖声母时,起点却大大偏前(图 1-7e-h): $F_{(1, 349)}$=142.1, $p < 0.001$。此时的起点大约在比高、央元音略后一些的位置,即介音严重不到位。这是因为受声母发音部位的影响,发舌尖声母时,舌体要前伸,舌尖抬起,单独发韵母 uei 时,首先舌体后缩,舌面后部抬高,然后舌位降低,同时舌体前伸,最后舌前部再抬起。舌尖声母后跟韵母 uei,舌高点要从前到后再到前,活动相当复杂,一个音节的发音时间是有限的,舌体不可能在较短的时间内把各个动作都做到位,而声母的发音部位是不能改变的,也不可以过于突出介音,于是便出现了介音不到位的结果。

二 韵母 iou、uei 的省写对印尼华裔学生发音的影响

上面的分析表明,印尼学生 iou、uei 的发音都存在拐点(即韵腹)不到位的现象,这种现象是否与 iou、uei 的拼写形式有关呢?本节将对此做出考察。

按照汉语拼音方案,iou、uei 自成音节时不省写,而在前拼辅音声母时要省写为 iu、ui,李培元曾指出这种省写规则会使留学生发音时省掉中间的韵腹,但他并没有对这一问题做出实验研究。[①]我们将利用上一节使用的印尼华裔留学生的语音数据,对 iou、uei

---

① 李培元《汉语语音教学的重点》,《世界汉语教学》1987 年第 1 期。

自成音节与前拼辅音声母时的发音做出对比分析。由于 uei 前拼舌尖声母时介音不到位（见上文），可能对韵腹也有影响，所以对于韵母 uei，这里只比较它自成音节与前拼舌面后声母的发音。

（一）韵母 iou 自成音节与前拼辅音声母时的发音比较

图 1-8 是印尼学生韵母 iou 自成音节与前拼辅音声母时的发音比较。从图 1-8 可看出，与自成音节相比，印尼女生 iou 前拼辅音声母时拐点比较高，而印尼男生 iou 前拼辅音声母时应有的拐点几乎没有出现，即韵腹已基本脱落。对拐点第一共振峰频率值[①] 的 ANOVA 检验结果表明，iou 自成音节与前拼辅音声母有显著差异：女生 $F_{(1, 167)}$=7.3, $p < 0.01$；男生 $F_{(1, 167)}$=40.7, $p < 0.001$。这说明拼写形式对印尼学生韵母 iou 的发音的确有影响。

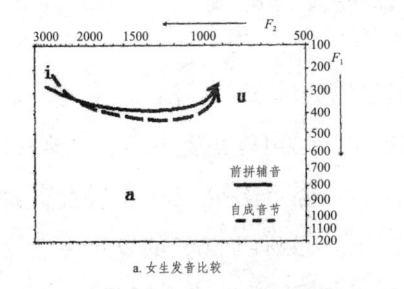

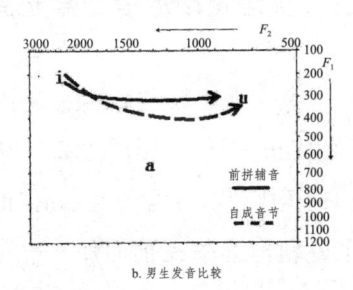

a. 女生发音比较　　　　　　b. 男生发音比较

图 1-8　印尼华裔学生 iou 自成音节与前拼辅音时的声学元音图

（二）韵母 uei 自成音节与前拼辅音声母时的发音比较

图 1-9 是印尼学生韵母 uei 自成音节与前拼舌面后音声母时的发音比较。图 1-9 显示，印尼女生 uei 自成音节与前拼舌面后声母时拐点比较接近，而印尼男生 uei 前拼舌面后声母时拐点比自成音节时略高一些。对拐点第一共振峰频率值的 ANOVA 检

---

① 印尼男生 iou 前拼辅音声母时，应有的拐点几乎未出现，这里将 iou 第一共振峰最大值作为拐点。

验结果表明，uei 自成音节与前拼舌面后声母没有显著差异：女生 $F_{(1, 111)}=0.33$，$p > 0.05$；男生 $F_{(1, 111)}=2.2$，$p > 0.05$。拼写形式对印尼学生韵母 uei 的发音没有影响。

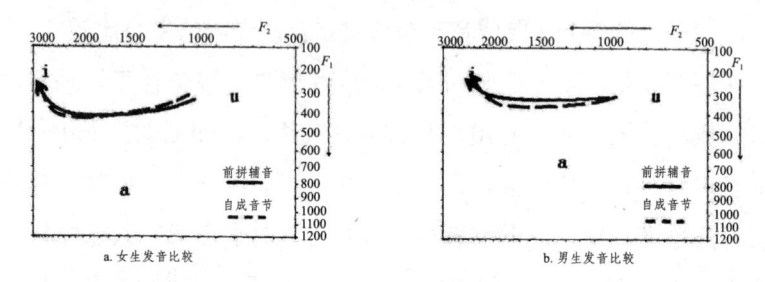

a. 女生发音比较

b. 男生发音比较

图 1-9　印尼华裔学生 uei 自成音节与前拼辅音时的声学元音图

三　汉语及印尼语二合元音 ai 的发音比较

上文在比较印尼学生与中国学生韵母 uai 的发音时发现印尼学生 uai 的终点收得"过高"，我们推测这可能是受印尼语的影响。印尼语中没有三合元音 uai，但是有二合元音 ai，uai 的发音实际上就相当于在 ai 前面加一个介音 u，所以他们 uai 的发音终点偏高或许是受印尼语 ai 本身发音终点较高的影响。为了验证这一点，我们又制作了一个汉语字表和印尼语词表，前者由 9 个汉字组成，后者由 8 个印尼词语组成，每个印尼词语和汉字都包含二合元音 ai（见附录 2、3）。印尼词表由印尼学生来读，汉语字表由中国学生来读，发音人及录音与上述三合元音韵母的实验相同。

图 1-10 是印尼语及汉语二合元音 ai 的发音比较，由图 1-10 可以看出，印尼语 ai 发音的终点确实比汉语的高：$F_{(1, 441)}=85.3$，$p < 0.001$，印尼语 ai 的动程比汉语的大。三合元音 uai 的发音

相当于在 ai 的前面加上介音 u，印尼语 ai 发音的终点比汉语的高，所以印尼学生 uai 发音的终点也比中国学生的高。

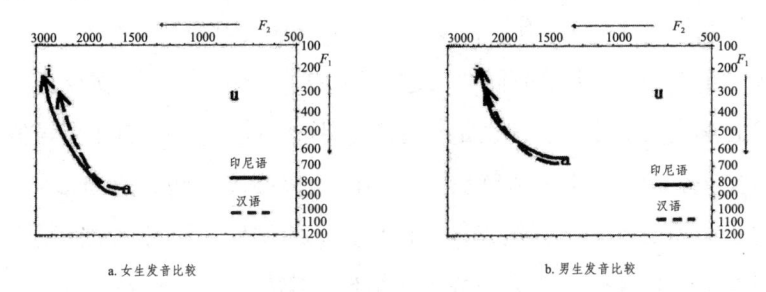

a. 女生发音比较　　　　　　　　　b. 男生发音比较

图 1-10　印尼语及汉语二合元音 ai 的声学元音图

四　讨论

三合元音韵母发音时舌体位置是变动的，开始舌位从韵头出发，先滑向韵腹，再滑向韵尾。印尼华裔学生都或多或少地接触过汉语普通话或汉语方言，所以他们学习汉语语音比非华裔学生要容易一些。但是据我们了解，印尼华裔学生的强势语言不是汉语方言而是印尼语，从 1966 年起到 1998 年止，印尼华文教育曾经历过一个长期封闭的阶段，所以印尼的青少年只有一部分人会说一些汉语方言或普通话，还有一部分人二者都不会说。[①] 即使是在中国学习汉语的时候，他们互相交谈时也总是喜欢使用印尼语。因此他们学习汉语语音时主要是受印尼语的影响，同时也受汉语拼音拼写形式的影响。

韵母 iao 发音时首先舌位从 i 的位置出发，先滑向 a，再滑

---

① 宗世海、李静《印尼华文教育的现状、问题及对策》，《暨南大学华文学院学报》2004 年第 3 期。

向 u，韵头和韵尾都比单元音的 i 和 u 要松一些。印尼华裔留学生在学习这个韵母时出现的问题不大，因为印尼语中虽然没有三合复元音 iao，但是有二合复元音 au，iao 大致相当于在 au 前面加一个介音 i，所以他们学习这个韵母时困难不大。上文谈到，印尼学生 iao 的主要偏误是拐点有些不到位，所以我们在指导他们发 iao 时，应强调从韵头到韵腹的动程要大一些。韵母 iao 的发音实际上是口由合拢到打开再到合拢的过程，印尼学生的发音偏误是口打开得不够大，故此应指导他们在口张开时要张得大一些。此外 iao 的介音要再稍微紧一些，即舌位要再略高一些，这样就更接近汉语普通话的 iao 了。

韵母 uai 的发音与 iao 相反，首先舌位从 u 的位置出发，先滑向 a，再滑向 i。韵头 u 比单元音的 u 松一些，韵尾的舌位较低，大致在前中元音的位置。印尼学生 uai 发音的主要偏误是韵尾收得"过高"，这是因为印尼语中有二合元音 ai，他们 ai 的韵尾收得较高，发汉语 uai 时，受印尼语 ai 的影响，韵尾也收得比较高。在指导他们发韵母 uai 时，应强调从韵腹到韵尾的动程不要过大。也就是说，在 uai 发音的末尾阶段口不要过于合拢，发音结束时开口度大致适中就可以了。还要告诉他们发音时开始舌体要再向后缩一些，对于印尼女生，要让她们在口张开时再张得稍大一些，而对于印尼男生，要让他们在发音开始时舌位再高一些，口张开时舌位再稍前一些。

韵母 iou 发音时首先舌位从 i 的位置出发，然后向后向下滑动，大约到央元音的位置①，再滑向后元音 u。印尼学生 iou 的发音偏

---

① 韵母 iou 的实际拐点不是 o，而是一个比央元音 [ə] 略高略后一些的元音。

误主要是拐点有些不到位，这一方面可能是因为印尼语中没有这个韵母，所以学起来有些困难；另一方面也是受汉语拼音拼写形式的影响。韵母 iou 在与辅音声母相拼时要省写为 iu，外国留学生以为它是由 i 直接滑动到 u 了，便出现了拐点不到位现象，印尼男生这一点表现得更为明显。此外，印尼学生 iou 的终点也都有些偏前。针对这样的问题，教学中应向他们讲清楚，韵母 iou 不是舌位由 i 直接滑动到 u，而是从 i 先向后向下滑动，再滑向 u，发音的中间阶段舌位要再低一些，同时发音的末尾阶段舌体要尽量后缩。

韵母 uei 的发音受声母的影响较大，当它前拼舌面后声母或自成音节时，首先舌位从 u 的位置出发，先滑向前半高元音 [e]，再滑向 i，韵头比单元音 u 要松一些，但是韵尾很接近单元音 i。而当 uei 前拼舌尖声母时，声母发音结束之后，舌体稍向后缩，舌面隆起，然后便滑向前半高元音 [e]，再滑向 i，韵头大约在央高元音的位置，韵尾很接近单元音 i。印尼学生 uei 的发音偏误是，不管前拼什么声母，主要都是拐点有些不到位，这大概是因为印尼语中没有这个韵母的缘故。汉语拼音拼写形式对他们 uei 的发音没有影响。此外，印尼学生 uei 的介音也都有些偏前。针对这样的问题，教学中应指导他们，韵母发音开始时舌体要再后缩一些，发音的中间阶段舌位要再低一些，这样就更接近汉语普通话的 uei 了。

尽管汉语拼音拼写形式对印尼华裔学生 uei 的发音没有影响，但是对他们 iou 的发音却有影响，所以在语音教学的初级阶段，应对这两个韵母的拼写形式做一些说明，告诉他们虽然在拼写中是 iu 和 ui，但是应注意其实际发音是 iou 和 uei。

五 结语

语音是语言的物质外壳。语音的重要性决定了语音教学是第二语言教学的基础,是掌握听说读写技能和交际能力的前提。对外汉语语音教学应坚持集中教学和长期严格要求相结合的原则[①]。在教学开始阶段对语音进行集中训练是非常必要的,这可以使学生对汉语的语音系统有一个整体的把握。集中训练结束之后,也不能放松对语音的要求,语音训练应贯穿教学过程的始终。本节对印尼华裔留学生汉语三合元音韵母的习得偏误情况做了分析,发现他们经过半年到一年的学习,三合元音韵母的发音仍有一些偏误。这正说明语音教学应坚持不懈,长期严格要求。

我们的研究发现印尼华裔留学生 iao、iou 和 uei 的发音都存在韵腹不到位现象,但是 uai 的发音却出现了韵尾"过头"的问题。所以在教学中就需要指导他们,韵母 iao、iou、uei 发音的中间阶段舌位要再低一些,韵母 uai 发音的末尾阶段口不要过于合拢。他们发三合元音时不会丢掉介音,但是 iao、uai 和 uei 都存在介音不到位现象,教学中应指导他们 iao 发音开始时舌位要再高一些,uai、uei 发音开始时舌体要再向后缩一些。他们的 iou 韵尾有些不到位,应指导他们 iou 发音的末尾阶段舌体要再向后缩一些。掌握了学习者学习中出现的问题,再进行相应的指导,对纠正他们的发音偏误会收到事半功倍的效果。此外,我们采用实验的方法,证实以前人们对 uei 前拼不同声母时发音的说明有些欠妥,韵母 uei 前拼不同声母时的差异不是表现在韵腹变弱的程度

---

① 刘珣《对外汉语教育学引论》,北京语言文化大学出版社 2000 年版。

上,而是表现在介音到位的情况上。当 uei 前拼舌面后声母或自成音节时,介音比较到位,而当前拼舌尖声母时,介音严重不到位。这一发现一方面可以使我们对汉语三合元音的发音有更深入的认识,另一方面也有助于我们准确指导留学生学习汉语语音。

附录 1

汉语录音字表 1（实验中都注有拼音,且按随机顺序排列）

表 飘 秒 雕 条 鸟 聊 叫 敲 小 药 谬 丢
妞 牛 纽 溜 流 柳 六 纠 九 就 秋 求 休 朽
秀 优 由 有 又 怪 快 怀 坏 拽 踹 摔 甩 歪
外 堆 对 推 颓 腿 退 规 鬼 贵 亏 葵 溃 辉
回 毁 会 追 坠 吹 锤 谁 水 睡 瑞 嘴 最 崔
脆 虽 随 岁 威 维 伟 位 阿 衣 屋

附录 2

汉语录音字表 2
拍 呆 台 奶 来 开 海 猜 爱

附录 3

印尼语词表

pakai（穿）　　bea cukai（关税）　　andai（假如）　　badai（暴风）

tirai（窗帘）　　lalai（疏忽）　　capai（累）　　lan tai（地板）

第三节　美国留学生习得汉语节奏特征之研究[①]

一　语言的节奏及其测量

（一）语言节奏的等时性假设和语言的节奏分类

节奏主要是指言语的时间组织形式，是语言韵律的重要组成部分。[②]James 最早发现西班牙语、意大利语和英语、荷兰语的韵律特征存在明显不同，Pike 认为这种不同就是节奏的差异，他用"机关枪节奏"（machinegun rhythm）和"莫尔斯电码节奏"（Morse code rhythm）分别来形象地描述这两种完全不同的语言节奏特征，并明确地把语言节奏定义为"某种言语单元的等时性重复"，这就是语言节奏的等时性假设。[③]

语言可以从不同的角度进行分类，这就是所谓的类型化（typology）观点。自从 Pike 提出语言节奏的等时性假设以来，人们就一直在探讨从节奏的角度对语言进行分类的可能性。Abercrombie 最早提出了语言节奏的类型化观点，他认为世界上所有的语言都属于两种节奏类型：重音等时（stress-timed，也被称为音步等长 foot-timed）的语言，以英语、德语等为代表，

[①] 本节作者：周士平，原载《暨南大学华文学院学报》2008 年第 2 期。
[②] Patel, A. D. & Daniele, J. R. An Empirical Comparison of Rhythm in Language and Music. *Cognition*, 2003(87).
[③] Jame, A. L. *Speech Signal in Telephony*. Pitman, 1940; Pike, K. L. *The Intonation of American English*. University of Michigan Press, 1945.

和音节等时（syllable-timed）的语言，以法语、西班牙语等为代表。① 后来，Ladefoged 等还提出了第三种节奏类型，即摩拉等时（mora-timed）的语言，以日语最为典型。②

人们围绕语言节奏的等时性假设进行了大量的实验研究，但结果却发现所谓重音等长的语言，重音之间的时长并不符合音节等长的语言规则，而音节等长的语言，音节时长的变异也不比重音等长的语言小。等时性假设并没有声学语音学证据的支持。③

（二）节奏特征是语言诸多音系特点的反映

语言节奏的等时性假设在实验研究中并没有得到支持，Dauer 和 Nespor 等对语言的节奏分类提出了新的观点。④ 他们认为语言节奏并不是一种独立的音系现象，而是诸多音系现象综合作用的结果，这些现象包括音节结构的复杂程度、重音的位置、音节结构和重音的关系、元音和辅音的音质等，其中音节结构的复杂程度和是否存在元音弱化现象起主要作用，比如重音节奏的语言和音节节奏的语言主要差别在于前者比后者有更为复杂的音节结构，有丰富的元音弱化现象等。

Ramus 等支持语言的音系特点决定语言节奏特征的观点，但认为仅有音系角度的描述并不能回答为什么人们可以区分不同节

---

① Abercrombie, D. *Elements of General Phonetics*. Aldine, 1967.
② Ladefoged, P. *A Course in Phonetics*. Harcourt Brace Jovanovich, 1975.
③ 王茂林《音系学的时长理论》，《当代语言学》2005 年第 2 期。
④ Dauer, R. M. Stress-timing and Syllable-timing Reanalyzed. *Journal of Phonetics*, 1983(11); Dauer, R. M. *Phonetic and Phonological Components of Language Rhythm*. Paper presented at the 11th International Congress of Phonetic Sciences, 1987; Nespor, M. On the Rhythm Parameter in Phonology. Roca, I. M. (ed.) *Logical Issues in Language Acquisition*. Foris Publications, 1990.

奏特征的语言,也就是说,语言节奏应该有其声学相关物。①Ramus 等提出的测量语言节奏的声学语音学参数分别是%V、ΔC 和 ΔV,其具体含义如下:

%V(V 代表元音)是指一个句子中元音部分的时长占句子总时长的比重,也就是句子中全部元音部分的时长之和除以句子的总时长;

ΔC(C 代表辅音)是句子中辅音时长的标准差,它反映了辅音的时长变异;

ΔV 是句子中元音时长的标准差,它反映了元音的时长变异。

Ramus 等认为%V 和 ΔC 同音节结构的复杂程度有关,音节结构越复杂,辅音的组合关系就越复杂,从而导致辅音的时长变异也就越大;同时,辅音时长比元音时长的比值就越大,元音部分所占的比重也就越小(即%V、ΔC 之间存在明显的负相关)。而 ΔV 则和较多音系特征有关,比如英语和荷兰语等语言中的元音弱化,日语和芬兰语等语言中的长短元音的特征对立等。

Ramus 根据他们所提出的声学语音学方法,通过产生任务考察了英语、法语和日语等 8 种语言的节奏特征,结果发现这些语言在以%V、ΔC 和 ΔV 所界定的节奏类型分布上非常符合传统观点对其节奏特点的认识。研究者还考察了阿拉伯语(Ghazali 等,2002)、泰语(Grabe & Low,2002)和韩国语(Cho,2004)等

---

① Ramus, F. & Mehler, J. Language Identification with Suprasegmental Cues: A Study Based on Speech Resyn thesis. *Journal of the Acoustical Society of America*, 1999(105).

语言的节奏特征，为 Ramus 等人的观点提供了支持的证据。①

二 第二语言的节奏获得研究

第二语言的语音习得研究是第二语言习得研究和语音学研究共同关注的一个重要领域，被称为"中介语音系"。目前，第二语言的语音习得研究主要关注的是音段特征的习得，对于韵律习得的研究还很少，尽管语调和节奏等韵律特征对能否成功习得第二语言的语音至关重要，因为它们常常是判断第二语言是否具有"外语口音"的重要标志。②

Stockmal 等以及 White & Mattys 等人认为 Ramus 提出的测量语言节奏的方法可以用来考察第二语言的节奏特征。③Low 等和 Jian 分别考察了新加坡人和中国台湾人所说英语的节奏特征，结果发现新加坡人和中国台湾人所说的英语更接近汉语的节奏特征而和标准英语的节奏特征存在较大差异，这表明第二语言在很大

---

① Ghazali, S. & Hamdi, R. & Barkat, M. *Speech Rhythm Variation in Arabic Dialects*. Paper presented at the 1st International Conference on Speech Prosody, 2002; Grabe, E. & Low, E. L. Durational Variability in Speech and the Rhythm Class Hypothesis. Gussenhoven, C. & Warner, N. (eds.) *Laboratory Phonology*. Mouton de Gruyter, 2002; Cho, M. H. Rhythm Typology of Korean Speech. *Cognitive Processing*, 2004(5).

② Mareüil, P. & Vieru-Dimulescu, B. The Contribution of Prosody to the Perception of Foreign Accent. *Phonetica*, 2006(63).

③ Stockmal, V. & Markus, D. & Bond, D. Measures of Native and Non-native Rhythm in a Quantity Language. *Language & Speech*, 2005(48); White, L. & Mattys, S. L. Calibrating Rhythm: First Language and Second Language Studies. *Journal of Phonetics*, 2007(35).

程度上保留了母语的节奏特征。[1]Stockmal 等对不同水平的拉脱维亚语学习者的研究发现，较高水平的学习者和拉脱维亚语母语者的节奏特征较为接近，而较低水平的学习者则更多地保留了母语的节奏特征，这又说明在一定程度上第二语言的节奏特征是可以逐步获得的。[2]

三 美国留学生习得汉语节奏特征的研究

汉语被一些研究者称为音节等时的语言，[3]但并没有得到实验研究的证实（如前所述，在语言节奏的等时性假设下，这也不可能得到证实）。从 Dauer 和 Ramus 等的理论出发，汉语确实具有和英语完全不同的节奏特征。就决定语言节奏特征的两个主要音系特点来说，汉语没有复辅音，音节结构远比英语简单；汉语中存在轻声音节（元音弱化），但轻声音节的分布远比英语的非重读音节要少。因此，汉语的节奏特征应该更接近于音节节奏的法语和西班牙语，而非重音节奏的英语和德语。这种节奏特征的差异无疑会给美国留学生习得汉语的节奏带来较大困难。

---

[1] Low, E. L. & Grabe, E. & Nolan, F. Quantitative Characterisations of Speech Rhythm: Syllable-timing in Singapore English. *Language & Speech*, 2000(43); Jian, H.-L. *On the Syllable Timing in Taiwan English*. Paper presented at the 2nd International Conference on Speech Prosody, 2004.

[2] Stockmal, V. & Markus, D. & Bond, D. Measures of Native and Non-native Rhythm in a Quantity Language. *Language & Speech*, 2005(48); White, L. & Mattys, S. L. Calibrating Rhythm: First Language and Second Language Studies. *Journal of Phonetics*, 2007(35).

[3] 安英姬《等时等长的汉语节奏原则》，《汉语学习》1997 年第 5 期。

第三节　美国留学生习得汉语节奏特征之研究

声调、语调和节奏等都是重要的超音段特征，汉语声调和语调的获得已经有一些研究，但节奏特征的获得研究目前我们还没有看到。[①] 本节的研究目的主要包括两个方面：考察中级水平的美国留学生所说汉语的节奏特点，并探讨节奏特征对于感知"外语口音"的作用。

（一）中级水平的美国留学生所说汉语的节奏特征

1. 研究方法

研究采用的是朗读任务。朗读材料是 20 个汉语句子，内容简单以保证学习者都能理解而且没有不认识的汉字，每句话都是 8 个音节。

普通话标准的中国大学生和中级水平的美国留学生各 4 人，每人都被要求读 20 个句子中的 5 个。

因为语速对反映节奏特征的 %V、ΔC 和 ΔV 有重要影响，研究采取了朗读的同时呈现听觉刺激的方法来控制语速，即通过耳机呈现两个敲击声和一个时长为 100 毫秒、频率为 400Hz 的纯音，后一个敲击声和纯音之间的间隔为 1440 毫秒。被试在听到第一个敲击声的时候要做好准备，听到第二个敲击声后立即开始朗读，尽量在听到最后一个纯音时恰好读完整个句子，朗读句子过程中不能有停顿。在正式录音之前要进行多次练习，正式录制时每个句子重复的次数平均也在 10 次以上。通过这样的方法可以把语速控制在 180 毫秒/音节左右。

全部录音过程都在一个隔音效果良好的录音室完成，录音时

---

① 王茂林《印尼华裔留学生汉语声调习得分析》，《暨南大学华文学院学报》2006 年第 2 期。

发音人的嘴离话筒大约为 30 厘米，录音材料以 44100Hz 采样，16bit 保存。从中国大学生和美国留学生朗读的 351 个句子中挑选出长度匹配的 40 个句子进行标注（表 1-1），句子的标注是利用语音分析和编辑软件 Praat 完成的。每个句子都被标成辅音段和元音段，对辅音和元音的标注参考了语句的波形图、宽带语图和听觉特征。

表 1-1　中国大学生和美国留学生朗读的句子的平均时长

	中国大学生	美国留学生
时长	1468（60）	1459（54）

* 单位是毫秒；括号内的数值是标准差。

2. 实验结果和讨论

对做过时长标注的中国大学生和美国留学生所朗读语料的 %V、ΔC 和 ΔV 分别计算，结果见表 1-2：

表 1-2　中国大学生和美国留学生所说汉语的节奏特征

	中国大学生	美国留学生
%V	50.0（2.8）	48.7（2.3）
ΔC	38.9（5.2）	41.7（6.0）
ΔV	26.1（4.4）	32.4（5.7）

* ΔC、ΔV 的单位是毫秒；括号内的数值是标准差。

方差分析表明，%V（$F_{(1, 38)}$=2.889，p=0.97）和 ΔC（$F_{(1, 38)}$=2.604，p=0.115）的差异不显著，ΔV 的差异显著（$F_{(1, 38)}$=16.525，p=0.000）。这说明中级水平的美国留学生还未完全习得汉语的节奏特征。

%V、ΔC 主要和音节结构的复杂程度有关，研究发现母语音节结构较为简单的学习者在学习音节结构比较复杂的外语时会遇到很大困难，比如日本人在说英语时常常在复辅音之间插入元音，使之符合日语 CVCV 的音节结构，这样会使 %V 增加而 ΔC 变小，从而使节奏特征向母语偏移。汉语的音节结构比英语要简单得多，因此美国留学生在习得汉语的音节结构时并不存在问题，与此有关的 %V、ΔC 所反映的节奏特征也就和汉语母语者不存在差异。

中级水平的美国留学生不同于汉语母语者的节奏特征主要表现在前者有较高的 ΔV，主要原因在于他们把某些音节的元音时长拉长，而把另一些音节的元音时长压缩了。以句子"他到日本快九年了"为例，汉语母语者和美国留学生各个音节的元音时长见表1-3。

表1-3　句子"他到日本快九年了"的元音时长（单位：毫秒）

	他	到	日	本	快	九	年	了
中国大学生	89	129	118	71	87	118	78	115
美国留学生	73	151	134	62	120	34	91	105

我们认为，母语为英语的人在习得汉语节奏特征方面的困难主要和弱化元音在这两种语言中的不同分布所导致的时长模式的差异有关。汉语的弱化元音只出现在轻声里，而轻声又以助词和语气词等功能词为主，数量比较少；而英语的弱化元音除了可以出现在功能词里，还大量出现在多音节词的非重读音节里，从而导致两种语言在元音时长的分布模式上存在很大差异。

英语可能更接近于：[+长][-长][+长][-长][+长][-长]……的模式；

汉语可能更接近于：[+长][+长][+长][+长][+长]……[-长]的模式。

这一结果同 Low et al. 对新加坡人和 Jian 对中国台湾人所说英语节奏特征的研究结果在本质上是一致的，他们发现新加坡人和中国台湾人所说英语的 ΔV 要显著低于美国或英国英语，主要原因在于新加坡人或者中国台湾人说英语的时候并没有把需要压缩的元音时长进行压缩或者压缩的幅度不够。[①] 也就是说，母语为英语的人说汉语或者母语为汉语的人说英语并不像日本人说英语那样在弱化元音本身上存在什么问题，而是保存了各自母语中由于弱化和非弱化元音数量上的不同而导致的不同的时长分布模式。

（二）节奏特征在感知外语口音中的作用

我们的研究发现中级水平的美国留学生还没有完全获得汉语的节奏特征，那么这对感知他们的外语口音（即我们通常所说的"洋腔洋调"）有什么作用？换言之，如果节奏特征上的差异能够带来明显的外语口音，我们就必须引起足够的重视并采取措施在实际教学中加以纠正。

要考察节奏特征对感知外语口音的独立作用必须排除其他因素，比如音段特征和声调等的影响，所以实验采用了利用语音合成技术制作的材料，这一方法较早是由 Ramus 等人提出的，并在

[①] Ling, E. L. & Grabe, E. & Nolan, F. Quantitative Characterizations of Speech Rhythm: Syllable-timing in Singapore English. *Language & Speech*, 2000(43); Jian, H.-L. *On the Syllable Timing in Taiwan English*. Paper presented at the 2nd International Conference on Speech Prosody, 2004; Stockmal, V. & Markus, D. & Bond, D. Measures of Native and Non-native Rhythm in a Quantity Language. *Language & Speech*, 2005(48).

很多研究中得到了广泛应用。[①]

1. 研究方法

实验材料是利用 MBROLA 语音合成软件制作完成的。[②] 我们把做过辅音段和元音段时长标注的语句进行了音素替换，即用擦音 /s/ 代替了所有的辅音段，用元音 /a/ 代替了所有的元音段，同时基频保持在 205Hz 不变。全部转换都用了同一个法国男性的数据库信息，这样中国大学生和美国留学生朗读的 40 个句子就都被转换成了平调的 /sasasa/ 的形式。用这样的方法合成的句子仅保留了节奏特征而排除了对言语区分有重要影响的音段、语调和发音人特征等信息。

知觉实验采用 AAX 范式的辨别任务，即先呈现同一类别的两个句子，要求被试判断第三个句子和前边的两个句子是否属于同一类别。比如，先呈现两个根据中国大学生朗读的句子合成的 /sasasa/ 形式的句子，然后呈现随机选择的根据中国大学生或者美国留学生朗读的句子合成的 /sasasa/ 的句子，要求被试判断第三个句子和前边听到的两个句子是否属于同一类别。

实验是在隔音效果良好的房间完成的，刺激通过耳机呈现在正式实验之前有 3 个项目的练习。实验不要求被试做快速反应，但是每个句子只能听一次。

16 名北京师范大学的本科生和研究生参加了听辨实验，其中

[①] Ramus, F. & Nespor, M. & Mehler, J. Correlates of Linguistic Rhythm in the Speech Signal. *Cognition*, 1999(73).

[②] Dutoit, T. & Page, I. V. & Pierret, N. & Bataille, F. & Van der Vrecken, O. *The MBROLA Project: Towards a Set of High-quality Speech Synthesizers Free of Use for Non-commercial Purposes.* Papers presented at ICSLP, 1996.

女生 11 人，男生 5 人。

2. 实验结果和讨论

对平调的 /sasasa/ 形式的句子的听辨结果按照信号检测论做了整理和计算（见表 1-4）。其中"击中"是指两个句子属于同一类别，而被试能正确判断出二者属于同一类别的情况；"虚报"则是指两个句子不属于同一类别，而被试错误地判断二者属于同一类别的情况。

表 1-4 /sasasa/ 形式的句子的听辨结果

击中（H）	虚报（F）	区分率（A'）	p
0.56（0.15）	0.45（0.06）	0.59（0.14）	0.032

* 括号内的数值是标准差。

正态分布检验发现区分率 A' 符合正态分布（$p > 0.05$），单样本 t 检验的结果表明对 /sasasa/ 形式的句子的区分高于概率水平（$t_{(15)}$=2.362，p=0.032），也就是说可以仅仅基于节奏特征对中国大学生和美国留学生朗读的句子做出区分。

Low 等、Jian 和 Stockmal 等对第二语言节奏特征的研究都发现外语学习者确实具有不同于母语者的节奏特征，但是他们的研究只考察了言语产生任务中母语者和非母语者在 %V、ΔC 和 ΔV 上的异同，并没有采用知觉任务。[1] 利用语言合成的方法考

---

[1] Low, E. L. & Grabe, E. & Nolan, F. Quantitative Characterizations of Speech Rhythm: Syllable-timing in Singapore English. *Language & Speech*, 2000(43); Jian, H.-L. *On the Syllable Timing in Taiwan English*. Paper presented at the 2nd International Conference on Speech Prosody, 2004; Stockmal, V. & Markus, D. & Bond, D. Measures of Native and Non-native Rhythm in a Quantity Language. *Language & Speech*, 2005(48).

察节奏特征在感知"外语口音"中的作用在我们的研究之前还未有研究涉及。我们的研究发现汉语被试可以对只保留了节奏特征的汉语母语者和母语为英语的第二语言学习者的话语做出区分，这支持言语产生实验所发现的汉语母语者和第二语言学习者的言语具有不同的节奏特征，也表明节奏特征提供了感知"外语口音"的重要信息。

四 结语

我们的研究发现，中级水平的美国留学生还没有成功习得汉语的节奏特征，这主要是因为英语和汉语具有不同的节奏特征，而美国留学生还在很大程度上保留了母语的节奏特点；同时节奏上的差异又是造成美国留学生说汉语时"洋腔洋调"的一个重要因素。

在第二语言的语音习得研究中，音段特征的习得受到广泛重视，比如对日本学习者习得英语 /l/、/r/ 的研究以及汉语学习者习得英语松、紧元音的研究等。在超音段特征的习得研究方面，陈述/疑问语调和泰语、汉语等语言的声调也受到越来越多的重视，而其他韵律特征，诸如不同层级的韵律单元的组织模式、重音和节奏等的习得则很少有研究涉及，而这些韵律特征在感知"外语口音"中的作用往往要超过音段特征。比如，有研究发现，较低的边界调是造成感知法语"外语口音"的重要因素，新加坡人和中国台湾人所说英语具有音节节奏而非重音节奏的特点也说明节奏特征对"外语口音"感知具有重要作用。①

对外汉语的语音教学一般只强调声母、韵母和声调的教学，对其他韵律特征的重视程度是远远不够的。当然，我们的研究也还只是初步的，还有很多问题，需要做更深入的思考和研究。

比如我们的研究发现，节奏特征对感知美国留学生说汉语的"外语口音"有重要作用，那么音段特征和节奏、声调、语调等韵律特征在感知"外语口音"中的相对作用又是怎么样的，也就是说，哪些重要因素导致了所谓的"洋腔洋调"，这需要在确定了某一因素对感知"外语口音"的独立作用之后对不同因素的作用加以综合考虑。而这些因素对造成不同水平的留学生的"洋腔洋调"作用可能是不同的，声调在造成初级水平的留学生"洋腔洋调"中的作用可能最为重要，而节奏和韵律单元的边界调对于感知中高级水平留学生的"洋腔洋调"的作用可能更大一些。

更重要的是，需要在语音教学的设计和课堂教学实践中加强针对性训练，以帮助学生更好地习得汉语的韵律特征，从总体上改善留学生的语音面貌。在这方面，除了传统课堂教学的示范—模仿—纠正的模式仍然可以发挥重要作用以外，语音教学软件的作用应该受到重视。比如，可以通过形象直观的语图帮助学生了解自己和中国人说汉语时音节时长模式的差异，并通过反复练习加以改善。

---

① Jilka, M. *The Contribution of Intonation to the Perception of Foreign Accent.* Unpublished Ph. D. thesis. University of Stuttgart, 2000.

第四节　印尼、韩国留学生汉语单元音韵母发音分析[①]

　　印尼是全球华人最多的国家，印尼的官方语言是印尼语。自1966年起至1998年止，印尼华文教育经历了一个长期被封闭的阶段，[②] 因此现在印尼大部分中青年华人都不会讲华语。1998年之后很多印尼华裔留学生来中国学习汉语，他们的汉语教学便成了一个值得关注的问题。林奕高、王功平研究了印尼留学生汉语塞音和塞擦音的习得问题，[③] 王茂林、孙玉卿分析了印尼华裔留学生汉语三合元音韵母的偏误情况。[④] 我们在教学中发现印尼留学生对某些汉语单元音的发音掌握得不好，希望通过实验的方法予以考察。

　　近些年来华学习汉语的留学生人数很多，其中韩国学生占的比例较大，所以人们对韩国留学生学习汉语语音的问题也比较关注。例如，宋春阳探讨了对韩国学生语音教学的难点并提出了相应的对策，[⑤] 胡晓研分析了韩国学生汉语中介语的语音模式，[⑥] 梁

---

　　① 本节作者：王茂林，原载《华文教学与研究》2011年第4期。
　　② 宗世海、李静《印尼华文教育的现状、问题及对策》，《暨南大学华文学院学报》2004年第3期。
　　③ 林奕高、王功平《印尼留学生习得汉语塞音和塞擦音实验研究》，《语言教学与研究》2005年第4期。
　　④ 王茂林、孙玉卿《印尼华裔留学生汉语三合元音韵母偏误分析》，《世界汉语教学》2007年第1期。
　　⑤ 宋春阳《谈对韩国学生的语音教学——难音及对策》，《南开学报》1998年第3期。
　　⑥ 胡晓研《韩国学生汉语中介语语音模式分析》，《汉语学习》2007年第1期。

春基考察了韩国学生汉语单元音、塞音及声调的习得情况，[①] 夏全胜也研究了韩国学生习得汉语元音过程中的迁移现象等。[②] 在以上有关研究的基础上，本节将对照分析印尼及韩国初级汉语水平留学生汉语单元音韵母的发音情况。

声学语音学的研究表明，元音舌位的高低与其第一共振峰（F_1）相关：舌位高，F_1就小，舌位低，F_1就大；舌位的前后与第二共振峰（F_2）相关：舌位靠前，F_2就大，舌位靠后，F_2就小。依据这一关系，可以利用元音第一、第二共振峰的数据绘出与元音舌位图近似的声学元音图。[③] 将学习者发音的声学参数与母语者发音的声学参数进行对比，可以更加深入和客观地了解中介语语音的特点，从而使语音教学更具有针对性。[④]

一 声学实验和统计分析的步骤

（一）发音人、录音字表及录音

印尼、韩国和中国各20人参加了本实验的录音，三个国家均有男、女各10人，这60位发音人都是大学在校学生，其中印尼学生都是华裔，印尼和韩国学生都是初级汉语水平，在中国学

[①] 梁春基《韩中学习者汉韩语音习得实验研究》，南开大学2009年博士学位论文。

[②] 夏全胜《第二外语元音习得中迁移作用的实验研究》，南开大学2009年硕士学位论文。

[③] Joos, M. Acoustic Phonetics. *Language,* 1948(24); 吴宗济《普通话元音和辅音的频谱分析及共振峰的测算》，《声学学报》1964年第1期。

[④] 王韫佳《第二语言语音习得研究的基本方法和思路》，《汉语学习》2003年第2期。

习汉语的时间在半年到一年之间。中国学生均来自北方，都能讲熟练的普通话。

汉语录音字表由 56 个汉字组成（见附录），这些字的韵母为普通话 a、e、i、ɿ、ʅ、u、ü[①] 等 7 个单元音。录音时字表中每个汉字都标有拼音，按随机顺序排列。一般认为汉语普通话有 10 个单元音韵母，另外的三个是 ê[ɛ]、er[ɚ] 和 o，但是 ê[ɛ] 在作单韵母的时候只在一些叹词中出现，王洪君认为它是边际音。卷舌元音 er[ɚ] 发音时有动程，与 a、i、u 等稳态元音不同。[②] 元音 o 与唇音相拼时，声母和韵母之间会出现过渡音 u，其发音也是有动程的。正因为如此，石锋认为普通话一级元音只有 7 个，本节也只分析这 7 个单元音。[③]

为了与留学生第一语言的单元音进行比较，我们同时请印尼学生读了一些印尼词语（见附录）。印尼语有 6 个单元音：a、é、i、o、u、e。[④] 本实验选择的词语包含了这 6 个单元音。另外也请韩国学生读了一些韩语词（见附录）。韩国语中有 10 个单元音：ㅏ [a]、ㅓ [ə]、ㅗ [o]、ㅜ [u]、ㅡ [ɯ]、ㅣ [i]、ㅐ [æ]、ㅔ [e]、ㅚ [ø]、ㅟ [y]，其中与本节考察的 7 个普通话单元音相近的是 [a]、[ə]、[u]、[i]、[y] 等 5 个，它们分别对应于普通话的 a、e、u、i、ü。这里选择的韩语词语包含了这 5 个单元音。[⑤]

---

① 这里的 7 个单元音，只有 /ɿ/、/ʅ/ 用国际音标表示，其他音用汉语拼音表示。
② 孙国华《普通话卷舌元音的声学模式及感知》，《应用声学》1994 年第 4 期。
③ 石锋《普通话元音的再分析》，《世界汉语教学》2002 年第 4 期。
④ 梁敏和《印度尼西亚语三百句》，北京大学出版社 1995 年版。
⑤ 任少英《韩国汉字音和普通话声调的对应关系》，《汉语学习》2003 年第 3 期。

录音在隔音效果良好的录音室完成，录音软件使用 Cool Edit Pro，采样率为 1.6kHz，保存为 wav 文件。

（二）声学参数的提取及处理

录音完成后，首先用 Kay CSL-4400 提取了各音节元音稳态段 F_1 和 F_2 的频率值，然后计算了每位发音人每个元音各样本 F_1 和 F_2 的平均值，接下来又分别计算了男性和女性发音人各元音 F_1 和 F_2 的平均值。做声学元音图时，我们将原始赫兹值转换成了巴克（bark）值，转换公式如下：

$$Zi = \frac{\frac{26.81}{1960}}{1 + \frac{1960}{Fi}} - 0.53 \qquad (1)$$

其中 Fi 为赫兹值，Zi 则为对应的巴克值。不过声学元音图上还是显示大家比较熟悉的赫兹数值。[①]

二 分析与比较

（一）普通话与印尼语相近单元音的比较

印尼语有 6 个单元音：a、é、i、o、u、e。图 1-11 是印尼语单元音的声学元音图，该图根据不同发音人各元音 F_1 和 F_2 的平均值做出，a 和 b 分别是男性和女性发音人的图。由于女性发音人 F_1 与 F_2 的值比男性的高（见表 1-5），所以女性发音人元音的声学空间大一些，然而不同性别发音人之间各元音的相对位置大致是一样的。

[①] Traunmüller, H. Analytical Expressions for the Tonotopic Sensory Scale. *Journal of the Acoustical Society of America*, 1990(88).

第四节 印尼、韩国留学生汉语单元音韵母发音分析

图 1-11 显示，印尼语的 i 为前高元音，u 为后高元音，a 为央低元音，é 为前中元音，o 为后半低元音，而 e 为央元音。印尼语的 6 个单元音中，与汉语普通话相近的主要有 4 个：a、e、i、u，下面我们比较普通话与印尼语相近的单元音。

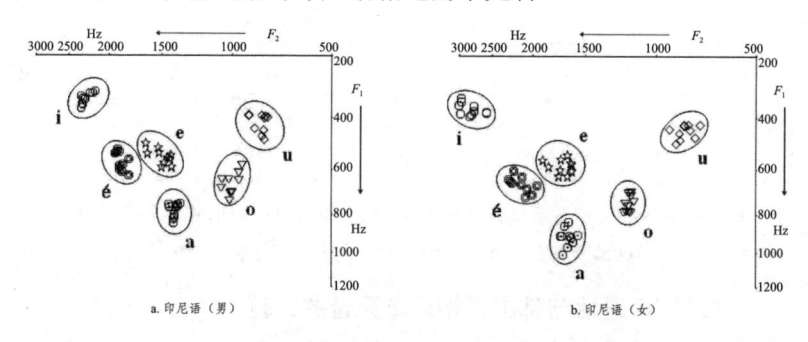

a. 印尼语（男） b. 印尼语（女）

图 1-11 印尼语单元音的声学元音图

表 1-5 显示，印尼语的 a 与普通话的 a 非常接近，印尼语的 e 比普通话的 e 靠前，但高低没有差异。印尼语的 i 比普通话的 i 舌位低，而舌位的前后没有差异。印尼语的 u 比普通话的 u 舌位低，而且靠前。总之，印尼语的单元音与普通话的单元音有一定的差异。

表 1-5 普通话与印尼语部分单元音 F_1 及 F_2 的平均值（单位：Hz）

单元音		男发音人		女发音人	
		普通话	印尼语	普通话	印尼语
a	F_1	751	783	992*	910*
	F_2	1194	1204	1484	1560
e	F_1	492	527	547	583
	F_2	1138***	1514***	1205***	1718***

(续表)

单元音		男发音人		女发音人	
		普通话	印尼语	普通话	印尼语
i	F_1	261**	337**	310**	371**
	F_2	2258	2278	2781	2830
u	F_1	327*	348*	372*	409*
	F_2	684**	842**	736*	825*

注：表中数据不带星号表示没有显著差异，即 $p > 0.05$；带星号表示有显著差异，* 表示 $p < 0.05$，** 表示 $p < 0.01$，*** 表示 $p < 0.001$。下同。

（二）普通话与韩国语相近单元音的比较

图 1-12 是韩国语 a、ə、u、i、ü[①] 等 5 个单元音的声学元音图，a 和 b 分别是男性和女性发音人的图。

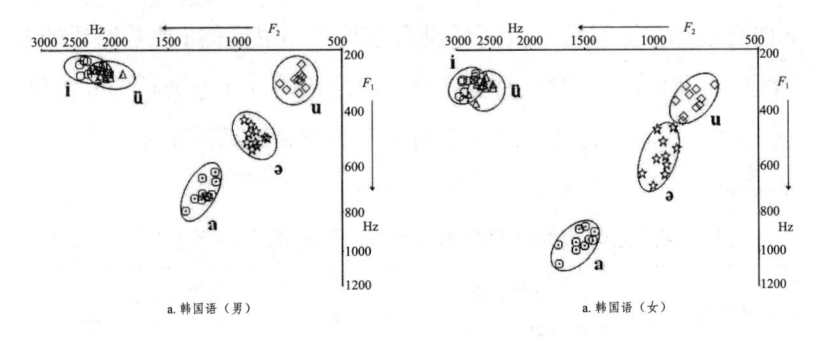

图 1-12　韩国语 5 个单元音的声学元音图

图 1-12 显示，韩国语的 i、ü 为前高元音，u 为后高元音，a 为央低元音。从声学元音图上观察，韩国语的 ə 不是央元音，其舌位比较靠后。

---

① 普通话元音 ü 的国际音标就是 [y]，为了方便比较，这里将韩国语的 [y] 用 ü 表示。

表 1-6 是普通话与韩国语 5 个单元音 F_1 及 F_2 的比较。表 1-6 显示，普通话的 a 和 i 与韩国语的 a 和 i 没有显著差异。普通话的 u 与韩国语的 u 在舌位前后方面没有显著差异，韩国男生的 u 比中国男生的略高一些，而女生 u 舌位的高低则没有显著差异。

普通话的 ü 是个前高圆唇元音，它的舌位与 i 相同，只是唇形的圆展不同。发元音 ü 时双唇聚拢，与展唇音 i 相比双唇稍向前突出一些，因而舌的相对位置比 i 略靠后一些，F_2 的值比 i 小（见表 1-6）。韩国语 ü 的圆唇程度比普通话的小，特别是女性发音人，她们 ü 发音时舌的相对位置比中国女性的靠前很多，但男性发音人之间没有显著差异。

表 1-6　普通话与韩国语相近单元音 F_1 及 F_2 的平均值（单位：Hz）[①]

单元音		男发音人		女发音人	
		普通话	韩国语	普通话	韩国语
a	F_1	751	709	992	954
	F_2	1194	1236	1484	1569
e	F_1	492	483	547	555
	F_2	1138***	926***	1205***	974***
i	F_1	261	256	310	304
	F_2	2258	2260	2781	2817
u	F_1	327*	293*	372	359
	F_2	684	701	736	800
ü	F_1	264	270	300	312
	F_2	2057	2139	2338***	2612***

普通话的 e 通常被认为是后半高元音，国际音标记作 [ɣ]；韩国语的 ㅓ 通常被认为是央元音，国际音标记作 [ə]。但是我们这里

---

① 表中的 e 代表普通话的 e 和韩国语的 ə。

发现普通话的 e 比韩国语的 ə 舌位更靠前，而且差异很大。图 1-12 与下文的图 1-13-e 和图 1-13-f 也显示，普通话的 e 比韩国语的 ə 更靠前。不过它们的高低没有显著差异。

总之，普通话中的一些单元音与韩国语中相对应的单元音比较接近。

(三) 印尼、韩国留学生汉语发音及普通话单元音的比较

图 1-13 是印尼留学生汉语及普通话 7 个单元音的声学元音图，图 1-13-a 和图 1-13-b 是印尼发音人的图，图 1-13-c 和图 1-13-d 是韩国发音人的图，图 1-13-e 和图 1-13-f 是中国发音人的图。

本实验的录音字表中每个元音都有多个字，因而每个元音都有多个发音样本。声学元音图中的点是根据不同发音人元音各样本 F_1 与 F_2 的平均值做出的。为了避免不同元音过多的重合，图中的椭圆大致覆盖发音人样本 80% 的区域。图 1-13 显示，对于某单个元音，中国学生各点的位置相对比较集中，而印尼和韩国留学生各点的位置则相对比较分散，这表明中国学生不同发音人之间的差异较小，而印尼和韩国留学生不同发音人之间的差异较大。对于印尼和韩国留学生，汉语是他们的第二或第三语言，所以他们汉语元音的发音不稳定。此外由图 1-13 还可以看出，印尼及韩国留学生汉语 ɿ 和 ʅ 重合的部分很大。

表 1-7 是中国、印尼、韩国学生汉语单元音 F_1 及 F_2 的平均值。该表显示印尼、韩国留学生汉语 a 舌位的前后与普通话没有差异，女生 a 的舌位略高一些，而男生该元音的发音与普通话没有差异。

普通话 e 的舌位靠后，印尼留学生这个元音的发音问题比较大，他们该元音发音时舌位偏前，且男生和女生都是如此，不过

他们这个音舌位的高低没有问题。韩国留学生汉语 e 的发音问题比较小,他们该元音的高低与普通话没有差异,女生 e 的舌位偏前一些,但是男生 e 的发音与普通话没有差异。

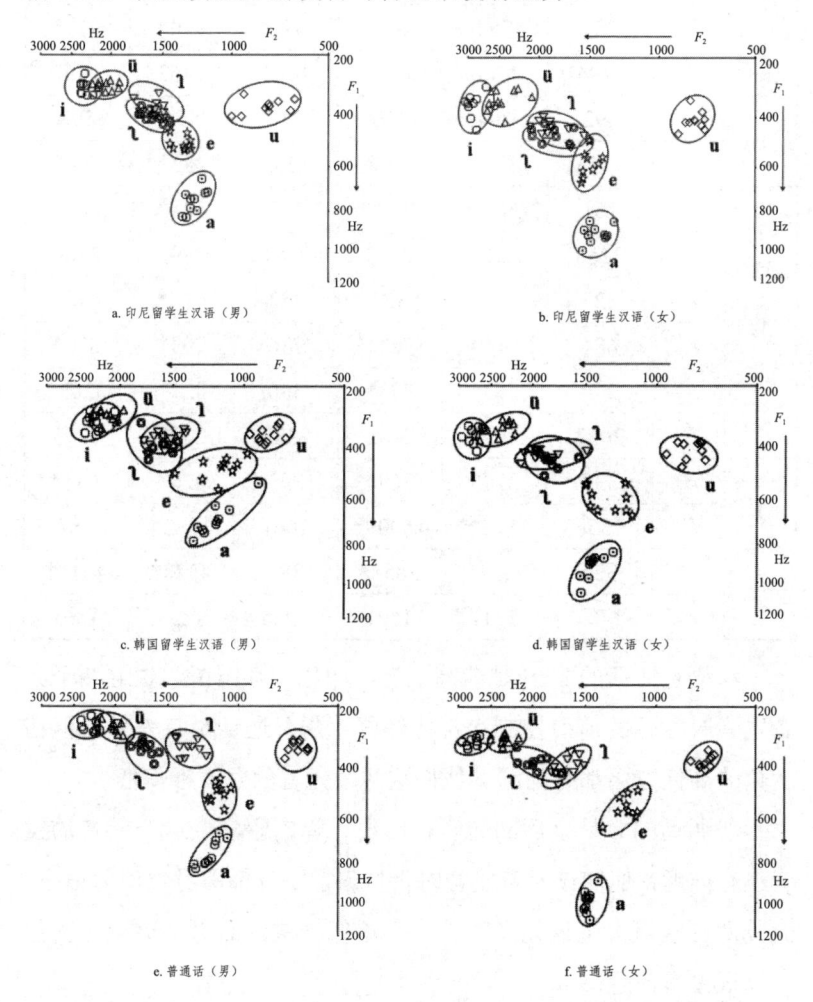

a. 印尼留学生汉语(男)

b. 印尼留学生汉语(女)

c. 韩国留学生汉语(男)

d. 韩国留学生汉语(女)

e. 普通话(男)

f. 普通话(女)

图 1-13 印尼、韩国留学生汉语及普通话单元音的声学元音图

表 1-7 中国、印尼、韩国学生汉语单元音 F_1 及 F_2 的平均值（单位：Hz）

单元音		男发音人			女发音人		
		中国	印尼	韩国	中国	印尼	韩国
a	F_1	751	752	681	992	920*	913*
	F_2	1194	1260	1197	1484	1462	1457
e	F_1	492	504	470	547	576	598
	F_2	1138	1323**	1178	1205	1483**	1348*
i	F_1	261	303**	308**	310	347*	356**
	F_2	2258	2316	2308	2781	2895	2760
u	F_1	327	337	352	372	410*	410*
	F_2	684	816*	872***	736	799*	820*
ü	F_1	264	285*	293*	300	327*	336**
	F_2	2057	2076	2152	2338	2472	2395
ɿ	F_1	332	377*	369*	393	420*	433*
	F_2	1356	1575**	1600**	1661	1882*	1887*
ʅ	F_1	336	373**	385**	382	432**	441**
	F_2	1707	1611	1621	1965	1859	1861

汉语普通话的 i、ü 是前高元音，印尼、韩国留学生这两个元音发音时舌位的前后控制得都比较好，与普通话没有差异。但在舌位的高低方面都有问题，他们这两个元音的发音都偏低。

普通话的 u 是个后高元音，印尼、韩国留学生这个元音的发音也有问题，他们该元音发音时舌位偏前，且韩国男生偏前很多。此外两国别组女生该元音的舌位还略低一些，而男生该元音舌位的高低没有问题。

普通话的 ɿ 和 ʅ 是舌尖元音，它们比较特殊，ɿ 为舌尖前元音，ʅ 为舌尖后元音，但是在声学元音图上 ʅ 在前，ɿ 反而在后，与舌面元音不同。印尼、韩国留学生这两个元音的问题都比较大。他们这两个元音的F_1与普通话都存在差异,且ɿ的F_2与普通话也存在差异。

任何一个元音发音时舌位都有可能会在一定程度上出现高低前后的变化,舌尖元音也是如此。舌尖元音舌位的细微变化,同样也会影响其F_1和F_2的数值。为了证明这一点,我们请一位从事语音学研究的教授作为发音人,发舌尖元音,不同样本之间具有细微的高低前后变化。然后请另外三位教授听辨,将大家判断完全一致的作为分析样本,提取元音稳定段的共振峰值。结果发现,汉语舌尖元音的高低与F_1关系密切,舌位稍高一些,F_1的值就减小一些;舌位稍低一些,F_1的值就增大一些。而舌尖元音的前后则与F_2关系密切,对于ʅ而言,舌位稍前一些,F_2的值就增大一些;舌位稍后一些,F_2的值就减小一些;然而ɿ的表现正好相反,对于ɿ而言,舌位稍前一些,F_2的值就减小一些;舌位稍后一些,F_2的值就增大一些。

就印尼及韩国留学生汉语舌尖元音的发音来看,他们这两个元音的舌位都偏低,ʅ偏低得更为明显,且男生和女生的发音都是如此。从舌位前后的方面看,他们ʅ的发音没有问题,而ɿ的发音与中国学生的差异比较大,男生:$p < 0.01$,女生:$p < 0.05$,舌位偏后。从声学元音图上观察,他们ɿ和ʅ的发音有大范围的重合,表明他们的ʅ和ɿ很接近。将两国留学生ɿ的F_2与中国学生ʅ的F_2进行比较,结果显示印尼男生有差异,但是显著性水平并不高:$F_{(1, 19)}=6.83$,$p < 0.05$;① 印尼女生则没有显著差异:

---

① 印尼男生ɿ的F_2与中国男生ʅ F_2的差异显著性水平为0.05,而与中国男生ɿ F_2的差异显著性水平为0.001,与ɿ的差异更大。

$F_{(1, 19)}$ =0.86，$p > 0.05$。韩国男生和女生均无显著差异，男生：$F_{(1, 19)}$ =3.08，$p > 0.05$；女生：$F_{(1, 19)}$ =0.67，$p > 0.05$。故此从舌位前后的方面看，印尼、韩国留学生的 ɿ 与普通话的 ɿ 差异比较大，反倒接近普通话的 ʅ。

三 讨论

上文比较了普通话与印尼语、韩国语的相近单元音，并分析了印尼、韩国留学生汉语 7 个单元音的发音情况。考察发现，印尼语的单元音与普通话的单元音有一定的差异，而韩国语中的一些单元音与普通话中相对应的单元音却比较接近。然而表 1-7 显示，韩国留学生和印尼留学生汉语单元音的发音同样都有一定的问题。印尼华裔留学生以前都或多或少地接触过汉语普通话或汉语方言，所以他们学习汉语语音比非华裔学生要容易一些。但是印尼的强势语言不是汉语方言而是印尼语，故此他们学习汉语语音时主要是受印尼语的迁移影响。本节引言部分谈到，自 1966 年起至 1998 年止，印尼华文教育经历了一个长期被封闭的阶段，因此现在印尼大部分中青年华人都不会讲华语。[1] 当然也有一些地区，如印尼棉兰及坤甸等，那里的华人一直使用汉语方言。参加本实验的印尼学生主要来自雅加达、泗水、万隆等地，他们在本国时用印尼语交流，不会说汉语，所以他们学习汉语时主要是受印尼语的迁移影响。

---

[1] 宗世海、李静《印尼华文教育的现状、问题及对策》，《暨南大学华文学院学报》2004 年第 3 期。

第四节 印尼、韩国留学生汉语单元音韵母发音分析

韩国语中的一些单元音与普通话中相对应的单元音比较接近，按照普通话与韩国语相近单元音的比较结果，韩国留学生除 ɿ 和 ʅ 以外汉语单元音的发音应该问题都不大。但事实并非如此，有的普通话元音与韩国语的很接近，而韩国留学生的发音也不好，主要表现是发音不到位，具体如下：

普通话的 a 是个央低元音，发音时口要张大，印尼女生汉语 a 的舌位略高一些，这是受印尼语负迁移的影响。韩国语的 a 与普通话的 a 发音很接近，但是韩国女生汉语 a 的舌位也略高一些，这是中介语发音中的不到位现象。针对印尼和韩国女生的这一偏误，在教学中应指导她们读 a 韵母音节时口要张大，这样发出的音就会更接近普通话了。

汉语普通话 e 的舌位靠后而印尼语 e 的舌位比较靠前，受印尼语负迁移的影响，印尼学生汉语 e 的发音偏前。普通话的 e 比韩国语的 ə 舌位靠前，但是韩国留学生该元音的发音并未受韩国语 ə 的影响。男生该元音的发音没有问题，女生 e 的舌位反倒偏前一些，这或许是由于"矫枉过正"造成的。针对印尼留学生及韩国女生的发音，教学中应说明汉语 e 的舌位比较靠后，读 e 韵母音节时舌体要尽量后缩。

汉语普通话的 i 是前高元音，印尼语的 i 比普通话的 i 舌位低。受印尼语 i 的迁移影响，印尼学生汉语 i 的舌位偏低。汉语普通话的 i 与韩国语的 i 发音相同，然而韩国学生汉语 i 发音偏低比较多，这也是中介语发音中的不到位现象。针对印尼、韩国留学生汉语 i 的发音问题，教学中可以告诉他们，读汉语 i 韵母音节时舌位要抬高。

汉语普通话的 ü 是前高圆唇元音，与 i 部位相同，唇形不同。

印尼语中没有这个元音,他们的 i 比普通话的 i 舌位低,受其影响,他们汉语 ü 的舌位也偏低。韩国语的 ü 和普通话的 ü 比较接近,只是韩国女生 ü 的圆唇度小,因而相对舌位靠前。不过韩国留学生汉语 ü 的发音并不和他们的 ü 一样,他们汉语 ü 舌位的前后没有问题,但是比普通话的 ü 低。针对他们的发音特点,教学中应指导他们读 ü 韵母音节时舌位要抬高。

普通话的 u 为后高元音,发音时口要合拢,舌面隆起点在后。[①] 印尼语的 u 比普通话的 u 舌位低,而且靠前。受印尼语负迁移的影响,印尼学生汉语 u 的发音偏低偏前。教学中要让他们清楚,读 u 韵母音节时双唇要拢圆并向前突出,舌体要尽量后缩,舌面后部尽量抬起。韩国语的 u 与普通话的 u 很接近,且韩国男生的 u 比中国男生的还要略高一些。然而他们汉语 u 的发音却偏前,而且女生该元音的舌位还略低一些。教学中应告诉他们普通话的 u 与韩国语的 u 很接近,读 u 韵母音节时双唇要拢圆并向前突出,舌体要后缩,女生该元音的舌位还要抬高一些。

普通话的 ʅ 为舌尖后元音,印尼语及韩国语中都没有这个元音,他们该元音的发音问题主要是舌尖位置偏低得比较多。教学中应指导他们读 ʅ 韵母音节时舌尖后部要尽量抬高。

ɿ 为舌尖前元音,发音时舌尖前伸并抬起,舌体放平。印尼语及韩国语中都没有这个元音,他们该元音的偏误比 ʅ 更严重,舌位略低一些,而且偏后。教学中应指导他们读 ɿ 韵母音节时舌尖要再抬起一些,并要尽量前伸,最好采用音节 zi、ci、si 整体

---

① 徐世荣《普通话语音知识》,文字改革出版社 1980 年版。

认读的方法。① 通常汉语方言区的人学习普通话都是ㄧ发音较好而ㄌ发音不好，印尼、韩国留学生学习普通话ㄧ的问题比ㄌ更严重，所以对他们应注意ㄧ的发音练习。

本节考察了印尼及韩国留学生汉语单元音的发音情况，发现印尼留学生的发音偏误主要来自第一语言的迁移影响。迁移是二语习得研究的重点课题，早期的对比分析假说认为，母语和目的语之间的差异与所带来的困难成正比，差异越大，难度就越大。② 但是到了20世纪70年代这种观点受到冷落，人们在进一步研究中发现，迁移现象与母语及目标语的标记性关系密切，Zobl指出，无标记成分易迁移，而有标记成分不易迁移。③ 如果母语是有标记的，则不会产生母语向目标语的迁移现象；如果母语是无标记的，而目标语是有标记的，就会出现明显的迁移。

在语音习得难度方面，Flege将第二语言的音素分为两类，一类是在母语中找不到相似对应物的语音单位，即"新音素"（new phone）；另一类是在母语中存在相似的对应物的语音单位，即"相似音素"（similar phone）。④ 他从认知机制的角度对第二语言中这两类音素获得的难度问题提出了"等值归类假设"，认为"新的"

---

① 徐世荣《普通话语音知识》，文字改革出版社1980年版。

② Lado, R. *Linguistics Across Cultures: Applied Linguistics for Language Teachers*. University of Michigan Press, 1957.

③ Zobl, H. Cross-language Generalizations and the Contrastive Dimension of the Interlanguage Hypothesis. Davies, A. & Criper, C. & Howatt, A. P. R. (eds.) *Interlanguage*. Edinburgh University Press, 1984.

④ Flege, J. The Production of "New" and "Similar" Phones in a Foreign Language: Evidence for the Effect of Equivalence Classification. *Journal of Phonetics*, 1987(15).

语音比"相似的"语音更容易习得。该理论也在中国学生西班牙语的习得中得到了证实。①

对于本研究所得到的结果，其中有些现象可以运用标记性迁移理论及等值归类假说给出合理的解释。根据 Crothers 的研究，元音 ɿ 的标记性高而 a 的标记性低。② 的确，印尼、韩国学生汉语 a 的习得效果好而 ɿ 的习得效果差，这一点符合标记性迁移理论的观点。然而有的现象该理论就不能给出满意的解释。Schwartz et al. 基于一个包含 317 种语言的音段数据库，发现世界上最基本的三个元音是 a、i 和 u，故此我们可以认为，在 i 和 ü 这两个元音中，相对而言，i 是无标记的而 ü 是有标记的。③ 然而本研究发现印尼学生汉语 i 的发音情况并不比 ü 的好，所以标记性迁移理论也不能完全解释本研究的结果。

就印尼学生而言，汉语元音 ü 是"新的"而 i 是"相似的"。的确，印尼男生汉语元音 ü 的习得效果略好于 i，这在一定程度上符合等值归类假设的观点。然而，对于印尼学生，元音 ɿ 也是新的，但是他们对该元音的习得效果并不好，故等值归类假设也不能完全解释本研究所得到的结果。

本研究发现，对于汉语中的某些元音，韩国语中有与其发音相同的对等元音，例如 a 和 i，但是韩国学生这两个元音的发

---

① 夏全胜、石锋《中国学生西班牙语元音发音中迁移现象实验研究》，《外语教学与研究》2007 年第 5 期。

② Crothers, J. Typology and Universals in Vowel Systems. Creenberg, J. H. & Ferguson, C. A. & Moravcsik, E. A. (eds.) *Universals of Human Language*. Stanford University Press, 1978.

③ Schwartz, J. L. & Boë, L. J. & Vallée, N. & Abry, C. The Dispersion-focalization Theory of Vowel Systems. *Journal of Phonetics*, 1997(25).

音也会出现偏移。我们认为其原因在于，对于韩国留学生来说汉语是外语，汉语中有些声母是韩国语中没有的，而且韩国语除个别方言中的个别词以外，绝大多数词都没有声调。汉语音节包括声母、韵母和声调三个部分，留学生读一个音节，要同时注意这三者，因而即使某个音节的元音韵母与其母语中的元音发音很接近，也会因为该音节的声母不熟悉，或因为其声调不好把握，而导致该音节元音韵母的发音不到位。主要倾向是趋中，即高元音偏低、后元音偏前。我们可以称这种现象为"中介语的元音趋中"现象。不仅韩国学生如此，印尼学生也是如此。印尼学生汉语元音的发音大多受到了印尼语的迁移影响，但从总趋势上看，也同样具有"趋中"倾向。不过我们没有发现前元音偏后的现象，这或许是第一语言与第二语言元音标记性关系原则制约作用的结果。

四 结语

语音学习是外语学习的基础。语音教学是外语教学的重要组成部分。[①] 成年人学习第二语言，发音常常受到第一语言的干扰，找出学生学习汉语语音时的难点，并有针对性地重点练习，是克服各种干扰提高语音学习效率的有效手段。[②] 本节对印尼华裔留学生及韩国学生汉语单元音韵母的发音偏误情况做了分析，

---

① 程棠《对外汉语语音教学中的几个问题》，《语言教学与研究》1996年第3期。

② 宋春阳《谈对韩国学生的语音教学——难音及对策》，《南开学报》1998年第3期。

发现他们经过半年到一年的学习，单元音韵母的发音仍有一些偏误。

印尼华裔学生学习汉语单元音的偏误，主要是来自印尼语的负迁移影响。韩国语中的一些单元音与普通话相对应的单元音很接近，但是韩国留学生汉语单元音发音的问题也不少。本研究发现，印尼语的单元音与韩国语的单元音差异比较大，但是印尼和韩国留学生汉语单元音的发音偏误却比较接近。相对于汉语普通话而言，印尼语单元音比较中性，即印尼语的高元音略低一些、后元音略前一些、低元音略高一些，印尼华裔留学生汉语单元音的发音偏误主要是受印尼语的影响。韩国语的单元音与普通话比较接近，他们汉语单元音的发音偏误主要是不到位。结果导致两国留学生汉语单元音的发音偏误有很多相同之处。

附录（实验中字词均按随机顺序排列）

1. 汉语录音字表

a：八　趴　他　咖　哈　插　杂　擦
e：德　乐　歌　喝　遮　车　责　色
i：必　批　米　踢　你　利　七　西
ɿ：资　子　字　词　次　此　四　思
ʅ：只　直　志　吃　持　是　诗　日
u：布　木　夫　突　路　孤　呼　租
ü：女　绿　居　区　须　鱼　雨　欲

第四节 印尼、韩国留学生汉语单元音韵母发音分析

2. 印尼语录音词表

a：apa（什么） lama（久） nama（名字） kita（咱们） anda（您） tiba（抵达）

é：séhat（健康） désa（农村） hébat（厉害） bésok（明天） koléksi（收集） tikét（票）

i：pagi（早上） tadi（刚才） cari（寻找） tapi（但是） beri（给） topi（帽子）

o：mohon（请求） soré（下午） topi（帽子） cocok（适合） potong（切割） bésok（明天）

u：biru（蓝） itu（那） ribu（千） perlu（需要） labu（冬瓜） buku（书）

e：sedang（正在） kerbau（水牛） kecil（小） beri（给） sering（经常） helai（件）

3. 韩国语录音词表

ㅏ [a]：아이（小孩） 아기（婴儿） 아들（儿子） 아버지（父亲） 사다（买）

ㅓ [ə]：어디（哪里） 어서（赶快） 거리（街） 어머니（妈妈） 거기서（那里）

ㅜ [u]：우리（我们） 우산（雨伞） 우주（宇宙） 우유（牛奶） 우호（友好）

ㅣ [i]：이（牙齿） 이름（名字） 이마（额头） 이모（姨母） 이야기（故事）

ㅟ [ü]：위（胃） 위치（位置） 귀（耳朵） 쥐（老鼠） 식다（休息）

第五节　外国学生汉语静态声调习得偏误分析[①]

随着"汉语热"的持续升温，会说汉语的外国人越来越多，但发音标准、吐字清晰的却少之又少，出现各种所谓的"洋腔洋调"。在这些问题中，声调的掌握似乎已成为所有汉语学习者遇到的共同难题，往往也是"洋腔洋调"产生的最主要原因。声调是"汉语语音结构中最敏感的成分"，"声调的教学比声母和韵母的教学更为重要一些，但是也确实更难一些"，我们应该在教学实践中给予更多的关注，并加强声调教学的研究和探讨。[②]

目前关于对外汉语声调教学的研究，主要呈现出两大发展趋势：一是分国别调查研究学习者声调偏误的个性研究，二是借鉴实验语音学成果，对学生的声调偏误进行定量研究。本节结合以上两种研究趋势，以巴基斯坦学生为研究对象，开展语音实验，调查学习者在汉语声调学习中的发音偏误，并分析原因，寻找应对策略，以期为对外汉语语音中的声调教学提供借鉴。

[①] 本节作者：唐智芳、祁辉，原载《汉语学习》2012 年第 1 期。
[②] 林焘《语音研究和对外汉语教学》，《世界汉语教学》1996 年第 3 期。

一 调查方法

（一）调查目的

本次调查通过试题设计与实证分析，主要考察学习者单音节声调的听辨和发音能力，并尝试找到巴基斯坦学生汉语声调听辨和发音的规律或问题所在，为教学实践提供依据。

（二）调查对象

本研究的调查对象为湖南中医药大学海外教育学院的 20 名巴基斯坦留学生。这些学生年龄集中在 20～25 岁之间，来中国的时间大约半年左右，在学医时兼修汉语，汉语水平为初级。他们的母语为乌尔都语，英语为官方语言，所有学生都能熟练使用这两种语言，在来中国之前均未接受过汉语教育。

（三）调查设计

在设计过程中，主要考虑三个相关因素：（1）语调和变调等因素的干扰。王韫佳认为，考察声调习得时，要最大限度地排除语调的干扰，最好是从孤立词（词组）入手。[①] 尽管声调在语流中会发生一定的变化，但语流中的声调仍是以单字调为基础，且声调区别意义的功能也主要体现在单音节上。综合考虑语流中语调对声调的调节作用以及变调问题，我们在问卷中采用的测试语料均为单音节词，只考察学生对静态声调的掌握情况。我们认为这种考察对于声调教学更有意义。（2）声母、韵母对声调听辨和发音的影响。声调知觉和其他语音要素之间也存在关系。比如，杨玉芳认为，塞辅音和声调之间的关系是相互的，不送气音

---

① 王韫佳《也谈美国人学习汉语声调》，《语言教学与研究》1995 年第 3 期。

使听者在判别声调时倾向于基频曲线起点高的声调反应,元音时长对四声的判别也有显著影响。① 不同声、韵、调之间的配合关系和声、韵母的难易程度,也会影响到学习者对声调的听辨和发音,从而影响测验结果。为了平衡不同声母和韵母对声调听辨的影响,我们尽量让不同发音部位、发音方法的声母和韵母在各个声调中均衡分布,避开多音字。(3)学生对音节的熟悉程度。被试已有的语言经验也会对测试项产生一定影响,有关英语单音节词的研究表明,词的使用频率、与之发音相似的词的数量等因素都有可能影响被试的判断。虽然汉语同音字众多,单个音节大都不能形成明确的意义,熟悉度对汉语单音节测试的影响有限,但为了尽可能排除干扰,我们均以学生使用的综合课教材②中的生词为标准,从中选出他们已学过的单音节词作为测试音节,以此来控制熟悉度的相对均衡。

在此基础上,我们设计了两份调查问卷:听辨测试表和发音测试表。每份调查文件各100个单音节词,涵盖了汉语音节中所有的声母、韵母和声调,并对其进行随机排列。

(四)测试过程

下发问卷并解释测试办法,通过举例加以说明,学生理解之后开始正式测试。听辨测试中每个音节以常速读两遍,学生听读后标注调号,听辨测试结束后上交问卷。发音测试由学生单个依次朗读问卷中的音节,允许改读一次,改读的音节以第二次为准,测试过程中使用Cool Edit Pro软件进行录音。

---

① 杨玉芳《元音和声调知觉》,《心理学报》1989年第1期。
② 杨寄洲《汉语教程》,北京语言大学出版社2006年版。

（五）数据处理

整个测试过程中应用 Excel 和 Cool Edit Pro 软件进行数据处理和对比分析。

二 调查结果与统计

本次调查问卷全部有效收回。根据问卷进行数据整理和分析，详细结果如下。

（一）听辨测试的结果

本次调查每份问卷的听辨测试有 100 个单音节词，20 份问卷总误听率为 27.08%。在详细分析各个具体数据的基础上，针对这些数据进行了两轮统计分析：第一轮，各声调总体误听分布情况；第二轮，各声调误听为其他声调的分布情况。具体结果如下。

首先，分析每个声调的误听比例，即用每个声调的误听次数除以总误听次数，初步得出汉语四个声调的听辨难度。详见表 1-8。

表 1-8　各个声调的误听比例

调类	阴平	阳平	上声	去声
误听率	40.28	41.67	12.50	13.89

由表 1-8 可见，巴基斯坦学生对汉语四个声调的听觉辨认难度为：阳平＞阴平＞去声＞上声，且阳平和阴平的误听率明显高于去声和上声。

每个声调有三种误听可能，各个声调误听为其他声调的分布情况见表 1-9。

表1-9 各个声调误听为其他声调的分布情况（%）

调类	误听为阴平	误听为阳平	误听为上声	误听为去声
阴平	-	15.38	8.98	12.82
阳平	23.08	-	14.10	1.28
上声	0	8.97	-	2.56
去声	11.54	0	1.28	-

表1-9反映了声调的具体误听分布情况。第一，"阳平误听为阴平"占总误听次数的比例为23.08%，在所有误听中所占比例最大，其次是"阴平误听为阳平"，为15.38%；第二，在所有误听中，没有出现"上声误听为阴平"和"去声误听为阳平"的情况。由此可见，阳平的误听情况最为严重，且最容易混淆阴平和阳平之间的差别。

从听辨测试结果来看，阴平和阳平容易产生听辨混淆，虽然二者起点不同，但都以高音收尾，学生对发音起点的音高感知不深，只抓住发音终点的相似特征而判断错误。上声误听为阳平的比率也较高，阳平35是升调，上声214是曲调，而且先降后升，调型上差别大，但学生在听辨上声时可能没听清楚前半部分21，只对后半部分14存在模糊感知，而阳平的后半部分也在上升，因而导致学生误把上声当阳平。阳平和阴平误听为去声的比例很小。去声和阳平的调型基本相反，而且去声以最低音收尾，与阴平和阳平的高音收尾有明显区别。

（二）发音测试的结果

林茂灿通过实验得出结论：F_0是普通话声调最本质的成分，

第五节 外国学生汉语静态声调习得偏误分析

是辨认普通话声调充分而又必要的征兆。① 对于发音测试结果的分析,我们采用美国 Kay 公司生产的 CSL-4400 提取基频,提取补偿为 10 毫秒,然后对这些数据进行归一化处理,找出每位测试者的基频最大值 a 和最小值 b,再用以下公式计算五度值:②

$$T = \frac{\log x - \log b}{\log a - \log b} \times 5$$

得到每点的 T 值后,对数值进行整理,求出各声调对应的平均值。为加强对比,我们另请一位发音标准的中国学生朗读发音测试的内容,并对其进行录音和分析。根据实验数据,用 Excel 分别绘出巴基斯坦学生和中国学生声调示意图,结果如下:

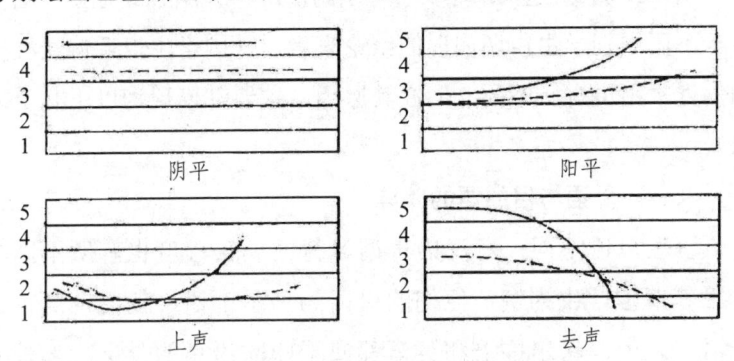

图 1-14 巴基斯坦—中国学生四声声调比较示意图

(--- 巴基斯坦 —中国)

观察巴基斯坦和中国学生声调曲线图,我们发现:第一,巴基斯坦学生在汉语四个声调的发音中,调型基本正确,但音高普遍偏低。阴平保持较为平稳,但调值普遍只有 44;阳平普遍没有

---

① 林茂灿《普通话声调的声学特性和知觉征兆》,《中国语文》1988 年第 3 期。

② 转引自石锋、廖荣蓉《语音丛稿》,北京语言学院出版社 1994 年版。

发饱和，上升趋势不明显，调值大约在34；上声音程相对较短，调型偏低偏平，难以上升，调值在212左右；去声起音较低，下降幅度较小，调值接近31。第二，发音时时长普遍较长，有拖音现象。从听感上分辨，四个声调都有较明显的口音，阳平和去声的发音偏误较为明显，四声的发音偏误程度大致可以概括为"阳平＞去声＞上声＞阴平"。

三 偏误原因分析

从本次测试巴基斯坦学生的声调情况，并结合其他研究者[①]对于不同国别学生声调偏误的结论来看，外国学生声调偏误程度和偏误类型虽有所不同，但究其原因，主要都表现为以下几个方面。

（一）母语与目的语的差异

学生母语不同，对汉语声调习得的偏误程度也有所不同。以巴基斯坦学生为例，他们的母语为乌尔都语，英语也是其官方语言之一。乌尔都语和英语都属于印欧语系的分支，都是非声调语言，与作为声调语言的汉语差别较大，尤其是乌尔都语的发音在汉语中很少能找到相对应的音。汉语声调的独特性往往会让学生在刚刚接触时无所适从。他们不知道要怎样来把握声调的实质。测试结果也充分说明了这一点。在听辨测试中，被试往往会因抓不住各个声调的区别特征而产生听辨混淆。从

---

① 阿丽达《泰国学生汉语单字调习得过程的实验研究》，天津师范大学2010年硕士学位论文；胡小英《美国留学生汉语单字调习得的实验研究》，杭州师范大学2011年硕士学位论文。

发音测试来看，四个声调的上阈都明显偏低。"汉语声调的相对音高缺乏一个客观的统一的区分'度'。它是由个人声调的高低来规约各个相对音高度。这对于初学汉语的外国人来说，由于声调听得很少，声调感很弱，他们要确定各种声调的相对高度自然不是一件容易的事，所以，外国人对汉语声调相对音高把握不准是有其客观原因的。"① 由于外国学生对声调缺乏元认知，对声调的特征及其调值所体现出来的相对音高体会不深，声调无疑成为他们学习的难点。有的学习者虽然母语也是声调语言，但其母语声调与汉语声调也有很大不同，反而容易造成母语的负迁移。声调作为汉语语音的突出特征，它与其他语言的巨大差异，是导致声调难学的根本原因。

（二）教学方式的不当

历来的语音教材对声母、韵母的发音原理、发音部位解释很多，唯独对声调的区别性特征缺乏详细说明和解释。在对外汉语声调教学中，教师往往也只给出声调的五度标记法就开始操练，教学方式也大都是借助手势带学生跟读。学生缺乏更多的理性认识，这直接导致在声调教学中学生脱离了可模仿的声音后，就难以自行建立稳定的调型和调域。在本次针对巴基斯坦学生的调查中，我们发现学生将上声误听为阳平，与老师的教学不无关系。在上声的教学过程中，有些教师受到"214"音系描写的影响，为了突出全上声的曲调调形，示范发音时比较夸张，后面升的部分要比前面降的部分幅度大、时间长，结果也导致学生在听感上对阳平和上声的区别性不明显。而实际上根据萨加特（Sagart）

---

① 郭锦桴《汉语声调语调阐要与探索》，北京语言学院出版社 1993 年版。

所做的声学分析实验结果显示，上声的下降段和低平段相加时间达到了 260 毫秒以上，而上升段只占 140 毫秒。[①] 因此，上声的发音是以下降段为主的，而上升段也往往并没有达到 4 度那么高。如果教师示范不当，极有可能导致学生产生误解。另外，很多外国学生声调发音呈现出音长普遍延长的偏误特点，[②] 在本次发音测试中，也呈现出学生音长普遍延长的偏误特点。这一方面和学生在测试中特别注意地发音有关，因为"发音人越是注意语言输出形式，时长越长"，[③] 另一方面也与老师示范教学中刻意地拖长音程有关。

（三）学习心理与文化背景的影响

美国心理学家 Lambert 认为："如果一个学生想要学习另一个共同体的语言并想学好它，他必须愿意而且能够采纳代表另一个语言文化集团的行为方式，包括语言方式。"他把学习第二语言的动机概括为两种类型：实用动机（仅仅出于功利的目的而学习）和归附动机（对另一种文化集团产生好感，希望成为其一员）。[④] 本次接受调查的巴基斯坦学生全部来自同一个班，几乎和中国学生没有什么交集，所以在日常生活中也大都是用乌尔都语。加上他们来中国主要是学习医学，汉语学习主要是为了通过 HSK 的六级考试。这样的功利性学习目标虽在一定程度上带给学生压力，

---

① 吴宗济、林茂灿《实验语音学概要》，高等教育出版社 1989 年版。
② 蔡整莹、曹文《泰国学生汉语语音偏误分析》，《世界汉语教学》2002 年第 2 期；辛亚宁《意大利学生习得汉语声调的实验研究》，北京语言大学 2007 年硕士学位论文。
③ 辛亚宁《意大利学生习得汉语声调的实验研究》，北京语言大学 2007 年硕士学位论文。
④ 祝畹瑾主编《社会语言学译文集》，北京大学出版社 1985 年版。

但学习的主动意识不强，导致他们在汉语学习中遇到困难就容易退缩。他们在说汉语时，虽有时声调不准，但由于其他语言成分的补充，对信息的传递并没有产生很大影响。这样学生就更容易在心理上忽视声调。另外，一些外国学生的母语音高较低，语调相对平缓柔和，而汉语声调中高调值的部分，在他们听来就像吵架一样，显得不够友善，这又牵涉到他们宗教信仰中的一些教义问题，也会导致发音测试中声调调值偏低。

四　声调教学的策略

根据中介语理论，第二语言习得过程被看成是学习者不断从目的语的输入中尝试对目的语规则做出假设并进行检验与修正、逐渐向目的语靠近的过程。分析学生在声调学习中的偏误，是为了更好地解决学习者在语言学习中的问题。基于巴基斯坦学生在学习汉语声调时出现的难点和偏误，结合前人[1]声调教学的研究成果和对外汉语教学的实践，我们提出以下几个方面的声调教学建议。

（一）抓住调型和调域，建立声调感知基础

赵元任认为，声调是一种音位，而音位最要紧的条件就是这个音位与那个音位不相混淆。[2]声调区别的要求，从声音上讲起来，是很宽的，是不严格的，只要类不混就是了。这意味着，学习汉

---

[1] 刘晓军《越南留学生汉语声调偏误实验分析》，广西大学 2006 年硕士学位论文；叶良颖《巴基斯坦留学生习得汉语声调的实验研究》，湖南师范大学 2010 年硕士学位论文。

[2] 赵元任《语言问题》，商务印书馆 1980 年版。

语普通话的四个声调，首先就要抓住声调的调型。汉语四个声调，阴平调高而平，阳平调逐渐上升，上声调先降到最低，再升至半高，去声调从最高降到最低。在这四个声调中，上声在口语中读半上的时候居多，其基本特征主要表现在低音段，因此在教学中我们首先就可以抓住声调调型"高、升、低、降"的根本特点，使学生形成对声调的感性认识。

调型准确并不意味着学生的声调就完全掌握好了，"外国人学习汉语声调的发音，掌握汉语声调的调型平、升、曲、降等并不难，几乎每个留学生都能发出单音节声调的各种抑扬升降的调型。问题的困难在于对汉语声调的相对音高把握不准"。[①] 对于母语是汉语的中国人来说，声带振动的快慢、音调的高低升降变化都是在自然的语言环境中逐步习得并长期练习的结果，但对留学生而言，声带的发音机制、振动频率的快慢调节需要不断训练才能形成。郭锦桴认为，声调语言和非声调语言在发音时，其喉部活动机制存在明显不同。声调语言每发一个音节，与发音相关的各个喉部肌肉群就要产生一次迅速而复杂的调节活动。对于外国学生尤其是非声调语言学习者而言，他们的喉部发音机制往往不能适应这种调节活动，产生拖延声调、调型偏误、调值不到家等问题。[②] 因而需要对学生进行一个喉肌和声带的适应性训练，让学生对发音器官做某种程度的"有意识"的控制，加强对调域的理解。

另外我们也可以借助一些其他方式帮助他们先建立起声调的

[①] 郭锦桴《汉语声调语调阐要与探索》，北京语言学院出版社1993年版。
[②] 同上。

感知基础，找到不同声调之间调型和调域的差异。汉语语音具有音乐性的特点，其"音乐性"很大程度上取决于声调。因此在教声调之前，可以用音乐来带学，让学生借助音阶体会声调音高，利用乐曲基调和声调相对音高的异曲同工之妙，帮助他们建立汉语四声相对稳定的调域概念。蒋以亮曾用实践证明了用音乐进行汉语声调教学的可行性，"用五线谱进行声调教学，'低平'是声调教学难点的状况有较大改观，学生能较快找到发低平时声带的感觉，高平、低平位置确定了，调域也随之确定了"。[①] 此外，徐瑾在探讨俄罗斯学生声调偏误时认为，可以利用学生母语语言心理结构中的语调概念，用俄语中与汉语四声相近的语调做范例，引导学生对汉语声调调型及四声之间的区别特征进行理解。[②] 这些方法都是在感知理解的基础上再练习发音，学生心里有底，就能在没有示范领读的情况下读出比较正确的声调。

（二）改进教学方式，加强听辨和难点训练

在声调教学中，教师的任务就是要让学生能够识别不同声调代表的意义，并且自主地发出可理解的声调，那就不只是让他们机械模仿那么简单。目前声调教学的研究中好的经验我们完全可以应用在教学实践中。如上声单字调值是214，但它绝大多数情况下是半上声，所以余蔼芹认为在进行声调教学时可以将上声作为半上来教。[③] 我们也倾向于采取这种教学方式，因为在听辨测

---

① 蒋以亮《音乐与对外汉语的语音教学》，《汉语学习》1999年第3期。
② 徐瑾《俄罗斯留学生汉语声调偏误研究》，《佳木斯大学社会科学学报》2006年第3期。
③ 余蔼芹《声调教法的商榷》，《第一届国际汉语教学讨论会论文选》，北京语言学院出版社1986年版。

试中，学生将阳平和上声相混，主要是全上声结尾也有一个上扬的过程，如果教作半上，它和阳平的区别特征就更明显。又如一些研究者①在探究学生声调习得难度的过程中，提出可以根据声调的难易程度和对比度来调整教学顺序，这也符合由易到难的教学原则。我们调查巴基斯坦学生的声调听辨和发音难度，也是基于可以根据其结果选择声调教学顺序的实践考虑的。

语音的识别能力与发音能力联系密切，根据杨惠元的观察，"学生发音的时候音调不准，是因为他们在音节和语流中不能准确地区分近似的音和调，根源是听辨的能力不强"②。张英也指出，"由于学习发音首先是从辨音开始的，因而留学生汉语语音上的许多错误常常是和辨音能力联系在一起的"③。因此在声调教学乃至整个语音教学中，提高学生辨音辨调的能力都非常重要。本次调查结果也显示听辨偏误和发音偏误之间存在密切的联系。如阳平的偏误在听辨和发音测试中都居首位，因为阳平的感知效果差，在发音者的记忆印象中不明显，导致阳平的发音也不标准。因此，正确听辨感知声调是准确发音的基础。从心理学角度讲，人们对外界信息的接收，首先由感觉记忆感知，经过接收者的过滤和筛选，进入短时记忆，短时记忆中的部分内容通过强化和巩

---

① 余蔼芹《声调教法的商榷》，《第一届国际汉语教学讨论会论文选》，北京语言学院出版社 1986 年版；沈晓楠《关于美国人学习汉语声调》，《世界汉语教学》1989 年第 3 期；王韫佳《也谈美国人学习汉语声调》，《语言教学与研究》1995 年第 3 期。

② 杨惠元《辨音辨调跟理解词义句义的关系》，《世界汉语教学》2000 年第 1 期。

③ 张英《对外汉语语音教学简论》，《北大海外教育》（第三辑），华语教学出版社 2000 年版。

固成为长时记忆。听辨练习直接形成感觉记忆,进而反复强化,可以转为短时记忆和长时记忆。而且,学生获得相当的听辨能力后更容易从周围环境中获取信息,加固已有知识,形成目的语学习的良性循环。

在本次调查中,历来被大多数研究者认为留学生很难掌握的上声,听辨错误率却相对较低。这是否说明上声不是巴基斯坦学生声调学习的难点呢?我们先后调查采访了被试和汉语授课教师。据了解,教师在进行声调教学时对上声难点提前做了预测,针对这样的预测难点,教师在日常教学中对上声强调得很多,花的时间也多,平时纠错也偏重于上声的发音偏误,对上声的强化教学使得学生对上声特别熟悉,发音练习也相对到位。但在学生看来,上声依旧是难点,有的学生发上声时为了突出调值的曲折变化,头部也伴随着产生先低后高的动作变化。可见,在教声调时,只要我们抓住难点,重点讲解,反复操练,难点也是可以克服的。

(三)优化语言环境,注重学生语感培养

语言学习环境包括课内环境和课外环境。我们在教学中要注重创设良好的课堂教学环境,培养学生积极的学习意识,这也是搞好声调学习的前提。语言学习本来是一个非常枯燥的过程,如果我们在课堂教学中只是停留在机械被动的模仿上,学生很容易产生厌倦心理。教师可以有意识地抓住学生在实际生活中由于声调偏误产生的交际障碍和误解作为例子,适时地加以分析和纠正。或者多拿一些声调不同、意义不同的字、词、短语、句子加以对比,强调区别和训练。注意讲练结合,在练习中充分调动学生的积极性,为学生创造一个轻松愉快的学习氛围,减少焦虑、紧张等情

绪对学生学习声调的负面影响。课外环境由多种因素组成，受到各个方面因素的影响。一般来说，在目的语环境中学习语言，学习效果更佳，但前提是必须要融入目的语的语言环境中去。巴基斯坦学生的课外环境比较封闭，几乎就像生活在自己母语的孤岛上，很少主动用汉语去和中国人交际，放弃了目的语学习的机会。因此，让学生尽可能融入汉语学习的环境中去，多鼓励他们接触中国人，对其声调的习得也大有裨益。

　　语感是对语言的直觉感知，是一种敏锐的语言判断能力。语感的获取有两种方式：一是自然言语实践，通过大量地接触言语，使言语规则在主体大脑中积淀、巩固，形成言语结构，母语语感的获得主要凭借这种方式。另一种是自觉言语实践，即在教学理论的指导下，有意识地学习具有典型意义的言语材料和语言文化背景知识，总结语言规律，然后在言语实践中不断巩固，直至成为一种言语习惯，这是在第二语言习得中效率较高的一种学习方式。[①]声调教学可以有效利用课内外学习环境，培养学生语感。对于课堂教学而言，要尽可能多地输入声调信息，声调教学要贯穿整个汉语教学的始终，鼓励学生多听、多说、多读、多用，尤其是对于一些在实际生活中应用较广且容易发生听力误解的字词声调，要反复操练，复习和操练的强度越大，大脑对所输入信息的加工程度越深，越不容易遗忘。对于生活在汉语大环境中的学生，要鼓励他们多利用每天都能看到的中文电视电影等音像资料和每天都能听到的汉语交谈等增加声调输入信息。而且教师要善于引导，能根据他们的亲身体验适时

---

① 周健《论汉语语感教学》，《汉语学习》2003 年第 1 期。

第五节　外国学生汉语静态声调习得偏误分析

适量地加以归纳总结。

（四）借助技术手段，辅助发音和辨误

很多外国学生的声调发不好，主要是因为他们找不到除听觉以外的其他参量和回馈。随着现代信息技术的发展，应用于语音研究和语言教学的技术手段也在不断更新，我们可以利用计算机分析软件等辅助教学设备，对声调教学进行形象性的引导和演示。这些软件和设备可以将无形的声音形式（包括声调）转化为具体可感的有形图像，充分调动学生的脑、耳、口、眼等多个器官协同运作。比如一些语音教学软件可以显示动态的发音舌位图和双线声调演示，[①]它采用语音识别技术，通过图像化的方法显示声调的标准频谱曲线，学生可以跟读、录音和显示自己的声调曲线，并与教师的标准曲线进行对比。目前使用较多的是 PRAAT 软件辅助教学，它是一款用于语音研究的软件，可以对声音文件进行分析，实时显示声调的基频、时长等数据。[②]在教学中，学习者调入 wav 或 mp3 格式的录音材料，根据 PRAAT 中显示的声调曲线进行模仿练习，用它录下的发音和标准发音进行对比。通过直观的声调曲线比较，无论是调型错误还是调域偏误，学习者都可以自主发现，自我纠正错误，从而逐渐接近标准发音。通过这样一些先进的技术手段，有利于从机械的模仿转变为主动的辨识，能更快更好地掌握汉语声调和语音。

此外，还可以利用多媒体课件展示声调发音的基本口型、舌

[①] 韩祝祥《试谈实验语音学与语言教学研究的关系》，《语言教学与研究》1994 年第 4 期。

[②] 陈申、傅跃敏《汉语教学的两个难点和电脑的辅助作用》，《世界汉语教学》1996 年第 3 期。

位和演示图像等,给学生提供声调的直观视觉印象。在课件中插入大量的有意义的语音练习材料,既可以节约教学时间,提高声调训练的效率,又可以达到图、文、声、像多位一体的教学效果。

第六节 印尼留学生普通话舌尖前/后塞擦辅音感知偏误机制 ①

二语语音习得,尤其是二语语音感知较早就受到了众多研究者的关注,并出现了一些有影响的二语语音习得的语言学模型。其中,以发音态势(articulatory gesture)为基础的"感知同化模型"(perceptual assimilation model)认为,二语习得者听到某对/个二语语音项目时,会将其与母语语音系统中相似的音位范畴进行多种模式的类比。主要的类比模式包括如下三种:一是 TC 型(two categories)同化模式,即习得者将二语中的两个音分别纳入到母语的两个音位范畴里,此时习得者能很容易地感知区分该两个二语语音;二是 SC 型(single category)同化模式,即习得者将二语中的两个音合并到母语的一个音位里,此时习得者不容易感知区分这两个二语语音;三是 UU 型(uncategorizable uncategorizable),即二语的两个音在声学空间上存在,但习得者在其母语音位范畴的声学空间里找不到类似的音,此时习得者对这两个二语语音的区分难度取决于这两个二语语音在声学空

---

① 本节作者:王功平、刘瑜,原载《语言教学与研究》2016 年第 5 期。

间中语音分布位置的距离。基于声学距离的"母语磁吸模型"(native language magnet model)理论认为,人们在大脑的感知空间形成的母语语音范畴是与它的实际物理属性相对应的"原型"(prototype)范畴。① 该语音原型就是"感知磁石"(perceptual magnet),它对外部语音发挥"感知磁吸效应"(perceptual magnet effect)。人们在感知某一非母语语音时,非母语语音与母语音位原型在实际声学空间的分布距离越小,则母语音位对该非母语语音的感知磁吸效应就越大,从而使听者更容易将该非母语语音感知为母语语音范畴的音位变体;非母语语音与母语音位原型在实际声学空间的分布距离越大,则母语音位原型发挥的感知磁吸效应就越小,听者就越容易将非母语语音感知为一个独立的新音位。②

语音声学实验的结果显示,汉语普通话语音系统中,辅音

---

① Best, C. T. & McRoberts, G. W. & Sithole, N. M. The Phonological Basis of Perceptual Loss for Non-native Contrasts: Maintenance of Discrimination Among Zulu Clicks by English-speaking Adults and Infants. *Journal of Experimental Psychology: Human Perception and Performance*, 1988(14); Best, C. T. The Emergence of Native-language Phonological Influences in Infants: A Perceptual Assimilation Model. *Haskins Laboratories Status Report on Speech Research*, 1991; Best, C. T. & Bradlow, A. R. & Guion-Anderson, S. & Polka, L. Using the Lens of Phonetic Experience to Resolve Phonological Forms. *Journal of Phonetics*, 2011(39).

② Kuhl, P. K. Human Adults and Human Infants Show a "Perceptual Magnet Effect" for the Prototypes of Speech Categories, Monkeys Do not. *Perception & Psychophysics*, 1991(50); Kuhl, P. K. & Conboy, B. T. & Coffey-Corina, S. & Padden, D. & Rivera-Gaxiola, M. & Nelson, T. Phonetic Learning as a Pathway to Language: New Data and Native Language Magnet Theory Expanded. *Philosophical Transactions of the Royal Society*, 2008(363); Conboy, B. T. & Kuhl, P. K. Impact of Second-language Experience in Infancy: Brain Measures of First-and Second-language Speech Perception. *Developmental Science*, 2011(14).

的感知比元音感知要困难得多。[①] 张家騄根据 Jakobson *et al*. 提出的"区别特征理论"（distinctive feature theory），归纳出的普通话声母区别特征系统及其树状图显示，普通话 6 个舌尖前/后辅音之间，区分塞擦/摩擦发音方法的区别特征——连续/阻断（continuant/interrupted），在区别特征树状图中的层级位置相对最高（第六级）；区分送气/不送气发音方法的区别特征——送气/不送气（aspirated/unaspirated），在区别特征树状图中的层级位置也比较高（第五级）；区分舌尖前/后发音部位的区别特征——集聚/发散（compact/diffuse），在区别特征树状图的层级位置最低（第一级）。[②]

大量的对外汉语语音研究结果表明，英、日、泰、越南、印尼等多种母语背景留学生学习普通话舌尖前/后辅音时，不仅偏误率高，而且偏误持续的时间长。其中，朱川的研究发现：日本学生多把送气音读成不送气音；把舌尖后音和舌面音发成类似舌叶音。[③] 蔡整莹、曹文的研究显示：泰国汉语学习者学习辅音的问题集中在 x/ɕ/、c/tsʰ/、ch/tʂʰ/、z/ts/、zh/tʂ/。[④] 王韫佳、上官雪娜的研究得出：日本汉语学习者能够区分不送气/送气辅音，并使用辅音后接元音的 $F0$ 和辅音在词里的位置作为区分不送气/送

[①] 吴宗济、林茂灿《实验语音学概要》，高等教育出版社 1989 年版。
[②] 张家騄《汉语普通话区别特征系统树状图》，《声学学报》（中文版）2006 年第 3 期；Jakobson, R. C. & Fant, G. M. & Halle, M. Preliminaries to Speech Analysis, the Distinctive Features and Their Correlates. *Acoustic Laboratory, Technical Report*. MIT Press, 1952.
[③] 朱川《汉日语音对比实验研究（二）》，《语言教学与研究》1981 年第 4 期。
[④] 蔡整莹、曹文《泰国学生汉语语音偏误分析》，《世界汉语教学》2002 年第 2 期。

气的条件；但是他们所发的送气音 VOT 过短；语音经验在日本学习者加工汉语送气辅音中起十分重要的作用。① 傅氏梅、张维佳的研究显示：越南学生学习汉语辅音时，越南母语在发音上的影响大于在听觉上的影响；汉语语内音素之间的干扰，对听觉的影响大于发音的影响。② 朱永平调查得出，美国学生学习普通话声母时，6 个舌尖前/后辅音 z/ts/、sh/ʂ/、zh/tʂ/、ch/tʂʰ/、r/ʐ/ 的难度最大。③ 邓丹的研究发现：日本汉语学习者已经初步建立了汉语三组辅音范畴；他们在产出汉语 /ts/、/tsʰ/、/s/ 组与 /tɕ/、/tɕʰ/、/ɕ/ 组辅音时，采用了类似日语中 /ts/、/dz/、/s/ 组与 /tɕ/、/dz/、/ɕ/ 组辅音的区分方式。④

专门针对印尼汉语学习者普通话辅音学习的研究目前还不太多。其中，林奕高、王功平的实验结果显示：印尼汉语学习者发汉语普通话塞音和塞擦音时，送气音明显比中国人的短，不送气音比中国人的长。⑤ 王功平通过感知实验得出，印尼汉语学习者感知普通话辅音时，4 个舌尖前/后塞擦辅音 z/ts/、c/tsʰ/、ch/tʂʰ/、zh/tʂ/ 的感知难度最大。⑥ 后来，王功平通过发音实验得出：

---

① 王韫佳、上官雪娜《日本学习者对汉语普通话不送气/送气辅音的加工》，《世界汉语教学》2004 年第 3 期。
② 傅氏梅、张维佳《越南留学生的汉语声母偏误分析》，《世界汉语教学》2004 年第 2 期。
③ 朱永平《第二语言习得难度的预测及教学策略》，《语言教学与研究》2004 年第 4 期。
④ 邓丹《跨语言语音相似度与日本学习者对汉语 /ts/ /tʂ/ /tɕ/ 三组辅音的感知和产出研究》，《世界汉语教学》2014 年第 3 期。
⑤ 林奕高、王功平《印尼留学生习得汉语塞音和塞擦音实验研究》，《语言教学与研究》2005 年第 4 期。
⑥ 王功平《印尼留学生汉语声母感知实验研究》，《语言教学与研究》2008 年第 5 期。

印尼汉语学习者产出普通话 6 个舌尖前 / 后辅音时，发音部位的偏误率显著大于发音方法的；其中发音部位偏误以偏成母语发音部位（舌叶）为主；发音方法偏误以目的语送气 / 不送气混淆为主。① 目前所见文献均未深入考察印尼汉语学习者感知普通话 4 个舌尖前 / 后塞擦辅音时究竟难在什么地方。本节借鉴上述研究成果，以音系对比为基础，选取初、中、高 3 种不同汉语水平的印尼汉语学习者为被试，通过设计感知实验，具体考察如下几个问题：（1）印尼学习者感知普通话 4 个舌尖前 / 后塞擦辅音时究竟是难在发音部位的区别感知上，还是难在发音方法的区别感知上？（2）这两方面的感知偏误率随学习者汉语水平的提高有何变化？（3）印尼学习者感知普通话 4 个辅音时，不同类别辅音在发音部位和发音方法两个方面的偏误率是否存在显著差异？

一　汉语普通话与印尼语辅音系统对比

（一）宏观对比

宏观对比指将汉语普通话和印尼语两种语言辅音系统的发音部位和发音方法进行对比。结果显示：发音部位上，两种语言的辅音系统都使用了双唇、唇齿、舌尖中、舌面和舌根 5 大发音部位。但是普通话还使用了舌尖前 / 后两个对立的发音部位，而印尼语没有；印尼语使用了舌叶和喉两大发音部位，而普通话没有。发音方法上，两种语言的辅音都有塞、塞擦、摩擦、鼻、边、清、

---

① 王功平《印尼留学生普通话舌尖前 / 后辅音发音偏误实验研究》，《华文教学与研究》2011 年第 4 期。

浊等发音方法。但是，普通话有送气/不送气的音位对立，而印尼语没有；印尼语有清/浊音位对立，而普通话没有。①

表1-10 汉语普通话和印尼语辅音系统对比

语种	发音部位		发音方法	
	相同	不同	相同	不同
汉	双唇、唇齿、舌尖中、舌面和舌根	—	塞、塞擦、摩擦、鼻音、边音；清音、浊音	送气/不送气对立
印尼		舌叶和喉		清/浊对立

根据这一对比结果，结合前面提到的"感知同化模型"理论，我们可以做出如下预测：印尼学习者感知普通话6个舌尖前/后辅音时，对塞擦/摩擦发音方法的区分感知，相当于TC型知觉同化感知。对舌尖前/后发音部位和送气/不送气发音方法两方面的区分感知，则相当于SC型知觉同化感知。因此，他们对普通话辅音塞擦/摩擦发音方法的区分感知不会感到困难，而对舌尖前/后发音部位和送气/不送气发音方法两方面的区分感知则会感到很困难。王功平的感知实验也验证了这点。② 为此，本节研究只以普通话4个舌尖前/后塞擦辅音 z/ts/、c/ts^h/—zh/tʂ/、ch/tʂ^h/ 为目标辅音。

（二）微观对比结果

微观对比指在宏观对比的基础上，将汉语普通话4个舌尖前/后塞擦辅音与印尼语的相似辅音从书写形式、发音部位、发音方

---

① Marsono, *Fonetic*. Gadjah Mada University Press, 1999；梁敏和《印度尼西亚语三百句》，北京大学出版社1995年版。
② 王功平《印尼留学生汉语声母感知实验研究》，《语言教学与研究》2008年第5期。

法等方面进行详尽的对比。具体结果见表 1-11：

表 1-11 普通话 4 个舌尖前 / 后塞擦辅音与印尼语相似辅音对比

语种	辅音	例字	书写	发音部位	发音方法	
					清 / 浊	送气 / 不送气
汉	z/ts/	zā	+	舌尖—齿背	清	不送气
印尼	z$_印$/z/	za	+	舌尖—齿龈	浊	与送气相近
汉	c/ts^h/	cā	+	舌尖—齿背	清	送气
印尼	c$_印$/ts/	cara	+	舌叶—齿龈	清	与不送气类似
汉	zh/tʂ/	zhā	(+)	舌尖—硬腭前	清	不送气
汉	ch/tʂ^h/	chā	(+)	舌尖—硬腭前	清	送气

注："+"表示相同，"（+）"表示接近。

从表 1-11 可以看出，书写形式上，普通话的 z/ts/、c/ts^h/ 分别跟印尼语的 z$_印$/z/、c$_印$/ts/ 完全一样，[①] 普通话的 zh/tʂ/、ch/tʂ^h/ 也与 2 个印尼语辅音：z$_印$/z/、c$_印$/ts/ 对应相似；发音部位上，普通话 z/ts/、c/ts^h/ 的发音部位跟印尼语 z$_印$/z/、c$_印$/ts/ 非常接近，普通话 zh/tʂ/、ch/tʂ^h/ 的发音部位也跟两个印尼语 z$_印$/z/、c$_印$/ts/ 比较接近。送气 / 不送气发音方法上，普通话 z/ts/、zh/tʂ/ 跟印尼语 c$_印$/ts/ 很相似，普通话 c/ts^h/、ch/tʂ^h/ 跟印尼语 z$_印$/z/ 有点相似。由此可以推断，印尼语辅音 z$_印$/z/、c$_印$/ts/ 在被试感知普通话 4 个舌尖前 / 后塞擦辅音过程中，充当着母语"感知磁石"的作用。根据这一对比结果，普通话 4 个舌尖前 / 后塞擦辅音与印尼语相似辅音 z$_印$/z/、c$_印$/ts/ 在发音部位上的位置距离可以大致表示如图 1-15（实际上普通话 z/ts/、c/ts^h/ 的发音部位并不完全相同，这里

---

① 由于印尼语和汉语普通话中，不少辅音和元音的书写形式一样，因此本节将用加下脚标以示区别，不一一冗述。

只是粗略显示。普通话 zh/tʂ/、ch/tʂʰ/ 和印尼语 z印/z/、c印/ts/ 类同）。

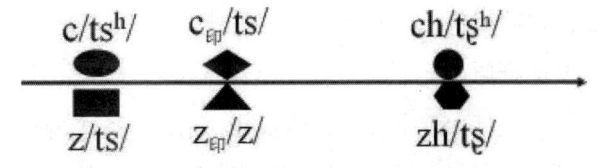

```
    c/tsʰ/         c印/ts/         ch/tʂʰ/
      ●              ◆               ●
      ■              ▲               ●
    z/ts/          z印/z/          zh/tʂ/
```

图 1–15　普通话舌尖前 / 后塞擦辅音与印尼语相似辅音发音部位相对距离

根据上面的宏观对比结果和普通话辅音自身的区别特征系统树状图，[①] 我们可以预测辅音清 / 浊的感知区分对印尼汉语学习者来说不会有困难，王功平的感知实验结果也显示，印尼汉语学习者感知普通话 4 个舌尖前 / 后塞擦辅音时没有出现清 / 浊方面的混淆偏误。[②] 因此，本感知实验重点考察学习者感知该 4 个辅音时，在舌尖前 / 后发音部位和送气 / 不送气发音方法上的偏误情况。[③]

二　实验方法与过程

（一）实验设计

采用两次 3×4 两因素混合实验设计，分别考察被试感知 4 种辅音时，在发音部位和发音方法上的偏误情况。汉语水平因素为被试间因素，包括初级、中级和高级，辅音类别因素为被试内因素，包括舌尖前送气、舌尖前不送气、舌尖后送气、舌尖后不

---

① 张家騄《汉语普通话区别特征系统树状图》，《声学学报》（中文版）2006 年第 3 期。
② 王功平《印尼留学生汉语声母感知实验研究》，《语言教学与研究》2008 年第 5 期。
③ 下文提到的发音部位，如未做特别说明，均指舌尖前 / 后，不包括双唇、舌面、舌根等，不再一一说明。类似地，下文提到的发音方法，如未做特别说明，均指送气 / 不送气，不包括塞擦、摩擦等发音方法。

送气。因变量分别为发音部位和发音方法上的感知偏误率。

（二）实验材料

1. 音节选择原则

感知材料包括 180 个普通话单音节。[①] 其中 96 个为目标音节，另外 84 个为非目标音节。[②] 目标音节指声母为普通话舌尖前/后塞擦辅音 z/ts/、c/tsʰ/、zh/tʂ/、ch/tʂʰ/ 的音节（如 chù），非目标音节指声母不是上述 4 个辅音的音节（如 jī）。此外，为了控制韵母和声调对被试感知辅音的影响，选取音节时遵循了如下原则：（1）每个辅音与 3 类单元音 a/A/、-i (/ɿ/、/ʅ/)、u/u/ 的组合齐备，且各类辅—元组合出现的频次相等；（2）每一辅—元组合与 4 类声调均等搭配；（3）4 个辅音在实验中出现的总频次相同，均为 24 频次（=3 类单元音 ×4 类声调 ×2 重复）；（4）非实验目标音节的韵母亦为单韵母（a/A/、i/i/、ü/y/ 等）。

2. 感知材料的录制

180 个单音节选取出来进行随机排列后，还进行了一次人工调整，以保证每个音节的另外一次重现不连续排列。为了让感知实验尽量接近实际，本实验没有选用仪器合成音，均为真人朗读发音。发音人为普通话水平达到一级甲等的两名中国大学生，男、女生各 1 人，即每个音节男、女生各朗读 1 遍。全部录音用电脑和 Cool Edit 软件在录音室完成。

（三）被试对象

47 名印尼非华裔汉语学习者参与了实验，为避免男女性别差

[①] 感知材料均为单音节，可以避免音节之间的干扰。

[②] 选取非目标音节，一是便于对音节进行随机排列；二是避免被试意识到正在接受上述 4 个辅音的专项感知实验，进而避免被试猜测做答。

异可能给实验带来的影响,被试保持了男女性别的平衡,同时对所在班级与其实际汉语语音水平相差悬殊的个别被试根据其平时口语考试成绩做了适当调整。最终纳入统计的被试总共为42名。其中初级被试男女生各9人,学习汉语时间在2个月以上,6个月以下;中级被试男女生各7人,学习汉语时间在12个月以上,24个月以下;高级被试男女生各5人,学习汉语时间在24个月以上。男女生合计各21人,年龄都在20~30岁之间。所有被试听力报告均为正常。

(四)实验过程

被试在电脑上按键操作。将21个声母分组、有序地同时呈现在电脑屏幕上,被试听到某个声音后,只要点击自己认为正确的某个辅音的激活区,电脑就可以自动记录其选择的答案。在下一个不同音节的录音播放前,被试可以修改自己当前的答案,电脑会自动同步记录其修改结果。正式实验开始前,先给被试5分钟的感知练习。正式实验过程中,同一音节的男女生朗读发音之间播放间隔时间为2秒,不同音节的录音播放间隔时间为3秒。各音节另外一次重复也当作不同音节处理。前后历时24分19秒。每位被试的实验结果自动记录后导入到Excel中。

(五)数据统计

首先将被试感知4类辅音时出现的偏误,分为发音部位感知偏误和发音方法感知偏误2小类。然后分别计算每一被试各类别辅音的发音部位感知偏误率和发音方法感知偏误率。鲍怀翘、郑玉玲的研究表明,普通话舌面辅音 $j/tɕ/$、$q/tɕ^h/$ 的靠前性指数正好位于普通话舌尖前/后辅音之间。[①]因此，被试将舌尖前/后辅音感知为舌面辅音均算作发音部位感知错误。每一被试某一类别辅音的发音部位感知偏误率＝被试感知该类辅音发音部位出错的总频次/该类辅音在实验中出现的总频次。发音方法的偏误率计算方法类同。如果被试感知某一辅音时，发音部位和发音方法同时出错，则在其相应的偏误类别上各记1次。

三 实验结果

（一）辅音发音部位上的感知偏误率

发音部位感知偏误率见表1-12。两因素方差分析结果显示：辅音类别主效应显著（$F_{(3, 117)}$=44.634，$p < 0.001$），多重比较发现 c/tṣʰ 的感知偏误率分别显著大于 ch/tṣʰ、z/tṣ/ 和 zh/tṣ/ 的（$ps < 0.001$），ch/tṣʰ 的部位感知偏误率分别显著小于 z/tṣ/ 和 zh/tṣ/ 的（$ps < 0.001$），zh/tṣ/ 的部位感知偏误率大于 z/tṣ/ 的，但是差异不显著（$p > 0.05$）；级别主效应显著（$F_{(2, 39)}$=6.791，$p < 0.01$），多重比较发现初级被试显著大于中级和高级被试的（$p < 0.05$；$p < 0.01$）；中级被试略大于高级被试的，但是相差不显著（$p > 0.05$）；辅音类别与被试级别的交互作用不显著（$F_{(6, 117)}$=1.182，$p > 0.05$）。

[①] 鲍怀翘、郑玉玲《普通话辅音动态腭位研究》，《南京师范大学文学院学报》2011年第3期。

表 1-12　普通话舌尖前／后塞擦辅音的发音部位感知偏误率（%）

辅音类别	初级 Mean	初级 Std. D	中级 Mean	中级 Std. D	高级 Mean	高级 Std. D	Total Mean	Total Std. D
c/tsʰ/	54.2	12.6	48.6	11.0	53.7	11.3	52.1	11.2
ch/tʂʰ/	18.5	4.7	13.2	4.1	10.2	2.3	14.5	3.9
z/ts/	36.9	15.7	25.0	7.6	22.2	5.6	29.0	11.0
zh/tʂ/	42.9	10.6	27.8	9.5	19.4	10.4	31.7	7.8
Total	38.1	7.4	28.6	8.5	26.4	5.1	31.8	7.4

（二）辅音发音方法上的感知偏误率

发音方法感知偏误率见表 1-13。方差分析结果显示，辅音类别主效应显著（$F_{(3, 117)}$=4.143, $p < 0.05$），多重比较发现 zh/tʂ/ 的发音方法感知偏误率显著大于感知 ch/tʂʰ/ 和 z/ts/ 的（$p < 0.01$；$p < 0.05$），但跟 c/tsʰ/ 的差异不显著（$p > 0.05$）；ch/tʂʰ/ 的发音方法感知偏误率显著小于 c/tsʰ/ 的（$p < 0.01$），但跟 z/ts/ 差异不显著（$p > 0.05$）；c/tsʰ/ 的发音方法感知偏误率显著大于 z/ts/ 的（$p < 0.01$）。被试级别主效应显著（$F_{(2, 39)}$=29.451, $p < 0.001$），多重比较发现初级被试感知偏误率显著大于中级和高级被试的（$ps < 0.05$）；中级被试显著大于高级被试的（$p < 0.05$）。辅音类别与被试级别的交互作用不显著（$F_{(6, 117)}$=2.475, $p > 0.05$）。

表 1-13　普通话舌尖前／后塞擦辅音发音方法的感知偏误率（%）

辅音类别	初级 Mean	初级 Std. D	中级 Mean	中级 Std. D	高级 Mean	高级 Std. D	Total Mean	Total Std. D
c/tsʰ/	36.3	8.4	13.9	4.0	11.1	4.4	22.4	9.1
ch/tʂʰ/	23.8	6.7	11.8	3.7	4.6	1.4	16.1	3.6
z/ts/	35.1	11.8	6.9	2.6	2.8	0.2	17.1	9.4

（续表）

辅音类别	初级		中级		高级		Total	
	Mean	Std. D	Mean	Std. D	Mean	Std. D	Mean	Std. D
zh/tʂ/	45.8	11.0	17.4	7.3	1.8	0.7	24.8	9.0
Total	35.3	8.5	12.5	7.9	5.1	2.1	19.7	6.2

（三）发音部位和发音方法感知偏误率比较

配对样本 t 检验结果显示，初级被试除了 c/tsʰ/ 发音部位感知偏误率显著大于发音方法（$p < 0.01$），c/tsʰ/、zh/tʂ/、ch/tʂʰ/ 发音部位的感知偏误率与发音方法的感知偏误率均无显著差异（$ps > 0.05$）。中、高级被试除了 ch/tʂʰ/ 的发音部位与发音方法的感知偏误率无显著差异外（$p > 0.05$），z/ts/、c/tsʰ/、zh/tʂ/ 发音部位的感知偏误率显著大于发音方法的（$p < 0.05$；$p < 0.001$；$p < 0.01$；$p < 0.01$；$p < 0.001$；$p < 0.05$）。

四 综合讨论

印尼汉语二语学习者感知普通话 4 个舌尖前/后辅音时，呈现出上述偏误特点首先来自母语的影响。前面汉—印两种语言辅音对比的结果显示，发音部位上，普通话舌尖前/后辅音正好分别位于印尼语相似辅音 z_印/z/、c_印/ts/ 的前后，并且普通话舌尖前辅音与印尼语相似辅音的距离更小。根据"母语磁吸模型"理论，印尼被试感知普通话舌尖前辅音时受到母语"感知磁吸效应"的影响，会大于他们感知普通话舌尖后辅音时所受母语"感知磁吸效应"的影响。同时，汉语母语者发标准的普通话辅音 z/ts/、 zh/tṣ/、c/tsʰ/、ch/tṣʰ/ 过程中，发音部位总会向后移动一段距离。①不过，处于同类发音部位的送气辅音跟不送气辅音相比，前者的发音部位向后移动的幅度更大。这一发音部位的运动结果，使得普通话 4 个舌尖前 / 后辅音与被试母语相似辅音之间发音部位的相对距离也随之发生如下变化：普通话舌尖前辅音与印尼语相似辅音之间发音部位的距离变得更小，其中舌尖前送气辅音与印尼语相似辅音之间发音部位的距离变为最小；普通话舌尖后辅音与印尼语相似辅音之间发音部位的距离变得更大，其中舌尖后送气辅音与印尼语相似辅音之间发音部位的距离变为最大。这种发音部位的变化结果可以表示如图 1-16（图中实心图形表示变化前的发音部位，空心图形表示变化后的发音部位）。

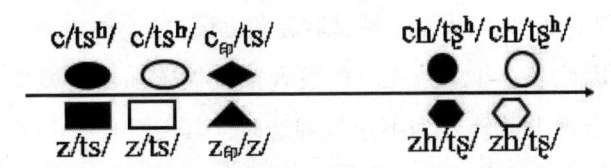

图 1-16 普通话 4 辅音发音部位变化后与印尼语相似辅音发音部位的相对距离

根据"母语磁吸模型"理论，发生这一位置变化后，被试感知普通话舌尖前辅音时母语"感知磁吸效应"变得更强，其中感知舌尖前送气辅音时母语"感知磁吸效应"变为最强。反之，被试感知普通话舌尖后辅音时母语"感知磁吸效应"变得更弱，其中感知舌尖后送气辅音时母语"感知磁吸效应"变为最弱。母语"感知磁吸效应"越强，感知偏误率也会越大；反之，母语"感知磁吸效应"越弱，感知偏误率也会越小。在母语感知磁吸效应和普

---

① 吴宗济、林茂灿《实验语音学概要》，高等教育出版社 1989 年版。

通话辅音发音生理特点的共同作用下,本研究中的辅音类别因素主效应是显著的。

除了母语"感知磁吸效应"的作用之外,普通话4个舌尖前/后辅音本身的区别特征,也会对印尼被试的感知产生影响。根据区别特征理论,普通话辅音舌尖前发音部位的区别特征——发散性,和普通话辅音不送气发音方法的区别特征在声学表现上有相似之处,均为总能量的降低;普通话辅音舌尖后发音部位的区别特征——集聚性,和普通话辅音送气发音方法的区别特征在声学表现上有相似之处,均为总能量的提高。[①] 这样,声学上总能量本身表现为降低的舌尖前辅音,当它为送气辅音时（c/ts^h/）,其总能量反而会提高,这与舌尖后辅音发音部位上的声学表现相似,从而使被试容易将 c/ts^h/ 错误地感知为舌尖后辅音,因此表1-12中 c/ts^h/ 的发音部位被感知错的概率最大;反之,当舌尖前辅音为不送气辅音时,其发音部位和发音方法在声学上均表现为总能量降低,这既与舌尖后辅音发音部位的声学表现相反,也与送气辅音的声学表现相反,从而使被试很少将其错误地感知为舌尖后辅音或送气辅音,因此表1-12和表1-13中 z/ts/ 的发音部位和发音方法被感知错的概率均比较小。类似地,声学上总能量本身表现为提高的舌尖后辅音,当它为送气辅音时,其总能量进一步提高,这既与舌尖前辅音发音部位的声学表现相反,也与不送气辅音的声学表现相反,从而使

[①] Jakobson, R. C. & Gunnar M. F. & Morris H. Preliminaries to Speech Analysis, the Distinctive Features and Their Correlates. *Acoustic Laboratory, Technical Report*. MIT Press, 1952; 张家騄《汉语普通话区别特征系统树状图》,《声学学报》（中文版）2006年第3期。

第六节 印尼留学生普通话舌尖前/后塞擦辅音感知偏误机制

被试很少将其错误地感知为舌尖前辅音或不送气辅音,因此表1-12和表1-13中ch/tṣʰ/的发音部位和发音方法被感知错的概率均最小;当舌尖后辅音为不送气辅音时,其发音部位在声学上表现出来的总能量提高,与送气辅音的声学表现相似,从而使被试容易将其错误地感知为送气辅音,因此表1-13中zh/tṣ/的发音方法被感知错的概率最大。

值得注意的是,集聚/发散性区别特征在整个区别特征树状图的最底层,远远低于送气/不送气性区别特征在整个区别特征树状图中的层级位置。这也就是说,普通话辅音舌尖前/后发音部位方面的区分难度,本身就远大于送气/不送气发音方法方面的区分难度,对于汉语二语学习者来说更是如此。因此,在本研究中除了初级被试的zh/tṣ/、ch/tṣʰ/外,其余均是发音部位的感知偏误率显著大于发音方法的。

众所周知,当前对外汉语教学实践中,初级汉语学习者接受语音训练的强度,远远大于中、高级汉语学习者的。多数中、高级汉语学习者几乎停止了专门的语音训练。二语语音训练强度越大,学习者的语音感知偏误率下降自然也就快。不过,由于普通话辅音送气/不送气发音方法的感知区分难度,本身小于舌尖前/后发音部位的感知区分难度。因此,学习者可能在初级阶段就基本学会了感知区分普通话辅音送气/不送气发音方法,而未能学会感知区分舌尖前/后发音部位,到了中、高级阶段又缺少专门的语音训练,从而使得这两类感知偏误的出现率,随学习者汉语水平的提高而呈现出不同的变化趋势。

五 余论

本研究的结果表明，印尼汉语学习者感知普通话 4 个舌尖前/后塞擦辅音时，既不能简单地说舌尖后辅音的感知难度大于舌尖前的，也不能简单地说送气辅音的感知难度大于不送气辅音的，更不能简单地说，发音方法的感知难度大于发音部位的。其偏误的发生和发展情况比较复杂，主要表现为：印尼学习者感知普通话 4 个舌尖前/后塞擦辅音时，总体上看，在发音部位上偏误率显著大于发音方法上的。并且，这两类感知偏误率随学习者汉语水平的提高呈现出不同的变化趋势。发音方法感知偏误率从初级到高级下降很明显，而发音部位感知偏误率只是在初级阶段下降比较明显，中、高级阶段下降不明显。同时，印尼语母语者发音部位和发音方法两方面的感知偏误率存在显著差异。其中，被试感知舌尖前辅音时，均为发音部位上的感知偏误率大于发音方法上的，特别在中、高级阶段，这种差异达到了显著性水平；被试感知舌尖后辅音时，在初级阶段均是发音部位上的偏误率小于发音方法上的，但差异不显著，到了中、高级阶段则是发音部位的偏误率显著大于发音方法上的。上述感知偏误规律的形成，是母语磁吸效应、汉语和印尼语发音部位的相似距离、普通话辅音的发音生理特征和区别特征、汉语语音教学训练的介入等多种因素综合作用的结果。这一实验结果提示我们，对印尼汉语学习者进行普通话舌尖前/后辅音感知训练时，要根据学习者不同的学习阶段，普通话辅音的类别，以及学习者可能出现的偏误类别，调整训练的重点。如初级阶段，既要加强辅音发音部位的感知训练，也要加强辅音发音方法的感知训练；但是到了中、高级阶段则主要加强辅音发音部位的感知训练。再如，对于辅音 c/tsʰ/，在初、中和高级三个阶段都要加强发音部位方面的感知训练，对于辅音 zh/tṣ/，则要在初级阶段加强发音方法方面的感知训练。

附录　留学生普通话辅音感知实验测试表

zhí	sī	cū	zà	shū	cì	zǔ	xú	shǔ
chī	cí	sǎ	cù	zà	zhǎ	chí	qǔ	sù
xǐ	zí	chǔ	zá	shú	chà	zhá	shi	zǔ
zá	rú	cǐ	jù	zú	zā	qī	cú	sú
shǐ	chì	zhí	sà	sá	chù	tí	xǔ	zū
cī	sǔ	sā	cù	chā	xǐ	cǎ	xū	shī
shú	zhǎ	zì	rì	zù	chù	chū	chà	zhā
zǎ	cǔ	cǐ	xī	shā	cǔ	zhī	cí	shá
rù	zā	sǔ	qí	cā	zǎ	cú	shǎ	qú
cá	zhū	chī	chū	jí	sù	sǐ	cū	zī
zhǐ	cū	cà	shà	zhū	xù	jì	shī	cǎ
shǐ	jū	sà	cà	zhú	sí	chā	sū	sì
chǐ	shū	zhī	xí	sā	jǐ	shá	zì	zhà
zhǐ	zhǔ	chá	zhà	chí	zhǔ	zhù	cá	shǔ
rǔ	sǐ	jǔ	chì	shí	qī	rū	sú	zhì
zī	chá	sǎ	zhú	tì	zù	tā	jí	cā
qù	sí	chǐ	rì	chǎ	jǐ	chú	shí	shà
zū	zǐ	shi	tǎ	qì	sū	sī	qǐ	zǐ
jú	chǔ	cī	shù	zí	zhì	qū	zú	sá
chǎ	zhá	shù	zhā	shā	shǎ	zhù	sì	chú

第二章

词汇偏误研究

第一节 印尼学生汉语单音节动词语义偏误的主要类型及原因[①]

近年来,印尼汉语教育发展迅速,无论是印尼国内还是来华学习汉语的人数都迅速增长,就我们所找到的资料,单一针对印尼学生学习汉语情况进行研究的文章几乎没有,专门研究在印尼本土的非汉语环境下汉语学习情况的文章还不多,只有宗世海、李静的《印尼华文的现状、问题及对策》一文中有所论及。[②] 所以,我们选取单一母语背景的学生在没有汉语环境下的学习情况进行研究。此外,二十年来汉语的中介语研究多集中在语音、语法层面,词汇语义的研究相对薄弱。因此,本节主要从词汇语义的角度,运用语言对比、语料库语言学和偏误分析的方法对印尼学生汉语动词的使用情况进行考察,归纳其语义偏误的类型并对其原因加以分析。

本节从《〈汉语水平〉词汇等级大纲》甲级词里选出30个单音节动词(爱、变、吃、出、穿、打、带、当、懂、放、给、回、

[①] 本节作者:萧频、张妍,原载《暨南大学华文学院学报》2005年第4期。
[②] 宗世海、李静《印尼华文教育的现状、问题及对策》,《暨南大学华文学院学报》2004年第3期。

第一节 印尼学生汉语单音节动词语义偏误的主要类型及原因

会、进、看、哭、拉、来、拿、能、怕、上、谈、疼、问、想、用、找、住、坐）为考察对象，同时也涉及这些单音节词作为语素构成的部分复合词。所用语料来自笔者自建的中介语语料库[①]。

本节中的语义偏误是指学生在运用汉语词语时出现的与词汇和语义有关的偏误，包括与同义词、多义词、易混淆词、语义搭配有关的偏误等。

一 同义词使用偏误类型及原因

考虑到第二语言教学的特殊情况，我们采用梅立崇的观点，即确定同义词的标准是词汇意义的基本共同性，而不要求在词性上也具有共同性。[②]

（一）同义词使用偏误类型

1. 误用了语义上有细微差别的同义词

词与词之间有同义关系，但是语义上有细微的差别，所以用法上会有不同之处。学生在使用中忽略这一点就会造成偏误。如：

(1) *我为他的<u>变化</u>非常开心。（我为他的<u>改变</u>感到非常开心。）

(2) *他看我好像<u>看</u>鬼。（他<u>看见</u>我好像<u>看见</u>鬼一样。）

[①] 这个中介语语料库是以印尼玛拉拿达大学汉语专科44名学生两个学期的作文为原始语料建立的，字数70115字。为了更好地了解学生的表达意图，避免误解，语料库同时收录了学生提供的其作文的印尼语文本，形成了汉语—印尼语双语对照文本。印尼是多民族的国家，使用的方言多而杂。被试的语言背景是都会说印尼语，有的同时懂一种或两种印尼方言，其中5位懂客家话，2位略懂闽南话。

[②] 梅立崇《试论同义词的性质和范围》，《语言教学与研究》1988年第2期。

"变化"和"改变"虽然都是"变"的同义词,都可以用作名词,但是二者有不同之处。"变化"指事物在形态上或本质上产生新的状况;"改变"指事物发生显著的差别。"变化"强调改变后的新情况,而"改变"则强调变化的结果。这个句子主要是强调让"我"感到开心的是"他发生了变化"而不是"他改变后的样子"。所以正确的表达应该是"我为他的<u>改变</u>感到非常开心"。"看"和"看见"虽然是同义词,都可以表示视线跟人与物的接触,但是二者有不同之处。"看"表示视线跟人与物的接触过程,即视线不离开人与物。"看见"不是视线跟人与物始终相接触的过程,而是一经接触,"看见"的动作就完成了,动作自身包含了一种结果。因此例(2)的正确表达应该是"他<u>看见</u>我好像<u>看见</u>鬼一样"。

2. 误用了词性不同的同义词

词与词之间虽然有同义关系,有些地方可以换用,但是由于词性不同,使用上不能完全替换。学生如果对此把握不好,将二者混用也会造成偏误。如:

(3)*万隆的<u>变</u>真不小。(万隆的<u>变化</u>真不小。)

(4)*这个月<u>进</u>太少了。(这个月<u>收入</u>太少了。)

"变"和"进"都是动词,"变化"和"收入"既可作动词,也可作名词。而在例(3)和例(4)中主语应该用名词,所以正确表达应是"万隆的<u>变化</u>真不小","这个月<u>收入</u>太少了"。

3. 误用了搭配关系不同的同义词

词与词之间虽然有同义关系,但是搭配关系却往往不完全相同。如果学生将词语搭配错误也会造成偏误,如:

(5)*我们应该懂得<u>爱护</u>时间。(我们应该懂得<u>珍惜</u>时间。）

(6)＊张牧师在病房里，他在问病人呢。（张牧师在病房里，他在慰问病人呢。）

"爱护"指爱惜、保护；"珍惜"指珍爱，因重视而不糟蹋。二者的相同之处在于，"爱护"和"珍惜"都是动词，都有"爱、重视而不糟蹋"的意思。二者的不同之处在于搭配对象不同，"爱护"的搭配对象多是易受伤害的人、生物或其他事物，如学生、小动物或公物等。"珍惜"的搭配对象大多是供使用的而又易消耗的事物，如粮食、时间等。因此例（5）的正确表达应该是"我们应该懂得珍惜时间"。"问"和"慰问"虽然有同义关系，都表示关切而询问的意思，但是搭配不同。"问"一般与单音节词搭配，如"问安""问好""问候"等。"慰问"指安慰、问候，做带宾谓语，搭配对象一般是人，如"慰问病人""慰问灾区人民"等。因此这个句子应该是"张牧师在病房里，他在慰问病人呢"。

通过对同义词偏误的考察我们发现，有一个相同词素的同义词和同素单双音节同义词是学生最难把握的，如："变——变化——改变""看——看见""怕——害怕""问——慰问"和"用——费用"等。

（二）同义词使用偏误的原因

在本节采集的中介语语料中，属于语义偏误的错误语例共有162个，其中与同义词有关的误例21个，占语义总偏误的13%。我们认为，出现此类偏误的原因与汉语同义词本身的复杂性和教学中讲解不透彻有一定关系，但主要还是受如下因素的影响。

1. 母语的影响

印尼语的词性变化体现在词缀的变化上,而汉语词性变化时词形是没有变化的,因此印尼学生对汉语中的兼类词比较难掌握,会把不同词性的同义词混同使用。如:"变化"是名词兼动词,当"变化"做动词时与"变"互为同义词,在某些情况下可以互相换用。但"变"只能做动词,"变化"做名词时就不能与"变"换用,否则就会出现例(3)之类的错误。

另外,印尼学生也会比照母语中对应词的词义去使用汉语词,如例(2)"看"和"看见"出现偏误,是因为印尼语的"lihat"一般译为"看",但是"lihat"除了有"看"的意思以外,还含有"看见"的意思。当学生要表达"Xiao Yan lihat sebuah boneka ditokomainan"时就容易说成"*小燕看一个洋娃娃在玩具店里"。

2. 目的语的影响

学生汉语水平还比较低、掌握的汉语知识还比较少的时候,对汉语同义词的细微的词义差别及复杂的搭配关系很难弄清楚,受已学的词的意义和词形的影响,只要看到意思大致相同或词形比较相似的就容易混用。这也是有一个相同语素的汉语同义词偏误较多的主要原因。随着学生汉语水平的提高,对汉语词汇的掌握越来越精确,这类偏误会逐渐减少。

3. 教材和工具书词语翻译的影响

"爱护"和"爱惜"在教材和工具书中都用印尼语"menyayangi"翻译,"怕"、"害怕"和"恐怕"都用"takut"翻译,这样学生就会以为用同一个印尼语词对译的各个汉语词意思完全一样,进而混同使用造成偏误。

二 多义词使用偏误类型及原因

（一）多义词使用偏误类型

1. 扩大了多义词的词义范围

印尼语有些多义词义项比汉语中对应词的义项多，印尼学生容易将汉语多义词的意义和印尼语多义词的意义完全等同起来，将印尼语多义词中汉语对应词没有的义项也当成汉语多义词的义项，扩大了汉语多义词的词义范围。例如："当"在汉语中是一个多义词，其中一个义项是"担任"，这个义项在印尼语中的对应词是"menjadi"。而"menjadi"在印尼语中也是一个多义词，其义项有"担任""成为"或"成"。印尼学生知道了汉语"当"的"担任"义后，可能会把"当"和"menjadi"完全对应起来，把"成为""成"也当成"当"的义项，如：

(7) *他当了年轻人的偶像。（他成为年轻人的偶像。）

(8) *他们当了好朋友。（他们成了好朋友。）

(9) *（我们当了很大的敌人。（我们成了冤家。）

除了"当"以外，"变""会""拿""用"也出现了此类偏误。

2. 扩大了多义词的搭配范围

印尼语有些多义词的搭配范围比汉语多义词广，如果印尼学生将汉语和印尼语的多义词完全等同起来，并进而将印尼语多义词的搭配关系类推到汉语，就会造成汉语多义词搭配范围扩大化。例如：印尼语的"pakai"是个多义词，其中的一个义项在双语词典中一般对译为汉语的多义词"穿"，而"pakai"除了可以与衣服、鞋袜之类搭配之外，还可以和首饰、装饰品等搭配，这超出了汉语词"穿"的搭配范围，因而有可能造成偏误，如：

(10) *她穿了一个红色的帽子，也穿了手表。（她戴了一顶红色的帽子，也戴了手表。）

(11) *他还不会穿领带，是他妈妈帮他穿的。（他还不会打领带，是他妈妈帮他打的。）

(12) *她头上穿了一个蝴蝶结。（她头上戴了一个蝴蝶结。）

(13) *约翰的比赛汽车穿了各种装饰品。（约翰的跑车装上了形形色色的装饰品。）

3. 回避使用多义词的某些义项

有些多义词，因为义项太多，学生掌握起来比较困难。虽然已经学过，但是学生会回避使用某些义项，而改用其他意义相似的词语来表达，这也会导致偏误。例如：汉语中"打"是一个泛义动词，使用频率很高，义项也较多，学生往往回避使用"打"的许多义项，而改用意义类似的其他词来表达，因而造成偏误。如：

(14) *这个井是我爸爸造的。（打）

(15) *现在阴历（印尼闽方言词，意为春节）的时候，华人也可以敲锣敲鼓了。（打）

(16) *小时候我曾经跟舅舅去海里捉鱼。（打）

虽然这种情况不一定都会导致偏误，也有用对的时候，如：

(17) 学生都举着旗子走过独立宫。（打）

(18) 叫弟弟去买油。（打）

(19) 妈给我织了一件毛衣。（打）

但是却造成词语的某些义项不能被习得，例如"打"有 25 个义项，因为学习者使用其他词语替代了"打"的某些义项，导致中介语语料库中的"打"有 17 个义项未被使用。另外，因为过多地使用"举""买"等词代替"打"，也会人为导致"举""买"等词的使用率过高，造成词语使用不平衡，使中介语中词和义项的使用频率与汉语中的不对应，即汉语中使用率高的词或义项，在中介语中使用率未必高。

我们通过考察还发现，多义词的偏误较多出现在二年级下学期（相当于获得 HSK 五级证书，接近中级水平以上程度）的学生的作文里。

（二）多义词使用偏误的原因

我们从语料中检索到的与多义词相关的误例共 30 个，占语义总偏误的 19%。造成多义词使用偏误的原因主要有以下几个。

1. 母语词义的影响

印尼语中某些词的词义比汉语多义词词义涵盖面广，义项比汉语多义词的义项多，而学生会比照印尼语中的词义去使用汉语词导致偏误，如上面"当"的偏误。此类误例共 13 个，占语义总偏误的 8%。

印尼语中某些词的词义比汉语多义词词义涵盖面窄，义项比汉语词的义项少，对这类两种语言中不对应的词义，学生在汉语中也回避使用母语词没有的义项，而换用其他词语替代表达而造成偏误，如例（14）～（16）。此类误例有 7 个，占语义总偏误的 4%。

2. 母语词语搭配范围的影响

学生往往会把母语的搭配规则带到目的语中去，但如果母语词比目的语词的搭配范围更宽泛，那么就会造成目的语搭配偏误，如上面"穿"的偏误。此类误例一共有10个，占语义总偏误的6%。

3. 学生学习策略的影响

从认知的角度，学生对比较难比较烦琐的知识会回避使用，而用那些对他们来说比较容易、比较有把握的知识替代表达。因此造成"打"的许多不太常用的义项不能被学生习得。

4. 教材和工具书中词语的翻译不当和汉语教师对词语讲解不透彻

教材和工具书中词语的翻译往往采用语词式对译（用词语翻译词语），这种处理方式对多义词来说很不妥当。因为教材和工具书对多义词的翻译多用简单的语词式对译，也不标明对应的义项，那么学生势必会将二者完全对应起来而导致多义词使用出现偏误。如：教材和工具书一般只把"穿"对译为印尼语的"pakai"，而"pakai"是个多义词，其中还有"用""戴""添""利用"等几个义项。教材和工具书中词语的翻译没注明对译词是哪个义项，因此学生把"pakai"的所有义项也当成了"穿"的义项，造成上面"穿"的偏误。

印尼汉语教师的汉语水平还偏低，很多教师对汉语多义词的理解就不够深入，在讲解多义词的时候只是按照教材或词典照本宣科，很少会对汉语多义词和印尼语的对应词进行全面的比较，找出二者的异同。而教材和工具书又常常采用语词式对译，这样学生会产生对等词的误解，使用多义词时会将汉语多义词与印尼语对应词完全对等起来而造成偏误。

三 易混淆词的类型及混用原因

易混淆词是指语义关系较远或没有同（近）义关系而第二语言学习者却经常混用或误用的词。① 易混淆词是第二语言教学中的一类特殊偏误，母语者很难预测，而且偏误率很高。

（一）易混淆词的类型

1. 有一个相同词素的词

两个词语有相同的词素，但词汇意义并不相同，而第二语言学习者容易将其混淆为同义词使用。如：

（20）*我们明天去日惹旅行，六点钟<u>出动</u>。（我们明天去日惹旅行，六点钟<u>出发</u>。）

（21）*我在店里<u>看好</u>的是那个手表。（我在店里<u>看中</u>的是那只手表。）

（22）*我也不知道这种东西有什么<u>用意</u>。（我也不知道这种东西有什么<u>用途</u>。）

"出动—出发"，"看好—看中"，"用意—用途"都有一个相同的词素，学生会把每组词中的两个词当成同一个词或同义词使用而导致偏误。

2. 目的语中不是同义词，母语的对译词有同义关系的词

两个词在汉语中没有同义关系，但在印尼语中的对应词有同义关系或在某些义项上有同义关系，印尼学生容易将汉语中的词也误作为同义词使用，如：

---

① 张博《对外汉语学习词典"同（近）义词"处理模式分析及建议》，《对外汉语学习词典学国际研讨会论文集》，香港城市大学出版社 2005 年版。

（23）*很多小孩子没有读书，不<u>懂</u>字。（很多小孩没有机会读书，不<u>认识</u>字。）

（24）*她<u>看</u>我的脸很白。（她<u>发现</u>我的脸那么苍白。）

（25）*从你穿的衣服，人家能<u>看</u>，你是怎么样的人。（从你的衣着，人们能<u>知道</u>你是怎么样的人。）

汉语中的"懂"在印尼语中的对应词是"mengerti"，这个词是个多义词，其中一个义项是"paham"（谅解）。同时汉语中的"认识"在印尼语中的对应词是"kenal"，这个词也是个多义词，其中一个义项是"maklum"（"理解"的意思）。而印尼语中的"paham"（谅解）和"maklum"（理解）又有同义关系，导致印尼学生会误以为"懂"和"认识"也有同义关系，将他们混同使用而造成偏误。"看—发现""看—知道"等几组词也是如此。

3. 目的语中不是同义词，母语的对译词是同一个词

两个词在汉语中没有同义关系，而印尼语中的对译词却是同一个词，学生容易将汉语中的词混同使用，如：

（26）*我认为现在就是很正确的时间为<u>答复</u>母亲对我的爱。（我认为现在是我<u>报答</u>母亲养育之恩的时候了。）

——印尼语的"balas"含有"答复"和"报答"的意思。

（27）*男学生都在球场上<u>玩</u>篮球。（男学生都在球场上<u>打</u>篮球。）

——印尼语的"main"含有"玩"和"打"的意思。

（28）*我们赶快把衣柜<u>拿</u>开。（我们赶快把衣柜<u>搬</u>开。）

——印尼语的"pindah"，含有"拿"和"搬"的意思。

（29）*昨天他头<u>病</u>，没有来上课。（昨天他头<u>疼</u>，没有来上课。）

——印尼语的"sakit"含有"病"和"疼"的意思。

因为以上几组下划线的词在印尼语中都用同一个词表达，导致学生误以为汉语中的这些词也是同一个词。这种偏误的出现频率很高，而且分布也比较广，从二年级到三年级的作文里都出现了这种偏误。

4. 将方言词混为普通话词语使用

印尼的华人较多，汉语方言在当地保持得也比较完整，影响比较大的有闽方言（包括潮汕方言）和客家方言。印尼学生在学习汉语之前，一般都接触过汉语方言，或多或少懂得一些汉语方言词，因此容易将汉语方言词误用为普通话词语，如：

（30）*我们一般七点<u>食</u>早餐。（我们一般七点<u>吃</u>早餐。）

（31）*公公老了，爸爸每天给他<u>着衫裤</u>。（爷爷年纪老了，爸爸每天都替他<u>穿衣服</u>。）

（32）*我<u>寻</u>了很久也没<u>寻</u>到。（我<u>找</u>了很久也没<u>找</u>到。）

（33）*今天的课我<u>未晓</u>。（今天的课我<u>不懂</u>。）

（34）*<u>莫惊</u>，我们会帮忙你。（<u>不要怕</u>，我们会帮助你。）

（35）*我骑脚踏车<u>载</u>你去。（我骑自行车<u>带</u>你去。）

"食""着""寻"是客家方言词，意思是"吃""穿""找"。"晓""惊""载"是闽、客家方言词，意思是"懂""怕""用车装载、带"。

（二）易混淆词混用原因

从语料中我们检索到易混淆词的误例共有 79 个，占语义总偏误的 49%。此类偏误的比重在所有偏误类型中是最大的。造成混用的原因也是多种多样的。

1. 母语词义的影响

母语中一个词的词义涵盖了目的语两个词的词义，而且这两个词的词义差别非常大，但学生受其母语词义的影响也会把目的语中的两个词混同使用，这样就会造成偏误，如例（26）～（29）的偏误。这类误例共有 22 个，占语义总偏误的 14%。

母语中两个词有同义关系，在目的语中这两个词的对应词没有同义关系，但学生也会受母语的影响把目的语中的两个对应词当成同义词使用而造成偏误，如例（23）～（25）的偏误。这类误例共有 18 个，占语义总偏误的 11%。

2. 目的语词形的影响

学生对汉语词汇掌握并不太多的时候，往往会受到汉语词形的干扰。比如：学生已经掌握了一些有一个相同语素的词，而这些词的意思相同或相似，如：衣服—衣裳，常常—经常，希望—期望，这样就会形成一种印象：两个或多个词之间只要有一个语素相同意思就会相同，因此会将"出动—出发""看中—看好""用意—用途"这几组词中的两个词混淆使用。但实际上它们的意思并没有多大联系，这样就会造成偏误，如例（20）～（22）。这类误例共有 14 个，占语义总偏误的 9%。

3. 印尼尚存汉语方言的影响

印尼学生主要是受当地尚存的闽方言和客家方言的影响。这些汉语方言对印尼学生学习汉语的影响很大，一方面它能促进汉语学习，但是另一方面也对词语的学习带来一些负面影响，如例（30）～（35）的偏误。这类误例共有25个，占语义总偏误的15%。

四　汉语词法的错误类推

学生已经学过目的语的一些知识，为了达到交际目的就会利用类推策略在已学目的语知识的基础上推导出许多新的内容。这种类推对学生的学习有积极的作用，可以达到举一反三的效果，但因为对目的语知识的掌握并不全面，这种推导经常也会导致偏误。

（一）汉语复合词结构、词素类推偏误

学生积累了一定数量的汉语词汇并掌握了一些构词知识之后就会利用这些知识自己去造一些词，例如：学过了"父爱""母爱"之后就生造出"*大家爱"（博爱）、"*上帝爱"（慈爱）、"*孩子爱"（溺爱）、"*朋友爱"（友爱）等词。这些都是学生根据汉语复合词的结构和语素生造的词语。类似的偏误还有根据"打的"生造出"*打巴士"，根据"打雷"生造出"*打电"，根据"上火"生造出"*下火"，根据"上学"生造出"*下学"，根据"想家"生造出"*想乡"，根据"进款"生造出"*出款"等。

这类偏误在二年级下学期的作文中很普遍，而且偏误率也较高。在语料中此类误例共有18个，占语义总偏误的11%。

（二）惯用语结构类推偏误

汉语惯用语是汉语词汇系统中比较特殊的一类，它不同于短语，它的结构凝固性比较高，结构成分之间的关系比较固定，不

能随意改换其搭配成分。而印尼学生不了解惯用语的这一特点，学过一些惯用语之后，容易将惯用语的结构类推而导致偏误。例如：学生学过"拿主意""拿事儿"等与"拿"有关的惯用语，就很容易类推出"*拿办法""*拿计划"等错误用法。还有由"看得懂""听得懂"类推出"*想得懂""*说得懂"，由"吃官司"类推出"*吃麻烦""*吃鞭子"等错误用法。

这类误例在语料中共有14个，占语义总偏误的9%。

五 结语

通过以上的考察和分析我们得出如下结论：

第一，语义偏误是中介语偏误中的一类重要偏误，偏误率较高，在我们的统计中，语义偏误占目标词总偏误的42%，所以教学和研究都应该给予充分的重视。

第二，在各种语义偏误类型中与多义词、易混淆词相关的偏误比较多，因此应该加强对多义词和易混淆词的研究，尤其易混淆词偏误是汉语母语者很难预测的，需要加强对学生词语使用偏误的调查并进行规律总结。

第三，造成偏误的原因是多方面的，其中一个重要原因就是受母语影响，尤其是母语中没有或目的语与母语相似但又不完全相同的词汇知识，学生学习起来困难较多，所以应该加强两种语言的词汇对比研究。

第四，印尼学生的语义偏误有一部分是受了汉语方言的影响，有必要对汉语方言词在海外的分布及影响进行研究。

第五，教材和工具书对词语翻译不当也是造成偏误的原因之一，应该改进这种简单对译的做法，尤其是两种语言中的多义词翻译应该细化到每个义项。

第二节　韩语汉字词对学生习得汉语词语的影响①

众所周知，韩语词汇里存在大量的汉字词，这些汉字词对韩国学生习得汉语词语有没有影响，都带来什么样的影响，他们习得汉语词语时这些汉字词究竟起多大的作用？为了了解以上情况，我们对在北京语言大学学习的本科三年级60名韩国留学生进行了一项调查。下面根据这项调查及平时教学中发现的一些问题，探讨韩语汉字词对学生习得汉语词语的影响以及教学对策。

一　调查分析

本次调查的对象选择本科三年级的学生主要是因为：第一，短期班学生的汉语水平往往参差不齐，而本科班的学生，尤其是到了三年级的学生汉语水平整体上差别不大，测试的结果能反映普遍倾向；第二，通过两年多的汉语学习，学生已经对汉语有了一定的理解能力和判断能力，能减少被试答题时的随意性和盲目性，保证测试结果的可靠性。

---

① 本节作者：全香兰，原载《世界汉语教学》2006年第1期。

调查内容我们选择了韩国延世大学编的《韩国语》第一册。这本教材是延世大学韩国语学堂为外国人编写的对外韩语教材，在韩国对外韩语教材中历史最久。据我们统计，该教材第一册后面的附录词语表中共收录 714 个词语，其中汉字词为 263 个，我们从中选择了 100 个汉字词作为调查内容。

调查步骤是：给学生提供用韩文书写的汉字词，要求第一栏写出韩国汉字，第二栏写出相对应的汉语词语。例如汉字词 gicha 的韩国汉字是"汽車"，对应的汉语词语是"火车"。由于大部分学生对韩国的汉字不很熟悉，答题时允许学生如果不会写韩国汉字可以写中国简体汉字。调查分两组进行，每一组 30 名学生，各 50 个汉字词，答题时间是 30 分钟。两组共 60 名学生对 100 个汉字词的答题情况大体如下：

	正确	错误	空白或拼音	总数
韩语汉字词	1306[①]	851	843	3000
	43.5%	28.4%	28.1%	100%
汉语词语	2088	577	335	3000
	69.6%	19.2%	11.2%	100%

从以上的统计数据中，我们可以看到汉语词语的正确率远远高于韩语汉字词。对韩国汉字的转写，学生写对的有 1306 个词，占总数的 43.5%，而汉语词语写对的则有 2088 个，占总数的 69.6%。留空白的词语数也是韩语汉字词多于汉语词语。从整体上看，汉语词语的正确率高于韩语汉字词，这说明韩国学生对韩语汉字词的知识很薄弱。下面我们具体分析调查中出现的一些现象。

---

① 对韩语汉字词的转写，应该写出韩国繁体字，而在这里学生写了中国简体字，只要写对了我们都把它算作正确的。

（一）对韩国汉字缺乏了解

调查中发现大部分学生不会写韩国汉字，韩国汉字转写栏里留空白的汉字词共 843 个，占总数的 28.1%。即使写了汉字，大多数写的是中国的简体汉字。极个别的学生稍好一些，显然是在国内学过汉字，基础比较扎实，但也没有写全，错别字也多。总的来说，学生对韩国汉字掌握得并不理想。

学生对韩国汉字知识的缺乏，并不仅仅表现在字形上，更突出地表现在字义上。从答题时出现的一些别字中，我们可以观察到学生对汉字的字义没有多少了解。如果学生掌握汉字的意义，就不会出现以下错误：

　　登山—*等山　邮局—*油局　百货店—*白化店
　　洗手—*洗水　牛乳—*牛油　洋服店—*样服店

（二）对汉语常用词语更有把握

在学生答题过程中我们观察到一个很有趣的现象。我们在调查中所用的词语皆为韩国常用词语，与此相对应的汉语词语大部分也是现代汉语常用词语，如"桌子、上午、电影、电话、音乐、教室"等。答题时我们发现，学生对这些在汉语中学过的常用词语显得更加有把握，大部分学生拿到问卷后先写对应的汉语词，然后回过头来写汉字词。只是遇到在汉语里没接触过的或比较陌生的词时，他们才停下来琢磨，试图从汉字词中寻找答案，如"外套""祈祷""天桥"等词。这种答题顺序告诉我们，学生对汉语中的日常用语掌握得更好。

（三）对中韩同形同义词，学生只认汉语

还有一种现象也出乎意料，我们原以为对中韩同形同义词，

学生只要会汉语或韩语中任何一种写法，自然会以此类推写出对应的词，结果发现很多学生只认汉语不认韩语。

有些韩语汉字词跟汉语词语是同形同义的[①]，比如，与jeonhwa 对应的汉语词语是"电话"，转写为韩国汉字是"電話"。答题之前我们讲过，如果写不出韩国繁体汉字可以写中国简体汉字。按理说，学生写出了汉语词语，应该很自然地联想到韩语，但让人感到意外的是，很多学生写出了汉语，却写不出韩语，在汉字词栏里留出空白。这种现象不只是出现在个别学生身上，而是带有普遍性。汉字词"周末""成绩""杂志""音乐""学期""中东""图书馆""博物馆"等词的转写中都出现这种情况。事后我们找个别学生询问过原因，学生反映，在国内学这些汉字词时根本没想到它们是汉字词，更没在意是由哪几个汉字组成的。

可见，大多数韩国学生对韩语中的汉字词没有多少意识，更不知道所用汉字是什么，这跟韩国的语文政策有密切的关系。由于这些汉字词在韩国都是用韩文书写的，学生对这些词只从整体上去理解，很少去想具体构成成分的意思。这如同我们对汉语中的外来词的理解，比如对"沙发"这个词，中国人只把它跟一种坐具联系起来，没人去理会汉字"沙"和"发"的字义是什么。大部分韩国学生对韩语汉字词的理解大概也是如此。

[①] "同形同义词"这一说法并不很严密，因为韩国已经普遍使用韩文，很少使用汉字，而且两国的汉字在字形上也有所不同，中国汉字进行过简化规范，而韩国仍沿用过去的汉字字形。这里所指的"同形同义"忽略以上因素。

二 产生偏误的原因

（一）韩语汉字词影响汉语词语

前面我们提到过，学生遇到一些在汉语中没有接触过的或比较陌生的词时，想从韩语中寻找答案。某些偏误中，我们能感觉到这种痕迹。比如，"小说"，不少人写成"*小说书"，这明显是受韩语 soselchaek[小说册]① 的影响，"册"在韩语中是"书"的意思；"*高中学校"是受韩语 godeunghakgyo[高等学校]的影响；把"高速公路"写成"*高速道路"同样也是受到韩语的影响；"卓子"则是因受韩国汉字字形的影响而出现的错误。

（二）汉语词语影响韩语汉字词

前面我们谈到学生答题时，先写汉语词语后写韩国汉字的现象。在学生的答题中我们还发现，很多学生的汉字词书写受汉语的影响。最明显的是字形，大部分学生不会韩国汉字，都写了中国的简体汉字。另外，在一些具体词语的错误答案中我们也能发现学生不知不觉中受到汉语的影响。如把 pungseup[风习]写成"风俗"、sajeon[辞典]写成"词典"等都是受了汉语的影响。最典型的词就是 yeonghwa[映画]，大部分同学都写出了对应的汉语词语"电影"，其中绝大多数学生把汉字词转写为"影画"，明显是受到了汉语的影响。

（三）韩国汉字的转写中别字多，主要原因来自同音干扰

韩国汉字的转写过程中写别字的现象比较突出，主要是受韩

---

① 符号"[ ]"内是韩语汉字词的汉字转写，为了书写方便一律用了汉语的写法。

国汉字音的同音干扰而造成的。例如：

故乡—*古乡　有名—*有明　市场—*市张　杂志—*杂纸
电话—*传话　会社—*回社　演说*—连说　授业—*受业
病院—*病园　祈祷—*气道　建物—*健物
大使馆—*代使官　跆拳道—*太拳道　公休日—*空休日
冷藏库—*冷装库　博物馆—*博物管　邮递局—*邮体局

在韩语中，以上每一组词语的前后两个词皆为同音词。同音干扰是韩国学生汉字错误中错误率最高、最突出的偏误现象。同音干扰一部分来自汉语的同音干扰（如，方式—*方试），而更多的是来自韩语的同音干扰。

（四）多种因素杂糅在一起

有些偏误的出现是几种原因杂糅在一起互相影响的结果。如 gyeongchi[景致]，汉语应该是"景色"或"景致"，而很多学生写了"景气"。很可能是因为韩国汉字"致（chi）"在韩语中的字音跟汉语"气"恰好是同音。在学生平时作业里，我们也经常发现这类错误，比如该写"成长"，却写"生长"，因为"成"字的韩语音 seong 和汉语"生"字的读音非常相近。又如，"记忆"中的"忆"字，韩国汉字应是"憶"，而不少学生写成"意"，这也许是韩国汉字字形的干扰和汉语同音干扰共同影响的结果。

还有一些答案中我们也可以观察到，有些汉字虽然是错误的，却能反映出学生选择汉字时并不是盲目的，有些错误倒带有一定的理据性，还能自圆其说。比如"教室"写成"校室"（学校里的房子），"图书馆"写成"读书馆"（读书的地方），"选手"

写成"先手"（比别人在先的人），"电话"写成"传话"（传话的工具）等等。这些例子说明学生是经过一番思考的，如果平时好好引导应该可以避免这类错误。

（五）对韩语汉字词的了解不深

韩语汉字词，根据人们对它的认知程度可以分为两大类，一类是大部分韩国人容易辨认的汉字词，还有一类是只有懂汉字的韩国人才能辨认的汉字词。对后一类汉字词大部分韩国人以为是固有词，只有那些有汉字知识的人才知道其真面目。在这次调查中我们也发现，大部分学生对这类词了解不多，在转写栏里多数都留下空白，也许是不知道该用哪一个汉字，也许以为它是固有词没有对应的汉字。例如：

cheongso [清扫]（打扫）   siksa [食事]（吃饭）

chingu [亲旧]（朋友）   sopo [小包]（包裹）

hasuk [下宿]（租房）   chaek [册]（书）

pyeonjiji [便纸纸]（信纸）

这些现象告诉我们，学生虽然学了汉语，掌握了不少汉字，但对母语中的汉字词还是没有多少了解。

三 如何解决问题

（一）重视对韩国留学生的汉字教学，注重对汉字字义的理解

对韩国汉字教学不完善的问题，在《针对韩国人的汉语教

学——"文字代沟"对对外汉语教学的启示》一文中已详细论及。①由于这些问题，韩国学生对汉字词的理解是懵懵懂懂的，对汉字的字义不甚了解。前面介绍的学生汉字书写方面的偏误，也证实了这一点。

有一次，翻译考试中学生对人名的翻译引起了我们的注意。原文中出现韩国人名"seongho"，这个人名用汉字转写大概是"成浩""成虎"或"成豪"等，结果发现学生给这个人名用的汉字五花八门，多达十几个，如"成好""成户""成乎""成呼""成号""城好""城号""星好""星户""星号""圣湖""圣好""省互"等。在韩语中，这些名字是同音的，都跟韩国名字"seongho"对应，因此很难说这些翻译是错误的，但按韩国人起名选字的原则来看，这些名字都有些离谱，没有考虑到汉字的字义。对韩国人名"yeongsu"的写法也出现类似的情形，这个名字的转写中比较常用的汉字是"永寿""永洙""英洙"等，而学生的答案中却出现"英数""英首""英秀""永水""英术""英修"等。这些人名的转写，从一个侧面说明学生的汉字知识很差，对字义的理解不深。

鉴于以上情况，我们认为一定要重视汉字字义（即语素义）的教学，即使到了高年级也要强调它。同音干扰是韩国学生汉字及词语偏误中比较突出的原因，而学生对汉字字义的理解可以帮助他们根据汉字的字义去排除同音带来的干扰。比如，上面提到的"*等山"与"登山"，只要清楚"等"与"登"的意思，就

---

① 全香兰《针对韩国人的汉语教学——"文字代沟"对对外汉语教学的启示》，《汉语学习》2003 年第 3 期。

很容易辨别对错,排除同音带来的干扰。

(二)用汉语词语激活韩语汉字词,再利用韩语汉字词引导学生掌握汉语词语

上文我们对韩国学生理解汉字词的问题做了一些说明。韩国汉字教学没有注意汉字词问题,学生对韩语汉字词认识不足。因此,我们不能简单地认为汉字词对韩国学生有帮助,或给学生带来负迁移。据学生反映,他们开始学习汉语之后,才对汉字词有了新的了解。根据学生的实际情况,我们认为用汉语词语激活韩语汉字词,并通过韩语汉字词帮助学生掌握汉语,使二者形成互动才是比较理想的教学方法。

韩国学生对汉字词认识不足,主要是因为他们学习韩语汉字词时处于不自觉状态,我们应该帮助学生弥补这一不足。韩国学生见到用韩文书写的汉字词时,往往意识不到其中每一个字所表达的意思。但是反过来,见到汉语词语把它用韩语读出来,即通过语音转换之后,如果跟自己所知道的韩语词语发音接近时,就很容易理解这个词所表达的意思。比如,韩国学生听到或看到"卢武铉"这个人名时往往反应不过来,当他用韩语读出来之后,他才知道这就是"no muhyeon"。好多汉字词的情形跟这个例子很相似。总之,对韩国学生来说,对汉字词信息的输入强于信息的输出。因此这类词如果出现在阅读理解中,跟欧美学生相比,韩国留学生更容易理解,但在写文章时,优势不是很大,干扰则比较大。

有一次上课时,学生问"gongcheoga"在汉语里怎么说,我问学生这个词是什么意思,学生说是指怕老婆的男人,我又问为什么用这个词指怕老婆的男人,学生回答不知道,我再启发他们

如果知道这个汉字词所用的汉字是什么就容易理解了，学生胡乱说出一些同音的汉字"空处~""工气家"等，没有一个学生知道正确的汉字。我在黑板上写了"恐妻家"，学生这才恍然大悟连连点头，原来韩语的汉字词是这么来的，也觉得挺有意思。在教学当中遇到的类似例子很多，能明显地感觉到学生对韩国的汉字词很少去思考所用汉字是哪一个，但一旦告诉他们是哪一个汉字，学生就马上知道，容易接受。

鉴于以上情况，我们认为针对韩国人的汉语词语教学可以结合韩语汉字词进行，逐渐引导学生掌握韩语汉字词，并以此为基础掌握汉语词语。比如前面谈到的"恐妻家"，学生知道了"恐妻家"的意思之后，我们再告之对应的汉语词"妻管严（气管炎）"，学生就很容易理解。顺便再教"ga[家]"作为后缀其用法跟韩语很相似，如"文学家""音乐家""科学家"等；"gong[恐]"是害怕的意思，汉语词"恐怖""恐慌"等也跟韩语中的意思相同。

（三）要开设对比课、翻译课等课型，有针对性地进行教学

在教学过程中，我们迫切地感到需要结合母语进行教学，而从目前国内教学分班的情况来看，很难结合母语进行教学。国内的情况通常是多语种的学生混合在一个班级上课，教师又不可能掌握多种语言，课堂上也不能照顾个别语种。但是针对某一个语种的学生单独开设一两门跟母语有联系的课程，应该是可以实现的，如语言对比课或翻译课等。通过这些课程，我们可以帮助学生从无意识的学习，提高到有意识的学习，既能帮助学生学好汉语，又能有效地解决因母语干扰引起的偏误。我们的汉语教学不能只满足于学生的短期学习，从长远的教学目标来看，一定要在这一领域进行必要的投资。

（四）词汇大纲要考虑学生母语中的常用词

调查发现，学生在韩国常识性的词语和常用词方面的答题情况很糟糕。最典型的就是韩国国旗"太极旗"、传统体育项目"跆拳道"、横亘首尔市的"汉江"以及"空港（机场）"等常用词。这些汉字词在韩国是很常见的词，而答对的学生却寥寥无几。

我们认为学生的课程中至少应有一门课程是结合母语的，而且这门课程的词汇大纲要区别于通用的汉语词汇大纲。留学生要理解中国人写的文章，理解中国人说的话，当然需要掌握汉语常用词，但他要表达时所需要的词语跟中国人是不一样的，也许更多的是跟自己国家的语言与文化有关的词语。韩国留学生毕业后要从事的工作，大多是对中韩两种语言进行相互转换，所以应考虑韩国人常用的词语，不能只考虑汉语的习惯。只有从学生的角度去考虑问题，我们的教学才能真正做到为学生服务，帮助他们学到有用的知识。

四 结语

以上我们以对韩国留学生的词语调查为基础，分析了韩语汉字词对学生习得汉语词语的影响。经过统计与分析发现，目前处于二三十岁年龄段的韩国留学生对韩国汉字词的了解普遍缺乏，韩语汉字词对他们习得汉语词语的影响并不很大。学生产生偏误的原因比较复杂，其中写别字的问题比较突出，其主要原因来自韩语汉字词的同音干扰，因此对字义的教学应该得到重视。根据学生产生偏误的种种原因，我们认为对不同语言背景的学生进行有针对性的汉语教学应受到足够的重视。

第三章

句法偏误研究

第一节 留学生汉语宾语偏误分析[①]

宾语是汉语中最重要的句子成分之一,在教学中不少教师都发现学生会出现宾语的偏误,这引起了笔者的研究兴趣。在笔者收集到的资料中,大多是宾语本体的研究,包括宾语的定义、分类等。一般认为宾语就是谓语动词后边表示人物、事件的成分,能够回答"什么""谁"之类的问题,主要是表示动作或状态涉及的事物、时间、处所和数量等。动词可以带的宾语最常见的是名词、代词,但并不限于此,还可以是形容词、动词、动宾短语、主谓短语。对宾语的偏误分析和习得研究都还很少见到。只有佟慧君和程美珍在各自的论著里分析了一些有宾语偏误的句子,但也只限于对具体例句的分析,没有对宾语偏误做系统、全面的分析。[②] 前人对宾语的偏误分析和习得研究做得还很少,这增加了研究的难度。我们希望能比较全面地反映留学生汉语宾语的偏误情况,从而为对外汉语教学提供帮助。

参照前人对宾语本体的研究,本节主要依据宾语的结构性

[①] 本节作者:王静,原载《暨南大学华文学院学报》2006年第4期。
[②] 佟慧君《外国人学汉语病句分析》,北京语言学院出版社1986年版;程美珍《汉语病句辨析九百例》,华语教学出版社1997年版。

质，把宾语分为四大类九小类：体词性宾语（一般体词宾语、处所词宾语）、谓词性宾语（动词宾语、名动词宾语、形容词宾语）、小句宾语和双宾语（体词性双宾语、谓词性双宾语、小句双宾语）。①

本节拟对留学生自然语料中出现的偏误进行分析，并初步探讨产生偏误的原因。由于宾语没有形式标记，只能采用人工浏览的办法，限于时间和精力，本节只从中介语语料库②的一部分（约10万字）中找出了有宾语偏误的句子，共130句。

偏误分析该怎么分类，很多学者对此有过论述。鲁健骥分四类：遗漏、误加、误代、错序。③周小兵把偏误类型分为：语序错误、搭配不当、词语残缺、词语误加、词语混用、句式杂糅六类。④Carl Janes 分五类：误代、误加、遗漏、杂糅、错序。⑤

本节以 Carl James 的误代、误加、遗漏、杂糅、错序五种偏误类型为纲，再以体词性宾语、谓词性宾语、小句宾语、双宾语

---

① 各类宾语包括词和短语，如一般体词（短语）宾语，处所词（短语）宾语，动词（短语）宾语，名动词（短语）宾语，形容词（短语）宾语。为简便起见，文中省去"（短语）"二字。体词性双宾语指直接宾语为体词性短语的双宾语，谓词性双宾语指直接宾语为谓词性短语的双宾语，小句双宾语指直接宾语为小句的双宾语。但是，在行文中一般还是把双宾语合在一起说，只是在列表时会分开列出来，作为参考。

② 该语料库为中山大学国际交流学院所有，在此对学院各位老师表示诚挚的谢意。它主要收集了该学院近年来留学生平时和考试的作文。由于写作课是中级1班才开设的，所以语料库中的语料以中级班为主。

③ 鲁健骥《外国人学汉语的语法偏误分析》，《语言教学与研究》1994年第1期。

④ 周小兵《第二语言教学论》，河北教育出版社1996年版。

⑤ James, C. *Errors in Language Learning and Use: Exploring Error Analysis*. 外语教学与研究出版社，2001。

四种结构类型为目进行偏误分析。所用例句基本保持原貌，分析时主要修改宾语部分（限于篇幅，每类只举一例，有偏误的地方用下划线标示出来）。

一 偏误分析和数量统计

（一）偏误分析

1. 误代

宾语的误代偏误暂时还没有发现。

2. 误加

（1）*我只看他们，他们又看<u>我自己</u>。

（2）*如果去<u>旅游另外的地方</u>，我认为能发现另外的风俗，另外的想法。

（3）*这样的情况很多，我越来越觉得<u>很奇怪</u>。

（4）*他认为自由就是<u>想作什么就作什么这个想法</u>。

例（1）是一般体词宾语误加，"看我"就可以了，不用加"自己"，除非是"我看我自己"。例（2）是处所词宾语误加，"旅游"不能带宾语，这里应该改为"去别的地方旅游"。例（3）是形容词宾语误加，"越来越"已含有程度加深的意思，所以后面不能再用绝对程度副词"很"。例（4）是小句宾语误加，"自由"不是"想法"，而是"想做什么就做什么"。

3. 遗漏

（5）*我还没毕业的时候，我就在泰国国际机场工作了，那个时候我碰到<u>很多从各国来，特别是中国人</u>。

（6）*第二天,夫妇都又去了<u>别的医生</u>想知道有什么病。

（7）*早上,无论如何一定不要旷课,然后在教室<u>注意老师的话</u>。

（8）*最近时我觉得累一点儿,而且看不清楚。我<u>认为需要眼镜</u>。

（9）*他常常给我打电话,说汉语。这事情<u>给了我们练习汉语</u>也来更亲近。

（10）*她告诉,<u>我在白云(山)的时候有很多人给我电话</u>,她觉得很奇怪,所以问一位电话者为什么给我打电话。

例（5）是一般体词宾语遗漏,"碰到"少了宾语,应该在"从各国来"后加上"的人"。例（6）是处所词宾语遗漏,"去"的宾语不能是"医生"而应该是"医生那里"。因为表人的名词后必须加上"这里(儿)/那里(儿)"等才能表示处所。根据句子意思,这里加上"那里"。例（7）是动词宾语遗漏,"注意"后应该加上动词"听"。例（8）是小句宾语遗漏,"需要眼镜"少了主语"我"。例（9）是体词性双宾语遗漏,"给"的两个宾语都应该是名词,这里应该是"给了我们练习汉语的机会"。例（10）是小句双宾语遗漏,"告诉"接双宾语,间接宾语是必须出现的。这里只有直接宾语（小句）,少了间接宾语"我"。

4. 杂糅

（11）*我现在要向你们<u>告诉他的故事</u>。

例（11）是体词性双宾语杂糅,"告诉"后面应该接双宾语,不用介词"向",应改为"我现在要告诉你们他的故事";如果要保留"向"的话,可以改为"我现在要向你们讲述他的故事"。

5. 错序

(12) *山上很多树种着。

(13) *他开隧道进去家里。

(14) *我的小儿子两岁。他很喜欢汽车和火车玩具玩儿。

(15) *虽然她们有自己的钱,但觉得麻烦结婚。我也认为麻烦结婚。

例(12)是一般体词宾语错序,应该是"山上种着很多树"。例(13)是处所词宾语错序,谓语动词后有表示处所的宾语又有趋向补语时,处所词宾语一定要放在动词和趋向补语之间。应该改为"进家里去"。例(14)是动词宾语错序,"汽车和火车玩具"是"玩儿"的宾语,该放在动词后面。这里可能是受了母语的影响,因为日语里宾语都在动词前面。例(15)是小句宾语错序,"觉得"后面一般是形容词或小句做宾语;"认为"一般只接小句宾语。这里"麻烦"是形容词,不能再带宾语,这里该是"觉得/认为结婚麻烦"。

以上我们详细分析了宾语的几种偏误类型,主要有误加、遗漏、杂糅、错序等。虽然不能概括留学生在使用宾语时的所有问题,其偏误类型和原因可能也不像我们分析的那样泾渭分明,而是多种学习策略和其他因素综合作用的结果。但是,通过分析,我们可以发现留学生在学习中和教师在教学中存在的一些问题。只有了解了这些问题,我们才能制订相应的对策,更好地教学。

上面的偏误都是从作文中能直接发现的,目前还没有发现名动词宾语和谓词性双宾语的偏误,也没发现误代的偏误。但这并不能说明这几类偏误不会出现,也许是他们有意无意地回避了,比如采用另一相对熟悉的表达方式代替。

(二)偏误数量和比例统计

我们统计了各类宾语的各类偏误句数、各类宾语的偏误比例及各种偏误类型的比例。

表 3-1 偏误数量和比例统计

宾语类型		偏误类型						各类宾语的偏误比例
		误代	误加	遗漏	杂糅	错序	合计	
体词性宾语	一般体词宾语	0	7	26	8	14	55	42.31%
	处所词宾语	0	3	6	0	5	14	10.77%
谓词性宾语	动词宾语	0	2	13	2	4	21	16.15%
	名动词宾语	0	0	0	0	0	0	0
	形容词宾语	0	1	0	0	0	1	0.77%
小句宾语		0	4	16	0	9	29	22.31%
双宾语	体词性双宾语	0	0	5	2	2	9	6.92%
	谓词性双宾语	0	0	0	0	0	0	0
	小句双宾语	0	0	1	0	0	1	0.77%

(续表)

宾语类型	偏误类型					合计	各类宾语的偏误比例
	误代	误加	遗漏	杂糅	错序		
双宾语（合）	0	0	6	2	2	10	7.69%
合计	0	17	67	12	34	130	
各种偏误类型的比例	0	13.08%	51.54%	9.23%	26.15%		

注：①各类宾语的偏误比例是各类宾语的偏误句数占所有偏误总句数的比例。各种偏误类型的比例是各种偏误类型的句数占所有偏误总句数的比例。
②语料中尚未发现名动词宾语和谓词性双宾语的偏误，也未发现误代的偏误。

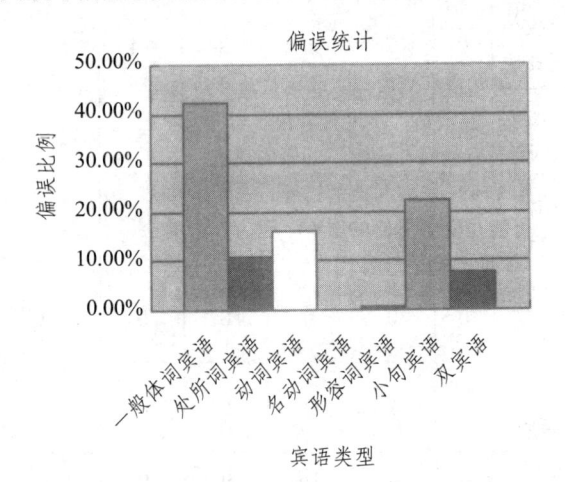

图 3-1 各类宾语的偏误比例统计

从表 3-1 和图 3-1 我们可以看出，各类宾语中出现偏误最多的是一般体词宾语，小句宾语其次，动词宾语和处所词宾语再次，双宾语、形容词宾语和名动词宾语最少。这和它们本身出现的频率有关：出现的频率越高，所占的比例越大；反之，所占的比例越小。

偏误统计

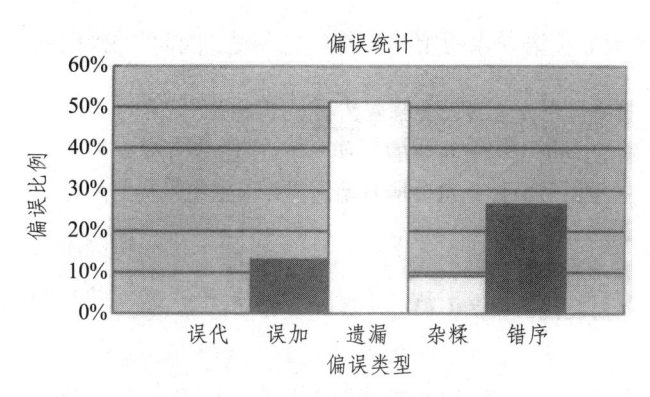

图 3-2　各种偏误类型的比例统计

从表 3-1 和图 3-2 我们可以看出，遗漏是出现最多的偏误类型，错序其次，误加、杂糅再次，误代最少。

二　偏误原因探讨

Selinker 认为中介语是通过五个方面产生的：语言转移，对第二语言规则的过度概括化，语言训练的转移，学习第二语言的策略，交际的策略。这也可以理解成偏误形成的原因。[①]Carl James 认为偏误的原因有五种：母语负迁移，过度泛化，误导，学习策略，交际策略。[②] 综合前人的研究，本节拟在以下五种原因的基础上对留学生的宾语偏误进行解释、分析。

（一）语际干扰

由于留学生大多学过除母语以外的其他语言，所以我们认为影响留学生学习汉语的不仅仅是母语，还有他们学习的其他语言，

[①]　Selinker, L. Interlanguage. *IRAL*, 1972(10).

[②]　James, C. *Errors in Language Learning and Use: Exploring Error Analysis*. 外语教学与研究出版社，2001.

如大多数非英语国家的留学生都学过英语。因此,我们不采用"母语负迁移"的说法,而采用"语际干扰"的说法。

语际干扰主要体现在初级阶段,到中高级阶段就比较少了。在初级阶段,留学生的目的语知识还不够多,在学习汉语的时候往往依赖其他语言知识来类推,因此语际干扰在初级阶段表现尤为突出。要减少这种干扰,必须认清不同语言之间的相同点和不同点。

汉语中,动宾结构一般情况下是 V+O,而在有些语言里动宾结构是 O+V,如韩语、日语,等等。这就出现了母语和汉语的不同,容易引起母语的负迁移。这个原因产生的偏误主要的表现是错序,在刚刚学习汉语的留学生中出现得很多。

对于这类原因产生的偏误,我们要在教学中给学生讲清他们的母语或者英语和汉语的区别,要他们注意不要把母语和英语中的一些东西迁移到汉语中来,影响汉语的习得。

(二)语内干扰

随着留学生汉语水平的提高,他们掌握的目的语知识越来越多,他们便会泛化汉语语法规则,尤其是学习汉语的大多是成年人,逻辑思维能力很强,他们很善于"举一反三"。这对语言学习来说,既有好处,又有坏处。举一反三、触类旁通,对于学习来说本来是好事。但是,语法规则并不像数学或其他学科那样严格,语法规则是约定俗成的,不是那么严密的,还有很多模糊的,处于边缘地带的东西。汉语中很多语法规则都是有限制的,不能随便类推,过度泛化,否则会出现偏误。这类原因产生的偏误非常多,有句式方面的,有词语方面的,等等。

(16)*昆明的天气很好，所以很多人去旅游昆明。

汉语中并不是所有的动词都可以带宾语的，有一些动词是不能带宾语的，如：工作、见面、聊天、结婚、毕业、旅游等。如果以为所有动词都可以随便带宾语，就会出现上面的偏误。在我们收集到的偏误中，这类偏误还不少。

(17)*我的朋友今天对我夸："你的女朋友很漂亮。"

"对我夸"是仿照"对我说"来的，但并不是所有有"诉说"义的动词都可以这样用。"对我说、对我喊、对我讲"可以，但是"对我夸、对我问"就不行，不能泛化使用，只能说："夸我……""问我……"。

汉语中的语法规则很多，每一个都有自己的使用范围和条件，并且，汉语中一个既合语法又合情理的句子并不是一条规则起作用，而是很多规则同时起作用的结果。如果泛化了一条规则，忽略其他规则，就会产生偏误。在教学中，一定要注意给学生讲清各条规则使用的范围和条件限制，不能随便地"举一反三"。

(三) **教材和教学的误导**

我们调查了现行的几部教学大纲和教材在宾语这一语法点上的安排。我们发现这些书对宾语的介绍都较简单，主要介绍的是体词宾语和双宾语，其他如动词宾语、形容词宾语、名动词宾语和小句宾语都没有做专门的介绍，即使有也只是在注释里稍微提了一下。至于双宾语的间接宾语可以是动词或小句的情况更是没有提及，除了黄政澄主编的《标准汉语教程》。[①]

---

① 黄政澄《标准汉语教程》，北京大学出版社 1998 年版。

以《现代汉语教程——读写课本》为例。这套教材在第一册第 17 课和第 19 课分别介绍了宾语和双宾语。① 而本书是从 12 课才开始出现词类的语法,真正的语法点是从 16 课开始的,介绍了主语和谓语。然后在第 45 课语法复习总结 6 种句子成分时小结了宾语(第 441 页),指出:"除名词、代词外,'的'字结构、数量词组、指(示代词)量词组、动词、动宾词组、形容词(组)、主谓词组也都可以做宾语",并各举了一例。

这套教材在宾语知识介绍的顺序上,只有体词宾语和双宾语是最先出现的,其后的几类宾语就没有明确的顺序了,也没有专门的介绍,甚至提示或注释,这对留学生习得各类宾语是非常不利的。

教学大纲和教材对宾语的安排,指导着教师对宾语的教学安排。教师在教学的过程中一般也很少注意其他几类宾语的介绍,更别说专门的训练了。学生出现这么多的偏误不能说没有教学大纲和教材安排不周以及教学中不够重视的影响。

(四)学习策略的干扰

早期中介语研究发现,学习者总是通过各种方法减轻学习负担。这些方法可以称为学习策略。比如,留学生遇到不会表达的,往往会采用简化策略或者干脆回避不说。

影响学习者选择学习策略的主要是学习者个人因素,如:团体动力,对教师和课程教材的态度,个体学习技巧;还有一般因素:年龄,智力和语言能力倾向,认知方式,动机和态度,个性。②

---

① 李德津、李更新《现代汉语教程——读写课本》,北京语言大学出版社 2003 年版。

② 周小兵《学习难度的测定和考察》,《世界汉语教学》2004 年第 1 期。

这些因素综合起来影响学习者对学习策略的选择，如回避使用比较难的词语或语法形式，从而影响学习效果。

前面我们谈到了一类特殊的动词宾语——名动词宾语，但自然语料中没有发现偏误。我们分别调查了留学生和本族人的使用情况。从中可以看出，留学生在某种程度上回避使用这类宾语。即使在调查中要求用"进行、加以"造句，也有一些人没造。

因此，名动词宾语的教学应该加强，要讲清它与一般动词做宾语的区别：这类宾语只能扩展成偏正式的，不能扩展成动宾式的。也就是说，后面的宾语只能添加定语，不能添加宾语，如："进行研究"，可以扩展成"进行汉语研究"，不能扩展成"进行研究汉语"，而且也不能重叠（"进行研究研究"）。要注意的是，名动词宾语由于具有名词的性质，它的修饰语后面用的是"的"，而不是"地"。相信如果学生掌握了这些，就不会再回避使用了。

（五）交际策略的干扰

"交际策略是反映语言使用者的部分交际能力的心理计划，是潜在的有意识的活动，是对学习者没能执行的生成计划的弥补。它的使用是因为学习者缺乏或未能找到合适的语言资源来表达自己的意图。"[①] 在语言使用的过程中，留学生遇到不会表达的，或者忘了怎么表达的，就会采用替代策略或迂回策略。具体表现在：用近义词、上位词、反义词或生造词来代替要表达却不会表达的意思，或者用一大段话来阐述自己要表达的其实很简单的意思。这些一般都是基于第二语言的策略。

---

① 周小兵《学习难度的测定和考察》，《世界汉语教学》2004 年第 1 期。

(18) *第二次世界大战快要开始。人民没有吃的东西，没有钱买<u>日常的需要</u>，但是就是那时候她的性格开始成形。

(19) *然后他们俩就马上去<u>买眼镜的店</u>。

这里，"日常的需要"其实就是"日用品"，留学生不会表达，用了描写或解释的办法来表达这个意思。"买眼镜的店"不如"眼镜店"来得简洁。

当然，以上这些原因不是单独起作用的，任何一种语法现象的偏误都是它们综合作用的结果。而每一个偏误也不是孤立的一个语法点的偏误，而是和几个语法点纠缠在一起的。因此，我们在分析偏误时要注意把偏误放在一个开放、动态的体系中来进行分析，进而找出相应的教学对策，以指导教学，提高学习者的学习效率，尽可能避免产生各种偏误。

三　教学和研究的启示

从前面对产生宾语偏误原因的分析来看，我们认为其中最重要的原因是语内干扰和教材、教学的误导。这对我们的教学和研究都是有启示的。

（一）教学启示

我们知道，宾语本身的偏误往往与宾语的性质及动词的特点有关。汉语动词复杂，宾语类别繁多，这些都直接影响着宾语的习得。因此，语内干扰带给我们的启示是：在教学中应加强动词的解析，建立"动词—宾语"的相互联系。

具体来说，在教学过程中，我们要让学生学会区分不同动词带不同宾语的情况,让他们知道哪些是只能带体词性宾语的,哪些是只能带谓词性宾语的,哪些是两种都可以带的。也就是说,我们把动词分为名宾动词、谓宾动词和名宾兼谓宾动词,在这里是很适用的。当然,我们不必给留学生讲这些语法概念和术语,只用给他们讲清动词的用法就可以了。学一个讲一个,积累到一定时候再进行归类整理。

此外,带体词性宾语的还要分清是带一般体词宾语还是处所词宾语,带谓词性宾语的也要分清是带动词还是形容词、名动词,带双宾语的也要分清是带体词性双宾语还是谓词性双宾语、小句双宾语。因此,除了在讲授动词时加强对动词带宾语性质的讲解外,我们还要加强对动宾联系的训练:讲动词时可带宾语的就一定要尽量多举几个例子,让留学生当"语块"[①]记忆,以便以后可以举一反三;还可以做动宾搭配的练习,老师说出动词,让留学生说宾语;或老师说宾语,留学生说动词;这也可以在留学生之间练习。这样熟练之后,才有可能减少宾语的偏误,至少常用的那些动词的宾语不会出错。

(二)研究启示

前面说过,我们对几部通行的教材和大纲进行考察后发现这些教材和大纲对宾语这一语法点的安排不是很合理,几类宾语没有明确的出现顺序,有几类宾语甚至没做介绍。这也许是由于学界对宾语习得难度的研究不够充分造成的。而这对留学

---

① "语块"也叫"套语",指那些不能分析而作为整体学习的语言单位,多运用于特定的场景。二语初学者常常把语块作为整体来学习和记忆。这也是一种学习策略。参见周小兵《学习难度的测定和考察》,《世界汉语教学》2004年第1期。

生的学习显然有负面影响。因此，我们应该加强对宾语的习得研究，以改进教材的编写。只有当教材科学合理地安排了几类宾语的出现顺序，我们的教学才能循序渐进，留学生的习得也才能顺利进行。

　　实践证明，汉语本体研究与对外汉语教学是互相促进的。如果把汉语本体研究的成果直接运用到对外汉语教学中，我们会遇到许多意想不到的问题。即使我们教给了留学生这些，他们还是很容易出现宾语的各类偏误，而这些问题在我们汉语母语者本不是什么问题。这就促使我们换个角度，从对外汉语教学的角度来研究汉语，找出更多更好的方法，使汉语研究更好地为对外汉语教学服务。比如语法书、近义词词典等，以前编的那些针对汉语母语者的对留学生来说都不很实用。只有编出针对留学生学习困难的书来，才能切实解决他们的问题。

第二节　汉语中介语介词性框式结构的偏误分析[①]

　　"框式介词"这一概念自刘丹青将其引入汉语研究中[②]后，近年来开始逐步受到学界的重视，一些学者还对其做了拓展性研究，将其延伸到各种具有"框式"特征的结构，即"框式结构"

---

　　① 本节作者：黄理秋、施春宏，原载《华文教学与研究》2010年第3期。
　　② 刘丹青《汉语中的框式介词》，《当代语言学》2002年第4期；刘丹青《语序类型学与介词理论》，商务印书馆2003年版。

（circum-construction），如邓思颖、邵敬敏、李振中等。① 第二语言教学（外语教学和对外汉语教学）和二语习得研究中广为讨论的"语块"（chunk，也作"构式块""词汇组块"等）理论也往往将框式结构作为重要的研究内容，如刘晓玲和阳志清、周健、钱旭菁等。② 框式结构，指的是"具有特殊的语法意义和特定的语用功能"的框架式结构。③ 它由两个前后不连贯但又相互照应的词语构成，就我们观察到的现象而言，它既包括刘丹青所提到的类似于"在……上""为……起见"这类由前置词和后置词构成的介词性框式结构，也包括由此观念而延伸出的其他框式结构，如类似于"是……的""连……也/都……"这样的特殊构式，类似于"因为……所以……""如果……就……"这样的句子中前后照应的关联词语，类似于"又……又……""……来……去"这样的固定框架结构等。④ 框式结构在形式上具有"框"的特征，在形式和功能及意义的关系上则体现出"式"的特征。

就汉语中介语中框式结构的使用而言，情况比较复杂，偏误率比较高。当前对汉语中介语现象的研究中，这个问题虽已有所

---

① 邓思颖《粤语框式虚词结构的句法分析》，《汉语学报》2006年第2期；邓思颖《粤语句末"住"和框式虚词结构》，《中国语文》2009年第3期；邵敬敏《"连A也/都B"框式结构及其框式化特点》，《语言科学》2008年第4期；李振中《试论现代汉语框式结构》，《甘肃社会科学》2008年第5期。

② 刘晓玲、阳志清《词汇组块教学——二语教学的一种新趋势》，《外语教学》2003年第6期；周健《语块在对外汉语教学中的价值与作用》，《暨南学报》（哲学社会科学版）2007年第1期；钱旭菁《汉语语块研究初探》，《北京大学学报》（哲学社会科学版）2008年第5期。

③ 邵敬敏《"连A也/都B"框式结构及其框式化特点》，《语言科学》2008年第4期。

④ 刘丹青《汉语中的框式介词》，《当代语言学》2002年第4期；刘丹青《语序类型学与介词理论》，商务印书馆2003年版。

重视，但还没有得到充分而系统的考察。为此，本节以北京语言大学开发的中介语语料库"HSK动态作文语料库"为基础，对其中框式结构使用的偏误现象做出较为系统的描写，并对产生偏误的原因做出一定的说明。限于篇幅，本节不能全面考察汉语中介语中各种框式结构类型，而主要以介词性框式结构为考察对象。所谓"介词性框式结构"（adpositional circum-construction），大体相当于刘丹青论及的框式介词，我们之所以没有选用"框式介词"这一术语，主要有以下几个方面的考虑：一是"介词性框式结构"这一术语可以比较方便地纳入到"框式结构"这个大的系统中，而对框式结构（相关概念包括"构式""语块"等，但它们不完全等同）的研究将成为汉语作为第二语言教学的一个研究热点；二是"介词性框式结构"能够将"框式"的结构特征和"介词性"的功能特征很好地结合在一起；三是"框式介词"这个概念目前还没有被对外汉语教学界广为认知，而"介词性框式结构"这一术语既不失其本质，又便于结合教学实际。① 关于汉语中介语中介词性框式结构的偏误，我们从句法和语义两个方面来分析。在论述过程中，关于目的语（即汉语）框式结构本身的语言学特征我们随文说明，而留学生使用框式结构过程中产生偏误的原因则集中讨论。为了叙述的方便，下文内容除小节标题外一般径直以"框式结构"来称述"介词性框式结构"。

  本节在引用语料库的语句时，基本上维持了语料的原貌，例句后面标出了留学生的国籍。例句中加下划线的内容为原文出现

---

  ① 刘丹青《汉语中的框式介词》，《当代语言学》2002年第4期；刘丹青《语序类型学与介词理论》，商务印书馆2003年版。

偏误的地方；类似"*（上）"这样的形式表示该加而未加的内容，类似"(*像)"这样的形式表示不该加而加了的内容，例句前有"？"表示该例句不太自然。

为了便于相互比较，不仅考察误例，同时作为参照，也关注一些正例。

一 介词性框式结构的句法偏误类型

鲁健骥按偏误的性质将偏误分为遗漏、误加、误代、错序四大类，后续的关于中介语偏误类型的研究大体如此。① 就具体成分的有无及先后而言，框式结构句法层面的偏误似乎也大体可以从这些角度来考虑，但由于框式结构形式和意义及形义关系的特殊性，在偏误表现上还表现出鲜明的个性。下面从框式结构不完整、不该用框式结构的却用了、该用框式结构的却没用和框式结构的句法位置错误等方面来分析。

（一）框式结构不完整

从形式上看，框式结构的关键在于"框"，然而，中介语中常常出现"框"不完整的情况，或者缺失了前置部分，或者缺失了后置部分。由于此类偏误涉及的框式结构比较多，这里主要就常见框式结构的基本语义类别进行分析。

1. 表方位义的框式结构

表方位义的框式结构是指"在/从/到……+（方位词）"一

---

① 鲁健骥《偏误分析与对外汉语教学》，《语言文字应用》1992年第1期；鲁健骥《外国人学汉语的语法偏误分析》，《语言教学与研究》1994年第1期。

类的结构①,本节以"在……+(方位词)"为讨论对象。语料中,"在……+(方位词)"(中间成分为NP)基本上充当状语、补语,在充当这些句法成分时都会出现遗漏前置成分或后置成分的现象。例如:

(1)*比如,我想染我的头发,想<u>在耳朵(上)</u>扎一个耳眼儿。(韩国)

(2)*子女呆在家里的时候就坐<u>在电脑(前)</u>玩游戏,子女应帮助父母多干家务活,可以减轻父母的负担。(加拿大)

例(1)、(2)中的"在+NP"都表示空间位置,其中NP要求是表处所义的。然而,"耳朵""电脑"都是普通事物名词,本身不具有处所义,需要语义上的处所化,而汉语的后置方位词的主要语义功能就是"范畴方所化"②,因此它们的后面需要根据自身的情况带上相应的方位词。如果NP本身就是具有处所义的名词性成分,那么它就不需要处所化了,因而也就不需要后置方位词了。例如:

(3)一九七一年我<u>在北京</u>出生,一九七七年上了海淀小学。(日本)

不过,普通事物名词和处所名词的界限依具体名词的语义类别而定,因此NP后面是否带方位词,有的具有强制性,如例(1)、

---

① 由于方位词依然处于语法化过程中,有的方位词其方位义已经很虚,所以此类框式结构有时是表示具体的空间方位义,有时表示的是由此而引申出的意义(如时间义),但为了行文方便,我们根据其基本意义和形式特征,统一称之为"表方位义的框式结构"。

② 储泽祥、彭建平《处所角色宾语及其属性标记的隐现情况》,《语言研究》2006年第4期。

第二节　汉语中介语介词性框式结构的偏误分析

(2)必须带；有的不能带，如例（3）。还有的名词（如"医院"）兼有普通事物和处所双重特征，它们后面是否带方位词是两可的。例如：

(4)天有不测风云，一九七二年十月二日爸爸躺到床上，我很深刻地记住，那天爸爸在医院里突然病发。（印度尼西亚）

(5)记得六岁那年，我发烧，病得很严重，必须在医院住好几天。（新加坡）

例（4）的"医院"后带有"里"，例（5）的"医院"后没有方位词，都是可以接受的。

其实，对于方位词的遗漏，可以从语言共性和差异的角度来看待。尽管方位概念普遍存在于人类语言中，但如何表达却有显著的差异。框式结构虽非汉语所独有，但汉语中作用显著的方位词和方位短语却不是语言类型中的一个具有普遍性的概念。为什么会这样呢？从语义方面看，汉语表方位义的框式结构的前置成分只能表示空间关系的类型，而不表示空间关系的具体位置，具体的空间位置类型要靠"上、下、中、里"等方位词来表达；从句法方面看，根据 Dik 的"联系项"（relator）理论，现代汉语中的方位词常位于联系项的位置上，起着连接前后两个被联系成分的作用，遗漏了方位词，就会留下联系项空缺。[①]

同样的，"在……+（方位词）"遗漏前置词"在"的现象

---

① 本节关于框式结构前后置成分语义结构关系的理解及关于联系项理论的理解，基本依刘丹青（2003）。Dik 的联系项理论揭示了联系项的优先位置：(1)在两个被联系成分之间；(2)如果联系项位于某个被联系成分上，则它会在该被联系成分的边缘位置，即"联系项居中原则"参见刘丹青《语序类型学与介词理论》，商务印书馆 2003 年版。

也会发生在其充当状语和补语的时候。例如:

(6) 我们 *(在) 火车里,认识了很多中国朋友,他们对我们外国人格外亲切、热情。(日本)

(7) 可是如果事情发生 *(在) 我身上的话,我会不会帮助我家里人自杀呢?(日本)

(8) 要是我现在还呆 *(在) 乡村里,那将来一定是社会的牺牲品。(泰国)

例(6)中"在……+(方位词)"充当状语,它们是句中动词的处所论元,而表示具体空间位置的方位词并没有赋元作用,具有赋元功能的是语义抽象度相对较高的"基本关系介词",所以必须把表示"静态方所或时间"的基本关系介词"在"补上。例(7)、(8)中"在……+(方位词)"在谓语动词后作补语,此时"在"位于联系项的中介位置,不能省略,否则会违背联系项居中原则;此外,此时的"在"受其前面的动词的重读影响读成轻声,在韵律上会黏附到前面的动词中去,从而使"V在"在句法上词化了,如例(7)、(8)中的"发生在、呆在"。[1]

2. 表示时间点的框式结构

表示时间点的框式结构指的是"当……时/的时候/之际"和"在……时/的时候"等结构。这类结构大都是利用一个事件来确定一个时点,为后续句中另一事件的发生提供一个时间背景或给其在时间上定位。

---

[1] 在口头语中,处于补语位置的"在……+(方位词)"中的"在"有时可以省略,如"茶杯搁桌上了"。因此,例(7)、(8)的口头表达形式是可以不出现"在"的,但该语料的语境是书面表达,一般不能省去。

这类结构在别的语言中往往只用一个前置成分或后置成分来表示（如英语中的"when/while..."）。留学生在使用汉语这类框式结构时，常常遗漏后置部分。例如：

（9）在高三期中考试*（时），我取得了很好的成绩。（韩国）

（10）他不仅具有科学家的冷静气质，更具有完美的小提琴技艺，他总是在夜深人静*（时），拉琴娱己及思考错综复杂的案情。（新加坡）

例（9）、（10）的"在……时"用来说明某事件发生的特定时间，这时候"时"基本上还具有名词的功能，仍具有中心语的特征，不可以省略。

3. 表时空范围的框式结构

表时空范围的框式结构主要有"从……到……""自从/自打……到……""自/自从……以来""自/从……起""到……为止"。限于篇幅，这里选几个典型情况进行讨论。

"从……到……"可以表示时空、事物或数量的范围（如"从小孩到大人"）、事物的发展变化（如"从无到有"），其中"到"既标示终点，又处在联系项中介位置，它一般不能省略，"从"能否省略视情况而定。当表示时间空间的起点和终点或者事物的发展变化时，"从……到……"一般不可以省略"从"；如果只是表示事物、数量的范围，"从"可以省略，如"南昌，32℃到38℃"。当它位于主语位置时，"从"也可以省略；当它位于状语和谓语位置时，"从"倾向于不省去。此外，如果填入中间的成分是动词性成分时，"从"也不能省略。这种复杂的句法语用关系自然会使留学生容易出现使用上的偏误。例如：

(11) 在日本，（从）<u>四月底到五月初</u>有很多节日，很多单位放七天到十天的假，我们叫它"黄金周"。（日本）

(12) 一个孩子*（从）<u>一出生到成年之前</u>，接触最多的就是他的父母。（加拿大）

例(11)的"从……到……"框式结构做主语，表示范围，所以有没有"从"关系不大；例(12)的"从……到……"框式结构做状语，且"从"后面是动词性成分，用一个事件指称一个时点，故标示时间起点的"从"不可以省去。

"自/从……起"只标示时空的起点，它在别的语言中通常用一个成分来表达（如英语的"from..."）。因此，中介语中常出现遗漏"起"的情况。例如：

(13) 对孩子来说，<u>从他生活的第一天</u>*（起）父母是最亲的最重要的人。（俄罗斯）

"起"一方面位于联系项中介位置；另一方面，根据刘丹青，在"从……起"内部，"起"处在内层，"从"处在外层，被填入的成分只有先跟"起"组合，才能跟"从"发生关系。因此，例(13)中"起"不能省略。①

4. 表喻体或等比基准的框式结构

此类框式结构是指形如"像/跟……一样/似的"这样的结构。这类框式结构既可以担任谓语，也可以充当状语、定语，还可以充当补语。由于它们所处的句法位置及所起的语义作用不一样，

---

① 刘丹青《汉语中的框式介词》，《当代语言学》2002 年第 4 期。

前置部分或后置部分是强制性出现还是选择性出现便有所不同。例如:

(14) 妻子不能*(像)<u>正常人一样</u>生活下去。(韩国)

(15) 可惜,我们的下一代就没<u>像我们童年时代</u>*(一样)的情趣。(印度尼西亚)

(16) 那就糟糕了,爸去上班,妈住医院,我就(像)<u>一匹无缰的野马</u>*(一样),无人管束,就跟那些野孩子开始打交道。(印度尼西亚)

(17) 我们打算不带那么多钱,背着一个大旅行包,打扮得(像)<u>贫穷学生一样</u>。(韩国)

例(14)、(15)中的"像……一样"分别充当状语和定语,"像"标示比较基准,"一样"位于联系项位置,它们都不可以省略。例(16)中的"像……一样"作谓语,"像"要标示喻体,又是谓语动词,不能省略;而"一样"既不标示喻体又不处在联系项位置,所以它的去留不影响句子的合法性。例(17)中"像……一样"充当补语,由于"得"的存在,"像"的联系项角色被淡化,而"一样"又处在非联系项位置,故它们都可以自由地去留;当然,它们不能同时省略。

5. 表言说义的框式结构

此类框式结构主要包括:标示判断的依据、来源的"从……来看/来说",标示某种看法或判断所针对的人或物的"对(于)……来说/来讲/而言",标示认知判断的主体的"在……看来",标示某种论说对象的"拿……来说/来讲"和"就……来说/而言"等。例如:

(18)*(从)你们公司的要求来看,我的条件不错。(韩国)

(19)当年,*(对于)浸溺在玩乐中的我而言,是一句很有哲理,可是不能领会的"禅语"。(马来西亚)

(20)我是还年轻人,*(在)我看来还是"绿色食品"更重要。(韩国)

(21)学习汉语,首先*(拿)汉语的声调来说吧,汉语的声调对外国学生(来说)最难掌握的,因为我们国语里没有声调。(韩国)

虽然这类框式结构的表层结构分析性较强,其前置部分在别的场合也可以单用,但在意义上却有着很强的综合性,如果出现遗漏,将会影响句子意思的表达。

(二)该用框式结构的却没用

这类偏误也属于遗漏型偏误,和(一)的偏误不同的是,此类偏误是对框式结构的整体遗漏。相对于(一)的偏误类型,此类偏误比较少。例如:

(22)首先从文字着手,跟小孩子一样的,照着样子*(在)练习本*(上)一笔一划地写出来。(中国)

(23)*(跟)喝咖啡、喝酒、吃蛋糕等*(一样),吸烟也是爱好的一种,但在这些爱好当中,好像只有吸烟往往让提出话题。(日本)

例(22)的偏误是显性偏误,从该句内部就可以看出来:它需要一个处所状语来说明动作"写"发生的处所,处所状语一般由"在+NP"来担任,又因为"练习本"是普通事物名词,所以

第二节　汉语中介语介词性框式结构的偏误分析

其后面还要带上方位词"上"。例（23）是隐性偏误，"也"提示我们，"喝咖啡、喝酒、吃蛋糕"和"吸烟"具有"是爱好的一种"的特点，它们之间具有类比关系，要体现这种类比关系，就得带上具有类比义的框式结构"像/和/跟……一样"。

（三）不该用框式结构的却用了①

这一类偏误包括三种情况：只需要前置部分却把后置部分也带上了的；只需要后置部分却把前置部分带上了的；前置部分与后置部分都不需要却用了的。这类偏误属于"误加偏误"。先看前两种情况：

（24）这样可以使人们在街上或者公共场合（*上）受到的不良影响能够受到控制。（韩国）

（25）（*在）世界上没有一个人不愿意享受轻松的生活。（韩国）

如前所述，"在+NP"中的NP要求具有处所义，由普通事物名词充当的宾语需要借助后置方位词实现处所化。例（24）中"公共场合"具有处所义，其后面不需要方位词。例（25）"世界上"做句子的主语，其前面一般不能加"在"。

第三种情况的偏误表现为：

（26）（*从）"三个和尚没水喝"的故事（里），令我联想到人类自私的一面。（新加坡）

---

① 由于在讨论第一类偏误时我们已经给各框式结构分了类，加上所有其他类型的偏误都没有第一类偏误那么多，所以在讨论其他类型的偏误时不再一类一类地分开叙述。

(27)我用(*从)国家领导人的行为(中)举了一个例子。(韩国)

显然,例(26)缺少主语,而"从……里"一般只能充当状语,不能做主语,所以应删去"从……里"。例(27)的"用"后边的成分是宾语,"从……中"不能充当宾语,故应去掉。

(四)框式结构在句子中的句法位置错误

此类偏误是指框式结构出现在不该出现的位置,属于错序偏误。例如:

(28)*当人们不断地浪费钱在吸烟上,就会令外汇流失,直接地支持进口货了。(马来西亚)

(29)*她想,如果住院的话,我得花很多钱,就照顾我在她的家里。(日本)

在现代汉语中,语序受象似性原则和抽象原则的双重制约,表示动作的起点、发生(存在、经过)的场所的介词词组一般位于所修饰的成分前。① 例(28)的第一个分句的谓语动词"浪费"带了宾语"钱",所以"在吸烟上"应移到动词"浪费"的前面(也可用"把"将"钱"提到动词之前)。例(29)"在她的家里"是动作"照顾"发生的场所,所以它应该移位到"照顾"的前面。

"对(于)……来说"表示"从某人或某事的角度来看",它常常位于句首,做整个句子的状语;有时也可以位于主语和谓语动词之间,一般不可以放在谓语动词后面,否则会使句子说起

---

① 蒋绍愚《抽象原则和临摹原则在汉语语法史中的体现》,《古汉语研究》1999年第4期;张赪《从先秦时期"介词+场所"在句中不合规律分布的用例看汉语的词序原则》,《语言研究》2000年第2期。

来或听起来不太自然。例如：

（30）*我长大了以后他还是<u>对我来说</u>我生活中一个特别的人物。（南斯拉夫）

（31）*这些人全都是<u>对我来说</u>，值得一提的。（日本）

如果谓语动词前面有多重状语，"对……来说"一般要移至最外层，所以，例（30）、（31）中的"对我来说"要分别移到"还"和"全"的前面。

二 介词性框式结构的语义偏误类型

这里讲的语义，是指框式结构的整体结构及其前后置成分的语法意义。框式结构的语义偏误主要表现为：框式结构的前置部分和后置部分配合错误、框式结构出现冗余成分、框式结构的误代、框内成分的句法语义错误等。

（一）框式结构的前置部分和后置部分配合错误

虽然框式结构的固化程度不一，但框式结构的前置部分和后置部分的搭配习惯一般都是比较固定的。如果对这种相对固化的关系不清楚，就容易出现偏误。例如：

（32）<u>(*在)这种角度来讲</u>，我是对安乐死这一问题赞同的。（韩国）

例（32）中的"这种角度"提示这里是要标示判断的依据、来源，所以应将"在"改为"从"，构成标示判断的依据、来源的框式结构"从……来讲"。再如：

(33) 对人们的精神(*来看),(这是)很好的建议之一。(韩国)

(34) 对我(*说),这样也是一种挫折。(日本)

例(33)的"来看"应改为"来说"。例(34)的"说"应改为"来说"。

(二)框式结构出现冗余成分

此类偏误主要指的是框式结构选择正确了,但往框中填入成分时带上了冗余成分,这些冗余成分大多和框式结构所表达的意思相近。例如:

(35) 在(*随着)今日香烟广告之高密度的宣传攻势下,人们已在潜意识中,把吸烟当成是生活的一部分,就如每天洗脸刷牙一般,没什么了不起。(马来西亚)

(36) 不过,在我本人(*的观点)看来,一个人在合理的情况下,出于同情及怜爱之心,使一个站于死亡边缘的人快速地死去,终止了长期的痛苦。(中国)

"在……下"中间插入的应该是名词性成分,例(35)的"在……下"中是一个介宾("随着"为介词)短语,应将"随着"删去。"在……看来"本身已含有"……的观点/看法"的意思,所以,如果例(36)的"在……看来"中还含有"的观点",就显得累赘了,因此"的观点"应删掉。

(三)框式结构的误代

这类偏误是指偏误用例中的框式结构本身在汉语中是存在的,但不符合句子要表达的意思,需要用别的框式结构来替换之。例如:

(37)＊所以<u>从我们年轻的部下们来看</u>，他是不易接近的人物。（新加坡）

(38)＊因为他是<u>从困难的环境中</u>长大的。（日本）

如上所述，"从……来看"标示判断的依据、来源，例（37）的"他是不易接近的人物"是"我们年轻的部下们"的观点，而不是根据"我们年轻的部下们"得出的看法，所以这里应该用标示认知判断的主体的"在……看来"。"从……中"一般表示来源或动作的依据，例（38）是要表达动作发生的处所，应把"从……中"改为"在……中"。

（四）框内成分的句法语义错误

框式结构对填入框中的成分在句法语义上一般都有特定的要求，违背这一要求就会使得句子不合法。此类偏误在前面讨论"不该用框式结构却用了"一类偏误时已经提到，如果换一个角度来看的话，它就属于"框内成分的句法语义错误"偏误，例如"北京""中国"这类典型的处所义名词就不能填入"在……方位词"中。再如：

(39)＊我<u>在学习汉语上</u>，最困难的是这个问题。（日本）

(40)＊人，除非<u>在没有其他选择下</u>，才必须靠自己做事，才会认真地做。（新加坡）

例（39）"在……上"表示"在……方面"，填入其间的成分必须是一个名词性成分，所以应将"学习汉语"名物化为"汉语学习"。例（40）"在……下"表示条件，填入其间的成分也必须是一个名词性成分，可以在"没有其他选择"后加上"的情况"。

三 介词性框式结构偏误产生的原因

前面在描写框式结构的偏误类型和用例时,从目的语(汉语)的角度对产生偏误的框式结构的句法语义特点做了初步说明,以此来解释偏误产生的语言学原因。然而,对二语学习者言语系统的研究,只关注目的语规则的描写是远远不够的,光依靠对目的语知识的了解并不能完全避免偏误的产生。偏误的产生除了与学习者目的语知识匮乏有关外,还与学习者、学习者的学习策略、中介语本身的特点以及教学上的失误有关;并且,有的偏误不是某一个原因造成的,而是多个原因共同作用的结果。下面,我们就从这些角度来分析框式结构偏误产生的原因。

(一)对"框"的结构特征了解不充分

框式结构具有相对比较凝固的表层形式,其组成部分不得任意删除或替换。此外,框式结构在框式化的过程中常常伴随着语法化过程,前置或后置部分的具体意义会有所损耗而变得抽象虚灵,很多时候它们只起着句法上的自足作用。留学生对这一特点的认识往往不够,在使用框式结构时常常会将框式结构去框式化,"移花接木"。上述所有偏误都或多或少地与此有关。这里以"在……+(方位词)"为例来说明。

如前所述,"在……+(方位词)"中,"在"只能表示空间关系的类型,具体的空间位置类型要靠"上、下"等方位词来表达,舍弃它们中的任何一个都不能使其很好地承载框式结构的意义和功能;而表示具体空间位置的方位词没有赋元功能,能够承担赋元功能的是语义抽象度相对较高的"基本关系介词"。例如:

(41) 犹记得小时候最爱坐在外公的大腿*(上),聆听他在中国的一切经历。(马来西亚)

(42) 因为每个人都*(在)不一样的环境下生长,所以每个人性格特征都不一样,对应困难的方式也不一样。(韩国)

框式结构的"框"的特征不仅体现在其自身程度不同的不可分割性上,还体现在其组成成分的相对不可替换性上。不合时宜地替换框式结构的组成成分必然造成意义表达的"言不由衷"或不符合汉语的表达习惯。例如:

(43) (*对)我成长过程中,给我影响的人不计其数,包括父母,兄弟姐妹,从小学到大学的老师,都属于给我影响的人。(马来西亚)("在……中")

(44) (*在)目前为止,我认为对我影响最大的那个人,就是扶我踩上这块踏板的那位先生。(葡萄牙)("到……为止")

例(43)、(44)分别对"在……中""到……为止"的前置部分进行了不适当的替换。

(二)对框式结构"式"的特征把握不到位

随着框式结构表层形式的固化,其意义和功能也逐渐固定下来,对于要填充其间的成分的句法语义性质也有较为严格的要求,它们在某种程度上已经具备了一个"形式—意义配对体"(form-meaning pair)的资格,即作为一个构式而存在,大多数框式结构已经具有不可分析的语义及形式特点。这种词汇性强的框式结构需要一一习得,留学生学习起来都有相当的难度。这里以"在……

下"为例来说明。

当"在……下"表示条件时,"式"的特征更加凸显,填入其间的成分常常是以双音节动词为中心语、以结构助词"的"为黏合剂的黏合式定中短语(当然也可以是普通名词性短语),并且定语和中心语常常具有"施事—动作"的语义关系,即"NP$_{施事}$ 的 V$_{双}$P"。例如:

(45) 在老师的热心帮助下,我对学习有了很大的兴趣。(韩国)

(46) 在她的鼓舞下我学到好多东西。(印度尼西亚)

如果填入其间的成分不符合上述句法、语义要求,就会产生偏误。例如:

(47) *在老师们的耐心下,有今天了。(日本)("在老师们的帮助下")

例(47)"老师们"和"耐心"之间不具有"施事—动作"的语义关系。

(三)中介语可渗透性特点的影响

Adjemian 于 1976 年对中介语现象给出了"渗透"(permeability)模式的解释。这是一个双向渗透模式,有来自母语的渗透即所谓的正负迁移(语际迁移),也有来自目的语的渗透即对已学过的目的语规则和形式的过度泛化(语内迁移)。[①] 这对留学生在框式结构如何合用或单用、如何掌握不同框式结构形式和/或意义上的关联与差别、如何掌握框式结构中框内成分

[①] 王建勤《中介语产生的诸要素及相互关系》,《语言教学与研究》1994 年第 4 期。

的句法语义限制条件等方面都有鲜明的影响。

母语负迁移对偏误的产生的影响非常广泛,上面绝大部分的偏误都与此有关。再如:

(48) 今年一、二月,我在$_1$北京服装公司工作过,我在$_2$国内广告部工作,我们(*在$_3$)这时候的广告是夏天女款的衣服,我们在$_4$北晚报*(上)发表了广告。(加拿大)

"在$_1$"和"在$_2$"后面的"服装公司""广告部"都是普通事物名词兼处所名词,它们后面有无方位词皆可,这跟英语的表达习惯一样;"这时候"可以直接做定语,前面不需要加"在",所以"在$_3$"没有必要用,而英语中必须要在"this moment"前加上"at";"X晚报"是普通事物名词,前面有介词"在$_4$",后面必须要有相应的方位词,但英语不需要。不难看出,"在$_1$"和"在$_2$"由于受母语正迁移的影响没有用错;"在$_3$"由于受母语负迁移影响用错了,至少用得不自然;"在$_4$"由于受母语负迁移的影响遗漏了与其配套使用的"上"。

其实,母语负迁移导致的最典型的偏误还属语序偏误,上文已有涉及,此处不赘述。

语内迁移常常发生在汉语形式或意义相似的结构之间。例如:

(49)(*对)我的感情上来说,我不想承认安乐死,因为我脑子里有宗教观念。(日本)("从……来说")

(50)(*对)我来说,我的父母60岁,而且他们是农民,跟在大城市生活的20岁的我各个方面存在差异。(日本)("拿……来说")

出现例(49)、(50)的偏误,除了与留学生没有完全掌握这些框式结构的用法有关外，更主要的是因为这些框式结构的后置部分形式相同或相近（都是"来说"）而产生了混淆，为了减少错误，他们就采取简化策略，常常用某一个框式结构（如这里的"对……来说"）表达多种语义关系，于是该框式结构（"对……来说"）的用法被泛化了。

（四）中介语发生的认知基础

根据第二语言习得的研究，第二语言学习者获得语言能力的心理学基础与母语习得的心理学基础是不同的，或者说，他们的习得机制是不同的。第二语言学习者大多是成人，学习第二语言时已经过了关键期，而在关键期之后，"原有的习得机制已经退化，第二语言学习者所依据的是一种完全不同的机制，证据就是第二语言学习者语言能力获得的僵化现象"[①]；而且他们都有比较强的类比推理、演绎推理和归纳推理等逻辑思维能力。在学习第二语言时，第二语言学习者由于错过了关键期而无法激活习得母语时所借助的语言习得机制，他们所求助的只有人类一般的认知能力，他们常常会自觉不自觉地通过各种逻辑思维在母语规则和目的语规则之间、目的语各规则之间建立起联系。然而，这种主观能动性往往伴随着见同不见异、以相似代替相同、只看到联系而忽视区别等认知缺陷，从而会导致诸如目的语规则泛化、简化目的语规则以及负迁移等后果，而这些都是偏误产生的主要原因。

（五）教学材料和教学过程中语言知识说明的失误

教学材料的编写安排与教学的安排息息相关，教材对语法项目的描写和解释是否准确全面直接影响着教学的成败。如框式结

---

① 王建勤《历史回眸：早期的中介语理论研究》，《语言教学与研究》2000年第2期。

构"像/跟……一样/似的",其前置部分和后置部分都可以有条件地省略掉,但是,根据我们对《对外汉语教学实用语法》[①]、《现代汉语实用语法分析》(上)[②]和《实用汉语中级教程》(上)[③]三本书的考察,它们对具体什么条件下可以省及省掉哪个并没有做出详细的说明。教学过程中,教师或者由于受教材的影响,或者由于自身没有意识到其中的必要性,往往也不对此提出解释。如此一来,留学生就会以为这种省略是不受规则约束的,以至于在使用时产生偏误。

四 余论

由于框式结构句法和语义乃至语用上的特殊性,在汉语作为第二语言的教学中,只有既注意到"框"的结构性特征,又注意到"式"的形义配合关系,才能有效提高框式结构的教学效果。而目前,在对外汉语教学界,无论是教学大纲的编制、教学材料的编写、教学内容的选择,还是教学过程的安排,对此都没有予以充分的重视。由于缺乏"框式"意识,就有可能将框式结构简单地看作一个具有可分析性的组合表达去教学,以致忽视了框式结构"框"和"式"的特征,这必然妨碍良好教学效果的获得。限于篇幅和目前我们的研究情况,这里结合上文的论述,仅就本体层面尝试提出一些教学建议以供参考,更具体的教学策略有待进一步思考、试验与实验。

---

① 卢福波《对外汉语教学实用语法》,北京语言大学出版社1996年版。
② 朱庆明《现代汉语实用语法分析》(上),清华大学出版社2005年版。
③ 陈灼《桥梁:实用汉语中级教程》(上),北京语言文化大学出版社1996年版。

(一）突出框式结构的整体性特征

在一定的可分析性基础上，突出框式结构作为一个语块/构式的整体性特征，即"框"和"式"的双重特征。对外汉语教学的主要目标是培养留学生的汉语语感，而不是重点分析结构内部的句法语义关系。近年来，学界已经逐步认识到语块教学在留学生语感培养中的重要作用（如周健，2007 等）。[①] 框式结构是语块的一个重要类型，其整体性特征和一定程度上的分析性特点都很突出，因此其教学内容和教学策略都跟一般性语块有所不同。我们既要认识到很多框式结构有一定的可分析性，在造句构篇时有一定的类推性，更要认识到框式结构的"框"和"式"具有整体性，是特定的"形式—意义配对体"，习得这些框式结构时往往具有习得词汇性成分的特征，学习者将它们作为一个整体储存于心理词库中，以方便即时性提取、加工和使用。加强框式结构的整体学习和记忆，是提高语感和生成正确句子的有效途径。

(二）加强语内和语际对比分析

对于汉语中形式或意义上比较接近的框式结构，要深入挖掘它们之间的不同之处，这些不同之处包括语义、语用、句法功能以及对填入其中的成分的句法语义要求等方面，并且要找出它们存在差异的原因，从而减少对目的语规则的泛化和简化。同时，由于框式结构的汉语特征比较显著，对比分析可以在留学生母语和作为目的语的汉语之间进行，当然这主要是针对两种语言之间意义相近的结构，找出相同点和不同点，促进汉语对汉语学习的正迁移，减少母语对汉语学习的负迁移。

---

① 周健《语块在对外汉语教学中的价值与作用》，《暨南学报》（哲学社会科学版）2007 年第 1 期。

第三节　老挝留学生汉语结构助词"的"习得考察[①]

目前针对外国留学生习得结构助词"的"的研究主要有高霞的《英语国家学生学汉语结构助词"的"的偏误分析》、王利峰和肖奚强的《形容词定语后"的"字隐现习得研究》、陈福生的《越南学生汉语结构助词"的"字使用偏误考察》，但高霞和陈福生的研究分别针对的是英语国家和越南的学生，王利峰和肖奚强的研究是针对所有外国留学生形容词定语后"的"字习得情况的，针对老挝学生习得结构助词"的"的研究目前还没有。[②] 本节拟对此进行探讨。

本节使用的初、中级自然语料来自于云南财经大学、云南师范大学、思茅师范高等专科学校的老挝留学生作文语料，初级71篇共计28000字，中级45篇共计23000字，高级语料来自于北京语言大学HSK动态作文语料库的老挝学生作文6篇，共计24000字。

[①] 本节作者：齐春红、陈海燕，原载《云南师范大学学报》（对外汉语教学与研究版）2011年第2期。

[②] 高霞《英语国家学生学汉语结构助词"的"的偏误分析》，《楚雄师范学院学报》2005年第2期；王利峰、肖奚强《形容词定语后"的"字隐现习得研究》，《汉语学习》2007年第2期；陈福生《越南学生汉语结构助词"的"字使用偏误考察》，北京语言大学2009年硕士学位论文。

一 老挝留学生使用结构助词"的"的偏误情况

为了全面了解老挝留学生在自然语料中使用结构助词"的"的真实情况,我们把定语分成12类,统计了每类定语出现的频次,不管其用不用结构助词,只要出现在作文语料中就记为1次,同时统计该项定语中"的"字的偏误频次,为了能更准确地把握学生使用"的"字的规律,我们把与"的"字隐现有关的偏误和其他偏误分开来统计,统计结果见表3-2、表3-3。

表3-2 自然语料中各种类型定语"的"字隐现偏误统计表

定语类型	初级				中、高级			
	出现频次	偏误频次		正确使用相对频率（%）	出现频次	偏误频次		正确使用相对频率（%）
		遗漏	误加			遗漏	误加	
名词	188	3	6	95.2	252	0	9	96.4
名词短语	90	1	0	98.9	96	4	0	95.8
动词	33	0	3	90.9	16	0	1	93.8
动词短语	96	1	1	97.9	113	2	0	98.2
形容词	156	3	2	96.8	184	1	0	99.5
形容词短语	183	3	1	97.8	175	1	3	97.7
代词	343	8	5	96.2	267	3	7	96.3
数量短语	236	0	4	98.3	260	0	2	99.2
介词短语	33	0	0	100	27	0	0	100
主谓短语	73	2	0	97.2	57	4	1	91.2
"所"字短语	13	0	0	100	8	1	0	87.5
偏误合计		43				39		

*本表中正确使用相对频率=该项目"的"字隐现的正确次数/该项目出现的次数

第三节 老挝留学生汉语结构助词"的"习得考察

表 3-3 自然语料中"的"字的其他偏误统计表

学生水平	"的"字短语				"的""地""得"之间的误代				偏误合计
	出现频次	偏误频次		正确使用频率（%）	"得"误代为"的"	"的"误用为"地"	"的"误用为"得"	"地"误代为"的"	
		遗漏"的"	回避	不该用而用了						
初级	42	2	1	2	88.1	9	22	12	0	48
中、高级	49	1	0	4	87.8	1	59	15	1	82

通过表 3-2 和表 3-3 的统计数据我们可以总结出以下规律：

第一，老挝留学生各阶段出现的"的"字隐现的偏误频次要比"的""地""得"混用的比例小，分清"的""地""得"的用法，是老挝学生学习汉语结构"的"的第一大难点。

第二，从正确使用相对频率来看，"的"字短语的使用是老挝留学生习得汉语结构助词"的"的第二个难点。

第三，名词、动词做定语的使用偏误率相对高一些，代词、名词短语、形容词短语、动词短语、数量短语做定语时"的"字的使用偏误不高；介词短语、"所"字短语做定语时，"的"字的使用基本上是正确的。

第四，主谓短语做定语时，在初级阶段偏误率不高，随着学生汉语水平的提高，"的"字偏误率反而有所增加。

上述是作文语料中老挝学生使用"的"字的大致情况，由于有一些定语类型的使用频率不高，上面的数据还不能充分反映老挝学生学习汉语结构助词"的"的使用规律，为此，我们针对思茅师范高等专科学校的 61 名中级水平老挝留学生设计了调查问卷，并进行了调查。我们的调查问卷有两大题，第一题为组句题

（包括24小题），第二题为排序题（包括6小题），这些题主要考察名词、代词、动词、形容词（包括非谓形容词）、动词短语、形容词短语、数量短语、介词短语、主谓短语做定语时，"的"字的使用情况；30个小题中有27个小题只考察单项定语中"的"字的使用情况，有3题考察了多项定语中"的"字的使用情况，设计这3题的目的是为了考察多项定语对"的"字使用偏误的影响，这3个小题我们都是分两次统计的，此外有些题学生没有做，我们就不做统计。现把具体的统计数据制成表3-4：

表3-4 调查问卷中"的"字隐现偏误统计表

定语类型	名词	名词短语	动词	动词短语	形容词	数量短语	代词	主谓短语	介词短语	"的"字短语	多项定语 动词短语	多项定语 形容词短语	多项定语 主谓短语
试题数量	5	3	2	1	4	3	3	3	2	2	2	2	1
偏误频次	131	11	48	0	28	41	10	1	5	23	22	42	30
偏误率（%）	43	6	39.7	0	11.9	22.4	5.6	0.5	4.1	18.9	18.2	37.2	52.6

综合表3-2和表3-4的统计数据对比我们可以得到以下结论：

第一，名词、动词、形容词短语做定语的偏误率较高，形容词短语做定语偏误率的增高是由于定语的复杂化造成的，表3-4的统计数据也说明这一点。

第二，数量短语、动词短语、形容词做定语的偏误频次高，动词短语做单项定语时没有出现"的"字的使用偏误，动词短语作为多项定语中的一项定语时，"的"字使用偏误率明显提高。

第三，作文语料和调查问卷显示出的共同特点就是在单项定语或结构比较简单的多项定语里代词、主谓短语、介词短语、名词短语做定语时，"的"的偏误率较低；表 3-2 显示主谓短语做定语时，随着学生汉语水平的提高，"的"字的偏误率反而有所增加，这是由于定语结构的复杂化造成的，表 3-4 的统计数据可以较好地说明这一点，表 3-4 表明在多项定语里，主谓短语做定语的偏误率有很大的增加，达到 52.6%，而在单项定语里主谓短语做定语的偏误率只有 0.5%，这些充分说明定语的复杂化是造成主谓短语做定语时"的"字偏误的重要原因。

第四，"的"字短语的使用是一个难点。虽然表 3-4 显示的偏误率是 18.9%，不算太高，因为我们的调查问卷只调查了留学生回避使用"的"字短语的情况，而在作文语料中"的"字短语的整体使用偏误率正如表 3-3 所显示的那样，还是很高的。综合起来看，"的"字短语的使用是留学生习得汉语"的"的一个难点。

二 老挝留学生使用结构助词"的"的偏误分析

根据统计数据，我们把老挝学生习得汉语结构助词"的"的偏误分成两大类来分析。

（一）"的""地""得"误代的偏误分析

从表 3-2 和表 3-3 可以看到，无论在初级还是中、高级，"的""地""得"彼此误代的偏误频次比"的"字隐现的总偏误频次还要高。这说明老挝留学生习得结构助词最难的一点就是正确区分"的""地""得"。高霞也指出:"(欧美)留学生在这方面的偏误是非常明显的。"①吕叔湘先生指出不但小学生、中学生,有名的作家也常常写拧"的"和"地",因此,他认为不分别"的"和"地"也不会引起意义的混乱,建议把"的"和"地"合并为"的"。②至于"的"和"得",吕叔湘先生认为如果合写成一个字,有些地方会产生歧义,维持两种写法还是值得的。③

但是很多学者从语义表达的精确性角度考虑,还是主张"的""地""得"分写。比如,曲凤荣指出现代汉语结构助词"de"按其语法作用分写为"的、地、得",可以说在中国大陆已经是约定俗成的事实了,应该分写。④《汉语水平等级标准和语法等级大纲》规定了结构助词"的、地、得"为甲级语法项目,这说明对外汉语教学中按大纲要求实际上也是应该把"的""地""得"分开来教的。⑤既然"的""地""得"应该分写,教学中就需要讲清楚句子成分及"的""地""得"的分工,学生只有把握了这一点才可能正确地使用"的""地""得"。有一些老师自身就没有掌握"的""地""得"的分工原则,因此就不可能在教学中把这些原则有效地教给学生,另外我们的媒体,比如电视

---

① 高霞《英语国家学生学汉语结构助词"的"的偏误分析》,《楚雄师范学院学报》2005年第2期。

② 吕叔湘《"的"和"地"的分合问题》,载季羡林《吕叔湘选集》,东北师范大学出版社2002年版。

③ 吕叔湘《关于"的"、"地"、"得"的分别》,载季羡林《吕叔湘选集》,东北师范大学出版社2002年版。

④ 曲凤荣《汉语结构助词"的"书写形式之演变与分合》,《北方论丛》2002年第6期。

⑤ 国家对外汉语教学领导小组办公室《汉语水平等级标准和语法等级大纲》,高等教育出版社1996年版。

节目的节目单上有时不分"的""地""得",这也给留学生学习汉语结构助词带来了一定的负面影响。

(二)定语中"的"字隐现的偏误分析

汉语定语是单标记的,只用"的"字,而老挝语定语是多标记的,定语标记有"ທີ່""ເຊິ່ງ""ອັນ""ຂອງ"4个。在结构助词的隐现方面,老挝语里的外延定语[①]更遵守类型学规律,都不使用结构助词,汉语没有那么严格,有时还可以在数量短语和中心语之间加上结构助词表示对中心语性质的描写。在内涵定语[②]用不用标记方面,汉语表现得更复杂,老挝语的规律则更简单明了。汉语里的内涵定语都可以带"的",[③]有些情况必须带"的",而老挝语里的内涵定语除了主谓短语做定语必须带"的"之外,很多都是可带可不带,甚至是一定不能带结构助词。从语用上看,老挝语里的结构助词和汉语的结构助词一样具有凸显偏项的功能;然而,汉语内涵定语是否加"的"形成称谓性定语和非称谓性定语的对立,[④]而老挝语里没有这种对立,老挝语里表称谓性的定语不加结构助词,还有一些描写性的定语也同样可以不加结构助词,如"ອາກາດ(天气)""ໜາວ(冷)""ຂະໜາດນ

[①] 外延定语由指称或量化成分充当,用来给名词赋以指称、量化属性,表明它在真实世界或可能世界中的具体所指范围,即在不改变内涵的情况下指明其外延,由指示词、冠词、数量词语、量化词语(全量或分量词语)充当。如"这人""那支笔""三本书""所有人""一些商店"等短语中的定语。

[②] 内涵定语由实词性语类充当,是给整个名词语增加词汇性语义要素(即内涵)的定语,包括描写性和限制性词语,由名词、区别词、形容词、动词、介词短语及定语从句等充当,如"木头桌子""慢性疾病""吃的点心""修车工具""他买的书""看门的老头儿"等名词中的定语。

[③] 刘丹青《汉语名词性短语的句法类型特征》,《中国语文》2008年第1期。

[④] 同上。

（那么）""ຄົນ（人）""ດີດີ（好好）"。正是由于汉语和老挝语结构助词隐现规律的这些差异，使得老挝学生在使用定语方面常常出现结构助词"的"的误加和遗漏；此外，不了解汉语什么时候用特定称谓，对多项定语中"的"字隐现规律知识的缺乏也是造成他们误用结构助词"的"的重要因素。

我们把对结构助词"的"偏误的分析按照从易到难归为4类，即名词、动词、形容词短语做定语的偏误，"的"字短语的偏误，数量短语、动词短语、形容词做定语的偏误，代词、主谓短语、介词短语、名词短语做定语的偏误，下面我们分别举例并予以分析。

1. 名词、动词、形容词短语做定语时，"的"的使用偏误

A. 名词做定语

在作文语料中，我们发现名词做定语时，"的"字使用偏误多跟学生不了解什么时候用特定称谓有关，还有一些偏误是由于学生不了解句法结构及音节对"的"字使用的影响造成的。例如：

（1）*我觉得普洱的茶是一种独特的茶，它有独特的香味，人们喝了它对身体还有好处。

（2）*我和一群中国的朋友一道去了昆明。

（3）*在昆明的城市，人很多。

（4）*他们给我唱生日歌的时候，有些还边唱中国的歌，有些他们唱英文歌，给我高兴都不知说些什么好。

（5）*来到普洱，我深深感受中国的人热情与善良。

例句（1）、（2）中"普洱的茶""中国的朋友"从结构上讲是正确的，但在具体的语用环境里，"普洱茶"已经凝聚成为一个

固定的称谓，我们在日常交际中也常常说谁谁是"中国朋友""日本朋友""韩国朋友"，一般不加"的"，但是留学生不了解这样的语用环境。例（3）也一样，我们一般说"昆明市""上海市"等等，学生之所以出现这样的错误还是由于不了解"昆明市"已经形成了一个特定称谓。例（4）里，后面用了"英文歌"，前面相对应用"中文歌"就更合适一些，例句中用了"中国的歌"，定语"中国"是双音节的，中心语用双音节的"歌曲"也就更合适一些，这个例句的偏误说明学生不能根据语用环境和音节决定是否用结构助词"的"。例（5）中动词"感受"后面一般用名词性词语做宾语，而不用主谓短语做宾语，这样的语法知识学生没有，所以出错了，这是由于目的语知识的缺乏造成的。我们用调查问卷调查留学生用"中国菜""木头桌子""中文名字""经济政策""物理课"这些短语是否要加"的"，结果61个学生中分别有5、26、43、36、21个学生用了"物理的老师""中国的菜""木头的桌子""中文的名字""经济的政策"，这些数字进一步说明学生对名词和名词什么时候组成一个特定称谓的认识能力不足。

B. 动词做定语

动词做定语的偏误情况和名词差不多，现将作文语料的偏误举例如下：

（6）*我问妈妈天上的星星是谁挂上去的，为什么它有时候多，有的时候少呢？

（7）*经过三个月学习的时间，我也能用中文跟中国朋友交流了。

例（6）中前面用"有时候"，后面用"有的时候"，在语用上不连贯，因此要么删掉后面"有的时候"中的"的"，要么在前面"有时候"中加"的"。例（7）中"学习的时间"是可以用的，但前面再加一项定语"三个月"，这时就要把"的"放在"三个月"的后面，而不是放在"学习"的后面，因此多项定语中"的"字的使用，也是动词做定语时"的"字使用的一个难点。为了进一步考察动词做定语的使用情况，我们设计了两道组句题，如下：

（8）他 教师 是 退休 的 吗？

（9）问题 她们 存在（ປະສົບພົບ ພຍ ）的

结果，通过统计我们发现例（8）有一个同学没做，其他60位同学中有46位同学组成的是"他是退休的教师"，例（9）有55位同学组成的是"她们存在的问题"，另外6位同学中，只有两位用错了"的"，组成的是"她们的存在问题"。这两个例子说明学生对"退休教师"这个特定称谓不了解，所以组成了"退休的教师"，而其他不是称谓的没有问题，加"的"就加对了。

C. 形容词短语做定语

形容词短语做定语时，一般要加"的"，这个规律不难记，然而"很多""好多""不少"等形容词短语做定语时，后面一般不用"的"，这时学生常常会因泛化而用上"的"。[1] 另外，多项定语中形容词短语做定语时学生常常会不该省略而省略"的"，因为他们有一个总的印象"在递加关系的多项定语中，在不会产生歧义的情况下，一般要避免连用几个'的'，通常位

---

[1] 刘月华等《实用现代汉语语法》（增订本），商务印书馆2001年版。

置靠前的'的'可以省去,而保留位置靠后的'的'"①。

现将作文语料中的偏误举例如下:

(10)*如果说在中国有很多的地方好玩,不过我还没有到那么多的地方。

(11)*到现在还有很多的文化搞不清楚。

(12)*我希望毕业以后还再来玩这儿,还要去玩中国很好玩别的地方。

例(10)、(11)中,学生在"很多"的后面误加了"的"。例(12)是多项定语中"很好玩"的后面遗漏了"的"。由于学生的作文语料多使用比较简单的口语化的句子,多项定语出现的频率不高,所以学生的偏误率也不高,为了深入了解多项定语中形容词短语做定语时,"的"字的使用情况,我们设计了两道试题进行了调查,这两道试题为排序题,如下:

(13) ( ) ( ) ( ) ( ) 朋友。

答案:____ ____ ____ ____

A.最漂亮　B.我　C.一位　D.的

(14) 妈妈做了( ) ( ) ( ) ( ) ( ) 菜。

答案:____ ____ ____ ____

A.很香　B.一桌子　C.女儿爱吃　D.的　E.四川

例(13)有两位同学没做,其他59位同学中有18位"最漂亮"的后面没有用"的",组成"我最漂亮一位的朋友"或者"我的一位最漂亮朋友"及"我的最漂亮一位朋友"。例(14)有7位

---

① 刘月华等《实用现代汉语语法》(增订本),商务印书馆2001年版。

同学没做，其他的 54 位同学中有 24 位"很香"的后面没用结构助词"的"，组成类似"妈妈做了一桌子很香女儿爱吃的四川菜"之类的病句。

2."的"字短语的偏误

现代汉语中，助词"的"可以附着在实词性词语后面，形成一个名词性短语，在句中充当主语和宾语，这是现代汉语助词"的"的一大功能。老挝语的助词"ຄັ"也有类似的结构，它可以和动词、主谓短语组合，形成一个名词性短语，在句中做主语和宾语，相当于汉语中的"的"字短语。除此之外，老挝语里还有另外两个结构助词"ຊັ້ນ""ເອງ"分别可以和形容词、名词性词语组合在一起变成名词性短语，也相当于汉语中的"的"字短语，但老挝语中这类结构比较少，并且也都限于单独回答问题的时候用，在句子中没有"形容词/名词＋结构助词"组成类似汉语"的"字短语的结构，因此，这些不同导致学生常常回避使用和误用"的"字短语。例如：

（15）*在我留学生活过程中，让我见到好多数不清的事，其中遇到的事什么的都有，但给我深刻的印象就是去年朋友给我过的生日。

（16）*教我汉语是白娜老师。

（17）*太阳越往下落就越红，天空变得漂亮，那天来这里玩的人都是中国人。

（18）*他们说那里是个世界遗产的。

（19）*我考上的得去中国留学。

例（15）和例（16）中"给我深刻的印象""教我汉语"都应该

变成"的"字短语，即"给我深刻印象的""教我汉语的"。例（17）是由于学生对使用"的"字短语的回避造成的，应把"那天来这里玩的人"中的"人"删掉，从而变成"的"字短语。例（18）是"的"的误用，在这个句子末尾既不需要结构助词"的"构成"的"字短语，也不需要语气词"的"。例（19）应该是把"了"误用成"的"了，从而误用了"的"字短语。

为了考察学生是否回避使用"的"字短语，我们设计了两道组句题，题目如下：

（20）杯子（ຈອກ）牛奶酸（ສົ້ມ）里的是的
（21）床手机是上的我的

例（20）61个同学中有16个不使用"的"字短语，而是组成"杯子里是酸牛奶的"或者"杯子里是酸牛奶"。例（21）61个同学中有7个没有使用"的"字短语，组成"我的手机是在床上的"或者"床上是我的手机"。这些数据在一定程度上说明了老挝学生对"的"字短语的回避。

3. 数量短语、动词短语、形容词做定语时，"的"字的偏误

A. 数量短语做定语

汉语里的数量短语修饰后面的名词性词语表示数量一般不加"的"，但是当描写事物特点时可以加"的"，而老挝语里不可以，如汉语可以说"两公斤的鱼"，而老挝语里只能说"ປາ（鱼）2（两）ກິໂລ（公斤）"，如果要特别强调一条鱼两斤重，老挝语里要说"ປາ（鱼）ທີ່（的）ໜັກ（重）2（两）ກິໂລ（公斤）"，也就是说数量短语做定语在老挝语里不用结构助词，是无标记的，而汉语里有的时候用，有的时候不用，也就是说有的

时候是无标记的,还有一些时候是有标记的,根据语言迁移理论,学生的中介语应该是无标记的。[①]因此,学生的自然语料里加"的"的偏误不高,现举两个例子:

(22)＊我觉得这位老师就是我第二个的妈妈。

(23)＊这是一次的最快乐、最开心的生日。

上面两个例子里"第二个的"、"一次的"中的"的"属于误加。为了了解学生是否真正地掌握了数量短语做定语的情况,我们设计了下面4个组句题,组句的时候,我们还加了"的"字,让学生来决定是否要用,题目如下:

用所给的词语组成句子。
(必要时,可以不用句子中的"的")

(ໃຊ້ຄຳສັບທີ່ໃຫ້ປະກອບເປັນປະໂຫຍກ.)

(ຖ້າຈຳເປັນ, ບໍ່ໃຊ້ສັບ "的" ກໍ່ໄດ້.)

(24)买 她 了 三 的 斤 苹果

(25)喝 我们 了 两 的 瓶 啤酒(ເບຍ) 昨天

(26)已经 我们 公司 有 员工 四五十 个 的 了

61个学生做上面的3道题时,有41人次误加了"的"字,这些偏误说明老挝留学生学习什么时候用描写性的数量短语做定语有一定的难度。

B.动词短语做定语

汉语里动词短语做定语一般要用"的",而老挝语里动词

---

① Ellis, R. *The Study of Second Language Acquisition*. 上海外语教育出版社1985年版。

短语做定语可以用结构助词,也可以不用结构助词,从对比语言学的角度来看,第一语言两个语言点对应目标语一个语言点,对比等级为2级,难度等级为1级,难度不大,事实上也是如此,学生在作文语料里出现的偏误较少。① 但是一旦出现在多项定语里,由于汉语多项定语里如果有几个"的"常常可以省略,再加上母语的影响,在多项定语里出现动词短语做定语时,学生常常会遗漏"的"。我们调查了单项定语里动词短语做定语的情况,没有找到偏误用例,而在多项定语里,动词短语的偏误率达到了18.2%,他们会组成像"他们的这种学习汉语方法"这样遗漏"的"的错误用例。

C. 形容词做定语

汉语和老挝语一样,当形容词定语和中心语组成一个特定称谓的时候,不用结构助词,当要特别凸显偏项的时候,要用结构助词;汉语和老挝语形容词做定语最大的不同在于,汉语的形容词重叠形式充当定语,一般都要加"的",而老挝语里形容词的重叠形式一般不能加结构助词。前面已经讲过什么时候组成一个特定的称谓学生不清楚,并且什么时候要凸显定语他们也没有这个意识,因此受母语迁移和语用因素的影响,学生还是会出现一些偏误。例如:

(27)*普洱有许多好玩地方。

(28)*在茶城能得见美丽风景。

(29)*大熊有着一个黑黑鼻子。

(30)*她不仅教我们汉字而且教会了我们许多的东西。

---

① 刘月华等《实用现代汉语语法》(增订本),商务印书馆2001年版。

例（27）和例（28）中"好玩地方""美丽风景"不是特定称谓，要加"的"。例（29）是受母语负迁移的影响，形容词重叠式后面没有加结构助词"的"。例（30）是学生不了解"许多"这个特殊形容词的用法。汉语的"许多的"是不定指的；而"许多"可以是定指（包括特指）的。[①] 例（30）的"老师教的东西"是已知的、有定的，因此用"许多东西"比较好。

4. 代词、介词短语、名词短语、主谓短语做定语时，"的"的偏误

代词、介词短语、名词短语做定语时，无论是学生的作文语料还是我们的问卷调查，显示出的偏误率都不高。主谓短语做定语在单项定语里的偏误率也不高，只是到了多项定语里就出现了很高的偏误率。下面就以上情况予以具体分析。

老挝语里指示代词充当定语除了强调地点外，都不用结构助词，指示代词做定语可以直接修饰中心语，如，"ຄວາມຮູ້ສຶກ（感觉）ແບບນັ້ນ（那样）"；老挝语里的疑问代词充当定语时用不用结构助词都可以，如："ຄົນ（人）ຂອງ（的）ແບບໃດ（什么样）（什么样的人）"和"ຄົນ（人）ແບບໃດ（什么样）（什么样的人）"都可以说。这些和汉语是不同的，然而在我们对自然语料的统计中没有发现相关的使用偏误，这应该是由于这些疑问代词和指示代词在汉语里的使用频率比较高，用不用"的"也比较固定，因此学生比较容易掌握的缘故。

汉语和老挝语一样，人称代词做定语表示领属者，一般要加"的"，中心语是国家、集团、机关、亲属的名称，有时候也可

---

① 陆丙甫《再谈汉语"的"和日语的的区别》，《外国语》2008 年第 3 期。

以不加"的",但老挝学生还是会出现偏误,例如:

(31)＊除了她鼓励我们的学习以外,她还鼓励我们在中国的生活。

(32)＊因为过生日和我们传统习俗不太合适。

(33)＊但来中国以后我才知道中国人和我们想法是不一样的。

(34)＊我们的省是一个好的地方。

例(31)应该用兼语句,学生没有掌握兼语句,因此造成"我们"和"学习"之间"的"的误加。例(32)和例(33)里"我们传统习俗""我们想法"中"我们"的后面遗漏了结构助词"的",遗漏的原因应该是学生弄不清代词和所修饰中心语之间的距离远近,因此也就不知道是否要用"的",例(34)"我们的省"中"的"的误加也是同样的道理。

汉语里名词短语、方位短语、介词短语可以放在"的"前修饰后面的中心语,但老挝语里这些短语直接放在中心语的后面修饰中心语,不用结构助词。当第一语言和目标语完全不同时,这时第一语言不一定会对目标语产生负迁移,[①]另外,汉语里名词短语、方位短语、介词短语做定语的时候一般要加结构助词"的",这一规则也比较简单,学生也比较容易记住,因此,老挝留学生使用这类定语时,结构助词"的"的偏误率不高。

汉语和老挝语一样,主谓短语充当定语都要加上结构助词"的"。如果第一语言和目标语的语法规则完全一样,学习者学

[①] 刘月华等《实用现代汉语语法》(增订本),商务印书馆2001年版。

习此类语法项目一般没有难度。① 我们在自然语料和调查问卷里发现，只有主谓短语一项定语时，学生很少出现偏误，但在多项定语里，主谓短语做定语遗漏结构助词的偏误率就大幅度增加，像表 3-4 显示的那样达到了 52.6%。形容词短语和主谓短语在多项定语里充当其中一项定语时，"的"的偏误率说明多项定语里结构助词"的"的使用是一个难点。

三 教学建议

根据上文的分析，我们认为老挝学生学习汉语结构助词的难点主要表现为"的""地""得"的区别，"的"字短语，定语中尤其是多项定语中"的"的隐现规律。现针对这些难点提出以下教学建议：

第一，在教学中把结构助词"的"的学习和句子成分的学习结合起来，如果学生不能掌握句子成分就很难真正掌握"的""地""得"的区别。

第二，讲清楚"的"字短语的使用规律，加强交际训练，避免学生对"的"字短语的回避和误用。正如汉语语法学者所公认的那样："只有当定语的区别性足以使核心名词显得冗余或容易恢复时，核心名词才能省略。"② "最漂亮的"因为其中的"最"是相对程度副词，"最漂亮的"在某一个语境下，可

---

① 周小兵《越南人学习汉语语法点难度考察》，《云南师范大学学报》（对外汉语教学与研究版）2007 年第 1 期。

② 陆丙甫《"的"的基本功能和派生功能——从描写性到区别性再到指称性》，《世界汉语教学》2003 年第 1 期。

以明确地辨别出指称对象，语用上有足够的区别性，所以可以代替名词。而"很漂亮的"中"很"是绝对程度副词在某一个语境下，"很漂亮的"很难明确地辨别出指称对象。"漂漂亮亮的"反映说话者的主观感情色彩，难以被听话者作为区别的标准，所以"很漂亮的""漂漂亮亮的"就不能代替名词，不能成为"的"字短语。对外汉语教师只有借鉴汉语本体的研究成果把"的"字短语的使用规律讲清楚，再加以针对性的练习，才能取得较好的教学效果。

第三，汉语内涵定语是否加"的"形成称谓性定语和非称谓性定语的对立，比如"漂亮女人""我姐姐""中国政府"等不加"的"就形成称谓性定语，而老挝语里没有这种对立，老挝学生很难了解什么时候用称谓性定语，这就有必要加强语块教学，把称谓性定语作为一个语块来教，就可以有效地避免"的"字的误加，提高教学效率。[1]

第四，多项定语中"的"字的使用规律一直是一个有分歧的难点，比如谢成名认为多项定语中"的"有位于第一层次的强烈倾向，而陆丙甫则指出：位置越是靠后，带"的"的可能性越大；[2]我们认为在教学中应首先指出哪些定语必须带"的"，比如主谓短语、介词短语、形容词短语做定语都必须带"的"，然后再根据多项定语不同的组合情况，指出"的"的具体位置，就每一种

---

[1] 周健《语块在对外汉语教学中的价值与作用》，《暨南大学学报》（哲学社会科学版）2007年第1期。

[2] 谢成名《多项定语定中结构中"的"字隐现规律考察》，北京语言大学硕士论文，2008年；陆丙甫《再谈汉语"的"和日语的的区别》，《外国语》2008年第3期。

组合情况都根据学习规律进行针对性的操练,让学生记住每一种组合情况的典型例句,学生"的"字隐现的知识就会慢慢内化,从而有效地提高多项定语中"的"字的学习效果。

第四节 英语母语者汉语动结式习得偏误分析[①]

汉语动结式,也称述结式,这一术语最早见于吕叔湘主编的《现代汉语八百词》一书中,指由动词带表示结果的补语所组成的句法结构,如"洗干净、听懂、打开"。[②] 作为汉语特有而复杂的结构系统,动结式在汉语中居于重要地位并广泛使用。在对外汉语教学中,动结式对于汉语学习者来说既是一个重要的语言点,也是学习的难点。对外汉语教学者和研究者在动结式偏误分析和习得研究方面取得了一定的成就。张娜基于偏误分析理论,通过对英语国家学生中常见的偏误句子进行分析,归纳出偏误类型,主要是遗漏偏误、错序偏误和误代偏误。[③] 金宗燮、车慧通过收集语料,分析韩国学生在习得汉语动结式过程中常见的偏误

---

① 本节作者:陆燕萍,原文副标题为"基于构式语法的偏误分析",载《语言教学与研究》2012年第6期。
② 吕叔湘《现代汉语八百词》,商务印书馆1980年版。
③ 张娜《英语国家留学生汉语结果补语使用偏误分析》,《现代语文》(语言研究版)2006年第9期。

类型以及成因，并提出相应的教学建议。① 杨春雍通过对比分析和语料收集，总结出越南学生习得汉语动结式的常见偏误。② 胡发宣、王娇娇针对泰国学生学习汉语动结式的偏误类型进行分析，并提出相应教学对策。③

这些研究的对象主要集中在韩国、泰国等中国邻国的汉语学习者上，研究也不够深入。鉴于此，本节旨在对英语母语者习得汉语动结式的情况进行偏误分析，采用测试法，并以构式语法为理论框架，归纳出使用汉语动结式时常出现的偏误类型和偏误产生的原因。

以构式语法为基础，汉语动结式依据句法和语义的差别可分为五大类（赵琪 2009a、b）。④

a. 句法结构：[Subj V Comp Obj] 论元结构：〈AGT ACT RESULT PAT〉

构式义：X causes Z to become Y by Ving 例：妈妈洗干净了衣服。

b. 句法结构：[Subj V Comp (Obj)] 论元结构：〈AGT-PAT ACT RESULT （THM））

---

① 金宗燮《韩国留学生使用汉语结果补语的情况考察》，北京语言大学 2006 年硕士学位论文；车慧《韩国留学生习得汉语补语的偏误分析》，辽宁师范大学 2006 年硕士学位论文。

② 杨春雍《越南学生汉语补语习得偏误分析》，云南师范大学 2005 年硕士学位论文。

③ 胡发宣《泰国学生学习汉语补语习得研究》，广西民族大学 2008 年硕士学位论文；王娇娇《泰国学生使用汉语结果补语偏误分析》，西南大学 2010 年硕士学位论文。

④ 赵琪《英汉动结构式的论元实现》，复旦大学 2009 年博士学位论文；赵琪《英汉动结式的共性与个性》，《外语教学与研究》2009 年第 4 期。

构式义：X becomes Y by Ving (Z) 例：我听懂了（他的话）。

c. 句法结构：[Subj V Comp Obj] 论元结构：〈THM ACT RESULT PAT〉

构式义：X causes Z to become Y by Z/ (~Z) Ving X 例：这首歌唱湿了每个人的双眼。

d. 句法结构：[Subj V Comp] 论元结构：〈PAT ACT RESULT〉

构式义：X becomes Y by Ving 例：他病倒了。

e. 句法结构：[Subj V Comp] 论元结构：〈PAT ACT RESULT〉

构式义：X becomes Y by sb Ving X/(~X) 例：饭烧焦了。

构式义可以理解为 X 通过某动作致使 Z 成为 Y，X、Y、Z 分别对应汉语动结式句法结构中的主语、补语和宾语。AGT 代表 AGENT（施事），PAT 代表 PATIENT（受事）。"AGT-PAT"表示施事与受事融合，"~"指代对应的否定形式，（）表示其中的内容可有可无。①

构式语法也对英语动结式进行了描写和解释，并将其分为两大类。②

a. 句法结构：[Subj V Obj Comp] 论元结构：〈AGT ACT PAT RESULT〉

构式义：X causes Y to become Z by Ving 例：（1）He hammered the metal flat./（2）The joggers ran the pavement thin./（3）He

---

① 赵琪《英汉动结构式的论元实现》，复旦大学 2009 年博士学位论文。
② Goldberg, A. & Jackendoff, R. The English Resultatives as a Family of Constructions. *Language*, 2004(80).

drank the pub dry./（4）He walked himself exhausted.

b. 句法结构：[Subj V Comp] 论元结构：〈PAT ACT RESUL〉
构式义：X becomes Y by Ving 例：（5）The pond froze solid.

第一类中的例（2）和（3）中出现了非子语类宾语（unsubcategorized object），例（4）中出现了假宾语（fake object）。Goldberg 认为构式语法可以很好地解释这两类现象。[①] 如例（2）中 run 作为不及物动词，不能指派受事，因此受事 pavement 只能由构式提供。例（3）中 drink 既可以是及物也可以是不及物动词，而作为及物动词时的子语类宾语应是被喝的东西，如 water，tea 等，而发生状态变化的 pub 不属于此类，因此受事同样由构式提供。而在例（4）中 walk 是不及物动词，不提供受事，并且因为与主语 he 共指，构式要求此受事必须以主语的反身代词形式出现在动结式宾语空位，所以出现了反身代词充当假宾语的情况。

通过对比我们不难发现，汉英动结式有相似也有不同之处。在汉英及物动结式中，都包含四个语法成分，即主语、动词、宾语和补语；在非及物动结式中都包含主语、动词和补语成分。从语义上分析，汉英动结式都是用来描述由于动词引起的动作或变化而发生的结果。两者的区别在于：首先，汉语动结构式有五种类型，比英语动结式的两种类型更复杂、多样；其次，二者虽然在句法结构上相似，但不完全相同。在英语动结式中，动词后紧接的是宾语，而在汉语动结式中动词后紧接的是补语，该补语可以是形容词也可以是动词，所以汉语动结式也常常被认为是"动

---

① Goldberg, A. *Constructions: A Construction Grammar Approach to Argument Structure*. The University of Chicago Press, 1995.

词+动词"的复合结构，而在英语中不存在这样的情况；第三，尽管二者都用来描述一实体由于某种动作的作用经历了状态的变化，但在英语动结式中发生改变的一定是动词受事，该受事可能与构式受事相容，也可能由构式单独提供，而在汉语动结式中发生变化的不一定是受事，可能是动作的对象、动作的施事，甚至可能是动作使用的工具等等，这导致了汉语动结构式的多样性和复杂性。①

一 研究方法和结果

本节采用测试卷的方法考察英语母语者习得汉语动结式的情况。② 被试包括42名在汉语学校学习的外国学生，其中15名是南京师范大学国际教育学院的学生，27名来自英国伯肯黑德威勒尔中文学校和利物浦中文学校，母语都是英语。他们学习汉语的时间均为一年左右，已学过汉语动结式，但在实际使用时仍会出现偏误。

测试卷有三大类试题——多项选择、填词和翻译，共30题。所有学生都在规定时间内独立完成试卷。测试结束后，试卷中出现的所有动结式使用偏误都被记录下来并归类。在42份测试卷中共发现338处汉语动结式使用偏误，根据常见偏误类型可分为四大类——遗漏、回避、错序和误代。见表3-5。

---

① 赵琪《英汉动结式的共性与个性》，《外语教学与研究》2009年第4期。
② 为保证测试的效度，测试卷中所有的动结式都选自教材《汉语初级强化教程：综合课本Ⅰ》（肖奚强、朱敏主编，北京大学出版社2008年版）。

表 3-5 动结式习得偏误类型及百分比

偏误类型		数量	百分比
遗漏 27（8%）	遗漏补语成分	25	7.4%
	遗漏动词	2	0.6%
回避 176（52.1%）	回避成两个主谓句	72	21.3%
	回避成一个词	47	13.9%
	回避成"了"	46	13.6%
	回避成一个主谓句	11	3.3%
错序 25（7.4%）	动词和否定词错序	25	7.4%
误代 110（32.5%）	补语误代	42	12.4%
	误代为状中结构	33	9.8%
	否定式误代	13	3.8%
	误代为状态补语	13	3.8%
	误代为趋向补语	9	2.7%
总计		338	100%

可见在所有偏误类型中，最常出现的是汉语动结式的回避偏误，其次是误代偏误。遗漏和错序偏误出现较少。

（一）遗漏偏误

在遗漏偏误中，主要有两种偏误类型：遗漏动词后的补语成分和遗漏动词，分别占遗漏偏误总数的 92.6% 和 7.4%。这两类遗漏都会导致句子的不完整或语法错误。例如：

（1）*昨天我<u>看</u>她去商店买东西。
（2）*他<u>完</u>所有工作然后回家了。

（二）回避偏误

回避成两个主谓句的出现频率最高，占回避偏误总数的

40.9%,其次是回避成一个词(26.7%)和回避成"了"(26.1%),最少出现的回避类型是回避成一个主谓句(6.3%)。

以下是在测试卷中出现的一些回避偏误。尽管语法正确、表达无误,但有些句子不如动结式表达得简洁明了,例如:

(3)他走了很长时间,所以很累。/他走到自己筋疲力尽。
(4)他们家去年就搬家了。

当然还有一部分回避是不符合语法规范的,如:

(5)*他喝太多酒还有吐了。
(6)*你去了北京看长城吗?

(三)错序偏误

在测试卷中,我们只发现一种错序类型,即动词与否定词位置颠倒。例如:

(7)*这本书太复杂了,很多人都看没明白。

根据汉语语法规范,否定词"没"或"没有"应放在动结式之前来否定整个句子,然而一些学习者没能正确使用否定词而导致偏误出现。

(四)误代偏误

补语的误代占所有误代偏误的38.2%,出现次数最多;其次是误代为状中结构,占30%;否定式误代和误代为状态补语所占百分比同样为11.8%;最少出现的误代偏误是误代为趋向补语。例如:

(8)*她洗衣服把手洗好/干净了。

(9)＊他摸了摸自己的脸有点热,知道今天又<u>多喝了酒</u>。
(10)＊他今天早上<u>不穿好</u>衣服就出门了。
(11)＊请把你的名字<u>写得好</u>一点。
(12)＊一走进房间,我就<u>闻起来 / 进</u>一股花香。

补语"好 / 干净"在例(8)中误代;例(9)是与动结式结构相似的状中结构,但意义完全不同;否定词"不"误代于例(10)中;例(11)和(12)分别是汉语中另外两种重要的补语——状态补语和趋向补语,与动结式意义完全不同,不可互相替代。

二 偏误原因分析

语言习得过程中出现偏误的原因是多种的,刘珣指出汉语学习者产生偏误的原因主要有母语的负迁移、目的语的负迁移、文化的负迁移、学习和交流策略的影响、学习环境的影响等。[①] 依据测试结果和构式语法,笔者认为英语母语者在习得汉语动结式过程中产生偏误的原因主要是迁移和语内影响。

(一) 迁移

1. 负迁移

从上文汉英动结式的对比中可以看出,汉语动结式句法结构特殊,尤其是"动词 + 动词"的结构,在英语中没有相对应的结构。于是学习者在没有掌握好汉语动结式的情况下,自然地把母语中表示动作和结果的一个动词对应为汉语中只表示动作的一个动词,而遗漏了汉语动结式里的补语成分,所以就出现了例(1)

---

① 刘珣《对外汉语教育学引论》,北京语言文化大学出版社2000年版。

中遗漏补语成分的偏误。

错序偏误也与母语的负迁移有关，因为这类偏误是学习者由相应的英语表达直接翻译过来的，如"这本书太复杂了，很多人没看明白"。这样的句子在英语中往往通过一个并列句或主从句来表达：This book is too complicated. Many people have read it but cannot understand it. 学习者根据英语的句子直接翻译成中文，于是出现了例（7）那样的错序偏误。

2. 回避

Kellerman 认为在三种情况下可能出现回避：第一，学习者对目的语掌握不够，预见到会发生偏误；第二，学习者了解目的语但在某些场合中无法熟练地使用；第三，学习者知道如何表达但因为不想违背自己的习惯不愿意使用。回避偏误在测试结果中出现频率最高，但需要指出的是，大部分回避在语法上是正确的，正确率达到 80% 以上。[1]

基于构式语法分析，汉语动结构式从类型来看就比英语动结构式复杂，并且由于汉语动结构式中对象与受事的分离，导致其构式意义更为复杂。英语动结构式中如果进入构式的是及物动词，受事论元一定是构式提供的受事和动词提供的受事角色的融合（fusion）；如果是不及物动词，构式单独提供受事论元。[2] 而在汉语动结构式中，还有第三种情况——受事论元与动词的施事语义角色不相容却一致（unification），这时承担施事角色的一定是

---

[1] Kellerman, E. Another Look at an Old Classic: Schachter's Avoidance. *Lecture Notes*, Temple University Japan, 1992.

[2] Goldberg, A. *Constructions: A Construction Grammar Approach to Argument Structure*. The University of Chicago Press, 1995.

一个有生命的名词性成分，一般情况下是人。① 面对结构如此复杂的汉语动结式，学习者难免感到有些困难，因此采用回避策略，用一个相近词组或相近句式来代替动结式，如例（4）。

此外，汉英动结构式时体的差异导致学习者将动结式回避成两个主谓句。构式语法认为，英语动结构式中动作与动作带来的结果之间没有时间间隔，变化在动作结束的瞬间实现。② 但对于汉语动结构式，动作和结果之间可能存在时间间隔。例如"她唱红了那首歌"可以有两种理解：她一直努力唱到成功（无时间间隔）；她出色的表演使那首歌在表演过后流行起来（有时间间隔）。学习者基于英语的特征认为汉语动结式也是没有时间间隔的，如果有间隔就要用两个主谓句来表达，于是出现了"飞机起飞了，飞远走了"这样的回避句式，尽管回避正确，但动结式的表达"飞机飞远了"更自然连贯。

（二）语内干扰

1. 过度概括

过度概括是语内干扰的一种常见类型，回避偏误中将补语成分回避成助词"了"就是由过度概括造成的。学习者较早地接触"了"，知道它可以用在动词后表示动作完成。有些学习者会将先学的"了"的知识过度概括，认为它可以替代动词后的补语成分。当"了"与补语成分所要表达的词汇意义重合时，回避正确，但是当两者意义不重合时会造成回避偏误，如例（6）。此外，否定词的误代也由过度概括造成。"不"是学习者在汉语里最先

---

① 赵琪《英汉动结式的共性与个性》，《外语教学与研究》2009 年第 4 期。
② Goldberg, A. *Constructions: A Construction Grammar Approach to Argument Structure*. The University of Chicago Press, 1995.

习得的否定词,常与英语中的 not 对应,当他们未准确掌握某一特定句法结构的否定形式前总是用"不"来否定。而动结式的否定形式中使用的否定词是"没"或"没有",表示动结式导致的结果并未实现,这就解释了例(10)中否定词的误代偏误。

补语成分的误代也与过度概括有关。学习者有时会误用一些常用的补语形容词,如"好、干净"等。其实,汉英动结式在补语形容词的选择限制上也存在差异。彭国珍依据补语所表达的成分是否为主句动词的论元将动结式分为两类——Control 结构(控制结构)和 ECM 结构(Exceptional Case Marking 特殊授格结构),并基于汉英形容词的分类将汉英动结式对补语形容词的选择差异归纳成表 3-6。①

表 3-6 汉英动结式补语形容词的选择差异

等级形容词			英语		汉语	
			Control	ECM	Control	ECM
等级形容词	开放等级		−	−	+	−
	封闭等级	最大点	+	+	+	+
		最小点	−	+	+	+
非等级形容词(汉语中的动词)			+	+	+	+

从表 3-6 可以看出,汉英动结式中补语形容词的使用是有章可循的,如英语开放等级形容词和最小点封闭等级形容词不能用于 Control 结构中,而相对应的汉语可以。这就解释了例(8)中补语误代的偏误,"好、干净"都是开放等级形容词,不可以进入像例(8)这样的 ECM 结构中。

---

① 彭国珍《英汉结果补语结构中补语形容词的差异》,《语言教学与研究》2007 年第 3 期。

2. 简化规则

语内干扰的另一类型是简化规则,即语言规则的不完整使用。当学习者误解、没有完全掌握某种语法结构,或将错误意义强加于某种结构时,很可能出现误代为其他结构的偏误。例如在测试中就出现了误代为状中结构、状态补语、趋向补语的偏误。状中结构与动结式结构恰好相反,由"形容词+动词"构成,用来强调动作当时的状态或人物的情态;状态补语中动词和补语之间有助词"得",它的作用是评价或描写;趋向补语是放于动词后表示方位移动的补语,强调的是由动作导致的方向改变,而不是结果改变。学习者虽然已学过这三类常用的结构或补语,但在实际使用中对它们的语义和语用掌握不够,与动结式混淆,引起了例(9)、(11)、(12)中的误代偏误。

三 结语

本研究采用测试的方法,针对英语母语者学习汉语动结式的情况进行统计分析。结果显示,测试卷中的偏误主要分为四类:遗漏、回避、错序和误代。通过对实例的分析和研究,归纳出偏误产生的原因主要有迁移和语内干扰。根据构式语法理论,笔者总结出汉英动结式在构式类型、动结式语义限制、时体问题三个方面有很大的差异,由此导致英语母语者出现回避偏误,而回避偏误在四类偏误类型中所占比例最大。

构式语法不仅可作为分析汉英动结式差异的理论基础,对汉语动结式的教学也有一定帮助。陈满华和张怡春提议在教授某个动结式时,可以让学生将其形式和意义作为一个整体记住,甚至将语音、句法和语义因素等考虑在内。① 例如："张"和"开"都有 open 的意思，那么"张开嘴"在英语中就对应"open open mouth"，是不正确的。然而，如果教师将"张开"作为一个整体（即一个构式）教给学生，学生就不会产生疑问，也能很快地记住。借助构式语法，将汉语动结构式看作一个整体对学习者理解和熟练运用动结式来说会有很大的帮助。

第五节　基于汉语中介语语料库的二价名词习得研究[②]

偏误分析自20世纪60年代末70年代初兴起，随着偏误分析理论被引入我国的对外汉语教学研究（如鲁健骥等）[③]，"偏误分析始终是汉语习得研究最密集的领域"[④]。这与研究观念、范式调整和研究范围的拓展都有直接关联。而各种大型中介语语料库的建设为偏误考察提供了更加坚实的基础，基于语料库的习得研究成为学科发展的重要推动力。在这样的大背景下，如何突

---

① 陈满华《构式语法理论对二语教学的启示》，《语言教学与研究》2009年第4期；张怡春《构式理论与对外汉语教学》，《盐城师范学院学报》（人文社会科学版）2009年第6期。
② 本节作者：蔡淑美、施春宏，原载《语言文字应用》2014年第2期。
③ 鲁健骥《偏误分析与对外汉语教学》，《语言文字应用》1992年第1期；鲁健骥《中介语研究中的几个问题》，《语言文字应用》1993年第1期；鲁健骥《外国人学汉语的语法偏误分析》，《语言教学与研究》1994年第4期。
④ 王建勤《汉语作为第二语言的学习者语言系统研究》，商务印书馆2006年版。

破既有研究主题乃至研究观念,成了人们不时思考并进行实践的新问题。就语法偏误分析而言,论题长期集中在特定词类和特殊句式上,研究内容需要拓展。本节试图通过全面考察以前尚未被系统观察的二价名词,结合新的语言学观念和语言习得理论,对语法偏误分析的实践及其理论蕴含做出新的探讨。

二价名词是指语义结构上关涉两个论元,并要求所支配论元与之共现的一类名词。① 比如"好感"有"我对他有/产生了好感",其中"我"是主体,对象"他"用介词"对"引导。如果其中一个论元不出现(语境中省略的除外),那么语义和形式就不完整,如"我有/产生了好感"都是语义不充分的句子。为了下文论述的方便,我们用 N 来表示"好感"这样的二价名词,它所关联的主体和对象论元分别用 NP_1 和 NP_2 来表示,其语义结构便可形式化为:$N < NP_1$ 对 $NP_2 >$。②

已有研究主要考察了这类名词的配价能力和要求、句法和语义特点以及与之相关的歧义现象(如"对厂长的意见")等。③ 相对于一般名词而言,二价名词的语义结构蕴含两个不同性质的论元,这两个论元有特定句法配置的要求,因此二价名词在形义关系尤其是句法配位方式上显得相当特殊。进一步考察发现,二价名词的句法表现也是汉语颇具独特类型特征的语言现象。显然,无论是理论上还是实践上,这种名词在习得过程中必然有相当特

---

① 袁毓林《现代汉语名词的配价研究》,《中国社会科学》1992 年第 3 期。
② 同上。
③ 袁毓林《汉语动词的配价研究》,江西教育出版社 1998 年版;张宝胜《配价语法和"对+N+的+X"短语的歧义问题》,《河南大学学报》(社会科学版) 2002 年第 5 期;耿国锋《关于二价名词的两个问题》,《北方论丛》2008 年第 2 期。

殊的表现。但针对这种现象的习得研究（包括母语习得研究和二语习得研究，本节只研究汉语作为第二语言的习得情况），目前只是举例性质的零星分析。基于此，本节试图对汉语中介语语料库中二价名词的习得情况做出系统分析。文章首先描写二价名词习得的正误分布，尤其关注其偏误类型，然后考察二价名词习得中语块意识的构建过程，在对名词习得难度做出重新分析的基础上提出相应的教学建议。

一 中介语语料库中二价名词习得的正误分布

考察中介语系统，既要分析偏误情况，也要观察正确输出。只有将两者综合起来考量，才能看到习得过程的完整性。因此下面先对语料库中的二价名词和它的正误总体情况做出说明，以正确的输出为参照，尤其关注其偏误表现。

依据袁毓林的判断标准，我们先从《汉语国际教育用音节汉字词汇等级划分》（以下简称《等级》）中把二价名词挑出来，按语义属性将二价名词大致分为三大类型："情感/态度/见解"类（如"恩情、牢骚、看法"）、"方针/政策/权利"类（如"对策、办法、权利"）和"功效/作用/能力"类（如"功劳、好处、能力"）。① 然后在北京语言大学开发的 HSK 动态作文语料库中进行全面检索，并以中山大学中介语语料库的语料作为补

---

① 袁毓林（1992）认为能进入"NP_1 对 NP_2 有 N"和"NP_1 对 NP_2 的 N"而不能进入"NP_1+N+NP_2"的为二价名词，如"意见"，而"研究"则三种格式均可，因此为名动词；国家语言文字工作委员会《汉语国际教育用音节汉字词汇等级划分》，北京语言大学出版社 2010 年版。

第五节 基于汉语中介语语料库的二价名词习得研究

充和参照。搜索过程中发现了一些《等级》未收录但语料库中出现了的二价名词用例，由于本节考察的是中介语语料库中二价名词的使用情况，因此范围比《等级》有所拓展。从检索结果来看，语料库中共出现140个二价名词，无偏误的正用词项65个（如"抱负、戒心、功劳"等），出现误例的词项75个（如"好感、兴趣、坏处"等），学习者在误用输出个数上大于正确的部分。《等级》中收录但语料库中并未出现的词项共23个，未出现的二价名词在《等级》中多为丙级、丁级词，如"谗言""霸权""购买力"都属于丁级词；而且，相对于已出现的同等类型，语义上多属非基本层次范畴，比如"盛情"属于"感情"，"草案""议案"属于"方案"更细致的分类等。词语习得的一般倾向是由表达基本层次范畴的词语向表达非基本层次范畴的词语扩展。

语料考察显示，单个二价名词的句法表现主要有三种情况：第一，在结构中一般跟某类特定动词结合来实现句法功能，如"意见"，实际打包出现的是"有/产生意见"；第二，依托于某个框架，如"NP_1 对 NP_2 有/产生意见"；第三，借助话题式表达，如"关于 NP_2，NP_1 的意见是 VP"。无论哪种情况，都呈现为某种特定的结构块，即语块（chunk）。第一种情况（"有/产生意见"）可以看作是离合式语块，"有/产生"和"意见"可离可合，只是从语义表达的充分性来说，对象论元没有出现。第二种和第三种情况则是对离合式表达的扩展或调整，二价名词作为词项填入相应的句法空槽，两部分配合使用。其中，第二种情况形成"对……有/产生……"之类的相对固定的框架才能表达完整的语义内容，可以称作框架式语块[①]；第三种情况则是将二价名词涉及的对象用作话题（常用介词标示），可以称作话题式语块。显然，话题式语块可以看作框架式语块的一种变异形式。其实，由二价名词构成的这种半固定半灵活的语块还具有更丰富的句法表现，这主要来自对象论元呈现方式的差异。比如"我得知贵公司由于业务的需要招聘导游的启事，深感兴趣"，"感兴趣"的对象"招聘导游"在前一小句中出现。我们将这种对象论元与二价名词在线性序列上隔开、形式上较为松散的表达式称作隔开式。隔开式也是在离合式的基础上进一步调整对象论元的出现方式。由此可见，在一定的语境下，二价名词的句法表现具有相当的变异性。如果从信息表达的完整性来看，由二价名词构成的语块都具有框架性。但为了描写方便，我们还是将三者区别开来：框架式语块、话题式语块、隔开式语块；前两者内部还有细节差异。离合式则是这三种大类语块中被包含的组成部分。具有语块特征的句法结构在习得过程中，往往被视为固定或半固定的结构体而整体打包。基于此，我们对中介语语料库中二价名词所见用例的正误分布进行了统计和分析说明，见表3-7。

值得注意的是，由于每种类型出现的数量在总句数中权重不一样（即分布不一样），所以此处并不能单纯看偏误率的多少，而应该由其所占的相对比例乘以偏误率，才是它的相对偏误值。比如，隔开式共出现了285句，占所有句数的11.54%（285/2470），乘以其偏误率8.77%，得出的权重1.01%才是它在整体句数中的

[①] 关于语块的性质及分类，参见薛小芳、施春宏《语块的性质及汉语语块系统的层级关系》，《当代修辞学》2013年第3期。

第五节 基于汉语中介语语料库的二价名词习得研究

相对偏误值。

从表 3-7 可以看出：第一，在各种配位方式中，袁毓林所列举的格式在中介语语料中都出现了，既包括框式结构"NP_1 对 NP_2+V+N"等，也包括与之对应的话题结构等变化形式，如"（对）NP_2+NP_1+V+N"等。语料中还出现了袁文没有提到的"给/使/让"字句。第二，共涉及语料 2470 条，误用 306 条，二价名词习得的偏误率较高（12.39%）。就不同的语块类型而言，隔开式绝对数量不少，但偏误相对较少（8.77%），占偏误总数的1.01%；框架式绝对数量很大，正用、偏误都很多，内部类型多样，相对比重最大（10.81%）；话题式的绝对数少，相对偏误率也最低（0.57%），但绝对偏误率又相当高（28%），超过隔开式（8.77%）的 3 倍、框架式（12.51%）的 2 倍。第三，就偏误比重最高、情况最为复杂的框架式来说，以"NP_1 对 NP_2+（Adv）V+N"的偏误最为突出，其绝对使用数量最大（1690 句），偏误也最多（211 句）；而像"NP_2+ 使/让 +NP_1+V+N"，只出现了 1 例偏误，统计意义不大。①

表 3-7 中介语语料库中二价名词的正误分布情况

格式类型		例示	总句数	正用句数	偏误句数	偏误率	加权值
隔开式	（...NP...）+V+N	（他来过,）我有印象	285	260	25	8.77%	1.01%

---

① 统计没有包括定中结构"NP_1 的 N"（比如"提高了我的信心"），原因是这类结构数量庞大而偏误很少，它具有语言类型上的共性，句法规则相对简单，基本不会发生负迁移的情况。

（续表）

	格式类型	例示	总句数	正用句数	偏误句数	偏误率	加权值
框架式	NP₁ 对 NP₂+（Adv）V+N	我对他有印象	1690	1479	211	12.49%	8.54%
	（Subj+V）NP₁ 对 NP₂+ 的 +N	（我说了/这是）我对他的印象	111	97	14	12.61%	0.57%
	NP₁ 对 NP₂+ 的 +N+VP	我对他的印象很深	134	120	14	10.45%	0.57%
	NP₂+ 给 +NP₁+V+N	他给我留下了印象	110	95	15	13.64%	0.61%
	NP₂ 给 NP₁+ 的 +N+VP	他给我的印象很深	53	46	7	13.21%	0.28%
	（Subj+V）NP₂+ 给 +NP₁+ 的 +N	（这是）他给我的印象	26	21	5	19.23%	0.20%
	NP₂+ 使/让 +NP₁+V+N	他使我留下了印象	11	10	1	9.09%	0.04%
	小计		2135	1868	267	12.51%	10.81%
话题式	（对/关于）NP₂+NP₁+V+N	对他/关于这件事，我有很深的印象	39	29	10	25.64%	0.40%
	（对/关于）NP₂+NP₁+（的）N+VP	对他/关于这件事，我的印象很深	11	7	4	36.36%	0.16%
	小计		50	36	14	28%	0.57%
	总计		2470	2164	306	12.39%	12.39%

以上厘清了二价名词正用和偏误、显现和未显现的各种情况，并初步指出了偏误的总体分布、哪些类型容易出现偏误等。实际

上，既观察已经出现的，又考虑没有出现的，才是二语习得的完整过程，习得研究必须强化学习者相关知识结构的整体性。

二 二价名词习得的偏误类型和表现

二价名词句法实现的特殊之处在于语块配位方式。就不同的类型而言，语块特征有强有弱，学习者对其感知和把握能力即语块意识有不同层级，从而导致习得过程中所出现的偏误也有较大差异。因此，从不同程度的语块特征入手，应该能比较准确地认清二价名词的习得机制和规律。下面基于语块配位方式将二价名词的偏误分为两类：与二价名词语块表达有关的归为语块偏误，其余归为非语块偏误。

（一）二价名词的语块偏误

隔开式、框架式和话题式语块都有整体打包的特征，如果习得者没有这种整体意识，便容易出现各种偏误。

1. 隔开式。隔开式的对象论元在上下文中或已出现或不言而喻，学习者在输出时表达出"V+N"部分即可。隔开式共出现289条，25例偏误中有18例集中在与二价名词搭配的动词上。[①] 这类动词比较特殊，具有[±有]的语义特征，常见的如"有""持有""产生""没有""失去"等。学习者常遗漏其中动词，直接将二价名词当成谓词性成分来使用。例如：

（1）*来中国的时候，我喜欢看中国的电视剧。我觉得

---

① 还有7例为二价名词近义词之间的混用，如"报答父母的恩惠"，将"恩情"误用为"恩惠"。

很意思,可是来中国以后我常去电影院看电影。(印度尼西亚)[很有意思]①

(2)*这时,我后悔自己<u>不责任</u>的同时,也决心以后一定自己承担自己的责任。(日本)[不负责任]

这两例是直接将"意思、责任"分别当形容词和动词使用。二价名词这种"某人对某人(事)"的述谓性语义结构有可能让学习者误认为它可以直接做谓词性成分来用。不过,总体来说,隔开式的习得难度较低,信息量的呈现结构相对简单,学习者比较容易掌握。

2. 框架式。二价名词偏误主要集中在框架式上,类型多样,情况复杂。学习者在这种语块类型的输出中展现了对框式结构的不同感知程度和意识,即框式意识。按从低到高的顺序将框架式偏误分为配位方式偏误、框式残缺、框式成分误用、框式错序、论元成分缺失、论元成分颠倒和框式结构杂糅混搭等。首先来看二价名词的配位方式偏误:

(3)*本人身体健康,性格开朗,<u>兴趣读书</u>,嗜好朗诵。(韩国)[对读书有兴趣]

例(3)的"兴趣"被误用作与"喜欢"一样的及物动词,该用框式却没用,错选了配位方式。出现这类偏误的还有"爱心""成效""感觉"等9个词项,共17例。

框式结构具有相对凝固的形式(即"框"),其组成部分不得随意缺失。习得者如果对"框"把握得不够,就会出现框式残

---

① 用例中的偏误部分用下划线标记,相应的正确表达方式在句末用[ ]标出。由于并不能处处准确了解写作者的意向,因此有时只是一种可供选择的表达。

第五节 基于汉语中介语语料库的二价名词习得研究

缺的偏误。依据框式成分的次序,又可进一步分为缺少介词、缺少动词或其他必要成分,其用例分别如下:

(4)*以上是我流行歌曲的一些感想。(印度尼西亚)[对流行歌曲的一些感想]

(5)*实际上"间接吸烟"也是对健康很大的坏处。(韩国)[对健康有很大的坏处]

(6)*老年人也可以清除对年青人成见。(韩国)[对年轻人的成见]

在二价名词习得中,框式残缺的偏误特别突出(107例,占30.06%),其中介词的缺失又最为醒目(97例,占27.25%)。有时习得者输出的框式结构是完整的,但却误用了框式成分,主要包括介词误用和动词误用这两种情况。例如:

(7)*你这么一想,当然心里不平了,跟她有意见,她难道感觉不到你对她的态度吗?(日本)[对她有意见]

(8)*每一个思想对这个问题会保持不同的见解。(德国)[持有不同的见解]

例(7)的"跟"引进动作行为的参与者,与引进对象论元的"对"是有区别的,不能混用。介词误用的偏误也比较突出(32例,占8.99%)。例(8)的误用动词与准入动词是近义关系,但习得者混淆了它们语义上的差别及其搭配的不同而出现了偏误。

有时习得者选用了正确的框式配位,但误将介词结构放在了二价名词后面,造成配位方式错序,例如:

(9)*这是我的想法对中国的劳动节。(越南)[对中

国劳动节的想法]

除"想法"以外,"感觉、责任、好处"等也出现了此类偏误,共 14 例。这与学习者对汉语句法系统的相关表达了解不充分有关,汉语除了表示目标、结果或终点的介词性结构外,其他介词性结构都必须出现在核心成分之前。这是汉语很重要的一个类型特征。

框式残缺、误用和错序,都是对框式结构的"框"把握不到位。语料中有一类偏误,习得者虽然正确把握了框式的骨架,却没有填入必要论元,出现了论元成分的缺失。例如:

(10) *如果在社会里没有流行音乐的话,那就对生活没有什么兴趣了。(韩国)[那人们就对生活就没什么兴趣了]

(11) *我母亲曾经跟我说过:"不是绿色食品的再洗也洗不掉农药,所以没有好处。"(韩国)[对身体没有好处]

例(10)缺少主体,例(11)缺少对象(连同介词"对"),造成语义的模糊和不充分。这类偏误有 23 例,占 6.64%。

有时习得者填入了必要论元,但颠倒了位置,造成了论元成分的错序。例如:

(12) *流行歌曲对我的兴趣是无所谓,我可以听的,但不是太喜欢。(泰国)[我对流行歌曲的兴趣]

出现此类偏误的还有"感觉、好处"等,共 21 例。这类偏误母语者也经常出现。值得注意的是,它和例(9)的框式错序虽然都牵涉到错位问题,但从学习者语块意识(更具体来说是框式意识)的高低程度来看,二者有很大区别。框式错序是对框式配位中介词性结构的位置安排缺乏意识，程度较低；而框式成分颠倒则是框式骨架无误，框式意识较高，只是成分错位。二者在不同的层级上，需要区别开来。

以上偏误都发生在单一的语块格式里。语料中还发现一类偏误，学习者将两种或两种以上的格式混搭或杂糅在一起。例如：

（13）*奥涅金对家庭生活已经<u>有产生意见</u>，拒绝了塔吉雅娜。（俄罗斯）[有意见/产生意见]

习得者分别掌握了"对……有意见"和"对……产生意见"这两种结构，但将框式中的不同动词混搭在一起形成了"对……有产生意见"。框式混搭的偏误有9例。又如：

（14）*因为绿色食品<u>给人们的身体有好处</u>。（韩国）[对人们的身体有好处/给人们的身体带来好处]

（15）*如果你生活上遇到挫折，这<u>对你的生活也可以带来好多好处</u>。（希腊）[可以给你的生活带来好多好处/对你的生活也有好多好处]

例（14）和（15）的偏误刚好互相印证。引导"好处"的框式结构既可为"NP_1 对 NP_2 有好处"，也可为"给"字句"NP_2+给+NP_1 带来好处"。学习者将两种结构糅合在一起，分别形成上面所示偏误。不过，学习者也只有对不同框式具备一定的意识才能杂糅出这样的句子。框式杂糅共27例。杂糅和混搭都属于结构混乱型，因此本节将它们划为一类，共36例。在框式结构中，动词前后都有成分（下面的话题式亦然），而相关框式结构之间容易互相干扰，因此出现混搭杂糅式的偏误，这从另一个方面体现了汉语在这类配位方式上的特点。

3. 话题式。从表3-7可知，话题式出现的数量不多，相对偏误率也很低。话题式语块偏误主要集中在话题结构和二价名词语块表达之间的纠缠，常表现为语义颠倒和结构杂糅。例如：

（16）*婚姻这个问题对每个人有每个人的看法。（越南）〔（对）婚姻这个问题，每个人都有每个人的看法〕

（17）*另外一个地方对我来说很感兴趣是龙柏树熊公园。（泰国）〔我很感兴趣的另外一个地方〕

例（16）所谈话题是"婚姻这个问题"，但作者似乎又想突显含有二价名词的构式，二者纠缠不清，使得"一方针对另一方"的语义关系在句子中颠倒了。这种偏误实际上连汉语母语者也经常犯，具有类型学上的共性。例（17）是包括话题结构在内的好几种格式杂糅在一起。学习者把"感兴趣"的对象"另外一个地方"作为话题，但错用了"对我来说"，同时又跟"是"字句糅合在一起，偏误就更为复杂。话题式中的语义颠倒和结构杂糅，看似已在框架式中出现过，但并非单层次的偏误，而是递升地呈现了多因素制约的界面特征。

前面已经指出，话题式的偏误率高达28%，超过其他类型的两三倍。这种"扁担式"（动词的两头各挂一物）的配位方式，具有鲜明的汉语类型特征，也正因为如此，话题式的习得难度最大，学习者对这样的表达方式不太熟悉，不用则已，一用就容易出错。

总体而言，二价名词偏误率远高于一般名词，与配位方式的复杂性和特异性有很大关系。

（二）二价名词习得的非语块偏误

以上偏误主要关注二价名词所依托的语块本身。有时语块结构本身没有偏误，当它与其他成分配合使用时却出现了偏误，我们把语块结构之外的偏误称作非语块偏误。非语块偏误主要集中在三个方面：一是语块成分与非语块成分位置错序；二是语块成分与特殊标记（如否定词、体标记）配合偏误；三是语块成分与句中其他成分配合偏误。

语块成分与非语块成分的错序是指状语成分与带有二价名词的语块发生错位。例如：

（18）*从那时开始想要去看看中国，<u>我越来越对中国感兴趣</u>。（蒙古）［对中国越来越感兴趣］

本该对"V+N"进行修饰或限制的状语性成分却放在了整个语块成分的外面，造成辖域上的偏误。状语位置错序共出现19例，占5.62%，习得情况相对较好。

语块成分与特殊标记配合时也容易出现偏误。跟否定词共现的偏误，例如：

（19）*本来我<u>对中国没感兴趣</u>。（俄罗斯）［对中国没兴趣/对中国不感兴趣］

例（19）为否定成分的选择不当：如果对"兴趣"进行否定须用"没（有）"，由此可改为"我对中国没（有）兴趣"；如果对"感兴趣"进行否定则用"不"，由此还可改为"我对中国不感兴趣"。习得者对"不"和"没（有）"的用法不甚明了，所以出现了二者之间的误用，这种错误是汉语习得中常见而顽固的偏误。①

跟体标记的配合偏误主要有体标记缺失和体标记冗余两种。例如：

(20) *我从小就受父亲的影响，产生对中国历史和文化的兴趣，因为我父亲喜欢中国小说，尤其是《三国志》。（日本）[产生了对中国历史和文化的兴趣]

(21) *两年来我没什么病，我对身体有着信心。（越南）[对身体有信心]

例（20）该用体标记而没用，例（21）不该用体标记而用了。体标记的允准条件和出现位置是习得的难点，此类偏误常见而顽固。对这些特殊标记的综合运用能力的培养须贯穿于学习的整个过程之中。语块成分与特殊标记的配合偏误较为突出，有34例（占9.55%），这跟一般条件下使用否定副词、体标记时出现偏误的情况是一致的。

还有与句中其他成分配合时的偏误，例如：

(22) *当然我并不是十分武断，对古典音乐的好感而厌恶流行歌曲，只不过认为古曲音乐是永垂不朽而流行易被岁月所流逝。（印度尼西亚）[对古典音乐有好感]

例（22）在框式结构的使用上本身并没有问题，但要与"厌恶流行歌曲"通过"而"来并列的话，应改用状中框式结构"对

---

① 王建勤《"不"和"没"否定结构的习得过程》，《世界汉语教学》1997年第3期；袁毓林《试析中介语中跟"没有"相关的偏误》，《世界汉语教学》2005年第2期；袁毓林《试析中介语中跟"不"相关的偏误》，《语言教学与研究》2005年第6期。

古典音乐有好感"。这类偏误数量很少（只有 3 例）。

上面分析了语块和非语块偏误的各种情况，下面对偏误类型及其所占比例进行统计：

表 3-8 中介语语料库中二价名词的偏误类型及其所占比例

偏误类型			具体次类	偏误数	百分比
语块偏误	框架式	隔开式	缺少特定动词	18	5.06%
		框式残缺	配位方式选择偏误	17	4.78%
			介词的缺失	97	27.25%
			动词的缺失	7	1.97%
			其他成分缺失	3	0.84%
			小计	107	30.06%
		框式成分误用	介词的误用	32	8.99%
			动词的误用	18	5.06%
			小计	50	14.05%
		框式错序		14	3.93%
		论元成分缺失		23	6.46%
		论元成分错序		21	5.90%
		框式混搭杂糅		36	10.11%
		小计		268	75.28%
	话题式	语义颠倒、结构杂糅等		14	3.93%
	小计			300	84.27%
非语块偏误	语块成分与非语块成分位置错序			19	5.34%
	语块成分与特殊标记配合偏误			34	9.55%
	语块成分与句中其他成分配合偏误			3	0.84%
	小计			56	15.73%
总计				356	100%

从统计结果来看，语块偏误超过五分之四（84.27%），非语

块偏误占 15.73%，说明二价名词习得的关键在于对语块配位方式的掌握。语块偏误中，框架式偏误占四分之三，其中框式残缺比较显著（30.06%），尤以介词的缺失最为突出（27.25%）；框式成分的误用也较高（14.05%），介词的误用占不小比例（8.99%）。框式混搭杂糅也相对较高（10.11%）。这表明框架式是二价名词的基本配位方式，也是句法习得的难点。

就语块偏误类型的排列顺序而言，从隔开式到框架式再到话题式，对语块意识（尤其是框式意识）的要求程度是从低到高，渐进且有层级的。三种类型中的细类，从上到下，语块意识水平也依次递增，比如框式残缺比配位方式选择偏误所具有的语块意识水平要高，框式成分误用又比框式残缺的语块意识水平要高，等等。

三 二价名词的习得机制及教学策略

从二价名词习得过程中的偏误类型和情况来看，它需要依托一定的语块结构来实现句法功能，而学习者对语块的感知和把握能力又是有区别的，偏误出现的不同情况，正是反映了语块意识不同程度的习得阶段。下面分析二价名词习得中语块意识的层级和构建过程，由此探讨习得的内在机制和规律，在对名词习得难度重新认识和反思的基础上提出教学策略。

（一）习得过程中语块意识的层级和构建

综合考虑误用和正用两个方面，我们从语块配位方式的选用、输出的完整性、表达的准确性和运用的灵活性等四个层次将二价名词习得中语块意识的构建过程分为以下几个阶段：

第五节 基于汉语中介语语料库的二价名词习得研究

表 3-9 二价名词语块意识层次表

性质	语块意识的层级性	表现类型
误用	语块意识未启动	缺少特定动词（隔开式）、配位方式选择偏误
	初步的语块意识	框式残缺
	一定的语块意识	框式成分误用、框式错序、论元成分缺失和错序、框式杂糅混搭、话题结构的语义颠倒和结构杂糅
	基本的语块意识	非语块偏误
正用	典型的语块意识	基础结构（如隔开式、框架式）
	拓展的框式意识	复杂结构（如话题句）

"语块意识未启动"包括隔开式中的缺少特定动词（如例1）和框架式中的配位方式选择错误（如例3）。学习者并不了解二价名词的特殊配位要求，将二价名词直接用做谓词，说明其尚无语块意识，处在最低的层次阶段。"初步的语块意识"是说学习者对二价名词的语块配位表达有初步的意识，但又比较模糊，主要表现为框式残缺（例4～6），尚不能输出完整的框式结构。"一定的语块意识"是指框式结构是完整的，但并不准确，其中既包括框式成分的误用（例7～8）、框式错序（例9）、论元成分的缺失和错序（例10～12），也包括两种及以上的框式杂糅混搭（如例13～15）以及在更复杂句法结构如话题句中的相似表现（例16～17）。"基本的语块意识"是说学习者在使用二价名词时，其语块输出部分是正确的，但与句中其他成分配合时出现了偏误，非语块偏误便处在这种阶段（例18～22）。

当学习者逐渐具备完整而又准确的语块意识，即形成典型的语块意识之后，自然就有可能输出正确的包含二价名词的基础结构,依据不同语境选用不同表达形式,或隔开式,或框架式。如果还能在此基础上做出进一步的句法变换,那么就可能形成拓展的语块意识,输出更为复杂的语块形式,如话题句等。

在汉语句法系统中,像二价名词这样需要通过介词引入相关论元的现象并非个例,动词、形容词都有特殊的次类,具有类似的语义关系和句法约束。甚至像"捣鬼、占便宜"之类的习语性构式也都如此。因此,不仅二价名词的习得过程具有语块意识的层级性,与之相关的其他现象也都有类似的层级。杨圳、施春宏已经构建了准价动词框式意识的层次,证明这种层级性的系统意义。[1] 不过,正如他们所指出的那样,具备了框式意识,并不意味着就能正确输出准价动词,这属于进一步提高的问题。二价名词的语块意识同样如此。语块意识是正确输出二价名词的必要条件而非充分条件。

(二) 对名词习得难度的重新认识

从二价名词语块意识的层级和构建过程来看,它是名词中颇具特色的一个次类,在习得难度和复杂程度上跟普通名词不同。比如"道理"和"意见"同属甲级词,在中介语语料库中的表现却大不一样:"道理"在语料库中共出现 775 条,误用 23 条,偏误率为 2.97%,比较低;类型单一,基本都是"道理"及其近义词之间的混用。例如:

(23)*这就是为什么,不少时下的男女不愿结婚的道理。(新加坡)[原因]

---

[1] 杨圳、施春宏《汉语准价动词的二语习得表现及其内在机制》,《世界汉语教学》2013 年第 4 期。

"意见"出现了990条,误用76条,偏误率明显增高,为7.68%;其中只有13例是近义词的混淆(占1.31%)。例如:

(24)*但是来中国以后那个我的意见改变了。(日本)
〔想法〕

其余58例都与语块配位方式的误用相关。相对于普通名词"道理",二价名词"意见"的偏误更为复杂。人们更容易将一般名词看成内部比较均质的范畴,将二价名词与普通名词同等对待。

有学者指出:"名词习得总的来说不算是难点,多数普通名词与外语对应性很强。但是,因为汉语将方位词划归名词小类,方位词的习得成为名词习得中最大的问题。"这也是汉语作为第二语言教学界的基本认识。[①]就此而言,如果不考虑方位词的习得,似乎名词的习得就是比较容易的事。然而从上文的分析来看,名词的内部有很大差异,有的名词的句法语义特征还相当特殊,对语言习得有很大的影响。像二价名词这样的次类,还不是个别词项的习得问题,也不只是名词本身问题,更多的牵涉到句法—语义互动特征。因此,即便总体而言认为名词的习得难度较低,我们也必须看到特殊次类的特殊习得表现。

由于对二价名词的习得难度和复杂程度没有鲜明意识,多数面向第二语言教学的汉语教材对它并没有做出系统说明。在语法项目的阐释上,多数教材将二价名词和普通名词同等对待,采取简单释义的方式,只在词语例示部分标注词性和对应的英译,如"感情 N: affection"。少数教材在语法释义部分有简单说明,如《桥

---

① 卢福波《汉语语法教学理论与方法》,北京大学出版社2010年版。

梁:实用汉语中级教程》(上)[①]对"感受"进行了例示("有/得到/获得~感受"),但对怎么用"感受"、如何安排其对象论元并没有明确指出。可见,目前的教学主要还是基于词类及其线性序列,侧重对表面形式/结构做线性分析,较少深入地探究形式和相应的意义及其之间的关系问题。教师如果没有意识到这些现象的特殊性,或受教材影响,在教学过程中可能有所忽视,影响教学效果。

基于以上对二价名词语块意识层级的构建过程和对名词习得难度的重新认识,我们认为在教学或教材的编写中应该注意以下三个方面:一是语块意识的建构过程是循序发展的,具有层级性和阶段性,我们应充分尊重学习者的认知和习得规律,在教学时挖掘、利用语块意识的层级性特征,使学习者逐步储存并形成牢固、灵活的语块意识;二是鉴于二价名词及相关现象特殊的形义关系,针对各自的配位特点,构建出具体的配置规则,并在教学时针对难点问题采取相应的策略,帮助学生建立正确的形义匹配关系;三是二价名词及相关现象在配位方式上具有内在一致性,对象论元在不同词或结构中的实现方式和句法途径具有一致性,由此完全可以将这种特殊的配位方式建构成对象论元的类别配置系统,使习得者在习得这一系统时,能有意识并触类旁通地在不同语法项目之间进行有效扩展等。当然,如何在教学中进一步操作还需经过不断的实践。

[①] 陈灼主编,北京语言文化大学出版社1996年版。

四 结语

目前基于汉语词类的习得研究多以动词、形容词、方位词、量词、副词、介词、助词等为主，基于名词的习得研究尚难见到，对二价名词这种具有特殊配位方式的名词更是在理论上和实践上都没怎么关注。本节从二价名词习得的正误分布情况入手，关注其偏误类型和表现，然后基于语块意识不同层级的构建过程探讨习得的内在机制和规律，在重新认识名词习得难度的基础上提出相应的教学策略。

从考察的结果来看，二价名词在语义结构、句法结构及其相互关系上具有很大的特殊性，在汉语中颇具类型学特征，由于它牵涉到句法和语义、词项和构式等多重互动关系，因此也体现了鲜明的界面特征。这类现象习得过程和方式中反映出的理论问题同样很值得思考，比如，如何在类型学的背景下探讨汉语和其他语言在安排对象论元上的差异以及整个语言系统特征的制约关系；如何基于界面特征对习得过程中的方式和内在机制、对各个不同层面之间影响和互动的规律做出更深入的探讨；如何加强对有系统性特征的语言现象的挖掘、描写和解释；如何在继续重视结构主义分析模式的基础上，引进新的语言学观念和方法来深化习得研究中描写和解释的广度和深度，等等。只有这样，才能在习得研究中坚持描写和解释相结合、形式和意义相结合、共性和个性相结合的道路。

需要说明的是，本节主要基于中介语语料考察了二价名词的习得情况，并没有对不同国别、不同等级等具体情况下的偏误分布和类型做出细分，而更多地在研究层面提出了一些看法，希望为对外汉语教材编写和教学实践提供参考。至于如何在具体的教学实践中选择恰当的教学策略，如何构建具有可操作性的规则，还有待进一步的思考与实践。

第四章

话语偏误研究

第一节　从中介语语篇偏误看母语对二语习得的影响[①]

中介语是第二语言学习者在其有限的目的语知识基础上,在第二语言习得过程中构建的,既不同于母语又不同于目的语的一种语言知识系统。[②] 影响中介语的因素较多,其中母语因素是一个重要影响因素。目前,研究母语迁移对中介语影响的成果绝大多数都是从语音、词汇、语法角度进行讨论的,如王建勤、程美珍等。[③] 本节拟从语篇角度探讨母语对中介语的影响程度和方式。

一　中介语语篇偏误类型

"在某个语境中表达一个完整意思的语言片段,即构成语

[①] 本节作者:赵成新,原载《内蒙古大学学报》(人文社会科学版)2006年第5期。

[②] Gass, S. M. & Selinker, L. *Second Language Acquisition: An Introductory Course* (2nd ed.). Lawrence Erlbaum Associates, 2001.

[③] 王建勤《汉语作为第二语言的习得研究》,北京语言文化大学出版社1997年版;程美珍《汉语病句辨析九百例》,华语教学出版社1997年版。

篇。"① 中介语语篇是第二语言学习者的自发性输出材料，能够比较可靠地反映学习者的中介语状况。本研究搜集了以英语为母语的留学生汉语书面作文 120 篇，在借鉴 Carl James 和周小兵的偏误分类方法的基础上，将语篇衔接偏误按产生原因分作以下 6 种类型。②

（一）语际偏误

指由母语负迁移而引起的语篇偏误，又称干扰性偏误。例如：

(1) *××老师是一个中国人，他从澳大利亚来到广州<u>为了</u>访问我们俩。

这个句子里的"为了访问我们俩"在英语中是用动词不定式（表示目的）表达的，受母语影响，留学生把英语的表达式迁移到了汉语中。

（二）语内偏误

指受已经习得的目的语知识影响而出现的语篇偏误。例如：

(2) *<u>幸亏</u>那个小姑娘，我才认识了我最好的朋友。

该用"多亏"的地方用成了"幸亏"。"多亏"与"幸亏"都可以表示由于前面的有利条件，而避免了后面不如意的事。但二者还是有差别的："多亏"除表示上面的意义之外，更多地含有感激的语气，"幸亏"没有这种语气，更多的是一种如释重负的庆

---

① Halliday, M. A. K. & Hasan, R. *Cohesion in English*. Longman, 1976.
② James, C.《语言学习和语言使用中的错误：错误分析探讨》，外语教学与研究出版社 2001 年版；周小兵《学习难度的测定和考察》，《世界汉语教学》2004 年第 1 期。

幸语气。①

（三）发展难度偏误

指的是要学习的语言项目难度超出了学习者当时的目的语发展水平而产生的习得偏误。例如：

(3) *我充满好奇的眼睛<u>还在</u>瞪着那个交通灯的秒表边想：这就是新东西呀！

这里用"一边……一边……"这个连接词语较好。但由于"一边……一边……"在教材中出现较晚，作者当时还没有掌握这个连接词的用法，所以出现了偏误。

（四）回避偏误

通过使用近似的或间接的表达方式而绕过应该用的语言项，由此而产生的语篇偏误叫回避偏误。例如：

(4) *其实<u>有可能要是</u>我真的想忘记他也不能了，这是因为我的弟弟和他的女儿成了朋友。

这个留学生在语言输出时还用不好"即使……也……"，所以她采用了近似的表达方式，从而回避使用这个关联词语。

（五）诱导偏误

指由于教材编写或教师施教不当而造成的语篇偏误。例如：

(5) *<u>我国家</u>的人用金钱来判断谁是个幸福的人，什么是快乐。

《实用现代汉语语法》（增订本）说："人称代词做定语表示领

---

① 张斌《现代汉语虚词词典》，商务印书馆 2001 年版。

属关系,后面要用'的'。"① 实际上并不那么简单,例如上例中"我"既可改为"我的",也可改为"我们"。

（六）杂糅与不明原因偏误

杂糅是学习者把两种不同的正确表达方式杂和在一起,揉成一个错误句子的偏误;不明原因偏误是指判断不出明显原因的偏误。请看下面的例句：

可是在发展中国家,如中国,保护知识产权那么重要吗？

可是在像中国那样的发展中国家,保护知识产权那么重要吗？

（6）*可是在<u>发展中国家像中国</u>,保护知识产权那么重要吗？

该例为杂糅偏误,是留学生把以下两个句子相互杂糅的结果：

经统计分析,这 120 篇母语为英语的留学生汉语作文中的衔接偏误共 390 个,平均每篇 3.25 个。其中语际偏误 150 个,占 38.46%；语内偏误 105 个,占 26.92%；杂糅及不明原因偏误 92 个,占 23.59%；发展难度偏误 19 个,占 4.87%；回避偏误 18 个,占 4.62%；诱导偏误 6 个,占 1.54%。从以上统计来看,语际偏误的数量最多,比率最高。由此可见,母语迁移造成了 1/3 以上的中介语语篇偏误,是母语为英语的留学生衔接偏误的最重要原因。

二 母语对第二语言习得的影响方式

母语对二语习得的影响大致有空项影响、对称影响、非对称

---

① 刘月华等《实用现代汉语语法》（增订本）,商务印书馆 2001 年版。

影响、斜配关系影响等几个：

（一）空项影响

英语和汉语中的语言项目并非一一对应，有些语言项目英语中有，而汉语中没有；有些项目英语中无，汉语中却有。本节把这种情况称作空项，把这种影响形式称作空项影响。

首先，英语特有，而汉语没有。英语中有些语言项目汉语中并不存在，其语义功能在汉语中必须由其他形式来承担。例如：

1. 关系代词

英语中有关系代词，而汉语中没有关系代词，关系代词的语义功能在汉语中一般是通过指示代词、人称代词或词汇复现等手段表达的。例如：

（7）This umbrella was left by John, <u>who</u> was here a moment ago.

这把雨伞是约翰丢这儿的，他刚才到这儿来过。

母语为英语的留学生在遇到这种情况时，常常出现偏误。例如：

（8）*我经常跟外国朋友写信，为了免费旅行，<u>是一个好办法</u>。（这是一个好办法）

I often write to my foreign friends, which is a good way for free travel.

在该例中，作者把跟外国朋友通信看作免费旅行。最后一个小句里应加上一个指示代词"这"，用于回指前面提到的"跟外国朋友通信"这种情况。

2. 不定代词 one

英语中有一个出现频率很高、用法灵活的不定代词 one。汉语中没有这种语言形式，其语义功能是通过词汇复现、"的"字结构等形式实现的。如：

（9）The two students over there are of Class Two. The one in red is my friend.

那边的两个学生是二班的，那个穿红衣服的是我朋友。

遇到这种情况时，留学生常常不知如何处理，很容易出现偏误。例如：

（10）*这个星期是我第三个住在广州的。因为好忙，这三个星期过的很快。（住在广州的第三个星期）

This week is the third one of my stay in Guangzhou.

（11）*那个商店卖很多漂亮的衣服，我最后选择了红色。（一件红色的）

There are many beautiful dresses in that shop. Finally I chose a red one.

例（11）的偏误可通过词汇复现的方式解决；例（12）的偏误可使用"的"字结构解决。

其次，汉语特有，而英语没有。有些语言项目汉语中有，而英语中没有。以英语为母语的汉语学习者也容易出现一些偏误。例如，出现于主语后的单音节连接词在汉语中使用频率较高，而英语中却没有这类用法。请看例句：

（12）你要不愿意去的话，我就一个人去。

经常出现在第一分句里的单音节连接词有"既""就""虽""要"四个，出现在第二分句里的连接词有"就""才""也""还""又""都""却"7个。违反了上述原则，就是错句。①母语为英语的学生在这方面很容易出现偏误。请看下边的偏误例子：

(13)*全家人都吃完了，才妈妈开始吃。(妈妈才开始吃)
Mother began to eat <u>only</u> when all the family finished eating.

留学生之所以出现偏误，是因为英语中的连接词根本就没有单双音节之分，而且他们的位置总是固定的，无论是在从句中还是主句中，连接词一般出现在句首。

(二)对称影响

对称影响是指母语中的某个语言项目在语法、语义和语用上与目的语的某个语言项目完全相同。英汉两种语言中衔接方面的对称项目较少，常见的有表示序列的方式。这些方式对于二语学习者来说，习得难度不大，但仍有偏误存在。请看下面的例子：

(14)*首先蒸糯米，半熟，然后拿出来放在一个锅里。其次把椰浆、姜黄水煮开。(接着)

First, braise sticky rice to half ripe. Then take it out and put it into a pot. After that, heat the coco juice and ginger water to boil.

这里讲述的是一种食品的烹调程序。而"其次"是一个表示次序的衔接词语，指示次序较后的、次要的人或事物，这里被错误地

---

① 吕叔湘《现代汉语八百词》（增订本），商务印书馆2005年版。

用来表示程序。

（三）非对称影响

非对称影响指的是虽然英汉两种语言中都有某个语言项目，但二者并非一一对应，而呈现出一对多或者多对一的情况。

首先，英语中的一个语言项，对应于汉语的多个语言项。英语中的一个语言项对应于汉语的多个语言项，即母语中的一种形式分裂成目的语的两种或多种形式的语言项目，对于留学生来说难度很大，在应用时极易出现偏误。如：

1.or 与"还是、或者、否则"

英语中的 or 大致与汉语中的"还是""或者""否则"对应。汉语中三个词的使用是有分工的。"还是"表示选择关系，用于疑问句或不确定意向的陈述句中；"或者"表示选择关系，只用于陈述句中；"否则"表示转折关系，用于第二分句的开始，前面必须有预设句。留学生不容易分清他们的区别，易出现偏误。请看以下例句：

（15）*Q：你喜欢喝什么汤？

A：我喜欢牛肉汤，<u>还是</u>鸡汤。（或者）

What soup do you like? I like beef soup or chicken soup.

（16）* 我们必须努力学习，或者我们找不到工作。（否则我们将找不到工作）

We must study hard, or we shall have difficulties getting employed.

例（15）中是选择关系，应该用"或者"；例（16）是个转折句，应该用"否则"。

2. later 与 "后来" "以后" "然后"

英语中的 later 是一个常用词，汉语中有不少词语可以与其对应，如"后来""以后""然后"等，留学生在运用这些词语时也常出现偏误。例如：

（17）*一次，我的电脑软件出了问题，我打通了服务热线。接电话的是个小伙子，他说能听懂英语，我就用英语告诉他我的电脑的问题。但他不明白我说的问题。以后我用汉语告诉他我的软件的问题，他听懂了，告诉了我解决办法。（然后）

Later, I told him in Chinese about the problem of my software. He understood and told me the solution.

这里表示的是一个事件之后接着发生了另一个事件，应将"以后"改为"然后"，因为"以后"单独使用时表示比现在或者某一时间晚的时间，不表示两个事件的先后性。

（18）*两个小时以后，手术完了，但是我还不能动我的腿。然后医生给我说我差一点丢了这条腿，他说一共缝了五十一针。（后来）

Later, the doctor told me that I had almost lost the leg and that the cut was sutured with 51 stitches.

这里，"然后"改为"后来"较好，因为前后两个事件并不一定是紧密相连的，"医生告诉我"可能是手术结束之后很长时间以后的事件，甚至是患者康复以后的事件。

其次，英语中的两个或多个语言项，对应于汉语的一个语言项。有时，英语的两个或多个语言项对应于汉语的一个语言项。这种情况的习得难度较低，但偶尔也有偏误出现。例如，英语的 when 和 while 语义功能和用法上对应于汉语的"当……时/的时候"，留学生偶尔也有用错的时候。请看以下例句：

（19）*当我学习上遇到困难，就请老师帮助我。（当我学习上遇到困难时／当我学习上遇到困难的时候）

When I have difficulties in my study, I get help from my teacher.

在汉语中，连词"当"单用时后面一般跟"时"或"的时候"与之呼应。

（四）斜配关系影响

斜配关系是介于对称与非对称之间的一种情况，指的是英语中的某个语言项目与汉语中的某个语言项目有时对称有时不对称的情况。这里以英语的 and 与汉语的"和"为例说明之。

英语中的 and 应用范围较广，即可连接两个词语，又可连接两个句子，在使用时没有限制；汉语中的"和"应用范围较小，一般用于连接两个名词，连接动词和形容词时有一定的限制（必须是双音节的，动词前后必须有共同的状语或宾语，形容词前后必须有共同的状语或中心语），不用于连接两个句子。请看下列偏误的例子：

（20）*办公室的环境比较有意思和年轻人在他们的工作上比较出色。（办公室的环境比较有意思，年轻人在他们的工作上比较出色。）

The environment in the office is interesting and the young

people there work excellently.

上面例子中汉语用"和"的地方英语中可以用 and，汉语句子是不正确的，英语句子却很自然。

综上所述，母语通过空项影响、对称影响、非对称影响和斜配关系影响等形式，对第二语言学习者的目的语学习过程有着显著的影响。正如 Rod Ellis 所言，学习者先有的语言知识对目的语学习的影响，是任何一种第二语言习得理论都不得不重视的问题。①

第二节　韩国学生叙述性口语语篇逻辑连接情况调查②

口语教学中，我们发现韩国学生会输出以下语篇③：

(1) *我们约好了五点钟见面，但是她说还有两个人过来，但是他们迟到了，所以我们先走了。

例（1）分句间连词使用在逻辑上没问题，但有些别扭。改成例（1′）就显得自然了：

(1′) 我们约好了五点钟见面。她说还有两个人会过来，

---

① Ellis, R. *The Study of Second Language Acquisition*. Oxford University Press, 2008.
② 本节作者：周小兵、梁珊珊，原载《语言教学与研究》2014 年第 3 期。
③ 语篇的范围采用屈承熹（2006）对篇章的定义，即既包括句子，也包括比句子大的单位。参见屈承熹《汉语篇章语法》，北京语言大学出版社 2006 年版。

但是他们迟到了，我们就先走了。

韩国学习者出现类似表达，跟韩国语和汉语在口语语篇逻辑连接方式上的差异有关。

汉语口语连接多用意合法，存在很多无关联成分的流水句，一个小句接一个小句，很多地方可断可连。[①] 韩国语小句间的连接主要是靠连接词尾和接续词。[②] 对于同一内容的表述，韩国语的逻辑连接标记比汉语多。[③] 所以，韩国学生在汉语语篇输出时，会过度使用连接词。这在王健昆等对初级阶段韩国学生叙事语篇逻辑连接的研究中也有所反映。[④]

以往对中介语语篇的研究，主要以书面语为主，到 2011 年，中介语口语语篇研究仅占 8.5%。[⑤] 而卢智暎统计发现，韩国学生口语语篇连词使用显著高于书面语篇。因此，有必要对韩国学生口语语篇的连接习得进行调查研究。[⑥]

本节对韩国学生叙事性口语语篇进行考察，主要回答以下两个问题：

[①] 吕叔湘《汉语语法论文集》，商务印书馆 1984 年版；王维贤、张学成、卢曼云、程怀友《现代汉语复句新解》，华东师范大学出版社 1994 年版。

[②] 남기심、고영근《표준국어문법론》，탑출판사，1993；韦旭升、许东振《新编韩国语实用语法》，外语教学与研究出版社 2006 年版；韩国国立国语院《最新韩国语语法》，民族出版社 2010 年版。

[③] 笔者曾对韩剧《我的名字叫金三顺》第一集的韩文剧本和汉语剧本中的逻辑连接标记进行统计，发现韩国语逻辑连接标记是汉语的 1.89 倍左右。

[④] 王健昆、喻波《初级汉语水平韩国学生汉语语篇逻辑连接偏误分析》，《语言文字应用》2006 年第 4 期。

[⑤] 张迎宝《对外汉语篇章教学的研究现状及存在的问题》，《汉语学习》2011 年第 5 期。

[⑥] 卢智暎《基于语料库的韩国学习者汉语连词使用研究》，北京语言大学 2009 年博士学位论文。

第一，韩国学生常用的连接手段是什么？和汉语母语者相比，有何特点？

第二，不同水平的学习者逻辑连接词的运用情况有何变化？

本节以小句为单位进行统计。小句划分主要原则为：至少有一个不同形式谓语组成的句子。① 具体细则参照徐赳赳对小句的划分标准。②

为了比较在同一语境下汉语母语者和韩国学生运用语篇逻辑连接方式的差异，我们选择了一则漫画（见附录）③ 分别让中国学生和初、中、高级的韩国学生口述漫画内容。为了排除理解因素，给韩国学生的漫画被翻译成韩国语。其中，中国学生22人，韩国学生初级21人，中、高级各20人，皆为中山大学国际汉语学院学生。录音后转写得到汉语母语者语料11610字，1272小句；韩国学生语料12778字，1592小句。

一 *逻辑连接方式总体情况*

（一）各逻辑连接类型出现情况

逻辑连接方式可分为四种：添加（additive）、转折（adversative）、因果（causal）和时间（temporal）。④ 韩国学生例子如：

---

① 屈承熹《汉语篇章语法》，北京语言大学出版社2006年版。
② 徐赳赳《现代汉语篇章回指研究》，中国社会科学出版社2003年版。
③ 陈乐《阿衰on line 20》，云南教育出版社2008年版；黄伯荣、廖序东主编《现代汉语》，高等教育出版社2010年版。
④ Halliday, M. A. K. & Hasan, R. *Cohesion in English*. Longman Group Ltd., 1976.

（2）他吃蛋糕，还有喝牛奶。（添加。常用连接词：还有，也，就是）

（3）小衰想减肥，但是他觉得，运动太麻烦，吃减肥药太贵。（转折。常用连接词：但是，可是，只是）

（4）他晚上的时候，他很饿，所以他很多吃的，吃很多。（因果。常用连接词：因为，所以，……的话，就）

（5）他放弃吃东西，然后睡觉了。（时间。常用连接词：然后①，表时点的词和短语②，就）

连接方式按标记有无又可分为显性连接和隐性连接。我们在此仅讨论显性连接，统计语料得韩国学生 890 小句，汉语母语者 535 小句。对比韩国学生和汉语母语者各连接方式使用频率，见下表：

表 4–1　韩国学生和汉语母语者连接方式使用情况对比

逻辑连接方式	添加		转折		因果		时间	
被试	韩国学生	汉语母语者	韩国学生	汉语母语者	韩国学生	汉语母语者	韩国学生	汉语母语者
小句数/频率	53 5.96	44 8.22	262 29.44	103 19.25	297 33.37	158 29.53	278 31.23	230 42.99

表 4–1 可见：

第一，韩国学生以及汉语母语者使用频率最低的皆为添加类连接，而使用频率最高的韩国学生为因果连接，汉语母语者为时

---

① 此处"然后"仅指其实义，即《现代汉语八百词》中定义的"表示一件事情之后接着又发生另一件事情"。其弱化义，即话语标记表达功能，在此不做统计。

② 表时点的词和短语如：……的时候，晚上，第二天，……之后/以后。

间连接。

第二,韩国学生添加类和时间类连接使用频率比汉语母语者低,而转折类和因果类比汉语母语者高。

为了解四种显性连接方式使用频率差异的原因,我们将韩国学生与汉语母语者常用连接词进行了统计对比。

(二) 常用连接词

韩国学生和汉语母语者常用连接词的前十位如下表所示:

表4-2 韩国学生与汉语母语者常用前十位连接词及使用频率①

序位	韩国学生(使用频率%)	汉语母语者(使用频率%)
1	所以(24.83)	表时点的词和短语(24.48)
2	表时点的词和短语(23.93)	就(因果)(19.63)
3	但是(22.81)	就(时间)(13.46)
4	然后(12.13)	但是(11.96)
5	可是(4.94)	然后(11.59)
6	就(因果)(3.37)	所以(6.17)
7	还有(3.15)	最后(4.11)
8	……的话(3.03)	因为(3.36)
9	因为(2.36)	于是(2.62)
10	就(时间)(1.91)	可是(2.24)

表4-2可见:

第一,使用频率超过10%的连接词,我们认为是最常用连接词。最常用连接词韩国学生为"所以""表时点的词和短语""但是""然后",汉语母语者为"表时点的词和短语""就(因果)""就

---

① 两个连接词出现在同一小句时,各算一次。如"……,所以他就想赶快入睡","所以""就"各计一次。统计方法具体可参见肖任飞《现代汉语因果复句优先序列研究》,中国社会科学出版社2010年版。

（时间）""但是""然后"。但因为表时点的词和短语是连接词集合，因篇幅有限，不做详述。

第二，韩国学生最常用的连接词中，"所以""但是"的使用频率远高于汉语母语者。"所以"高出汉语母语者约3倍，"但是"高出约1倍。

第三，汉语母语者最常用连接词中，"就（因果）"和"就（时间）"的使用频率显著高于韩国学生。"就（因果）"高出韩国学生约5倍，"就（时间）"高出约6倍。

由此可见，韩国学生最常用连接词为连词，而汉语母语者最常用连接词中，副词占的比例更大。崔建新等指出，汉语中连词作为语篇逻辑连接手段在所有连接手段中所占比例并不大，日常对话体中仅占5%，而副词在语篇中的连接功能及连接概率在某种程度上并不亚于连词。[①] 肖任飞经过统计也得出口语语体中因果复句关联标记"就""便"排名第一，"所以"仅排第四。[②] 前三位均为连接副词。本节调查结果跟崔、肖的研究大体一致。如在因果关系中，汉语母语者"就（因果）"的使用频率（19.63%）远高于"所以"（6.17%）。例如"小男孩饿得睡不着去厨房找吃的"这一情景中，中韩学生的输出明显不同：

（6）a.* 他想这个是吃的东西，<u>所以</u>不可以睡觉，<u>所以</u>他去厨房找吃的东西。（韩）

b.（他）脑海里浮现的都是那些好吃的肉串啊什么的，

---

① 崔建新、张文贤《不同语体下连词使用率的统计与分析》，《第七届国际汉语教学讨论会论文选》，北京大学出版社2002年版。

② 肖任飞《现代汉语因果复句优先序列研究》，中国社会科学出版社2010年版。

就睡不着了,就偷偷摸摸地跑到冰箱那里,去找东西吃。(中)

韩国学生连接方式显得不够自然,可见连接副词在汉语中重要性之大。

二 韩国学生高频连接词的使用特点

为了了解韩国学生连接词的使用特点,我们对使用频率最高的三个连词"所以""但是"和"然后"进行分析,发现以下两个特点:第一,"所以"和"但是"使用过于频繁;第二,"所以"和"然后"为顺向关联的自由变体,功能相似,常常交替使用。

(一)"所以"和"但是"

1. 在复句内部的过度使用

"所以"和"但是"在语料中使用过于频繁,体现在以下两方面:

第一,"所以"或"但是"的误加,应删除以下例子中加下划线的"所以"或"但是":

(7)*(他)睡不着,<u>所以</u>他只是想去冰箱里看东西。

(8)*我想想怎么好啊,睡觉,<u>所以</u>我想数一数羊,还有羊肉串。

(9)*他没睡觉,不睡觉,他去厨房,<u>但是</u>他很饿了,他吃了东西。

(10)*他冰箱里吃饼干,<u>但是</u>他不停地吃,所以胖。

第二,"所以"或"但是"的连用。应删改其中一个或两个,只留一个:

（11）*他忍不住就是吃东西，<u>所以</u>他结果就是都吃光了，<u>所以</u>他就是失败的减肥这样的内容，<u>所以</u>他经常就是我要睡觉（不吃东西）这样。（只保留第一个"所以"）

　　（12）*他在减肥中，不要运动，不要药，<u>但是</u>他一定要不吃菜，<u>但是</u>他每天，天天晚上受不了，<u>但是</u>他每天不可以睡觉。（应删除第一、第三个"但是"）

2. 在句间过度使用

亓华发现，韩国学生作文时常常不自觉地使用"所以""但是"连接上下文。我们考察发现，有不少语篇韩国学生基本只用"所以"和"但是"连接。①例如：

　　（13）*他要减肥，他运动的时候很累，吃减肥的药很贵，<u>所以</u>他没吃饭减肥，<u>所以</u>他不要不要吃不要吃。但是他真的饿，<u>但是</u>他不要吃不要吃。然后他很饿，<u>所以</u> a 他要快点睡觉的时候不饿，<u>所以</u>他躺下来床。<u>但是</u>他饿饿，一直饿，<u>所以</u>他不可以睡觉，<u>所以</u>他想数羊。<u>但是</u>他想这个是吃的东西，<u>所以</u>不可以睡觉，<u>所以</u>他去厨房找吃的东西。

该语篇用了 8 个"所以"，4 个"但是"。其中 a 处"所以"前后分句间并无因果关系。关联词标记的累赘单一使用也使句际的语义连贯被阻断，断句困难。我们将小句摘出，让 16 个大学毕业的汉语母语者增加、删改适当的词，连句成篇，选出较典型的语篇如下：

---

①　亓华《韩国学生自我介绍文的"中介语篇"分析》，《语言文字应用》2006 年第 4 期。

(13′) 他要减肥。他觉得运动很累，吃减肥药很贵，所以他决定不吃饭减肥。他不吃饭，觉得很饿，但他还是不吃，更饿了。他决定快点睡觉，这样就不饿了。可是，他躺在床上，还是很饿，睡不着。然后他就数羊，可是他想到羊是可以吃的东西，他就更睡不着了。最后，他就去厨房找吃的东西。

对比可见，汉语母语者语篇连词使用远低于韩国学生，使用了不少心理动词，"还是"与"但是"搭配使用，使用"就"和时间连接词"然后""最后"等，语篇自然流畅。

（二）"所以"和"然后"

在韩国学生语料中还发现，"所以"并不只是标记因果关系，"然后"也并不只是标记时间顺序。如在描述"把冰箱里的东西都吃光了"的情景时，既使用了"所以"，也使用了"然后"：

(14) a1.* 他吃蛋糕，还有喝牛奶，所以他吃都完了，在冰箱里。

a2.* 他喝喝吃吃，所以都吃了。

b1. 他吃了饼干还有酸奶，然后他都吃完了。

b2. 他就吃了饼干和酸牛奶。然后他全都吃光了。

上例"吃东西""吃光了"是前后关系，应用"然后"。再看"小男孩睡不着觉"的情景：

(15) a1.？（他）一直睡不着，然后呢，他数羊啊还是数什么东西。

a2.？他睡不着，然后数羊。

b1.（他）不可以睡觉，所以数羊。

b2. 他不睡觉，所以他数羊。

上例"睡不着"和"数羊"之间存在因果关系，应用"所以"。

我们认为，上述情况的出现既有母语迁移的影响，也有目的语内部的原因。

首先，韩国语的连接词尾"고"既表时间关系，又表因果关系。[①]如例（14）a1 和例（15）b2 用韩国语表达为：

（14）a1′ 그는 케이크도 먹고 우유도 마시고 냉장고어 음식을 다먹었다.

词译：他（添意助词）蛋糕 也 吃（连接词尾）牛奶也 喝（连接词尾）冰箱的 食物（宾格助词）都吃完了

句译：（他）吃了蛋糕，也喝了牛奶。冰箱里的东西都吃光了。

（15）b2′ 그는 잠을 못 어루고 양을 셋다

词译：他（添意助词）觉（宾格助词）无法睡着（连接词尾）羊（宾格助词）数

句译：他睡不着，所以数羊。

受母语影响，韩国学生并不太区分"所以"和"然后"的不同，常常将两者互换使用。母语和目标语差异点和相同点存在等级，等级与学习难度相关。[②]韩国语中的"고"在汉语分化为"所以"和"然后"两个形式，属于对比等级六级，难度等级五级。[③]

---

① 남기심、고영근《표준국어문법론》，탑출판사，1993；韦旭升、许东振《新编韩国语实用语法》，外语教学与研究出版社 2006 年版；韩国国立国语院《最新韩国语语法》，民族出版社 2010 年版。

② 周小兵《学习难度的测定和考察》，《世界汉语教学》2004 年第 1 期。

③ 周小兵、朱其智、邓小宁《外国人学汉语语法偏误研究》，北京语言大学出版社 2007 年版。

学习者难以区分在哪种情况下用哪种形式。其次，"然后"在现代汉语中已经虚化，有话题设立、顺接、转换、话题链修补以及话轮接续功能。① 同一情景"睡不着数羊"在汉语母语者语料中也能找到使用"然后"的例子，如：

（16）睡觉时还是觉得饿，然后他就数绵羊。

韩国学生在与中国人的交际中，也很容易受其影响，认为可用"然后"表示一切顺向关联的情景。但从例（16）也可看到，即使汉语母语者使用"然后"，其后也与"就（因果）"搭配使用。在22例汉语母语者语料中，仅2例用了"然后"，皆与"就（因果）"同现，其中"就（因果）"单用9例，与"于是"合用2例，与"所以"合用5例，4例没用标记。

（三）讨论

马国彦指出："然后"和"但是"的虚化义似乎仅具有表示话语单位之间或言语行为之间在顺序上的关联义，前者是顺向关联，后者是逆向关联。② 因果关系和时间关系都可说是顺向关联，其界限有时十分模糊，因为时间上前后相连的关系也常常具有因果性。③ 汉语中的"就""于是"，韩国语中的"고""(아/어)서"等皆可表达因果和时间关系。

从上述（一）、（二）的偏误可见，韩国学生顺向关联标记为"所以"和"然后"，逆向关联标记则为"但是"。在汉语学习初期，

---

① 马国彦《话语标记与口头禅：以"然后"和"但是"为例》，《语言教学与研究》2010年第4期。
② 同上。
③ 王维贤、张学成、卢曼云、程怀友《现代汉语复句新解》，华东师范大学出版社1994年版。

受母语影响,加上所学关联词不多,更偏向于使用明显的连词标记。在表达顺向关联时泛化"所以"和"然后",表达逆向关联时泛化"但是"。

三 常用连接词使用情况的纵向考察

(一)各水平阶段常用连接词使用情况对比

为了了解常用连接词的纵向使用情况,我们还对各个阶段使用频率超过5%的常用连接词(不包括词、短语集合)的使用频率做了考察,并与汉语母语者进行对比,结果如下:

表4-3 韩国学生常用连接词的纵向使用和汉语母语者对比情况

序位	韩国学生(使用频率%)			汉语母语者(使用频率%)
	初级	中级	高级	
1	所以(27.42)	所以(28.91)	但是(20.85)	就(因果)(19.63)
2	但是(25.08)	但是(22.28)	然后(17.76)	就(时间)(13.46)
3	然后(10.70)	然后(9.04)	所以(16.60)	但是(11.96)
4	可是(5.69)	可是(6.63)	就(因果)(7.72)	然后(11.59)
5			就(时间)(5.02)	所以(6.17)

从表4-3可知,初、中级使用频率排名前四位的连接词一致,但到了高级,情况明显变化:

第一,"就(因果)"和"就(时间)"使用频率大增,但仍远低于汉语母语者。

第二,"所以"使用频率下降,但仍显著高于汉语母语者;"然后"使用频率上升。

第三,"但是"使用频率下降,"可是"使用频率上升,但"但是"频率仍远高于汉语母语者。

(二)讨论

1. 副词"就"的使用

"就(因果)"在初级阶段语料中仅出现两例,且皆与"所以"同现。中级阶段使用逐渐增多,共出现15例,占中级阶段总连接词的4.5%,且1.8%为单用。高级阶段,"就(因果)"的使用频率增加到7.72%,且单用频率上升到6.17%,使用也愈加自然。例如:

(17) 吃少一点就可以,他觉得,他就不吃什么东西。

(18) 他睡不着,他就想去厨房找一找一种吃的东西。

"就(时间)"在中级阶段语料中才开始出现,但也仅5例,占中级阶段总连接词的1.51%。高级阶段逐渐增加到5.02%。例如:

(19) 他找到东西后,他就拿了一个饼干。

(20) 后一天晚上,他又去了厨房,打开了冰箱,就看到妈妈的信息。

虽然"就"使用频率到高级有所上升,但仍远低于汉语母语者。黄露阳对中山大学中介语语料库留学生书面语语料研究指出:留学生在初级阶段就已经习得了"就"的这两个用法。[①] 然而韩国学生在口语中却对"就"有所回避。究其原因有二:

首先,教材中,"所以"和"然后"要比"就(因果)""就(时间)"

---

① 黄露阳《外国留学生多义副词"就"的习得考察》,《语言教学与研究》2009年第2期。

先出现。四部广泛使用的汉语综合教材①初级部分四个词出现顺序皆为:然后、所以＞就(时间)、就(因果)。如《博雅汉语初级·起步篇》第 12 课的生词中出现了"所以",第 13 课的语言点讲了"先……然后……"的用法,但在第 18 课才出现"……的话,就(因果)……",第 31 课才出现"一……就(时间)……"。韩国学生对"然后"和"所以"接受更早。

其次,"就"的义项多,用法复杂,位置灵活。作为连接副词,"就"能连接时间、因果、推断、假设、假设性条件的分句。②相对于词义较单一、位置较固定的关联词来说,"就"的标记性更强,习得更难。

2."所以"和"然后"

在高级阶段,"所以"使用频率下降而"然后"使用频率上升。结合前文(二)可知,受到"然后"虚化影响,高级阶段韩国学生开始摆脱主要用"所以"连接顺向关联小句的情况,用"然后"取代了一部分"所以"。如描述情景"吃了东西后悔",初、中级使用"所以",高级使用"然后":

(21) a. 他吃蛋糕,还有喝牛奶,所以他吃都完了,他很后悔。(初级)

b. 他容易吃甜品,还有酸奶,所以以后他后悔。(中级)

---

① 四部教材分别为:《汉语教程》(1、2、3),杨寄洲主编,北京语言大学出版社 2006 年版;《博雅汉语·初级起步篇》(1、2),李晓琪主编,北京大学出版社 2004~2005 年版;《发展汉语·初级汉语》(上、下),陈满华、徐桂梅等编著,北京语言大学出版社 2006 年版;《拾级汉语》(1、2、3、4),吴中伟等主编,北京语言大学出版社 2009 年版。

② 邢福义《汉语复句研究》,商务印书馆 2001 年版。

c.(他)吃得很多,很饱。然后他很后悔了。(高级)

在该情景中,①"所以"在初级语料中出现3次,中级2次,高级1次,使用频次与汉语水平呈负相关;而"然后"在初级语料中出现3次,中级3次,高级6次,使用频次与汉语水平呈正相关。

3. 转折连词的使用

高级阶段韩国学生开始逐渐降低用"但是"和"可是"连接逆向关联小句的频率。下面比较一下初、中、高级在描述同一情景"小男孩不吃饭睡觉很饿睡不着"的情况:

(22)a.有天他的妈妈说:"你吃饭。"可是他觉得不要不要,可是晚上的时候他很饿。他很努力睡觉,但是他很饿,所以没有睡觉。(初级)

b.他一直想,不去吃饭不去吃饭,但是他很饿,但是他想快睡觉的时候不饿,所以他要快睡觉,但是床上他只有想是饿饿,他不能睡觉。(中级)

c.妈妈让他吃饭的时候,他还是不吃,他觉得很饿,也不吃,就是他想睡觉,因为睡觉的话不饿,但是他太饿,睡不着。(高级)

例(22c)仅用一个"但是",而在另两个有逆向语义之处,"妈妈让他吃饭他不吃"和"很饿也不吃饭"分别用了"还是"和"也"来连接,使语篇更加自然流畅。

---

① 该信息点在部分语料中没有出现,在部分语料中没用或用了其他连接词,如"这时(候)""但是"等。

四　结论

本节通过口述漫画任务考察了不同水平韩国学生口语语篇逻辑连接的习得情况，并和汉语母语者进行横向对比，发现：

第一，韩国学生最常用连词连接语篇，使用频率最高的为"所以""但是"和"然后"。"所以"和"但是"存在过度使用的情况。"所以"和"然后"在语料中有时是自由变体，共同承担顺向连接的功能。

第二，高级阶段韩国学生语篇连接词使用逐渐接近汉语母语者，体现在：高频因果类和转折类连词使用率下降，副词"就"使用率上升。但连词使用与母语者相比仍过高。这既与汉韩语篇连接方式不同形成的语际迁移有关，又与汉语连词虚化倾向形成语内迁移有关。

对此，我们建议要加强对韩口语语篇逻辑连接训练。在中高级阶段应弱化"仅连词具有连接作用的"意识，增加副词连接以及意合法等其他连接方式的训练，以减弱母语负迁移的影响，使语篇达到自然流畅的效果。

第五章

词汇习得实验研究

第一节 留学生单音节多义语素构词习得过程的实验研究[①]

现行的对外汉语教学法还只是以词的教学为主，很少涉及语素。尽管有研究者[②]已经意识到了语素在词汇教学中的作用，但大多是根据自己的教学经验提出的，缺乏从留学生习得角度进行的实证性研究。

众所周知，无论是复合词的学习还是语素的习得，都是获得意义的过程。语素义是认识词义的基础，它是汉语中最底层的语义单位，[③]以往的研究都未深入到语素的意义内部——义项，更是忽略"多义"这一特征。典型的例子是"语素教学法"，它忽视了语素的多义性及其家族的特性，给学习者造成很多理解上的困难。[④]同时，语言学界普遍存在着"少量的语素可以构成大量

---

① 本节作者：王娟、邢红兵，原载《语言教学与研究》2010年第2期。
② 王周炎、卿雪华《语素教学是对外汉语词汇教学的基础》，《云南师范大学学报》（对外汉语教学与研究版）2004年第5期。
③ 苏宝荣《汉语语义研究的基本单位应分为语素与词两个层级》，《河北学刊》1999年第6期。
④ 王艾录《入词语素义蠡测》，《盐城师范学院学报》（人文社会科学版）2003年第1期。

的词语"这样的看法,代表性的理论是词素分解储存的通达表征结构。然而从统计上看,这并非绝对。如果将多义语素的各个义项拉伸开来,会发现它是一个十分庞大的体系,这一体系绝不亚于词汇体系。[1] 徐晓羽实验发现:多义语素影响了留学生对新词的理解。[2] 可见,语素义项增多,一定程度上会加大留学生学习的难度;这种难度不仅来自语素构词本身的多义选择,更来自多义所带来的不确定性。

苑春法等、吕文华、钱润池等认为,语素在构词时意义绝大多数保持不变。[3] 严格来说,真正意义上的"词义是语素义的直接相加"这种构词类型非常有限,多数词义的获得要通过或多或少的语素义的引申和转化。[4] 陈本源也指出,在同一义项范围内,语素出现在不同的合成词中时,会产生语素变义。[5] 这也是为什么陈萍考察留学生能否从已学词语中提取语素义时不要求精确提取的原因所在。[6] 当然这其中包含很多因素,但不能否认的一点就是:语素的多义性有一定的影响。

---

[1] 邢红兵《〈(汉语水平)词汇等级大纲〉双音合成词语素统计分析》,《世界汉语教学》2006 年第 3 期。

[2] 徐晓羽《留学生复合词认知中的语素意识》,北京语言大学 2004 年硕士学位论文。

[3] 苑春法、黄昌宁《基于语素数据库的汉语语素及构词研究》,《语言文字应用》1998 年第 3 期;吕文华《建立语素教学的构想》,《第六届国际汉语教学讨论会论文选》,北京语言文化大学出版社 2000 年版;钱润池《简论对外汉语词汇教学中的语素义教学》,《暨南大学华文学院学报》2004 年第 4 期。

[4] 杨润陆《语素义的误解与失落》,《语文建设》1995 年第 1 期;成燕燕《语素释义说略》,《伊犁师范学院学报》2005 年第 4 期。

[5] 陈本源《语素在合成词中意义、功能的变异》,《东吴教学》1989 年第 1 期。

[6] 陈萍《汉语语素义对留学生词义获得的影响研究》,暨南大学 2005 年硕士学位论文。

总之，语素多义对留学生词汇习得的影响很大。本节从"单音节语素数据库"（以下简称"库1"）①中随机选取一些多义语素作为实验材料，对影响留学生习得多义语素的因素进行分析，以期为对外汉语的语素教学乃至词汇教学和教材编写提供一些借鉴和帮助。

一 实验研究

（一）实验一：义项类型和构词能力对留学生习得多义语素的影响

1. 实验设计

采用三因素混合实验。因素一"义项类型"：自由和黏着；因素二"构词能力"：强（构词数15个以上）和弱（构词数5～10个）；因素三"汉语水平"：初级、中级、高级。

被试为北京语言大学汉语进修学院初级、中级、高级留学生各10名，各等级的被试分别有汉字文化圈的6名、非汉字文化圈的4名。

从"库1"中选取40个单音节多义语素，确定要考察的语素义项为2~4个。将这些义项分别组成双音节实词（均为HSK甲、乙级词），然后分别选取代表目标义项和其他义项的词语4个作为备选项。样例见表5-1。

---

① 邢红兵《基于"汉语水平词汇等级大纲"的语素数据库建设》，《数字化对外汉语教学理论与方法研究》，清华大学出版社2004年版。

表 5-1　实验一材料样例

		构词能力强		构词能力弱		
	题干	正选	错选	题干	正选	错选
自由义项	动物	运动	主动 动人 动手	开始	开学	公开 开会 展开
	合作	综合	合适 合理 符合	当年	当地	当然 应当 相当
	感情	心情	情况 情景 事情	地面	地下	地址 地图 外地
黏着义项	民族	民主	农民 民航 民歌	营业	工业	作业 毕业 职业
	说明	明确	聪明 明亮 文明	公布	布告	布置 分布 散布
	果然	突然	然后 虽然 然而	决定	解决	决赛 决战 决胜

随机排列这 40 个双音节实词及选项，要求被试 15 分钟内把备选词语中的画线黑体字与题干词语中意义相同的一个词语圈出来，不能查阅工具书。

2. 实验结果

表 5-2　三个等级各因素水平上正确选择的正确率（％）

义项类型	构词能力	初级	中级	高级
自由	强	23	37	44
	弱	38	55	59
黏着	强	30	42	56
	弱	41	53	71

表 5-2 显示，同等级留学生构词能力弱的语素义项成绩明显好些；黏着义项的成绩也明显好于自由义项，只有中级学生在构词能力弱的水平上出现了相反情况，但差别不大；随着汉语水平的提高，留学生在义项类型和构词能力上的正确率呈明显上升趋势。

我们用 SPSS 软件进行方差分析，结果显示：构词能力之间差异显著（$F_{(1, 118)}$=43.966，p=0.000＜0.05）。义项类型之间存在显著性差异（$F_{(1, 118)}$=7.704，p=0.006＜0.05）。留学生汉语水平之间的差异显著（$F_{(2, 117)}$=43.110，p=0.000＜0.05）。三因素之间均无交互作用。

检验构词能力和汉语水平在义项类型上的简单效应，结果发现：在自由义项水平上，构词能力之间的差异显著（$F_{(1, 58)}$=22.627，p=0.000＜0.05）；汉语水平两两多重比较中，只有中高级之间无显著性差异（p=0.240）。在黏着义项水平上，构词能力之间也存在显著性差异（$F_{(1, 58)}$=22.041，p=0.000＜0.05）；汉语水平两两之间均有显著性差异。

3. 分析讨论

留学生对义项类型的习得存在差异，且黏着义项的正确率明显优于自由义项。我们推测，可能是由于自由义项的习得受到其本身复杂性的影响，如既可组词又可单用、构词方式较丰富、构词数量较多等，这些都可能对判断造成干扰，降低正确率。徐晓羽采用组词的方法进行实验，发现留学生用自由语素组词明显多于用黏着语素组词，两者的差异显著。[①] 本实验的这一结果也可能是由于实验任务本身不同于组词这一输出方式，在区别判断的过程中，黏着义项的灵活性相对稳定，因而对留学生造成的干扰较少。冯丽萍发现，自由语素由于其本身自足性强的特点，其意义的识别与其词汇家族间的关系不明显；而黏着语素由于对词汇家族的依赖性相对较强，其意义的识别受

---

① 徐晓羽《留学生复合词认知中的语素意识》，北京语言大学 2004 年硕士学位论文。

到构词能力的影响。① 我们将语素深入到义项的层面,通过实验证明,语素的构词能力在自由义项和黏着义项上都有显著差异,即使自由义项的区别也与其家族成员数量有关系。

尽管构词能力之间存在差异,但构词能力强的义项正确率却不及构词能力弱的义项。我们推测,后者家族成员数量较少,因而可以建立起较稳固的家族关系。相对于留学生实际的学习能力来说,构词越多,区分越难,干扰越大,无疑加大了他们的记忆负担。特别是在提取语素共同义项这一任务时,家族成员越简单,家族意识越强,越有利于判断一致性。

留学生汉语水平之间差异显著。随着等级的升高,留学生接触到的语素义项逐渐增加,语素多义系统也会趋于完备。他们会有意识地将心理词典中的语素义项进行适当地归类,从而建立起牢固的义项家族体系。但是从中级到高级的过程中,自由义项对留学生语素多义系统的建立似乎不会产生显著的变化。我们推测,在中级时留学生就逐渐建立起比较好的多义意识,不会因为义项本身的自由性而导致习得难度的增加。

通过以上分析,我们得到以下初步结论:

第一,语素的义项类型对留学生的语素习得有影响,自由义项比黏着义项更难习得。

第二,语素义项构词能力的强弱会影响留学生多义系统的建立。构词能力越强,学生受到的干扰越大,区别判断的效果越差。

第三,不同等级留学生的语素多义系统存在差异,但中高级

---

① 冯丽萍、宋志明《词素性质与构词能力对留学生中文词素识别的影响》,《云南师范大学学报》(对外汉语教学与研究版)2004 年第 6 期。

留学生对自由义项的习得不存在显著性差异。

（二）实验二：义项间的语义相关性对留学生多义语素的影响

1. 实验设计

采用三因素混合实验。因素一"语义相关性"：强和弱；因素二"义项类型"；因素三"汉语水平"。

从"库1"中选取40个单音节多义语素，从中选定要考察的语素义项2个。将这些语素分别组成双音节实词（均为HSK甲、乙级词）代表目标义项，然后分别选取2个包含目标义项和另一义项的词语作为备选项（见表5-3），两义项间的语义相关性存在相对较强或较弱的关系。

表 5-3　实验二材料样例

	语义相关性强			语义相关性弱		
	题干	正选	错选	题干	正选	错选
自由义项	道路	街道 一道	管道 渠道	道理	理解 理想	处理 经理
	到处	到达 迟到	得到 感到	结合	合作 综合	合理 适合
	进步	进行 改进	进来 进口	生活	生命 生物	生产 生气
黏着义项	农业	商业 营业	业余 失业	自费	自觉 自我	自然 自是
	愿意	故意 意志	意见 意外	现代	现实 现场	现象 出现
	苹果	果树 果实	效果 后果	坚持	保持 支持	主持 操持

我们请北京语言大学20名研究生在5度测量表上对语素义项间的语义相关性进行评定，例如：

业（工业、农业、商业、营业）/（业余、失业、职业）

　　　　5　　　4　　　3　　　2　　　1

从评定结果中选出符合条件的材料40个，分别统计每组词语义相关性的评定，计算其平均值。用SPSS进行t检验，结果显示：语义相关性在义项类型上的差异均显著（$t_{(1)}$=24.714，p=0.026）。

实验对象和实验程序与实验一相同。

2. 实验结果

表 5-4　三个等级各因素水平上正确选择的正确率（%）

义项类型	语义相关性	初级	中级	高级
自由	强	56.0	70.0	73.5
	弱	64.0	76.0	83.5
黏着	强	58.5	68.5	80.5
	弱	50.0	61.5	79.0

从表 5-4 可以看出，每个等级的留学生语义相关性弱的与强的义项之间的成绩没有太大差别，但是在自由义项水平上，语义相关性弱的成绩好些，而在黏着义项水平上则相反，这就导致了两者总体差别不明显。与实验一不同的是，黏着义项没有自由义项的成绩理想。观察发现：语义相关性弱使义项类型之间产生了差异。与实验一相同的是，随着汉语水平的提高，留学生在义项类型和语义相关性上的正确率呈明显的上升趋势。

我们用 SPSS 对各等级各义项类型的语义相关性进行方差分析，结果显示：语义相关性之间差异不显著（$F_{(1,\ 118)}$=0.874，p=0.352）。义项类型之间的差异显著（$F_{(1,\ 118)}$=5.464，p=0.021＜0.05）。留学生汉语水平之间的差异也显著（$F_{(2,\ 117)}$=50.881，p=0.000＜0.05）。三因素之间只有语义相关性与义项类型有交互作用（$F_{(1,\ 118)}$=12.624，p=0.001＜0.05）。

分别检验义项类型和语义相关性在彼此上的简单效应，结果显示：在自由义项水平上，语义相关性之间存在显著性差异

（$F_{(1, 58)}$=10.115，p=0.002＜0.05）；在黏着义项水平上，差异不显著（$F_{(1, 58)}$=3.412，p=0.070）。在语义相关性强的水平上，义项类型之间不存在显著性差异（$F_{(1, 58)}$=1.060，p=0.308）；在语义相关性弱的义项上，有显著性差异（$F_{(1,58)}$=13.314，p=0.001＜0.05）。

3. 分析讨论

义项的语义相关性之间不存在显著性差异。当语素义项既可组词又可单用时，留学生对语义相关性弱的区别能力强一些。基于本身所具有的诸多特性，在对自由义项的区别判断过程中，语义相关性弱无疑更有利于学生区分不同的义项。而当语素义项只可组词不可单用的时候，留学生在语义相关性上的差异不显著。前面说过，黏着义项的习得较多依赖于所在家族的大小，而且本身的构词形式也有限，对于本次区别判断的任务而言，无论语义相关性强还是弱，这种相对简单的家族体系都不会对它们造成显著影响，也即留学生区别语义相关性不同的义项不受其黏着性的影响。

义项类型之间存在显著性差异，但得到了与实验一不同的结果，即自由义项的成绩要好于黏着义项。分析发现：这一变化来源于语义相关性弱的影响。也就是说，在语义相关性弱的义项中，自由义项要比黏着义项更易区别。

不同等级留学生的语素多义系统仍然存在差异，再次证明了实验一的结论。

通过以上分析，我们初步得到以下结论：

第一，在自由义项水平上，留学生对语义相关性弱的义项区别较好；在黏着义项水平上，语义相关性之间差异不显著。

第二，语义相关性强的义项，义项类型之间不存在显著性差异；语义相关性弱的义项，义项类型之间有显著性差异，且留学生自由义项的成绩要好于黏着义项。

第三，汉语水平对留学生语素多义系统也存在影响。等级越高，接触的语素义项越多，对语素义项的分类越趋于清晰。

二 综合讨论

（一）语素的多义性

1.留学生语素多义系统的形成

随着留学生汉语水平的提高，日益储存起来的语素会在他们的心理词典中进行区别和归类。对于多义语素而言，这一心理过程似乎更加艰难、更具迷惑性。但是在多义语素义项区别的过程中，高年级留学生会凭借日益加强的语素意识和语言能力明显优于低年级。也就是说，随着年级的升高和汉语学习时间的增加，留学生的语素多义系统会日渐完善，这不仅有利于他们准确地区别不同的语素义项，更有利于他们建立良好的语素意识，以便准确地输出。

2.语素义项的类型、构词能力、语义相关性的表现

首先，多义语素的义项类型会对留学生的义项区别产生影响，而黏着义项由于自身的一些特点和实验任务的影响，区别效果占优势。其次，义项构词能力也会影响留学生的义项判断，构词能力越强，学生区别判断的效果越差。再次，考察多义义项时，相互间的关系紧密度是一个重要的因素，但实验显示这一因素对留学生义项区别的效果表现在不同的义项类型上，即只有在自由义项间，语义相关性弱的义项区别效果好于相关性强的义项。

（二）对对外汉语教学和教材编写的启示

纵观整个对外汉语词汇教学，不难发现，语素教学已经越来越受到重视和青睐，有关学者业已找到一些技巧和方法并取得了一定的成效，但一些弊端也日益暴露出来。针对这一现象，我们有必要反省：为什么看似有理且确实有效的"语素教学"会出现偏差？我们认为，其中一个很重要的原因是人们往往从宏观上着眼于"语素"。本节试从语素的一个内部特征——多义性——入手进行探讨，目的在于揭示出某些偏差的原因所在，从而更好地服务于语素教学乃至整个词汇教学，并对对外汉语教学和教材编写提出一些建议。

1. 对对外汉语教学的启示

避免学生盲目运用通过语素猜词的策略。在教学中有意识地分析语素，无疑会逐渐提高留学生的语素意识。在没有完全掌握一个多义语素的全部义项时，留学生极易犯的一个错误就是这种猜词策略的泛化。因此，运用"语素教学法"应有一个度，教师在运用语素教授词汇时应区分单义和多义的差别，尤其是多义语素，尽量举出学生可能遇到的包含相同语素义项的词语，并着重说明不可依此类推所有包含该字的词语，从而有针对性地进行语素教学。

语素义项之间的语义相关性也是影响留学生多义系统形成的原因之一。因此，当一个语素新的自由义项出现于教学中时，教师可以利用它和以前出现的同语素家族义项之间的语义相关点，既有区别又有联系地加以引导，帮助学生更好地建立多义系统。而对于黏着义项，则似乎没有必要下很大的功夫去分析义项间的关联性。

自由义项由于自足性相对较强，可以将教学重点放在对其构词功能、语法意义等的讲解上；而黏着义项由于依赖性较强，教学中应侧重于该义项家族成员间的联系，从而帮助学生形成对该义项及其功能的认识。但在学生已建立的心理词典中，教师要对自由义项的分类储存和区别加以引导，尤其是在语义关系较强的义项之间，学生受到的干扰更大。

2. 对对外汉语教材编写的启示

直觉告诉我们，构词能力强的语素义项，留学生习得状况较好，因而扩大词汇量是加强语素意识的一种有效途径。因此在教材编写中，有意识地多安排同义项家族的词语成员，可以加强留学生对该义项的记忆和理解能力。但是，利弊相生，构词能力越强，学生受到的干扰越大，区别判断的效果也就越差。所谓扩大词汇量也要有度，否则会得不偿失。

研究发现，留学生对有些语素没有形成很好的多义系统。因此，编写教材时某些语素义项的设定，应考虑到学生的实际使用范围和使用频率。对于留学生不常接触的事物，如果设定语素义项会加重学生的记忆负担，不仅使用效果不理想，也可能影响其他常用义项的习得，造成不必要的混淆。

三 结论和展望

通过实验研究的印证，我们得到以下结论：

第一，留学生的语素多义系统会随着汉语水平的提高而逐渐趋于完善。

第二，留学生对多义语素不同义项类型的区别有差异，表现在黏着义项的区别较好；但在语义相关性强的义项间，自由义项的区别反而更明显。

第三，多义语素义项的不同构词能力也会对留学生义项区别产生影响，构词能力越强，学生受到的干扰越大，区别判断的效果越差。

第四，从总体上看，语义相关性对留学生多义语素义项的区别判断没有显著作用，但不同的义项类型有不同的表现：自由义项中语义相关性弱的义项区别较好；黏着义项则没有显著差异。

本研究还存在一些问题，比如控制因素不够到位、被试和实验材料不够充足等，在研究过程中形成的一些设想和出现的新情况也未能融入本研究之中。为了能对留学生构词中的语素多义意识研究得更加深入和全面，今后还应该对以下两个问题做进一步的探讨：留学生的语素多义意识是否受母语背景的影响？在实际运用中，即代表大语境的文章阅读、社会交际等过程中，留学生在构词中对多义语素的习得情况如何？

第二节　韩国学生汉语词语习得研究[①]

韩国语中有大量的来自汉语的词语，也就是通常所说的汉源词。这些词语有多个源头，有些来自中国古典文献，如"父母""百姓""富贵"（见于《孝经》）和"国家""文物""聪明"（见

---

① 本节作者：赵杨，原载《世界汉语教学》2011 年第 3 期。

于《左传》)等；有些来自汉语借词和译词，如"葡萄""狮子""石榴"等来自西域的词语和"菩萨""罗汉""塔""地狱"等佛教词语；有些来自汉语白话文，如"对照""名单""方向""批准"等；还有一些来自日文汉字词语，如"出口""广场""取消""哲学"等。①虽然韩国语中存在大量的汉源词，但是这些词语与现代汉语词语在形义上未必完全相同，有些甚至与现代汉语的对应词完全没有语义关联。韩国语中的汉源词与对应的现代汉语词语有多种联系，主要关系有以下几种：②

第一类，同形同义。这类词语在韩汉两种语言中词形相同，词义和词义范围也相同，如"文化""政治""空气""艺术"等词语。

第二类，同形异义。韩汉使用相同的词语，但表达不同的意义，两个词语的意义或有联系，或无联系。如"案件"在汉语中指诉讼和违法的事情，在韩国语中指要讨论或调查的事情；"看病"

---

① 朴珉喜《韩语里汉语借词同汉语词语若干情况比较研究》，中国社会科学院语言文字应用研究所1999年硕士学位论文；宋之贤《论汉、韩、日语言循环影响与规律——兼论东北亚语言扩散的理论思考》，北京大学2003年博士学位论文；李得春《试析韩国语汉源汉字词和韩国独有汉字词》，《延边大学学报》(社会科学版)2005年第1期；李慈然《韩国语中的汉字词汇研究》，北京大学2007年硕士学位论文。

② 宋尚美《汉韩同义词对比研究——以名词为例》，《汉语学习》2001年第4期；张妍《韩国语双音节汉语词与汉语双音节词的比较》，《解放军外国语学院学报》2001年第6期；齐晓峰《韩国语汉字词的母语迁移与教学对策——以〈韩国语〉中的双音节汉字词为中心》，《北京第二外国语学院学报》2008年第2期；黄贞姬《韩国语汉字形容词与汉语同形词的语义对比》，《延边大学学报》(社会科学版)2009年第6期；刘香兰《针对中国学生的韩汉同形汉字词教学研究——以母语迁移现象为中心》，北京大学2009年硕士学位论文；马淑香《浅谈韩国语汉字词与汉语对等词的词义差异》，《解放军外国语学院学报》2009年第5期。

在汉语中指医生给人治病或找医生治病，在韩国语中指护理或看护病人；"客气"在汉语中是对人谦让的意思，在韩国语中指不必要的发火；"礼物"在汉语中指的是赠送的物品，在韩国语中可以指结婚时新郎新娘之间的纪念品。

第三类，异形同义。韩汉用不同词语表达同样的意思，两个词语在语素上没有联系，但词义相同，如"旅券"（韩）与"护照"（汉）、"亲旧"（韩）与"朋友"（汉）、"宿题"（韩）与"作业"（汉）、"齿药"（韩）与"牙膏"（汉）等。与汉语词语对应的韩国语词语（"旅券""亲旧""宿题""齿药"），在现代汉语中不是约定俗成的词语。

第四类，近形同义，有共同语素。韩汉词语词形相近，有一个相同语素，两个词语的语义相同，如"卒业"（韩）与"毕业"（汉）、"日气"（韩）与"天气"（汉）、"长点"（韩）与"优点"（汉）、"产母"（韩）与"产妇"（汉）、"始作"（韩）与"开始"（汉）、"粉乳"（韩）与"奶粉"（汉）等。

第五类，近形同义，语素顺序相反。韩汉使用相同语素，但语素顺序相反，对应的两个词语表达相同语义，如"运命"（韩）与"命运"（汉）、"呼称"（韩）与"称呼"（汉）、"苦痛"（韩）与"痛苦"（汉）、"许容"（韩）与"容许"（汉）等。

上述五种关系仅是韩国语中的汉源词与汉语词语构成的众多关系的一部分。除此之外，还有其他一些关系，如两种语言用数量不等的语素表达相同的概念，如"食醋"（韩）与"醋"（汉）、"答案纸"（韩）与"考卷"（汉）、"邮递筒"（韩）与"信箱"（汉）、"社长"（韩）与"董事长"（汉）、"刊行物"（韩）与"刊物"（汉）等。还有一种情况是韩国语中的一个词语对应汉语两个或多个词语，如韩国语的"采用"对应汉语的"录用"和"采用"，也就是说韩国语"采用"的语义范围包括了汉语的"采用"和"录用"。还有一些词语在韩国语和汉语中的感情色彩不同。

综上所述，韩国语中的汉源词与汉语词语构成了错综复杂的关系，要穷尽分类和清晰界定，并不是一件容易的事。有些关系有交叉现象，可以归入不同类别，有些类别里还有各种不同情况，如汉语的"情人"和"作业"对应韩国语的"爱人"和"宿题"，均属异形同义类，但"爱人"也是汉语词语，只不过与韩国语中的意思不一样（在韩国语中是"情人"的意思），而"宿题"并不是现代汉语词语。此外，汉语"情人"和韩国语"爱人"也有共享语素，也可归入近形同义类。

韩国语中的汉源词与汉语词语构成的复杂关系，必然对母语为韩国语的汉语学习者产生影响。一些学者对这一问题进行了探讨，发现韩国学生在汉语词语上会出现各种偏误现象，如对汉语词语的词性不清楚、对词义把握不准确等，原因在于韩国语词语的同音干扰、同形词之间关系复杂等因素。[①] 赵仙华在对韩汉词语分类的基础上，考察了母语为韩国语的汉语学习者对每一类词语上的习得情况，发现在这些学习者的汉语中介语中，有完全正迁移、不完全正迁移、中性、不完全负迁移、完全负迁移五种情况，学习者在同形同义词语上表现最好（完全正迁移），在同形异义（词义在汉语中有但在韩国语中无，或者在韩国语中有而在汉语中无）

---

① 施文志《日韩留学生汉语词语偏误浅析》，《云南师范大学学报》（对外汉语教学与研究版）2003年第5期；全香兰《汉韩同形词偏误分析》，《汉语学习》2004年第3期；全香兰《韩语汉字词对学生习得汉语词语的影响》，《世界汉语教学》2006年第1期。

词语上表现最差（完全负迁移）。①上述研究都属于描述性研究，无法从中得出一般性结论。此外，这些研究指出了韩汉语言相似性对汉语学习的影响，但没有从第二语言习得角度做出解释。

一 研究问题、研究方法与被试

（一）研究问题

本节拟在前人研究基础上，考察音形义因素对韩国学生习得与韩国语汉源词有关的汉语词语的情况，以发现哪类词语最难习得，哪类词语最容易习得，并探讨对母语为韩国语的学习者习得汉语词语影响最大的因素是什么。

（二）研究方法

本节拟测试的词语有五类，即前文提到的五类，韩国语词语与对应的汉语词语的关系分别为同形同义、同形异义、异形同义和近形同义（分两种，一种有共同语素，另一种语素顺序相反），如表 5-5 所示。其他类别词语不在本节考察范围内。

表 5-5 韩国语词语与汉语词语构成的五种关系

类别	形义关系	词例	
		汉语	韩国语
第一类	同形同义	态度	态度
第二类	同形异义	爱人（指配偶）	爱人（指情人）
第三类	异形同义	作业	宿题
第四类	近形同义（有共同语素）	到达	到着

---

① 赵仙华《韩国汉字词对韩国学生汉语词汇习得的影响考察》，北京大学 2006 年硕士学位论文。

(续表)

类别	形义关系	词例	
		汉语	韩国语
第五类	近形同义（语素顺序相反）	命运	运命

测试采用多项选择形式，题干为单句，每个单句后有三个选项。除第一类词语外，三个选项中有一个是汉语词语，另一个是对应的韩国语词语，还有一个是干扰选项。干扰选项或是其他汉语词语，或是生造词语。第一类词语因为在韩汉两种语言中同形同义，因此三个选项中，有一个正确选项，有两个干扰选项。每一类词语的题干和选项如例（1）所示。

（1）测试中的题干和选项

A. 第一类：同形同义

每次我问问题，老师的 _____ 都很友好。

A. 表情　B. 态度　C. 声音

（说明："态度"在韩汉两种语言中同形同义。）

B. 第二类：同形异义

他已经结婚了，怎么还有那么多 _____？

A. 爱人　B. 情人　C. 同人

（说明："爱人"在韩汉两种语言中有不同意思。）

C. 第三类：异形同义

快考试了，这一段时间 _____ 特别多。

A. 书问　B. 宿题　C. 作业

（说明：汉语"作业"与韩国语"宿题"同义。）

D. 第四类：近形同义，有一个共同语素

_____北京的时候,已经是晚上九点了。

A. 到降　B. 到着　C. 到达

(说明:汉语"到达"与韩国语"到着"同义,两词一字之差。)

E. 第五类:近形同义,语素顺序相反

这个机会改变了他的_____。

A. 运命　B. 命运　C. 数命

(说明:汉语"命运"与韩国语"运命"同义,两词语素顺序相反。)

本节测试有两个版本,一个是汉字版,另一个是拼音版。两个版本的题干完全相同,都使用汉字,区别在于汉字版选项使用汉字,拼音版选项使用拼音,如(2)所示。汉字版和拼音版试题排列顺序和试卷版式完全相同。

(2) 每次我问问题,老师的_____都很友好。

A. biǎoqíng　B. tàidù　C. shēngyīn

测试试题中的一至四类,每一类有八道题,第五类有五道题[①]。除上述测试题外,笔者还编排了一些与本研究无关的试题,作为干扰项,所有试题和干扰项随机排列。测试中出现的所有汉语词语,不管是题干还是选项,除生造词语外,都是被试学过的词语。所有被试在课堂上独立完成测试,没有时间限制。所有被试都在二十分钟内完成了测试。

---

① 第五类只有五道题,是因为这类词语的数量较其他类别少,学生学过的这类词语也较其他类别少。

(三) 被试信息

被试是来自韩国一所大学汉语强化项目的 39 名学习者,年龄 18～23 岁,本族语均为韩国语,测试时已经接受了九个月的汉语强化训练,汉语属中级偏低水平。39 名被试分为汉字组和拼音组,两组人数分别为 19 人和 20 人。

测试前一周,被试刚完成一次学业考试,考试分读写和听说两部分,每部分 100 分,总分为 200 分,汉字组和拼音组的平均分分别为 172.84 分和 180.85 分。对平均成绩所做的单向方差分析显示,两组被试没有显著差异($F_{(1,37)}$=3.689,p=0.063)。这意味着,他们之间可能出现的差异,源自题干形式(汉字或拼音),而不是学习者的语言水平。

二 测试结果

(一) 均值和组别比较

被试在五类词语上选择正确的汉语词语的均值见表 5-6。

表 5-6 被试在正确的汉语词语选项上的均值

类别	形义关系	汉字组		拼音组	
		均值	标准差	均值	标准差
第一类	同形同义	0.86	0.10	0.91	0.11
第二类	同形异义	0.68	0.13	0.82	0.17
第三类	异形同义	0.81	0.11	0.81	0.13
第四类	近形同义(有共同语素)	0.83	0.13	0.79	0.10
第五类	近形同义(语素顺序相反)	0.55	0.21	0.60	0.23

注:均值等于选择正确的汉语词语选项的试题数量除以试题总数。

从表 5-6 看，汉字组和拼音组在第一类词语上的均值最高。这是可以预测到的，因为在这类试题中，韩汉词语同形同义，无论从一语还是从二语角度，都只能选择正确的汉语词语选项。从表 5-6 还可以发现，两组被试在第五类词语上的均值最低，标准差也最大。在其他类别的词语上，汉字组在第二类词语上的均值（0.68）明显低于第三类（0.81）和第四类（0.83），拼音组在这三类词语上的均值分别是 0.82、0.81 和 0.79，差别很小。两组被试在正确的汉语词语选项上的均值的百分比如图 5-1 所示。

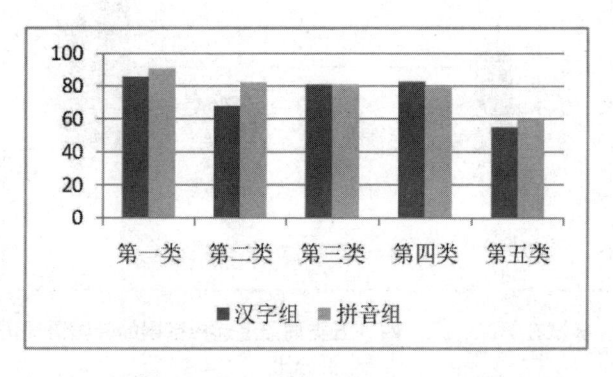

图 5-1 被试在五类词语上选择正确的汉语词语选项的百分比

就均值所做的独立样本 t 检验显示，汉字组和拼音组在第一类（$t=-1.511$，$p=0.139$）、第三类（$t=-0.084$，$p=0.934$）、第四类（$t=1.138$，$p=0.263$）和第五类（$t=-0.739$，$p=0.464$）词语上没有显著差异，在第二类词语上存在显著差异（$t=-2.789$，$p<0.05$）。

被试在第二、三、四、五类词语上选择错误的韩国语词语选项的均值见表 5-7，均值的百分比如图 5-2 所示。

表 5-7 被试在选择错误的韩国语词语选项上的均值

类别	形义关系	汉字组		拼音组	
		均值	标准差	均值	标准差
第二类	同形异义	0.26	0.13	0.15	0.14
第三类	异形同义	0.14	0.09	0.13	0.09
第四类	近形同义（有共同语素）	0.13	0.12	0.15	0.09
第五类	近形同义（语素顺序相反）	0.38	0.19	0.33	0.24

注：均值等于选择韩国语词语选项的试题数量除以试题总数。

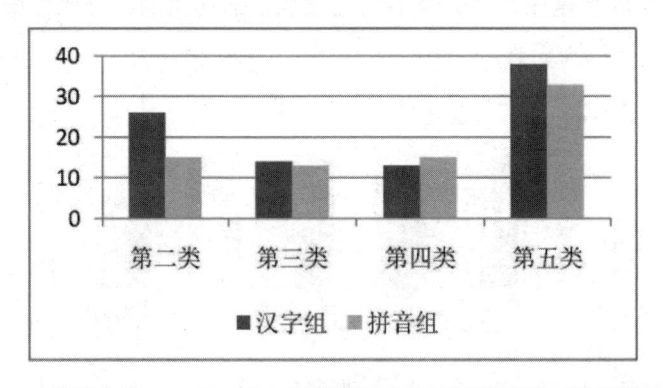

图 5-2 被试在第二、三、四、五类词语上选择错误的韩国语词语选项的百分比

表 5-7 和图 5-2 显示的趋势与表 5-6 和图 5-1 形成对照，两组被试在第五类词语上选择错误的韩国语词语的比例最大，在第三类和第四类词语上区别不大，但在第二类词语上区别较大。就均值所做的独立样本 t 检验显示，汉字组和拼音组在第三类（$t=0.464, p=0.645$）、第四类（$t=-0.756, p=0.454$）和第五类（$t=0.714, p=0.480$）词语上没有显著差异，但在第二类词语上存在显著差异（$t=2.473, p<0.05$），与被试在正确的汉语词语选项上表现出来的趋势一致。两方面的数据都说明，汉字和拼音这组变量对被试有影响，但只限于同形异义词语。

（二）词语类别比较

为发现同一组被试对不同类别词语的判断是否存在显著差异，笔者就汉字组和拼音组在正确的汉语词语选项上的均值（见表 5-6）做成对样本检验，结果如表 5-8 和表 5-9 所示。

表 5-8 汉字组在五类词语上获得均值的配对比较（df=18）

	第二类	第三类	第四类	第五类
第一类	4.747**	1.197	0.622	6.943**
第二类		−3.627*	−3.755*	2.809*
第三类			−0.678	4.727**
第四类				5.760**

注：*$p < 0.05$，**$p < 0.001$。

表 5-9 拼音组在五类词语上获得均值的配对比较（df=19）

	第二类	第三类	第四类	第五类
第一类	3.866*	2.680*	2.152*	5.680**
第二类		−0.748	−0.839	3.295*
第三类			−0.152	3.542*
第四类				3.558*

注：*$p < 0.05$，**$p < 0.001$。

表 5-8 显示，汉字组被试在第二类词语上的均值与其他四类有显著差异，第五类词语的均值与其他类别词语也存在显著差异，第一类和第三类、第一类和第四类、第三类和第四类之间未发现显著差异。这一结果说明，韩汉同形异义词语（第二类）和韩汉词义相同但语素顺序相反词语（第五类）给学习者带来的困扰最大。由表 5-9 可知，拼音组被试在第一类词语上的均值与其他四类有

显著差异,在第五类词语上的均值与其他各类也存在显著差异。第二类与第三类、第二类与第四类、第三类与第四类词语的均值没有显著差异。拼音组被试在韩汉同形同义词语上(第一类)的表现显著优于在其他类别词语上的表现,而在词义相同但语素顺序相反词语上(第五类)的均值显著低于其他类词语。

三 讨论

我们根据测试结果,试着回答本节提出的问题:第一,综合均值以及汉字组和拼音组的表现,韩汉同形同义词语最容易习得,词义相同但语素顺序相反的词语最难习得。第二,从测试结果看,对学习者习得汉语词语影响最大的因素是本族语词语和目标语词语的相似性和区分度。文中五类词语的相似性和区分度如表5-10所示,其中"+1"表相似性,"-1"表区分度。

表 5-10　五类词语的相似性与区分度比较

类别	形义关系	形	义
第一类	同形同义	+1	+1
第二类	同形异义	+1	−1
第三类	异形同义	−1	+1
第四类	近形同义(有共同语素)	−0.5	+1
第五类	近形同义(语素顺序相反)	−0.25	+1

韩汉第一类词语高度一致,具有高度相似性,最容易习得;第五类词语有相似性,但区分度最小,最难习得;第二、三、四类既有相似点,也有区分度,介于第一类和第五类之间。

这样的结果可以通过一语迁移和词汇习得模式做出解释。前人研究证实韩国学生在学习汉语词语时有一语迁移现象。在本节测试中,韩汉同形同义词语的均值超过其他四类词语,或许为一语迁移提供了新的证据,因为在这类词语中,目标语形式与一语形式在形和义两方面重合,即使学习者还未习得目标语形式,只要把一语形式直接用在二语中,也会产出正确形式。

在其他四类词语中,被试选择汉语词语选项的比例均超过了选择韩国语词语选项的比例(见图 5-1 和图 5-2)。考虑到本节中的被试已经在汉语强化班中接受了九个月的汉语学习,这样的结果或许说明,即使学习初期有一语迁移现象发生,但一语形式不会长久存于学习者二语中。随着学习时间的延长,二语形式会逐渐得到强化,学习者能够对母语和目标语中的对应词语做出区分,识别二语词语的能力会随之增强。[1]

第五类词语是学习者最难习得的词语,这与前人研究发现[2]有所不同。这类词语的特点是,韩汉词语语义相同,使用的语素相同,只是语素顺序相反。如果用 A 和 B 代表这类词语中的两个语素的话,学习者首先要在韩国语词语 AB 和汉语词语 BA 之间画上等号,而且最终要用 BA 代替 AB。当然,能否做到这一点,负迁移效应能否消退[3],还需要通过纵向研究证实。表面看,习得这类词语只涉及将一语中的语素调换位置,学习者需要为此付

---

[1] Lindsay, S. & Gaskell, M. G. A Complementary Systems Account of Word Learning in L1 and L2. *Language Learning*, 2010(60) (Supplement 2).

[2] 赵仙华《韩国汉字词对韩国学生汉语词汇习得的影响考察》,北京大学 2006 年硕士学位论文。

[3] Oh, E. Recovery from First-language Transfer: The Second Language Acquisition of English Double Objects by Korean Speakers. *Second Language Research*, 2010(26).

出的努力不大，但实际上这类词语最难习得。Singleton[①]曾指出，一语和二语词语有可连接性（connectivity），虽然一语和二语词语分开存储，但是这两个系统处于相互交流的状态，通过词汇节点或概念相连，一语和二语始终处于激活状态，即使学习者到了高级水平也是如此。[②] 如果这些说法正确的话，可以推断这类词语由于在两种语言中形相近、义相同，连接强度很大；如果要分开的话，势必需要更大的努力。此外，这类词语由于具有形、义相似性，学习者感知更多的是相同的方面，由此具备了"可迁移性"（transferability），一语形式更容易迁移到二语中。[③]

蒋楠提出的词汇学习模式也可以对这一现象做出解释。[④] 在这个模式中，词汇学习经历三个阶段。第一阶段是一语和二语词语的联想阶段，词汇表征只包含词语的形式（语音和拼写）以及一语中对应词语的所指，所有的加工过程都通过一语翻译来完成。第二阶段是调节阶段，语义和句法信息从一语迁移到二语词语中，词汇表征包含二语词语信息和从一语迁移而来的句法和语义信息。在第三阶段，一语信息被舍弃，词汇表征只包含二语信息。如果存在这样一个模式，对于第五类词语来说，学习者在第二阶段要将韩国语词语 AB 的语法和语义信息迁移到汉语词语 BA 中。

---

① Singleton, D. *Vocabulary Learning in Another Language*. Cambridge University Press, 1999.

② Marian, V. & Spivey, M. Bilingual and Monolingual Processing of Competing Lexical Items. *Applied Psycholinguistics*, 2003(24).

③ Kellerman, E. Giving Learners a Break: Native Language Intuitions as a Source of Predictions About Transferability. *Working Papers in Bilingualism*, 1978(15).

④ Jiang, N. Lexical Representation and Development in a Second Language. *Journal of Baoshan Teachers College*, 2007(21).

由于 AB 和 BA 语义相同，只是语素顺序相反，学习者在第三阶段能够舍弃的一语信息似乎只有语素顺序一项。由于区分度不够，这种似是而非的词形可能加大了舍弃的难度。

　　本节的测试结果说明，尽管第五类词语最难习得，但并不是不能习得，学习者选择正确的汉语词语选项的比例超过 50% 似乎说明了这一点，学习者接触汉语的时间可能是促使被试习得这类词语的一个重要因素。除此之外，这类词语的出现频率可能是另一个因素。① 比如，在"和平"（如"世界和平"）一词的选择上，汉字组 19 人中有 17 人选择了正确选项"和平"，占 89%；只有两名被试选择了"平和"（韩国语词语），只占 11%。在由 20 名被试组成的拼音组中，选择"和平"的也有 17 人，占 85%；选择"平和"的有三人，占 15%。而在"动机"（如"学习动机"）一词的选择上，拼音组中有 10 人选择了正确选项"动机"，占 53%；选择"机动"（韩国语词语）的有 7 人，占 37%；另有 2 人（11%）把干扰项选为正确选项。在拼音组中，选择"动机"的有 13 人，占 65%；选择"机动"的有 3 人，占 15%；另有 4 人（20%）选择了其他选项。"和平"与"平和"、"动机"与"机动"都是合法的汉语词，但在学习者接受本研究测试时，"和平"一词已经出现多次，且频繁被使用，而"平和"尚未在课文中出现。在这种情况下，虽然有目标语与本族语的冲

---

　　① Wang, M. & Koda, K. Commonalities and Differences in Word Identification Skills Among Learners of English as a Second Language. *Language Learning*, 2005(55); Tode, T. Effects of Frequency in Classroom Second Language Learning: Quasi-experimental and Stimulated-recall Analysis. *Modern Language Journal*, 2010(94).

突问题，但由于"和平"出现频率高，而"平和"尚未在目标语中出现，学习者会把"平和"看作是目标语中的非法词语而不去考虑它。与这组词语不同，"动机"和"机动"这组词语在课文中出现的频率低，"机动"在测试时尚未在课本中出现过，而"动机"无论出现还是使用都远没有"和平"频繁，尚未在学习者的心理词库中确立起来，因此他们在目标语词语"动机"和本族语词语"机动"上会表现出不确定性。① 如果上述分析正确的话，我们可以在以后的研究中从另一个角度考察频率效应：如果韩国语词语和对应的汉语词语都是合法的汉语词，而且出现频率和使用频率相当，此时的频率效应对学习者区分汉语词语和韩国语词语会起到正面作用还是负面作用？

在其他类词语中也发现了频率效应。比如在第三类中，在汉语"比赛"和韩国语"试合"这组词语中，无论是汉字组还是拼音组，所有被试都选择了正确选项"比赛"，没有人选择韩国语选项"试合"。因为"比赛"这个词语早就学过，而且频繁使用。相反，在汉语"家庭成员"和韩国语"食口"这组词语中，选择"家庭成员"的，汉字组有 3 人（16%），拼音组有 4 人（20%）；而选择错误的韩国语选项"食口"的，汉字组有 15 人（79%），拼音组有 14 人（70%），远超过选择正确选项的人数。之所以有这样的结果，或许是因为"家庭成员"一词出现频率很低，用得少，得不到强化，被试由此选择他们更熟知的一语词语。

本节测试采用汉字和拼音两个版本，拼音版展示给被试的是汉语词语的读音，汉字版展示的是汉字字形，采用两个版本的目

---

① Sorace, A. Incompleteness vs. Divergent Representations of Unaccusativity in Non-native Grammars of Italian. *Second Language Research*, 1993(9).

的是考察字形和读音对学习者的影响。测试结果显示，汉字和拼音这组变量只对学习者选择第二类词语有影响，但对其他类词语没有影响。汉字组在此类词语上的均值高于第五类词语，但低于其他三类词语，说明同形异义词语对汉字组来说也是一个习得难点，原因或许在于，这类词语在两种语言中词形相同，但词义不同，属于"旧瓶装新酒"。"瓶"是外在的，而"酒"是内在的，学习者只能看到词形这个"瓶"，看不到词义这个"酒"，容易以"瓶"论"酒"，因而出现习得障碍。但为什么拼音组在这类词语表现上胜过汉字组，还有待进一步研究。

除第二类词语外，未发现拼音和汉字这组变量对被试造成影响，说明这组变量对学习者的影响很有限。这样的结果并不出人意料，因为当代韩国语已经不用汉字了；如果被试认识汉字，考察字形影响最终考察的是词语读音，看被试能否把汉语词语读音与韩国语词语剥离开。比如，不管是"爱人"还是àirén，由于韩国语中这个词语不是汉字书写形式，与其对应的韩国语词语只有一种，那就是"爱人"的韩国语拼音形式，这个词只是在读音上与汉语词语相似。第三类和第四类词语不管在汉字组还是在拼音组，都未发现显著差异。第三类词语形异，第四类词语形近，韩汉这两类词语虽然同义，但在词形上都有一定的区分度，可能正是区分度帮助学习者觉察到了两者的不同。根据觉察假说，学习者只有留意二语形式，学习才能发生。[①] 由此可以推断，韩汉词语之间的词形差异对学习者分辨和习得这两类词语有帮助。

---

① Schmidt, R. The Role of Consciousness in Second Language Learning. *Applied Linguistics*, 1990(11).

四 结语

本节考察了韩国学生习得五类汉语词语的情况,发现与韩国语词语语义相同、语素顺序相反的汉语词语最难习得,韩汉同形同义词语最容易习得,这些现象可以通过一语迁移和词汇习得模式得到解释。研究还发现,对学习者习得汉语词语影响最大的因素是本族语和目标语词语的相似性与区分度。高度相似或区分度大,则容易习得。相似但区分度小,习得难度增加。本节的局限性在于,一是被试人数较少,二是只有相同水平被试的横向研究,缺少纵向研究,三是被试母语背景单一,这些因素都会削弱结论的有效性。未来可在这些方面做出努力。

第三节 汉语二语者近义词差异的习得考察[①]

近义词是汉语二语词汇学习中的难点。据罗青松对汉语二语者写作试卷的分析,近义词误用占词语运用错误的33%。[②] 李绍林对417例词语偏误的统计也发现,近义词偏误多达144例,超过34%。[③] 这两项调查表明,汉语二语者对近义词的习得很不理想,

---

[①] 本节作者:洪炜、陈楠,原载《语言文字应用》2013年第2期。
[②] 罗青松《英语国家学生高级汉语词汇学习过程的心理特征与教学策略》,《第五届国际汉语教学讨论会论文选》,北京大学出版社1997年版。
[③] 李绍林《对外汉语教学词义辨析的对象和原则》,《世界汉语教学》2010年第3期。

第三节 汉语二语者近义词差异的习得考察

有必要加强近义词习得方面的研究。

遗憾的是，目前学界关于这方面的研究还比较薄弱，主要成果多集中在偏误分析方面。如赵新等分析了学习者在语义、句法、语用三个层面的十一类近义词偏误，并探讨了近义词偏误的主要原因。① 章洁就不同词类近义词偏误进行了考察，发现近义动词偏误最为严重，其次是近义形容词、副词和名词。② 卿雪华还专门探讨了泰国学习者近义词使用的偏误。③ 但这些研究都只是停留在偏误的静态描写层面，目前很少有学者对近义词习得的动态发展变化过程进行考察。

基于以上研究背景，本节拟考察汉语二语者对两类近义词差异（相近义项差异和不同义项差异）的习得情况。所谓相近义项差异，是指一组近义词中理性意义基本相同的义项之间的差异，包括语义侧重点、适用对象、语义轻重、语体色彩、感情态度等的不同。比如"准确"和"正确"都表示事物符合实际，没有差错，但侧重点不同，"准确"强调没有偏差，"正确"强调没有错误。不同义项差异是指一组近义词中除相近义项外的其他义项的差异。比如"日期"和"日子"，二者都可以表示某一天，但"日子"还可以指时间、生活，"日期"则没有这一义项，学习者弄不清这一点也常常出现偏误。

对于以上两类差异，学习者的习得过程是怎样的？在习得过

---

① 赵新、洪炜《外国留学生汉语近义词偏误的考察与分析》，《韩中言语文化研究》2009 年第 21 期。

② 章洁《基于词汇深度知识理论的同义词教学》，复旦大学 2009 年硕士学位论文。

③ 卿雪华《留学生汉语习得近义词偏误研究——以泰国学生为例》，云南师范大学 2004 年硕士学位论文。

程中会受到哪些因素的影响？各自表现出怎样的特点？本节将采用实证研究的方法对以上问题进行探讨，以期了解学习者近义词习得发展的动态过程，从而帮助教师确定不同阶段的教学重点及教学方法。

一 研究方法

（一）实验设计

本研究采用两因素（2×3）混合实验设计，其中差异类型为被试内因素，分为两个水平：相近义项差异和不同义项差异。汉语水平为被试间因素，分为三个水平：初级、中级和高级。

（二）实验工具

1. 选择填空测试

从《汉语水平词汇与汉字等级大纲》（国家汉语水平考试委员会办公室考试中心，2001）甲乙级词中选取 20 对常见的双音节近义词，包括近义动词、名词和形容词。每对近义词中至少有一个词是多义。[①] 每对近义词分别设计两道选择题，一题考察 A、B 词相近义项之间的差异，如题（1）；另一题考察不同义项之间的差异，如题（2）。

---

① 本节对近义词的界定采取较宽泛的原则，只要在理性意义上有一个义项相同或相近，学习者容易混淆，则视为近义词。多义词的确定以《现代汉语词典》（第 5 版）为主要标准，义项在两项或两项以上的词语确定为多义词。国家汉语水平考试委员会办公室考试中心《汉语水平词汇与汉字等级大纲》（修订本），经济科学出版社 2001 年版；中国社会科学院语言研究所词典编辑室《现代汉语词典》（第 5 版），商务印书馆 2005 年版。

(1) 这个句子虽然很长，但结构很_____。
　　A. 容易　　B. 简单　　C. 两个都可以

"简单"和"容易"都表示不难、不费力，在此义项上两者具有近义关系，但"简单"强调内容少、不复杂，多形容方法、原因、情况、材料、结构、道理等等；"容易"侧重完成某件事情的难度不大，因此题（1）应选 B（简单）。

(2) 春天天气变化大，很_____感冒。
　　A. 容易　　B. 简单　　C. 两个都可以

"容易"还表示发生某种情况的可能性大，"简单"没有这个义项。根据题（2）语境只能选 A（容易），即表示可能性大。

需要指出的是，为了避免词性差异对被试选择判断的影响，无论是在相近义项类题目还是不同义项类题目中，A、B 两词的词性均一致。同时，我们还对每个句子的句长、句中其他词语难度、语境强弱等进行了匹配，以尽量减少句中其他因素对测试结果的影响。40 道词语选择题在正式测试时进行了重新排列，以保证考察相近义项题目和考察不同义项题目时，每对近义词在测试题中间隔距离相等且尽可能远。

2. 难度系数自评

除了选词填空外，我们还要求被试对每道题目的难度进行评分。评分采用四度量表进行，"1"表示很容易，"2"表示比较容易，"3"表示比较难，"4"表示很难。

(三) 被试

中山大学国际汉语学院的 71 名汉语学习者参加了本次实验。其中初级水平学习者 24 名，中级 25 名，高级 22 名。学习者汉语水平的认定主要以分班考试的成绩为依据,同时参考学习者学习汉语的时间。参加实验时,初级组学习者学习汉语的时间为半年至一年,中级组为一至两年,高级组均为两年以上。此外,为了避免各组被试母语分布不均可能对实验结果造成影响,我们对三组被试的母语背景进行了匹配,即保证各组中来自汉字文化圈与非汉字文化圈的被试数量大致相等。

(四)测试方法

采用随堂测试的方式。要求被试在无教师指导的条件下,从每题的三个选项中选择最合适的一项,并根据实际情况对每题的难度进行评分。

二 实验结果

(一)选词填空测试结果

对每位被试成绩进行统计。每题选择正确记为 1 分,选择错误或漏选记为 0 分,相近义项类题目和不同义项类题目满分各 20 分。结果如表 5-11 所示:

表 5-11 选词填空测试成绩(分)

	初级	中级	高级	平均值
相近义项	9.46(1.93)	12.36(1.75)	16.09(1.41)	12.54(3.18)
不同义项	9.13(2.09)	13.32(1.31)	16.36(1.71)	12.85(3.41)

注:括号内为标准差(SD)。

1. 义项关系的主效应

重复测量方差分析表明,义项关系主效应不显著,$F_{(1,\ 68)}$=2.094,p=0.152,不同义项的平均成绩(M=12.85,SD=3.41)仅略高于相近义项的平均成绩（M=12.54，SD=3.18），但二者没有显著性差异。

2. 汉语水平的主效应

汉语水平主效应显著，$F_{(2, 68)}$=124.780，$p < 0.001$，说明汉语水平对学习者近义词学习成绩影响显著。对汉语水平使用 LSD 方法进行多重比较，结果表明，初级与中级、高级水平学习者的成绩之间均存在显著差异，$p < 0.001$。中级水平与高级水平学习者的成绩之间也存在显著差异，$p < 0.001$。

3. 义项关系与汉语水平的交互效应

义项关系与汉语水平之间交互效应显著，$F_{(2, 68)}$=3.377，$p < 0.05$。我们对此进行了简单效应检验，分别考察在不同语言水平条件下义项关系对学习者近义词习得的影响。结果表明，在初级水平阶段，相近义项和不同义项成绩差异不显著，$F_{初级(1, 68)}$=0.88，p=0.352。在高级水平阶段，二者差异也不显著，$F_{高级(1, 68)}$=0.54，p=0.466。但中级水平阶段，相近义项和不同义项成绩差异显著，$F_{中级(1, 68)}$=7.58，$p < 0.01$。

（二）难度系数自评结果

相近义项和不同义项题目的难度自评分数如表 5-12 所示：

表 5-12　难度系数自评得分

	初级	中级	高级	平均值
相近义项	3.06（0.29）	2.64（0.29）	2.27（0.37）	2.67（0.44）
不同义项	3.13（0.27）	2.57（0.34）	2.16（0.30）	2.63（0.50）

注：括号内为标准差（SD）。

1. 义项关系的主效应

重复测量方差分析表明，义项关系主效应不显著，$F_{(1, 68)}=1.704$，$p=0.196$。不同义项题目的平均难度得分（$M=2.63$，$SD=0.50$）略低于相近义项题目的平均难度得分（$M=2.67$，$SD=0.44$），但二者没有显著性差异。这说明，总体而言，学习者并不认为不同义项题目比相近义项题目容易。

2. 汉语水平的主效应

汉语水平主效应显著，$F_{(2, 68)}=54.272$，$p<0.001$。对汉语水平使用 LSD 方法进行多重比较，结果表明，初级与中级、高级水平学习者在难度评分上存在显著差异，$p<0.001$。中级水平与高级水平学习者之间也存在显著差异，$p<0.001$。这说明汉语水平对难度系数的评分有显著影响，随着汉语水平的提高，学习者认为近义词的难度逐渐减小。

3. 义项关系与汉语水平的交互效应

义项关系与汉语水平之间交互效应显著，$F_{(2, 68)}=3.957$，$p<0.05$。简单效应检验表明，在初级和中级水平阶段，相近义项和不同义项题目难度评分差异不显著，$F_{初级(1, 68)}=2.27$，$p=0.137$；$F_{中级(1, 68)}=2.18$，$p=0.145$。但在高级水平阶段，二者差异显著，$F_{高级(1, 68)}=5.02$，$p<0.05$。

三　分析与讨论

（一）初级水平阶段学习者的习得特点

实验结果显示，对于初级水平学习者，相近义项类和不同义项类的题目正确率均未超过 50%，其中相近义项类的正确率为

47.3%（9.46/20），不同义项类为 45.7%（9.13/20）。同时，学习者对两类题目的难度评分达到 3.06 和 3.13，可见在初级阶段，学习者对两类近义词差异的辨析能力较差，无论是相近义项差异还是不同义项差异，对他们而言均有较高难度。

我们认为这与初级阶段学习者词汇认知的特点有关。Jiang 认为，在词汇学习的初级阶段，学习者的注意力主要集中在新词的形式特征上，对意义的理解主要是通过与母语或熟悉的外语（如英语）对译词进行的。① 在这一阶段，当看到一个汉语词语时，学习者需要激活该词与其母语或所熟悉外语的对译词之间的联结纽带来通达词语的语义。由于许多汉语近义词在学习者母语或另一种外语中为同译词，因此学习者难以分辨这些近义词的差异。如"美丽"和"漂亮"，日语中都可翻译成"美しい"，英语中都可翻译成"beautiful"；又如，"知道"和"了解"，越南语都可翻译为"biết"，韩国语中都可翻译成"알다"，英语则都可以与"know"对应，这使得学习者在初级阶段还难以区分这些词语。这在随后进行的随机访谈中得到了证实。如：

（3）中国有很多好玩的 _____ 我都没有去过。
　　A.地方　B.地点　C.两个都可以

该题有 15 名（62.5%）初级组被试选择了 C 选项。我们随机访问了 4 名被试，分别来自英国、韩国、巴西和越南。其中有 3 名被试给出了类似的回答，他们均认为这两个词都是 place、site 的意思，因此 A、B 两个词都可以。

---

① Jiang, N. Lexical Representation and Development in a Second Language. *Journal of Baoshan Teachers College*, 2007(21).

在这一阶段，由于受学习者汉语水平的限制，教师在讲解新词时可能更多地采取了同义互训的方式，即用已学的近义词来解释新词，这也直接导致了学习者混淆近义词的用法。如：

(4) 那个小男孩长得很_____。
    A. 美丽   B. 漂亮   C. 两个都可以

访谈中1名被试回答，老师告诉他们"美丽"就是"很漂亮"的意思，所以他觉得两个词语都可以。事实上，"美丽"和"漂亮"所适用的语义对象有差异。郝瑜鑫、邢红兵通过大规模语料库调查发现"美丽"只用于女性，"漂亮"有时可用于男性，如"小伙子""小男孩"等。①

此外，从学习者心理词典的组织构建角度来看，在初级阶段学习者的心理词典中，近义关系的组织很可能还不是以义项而是以词条为单位的。因此，即使不同义项间的语义相近度不如相近义项，初级阶段的学习者仍难以分辨。以例(5)、(6)为例：

(5) 这篇小说有的_____很没意思。
    A. 地方   B. 地点   C. 两个都可以
(6) 昨天比赛里大卫进的那个球真_____。
    A. 美丽   B. 漂亮   C. 两个都可以

在题(5)的语境中，正确选项A(地方)和干扰选项B(地点)并非近义义项，但24名被试中仍有10名选择了C(两个都可以)，另外有3名被试选择了B(地点)，错误率达54.2%(13/24)。在访谈中发现，这些学习者只是通过母语对译词或教师讲解知道

---

① 郝瑜鑫、邢红兵《基于语料库和数据库的同义词辨析模式》，亢世勇等主编《词汇语义学的新进展》，新加坡东方语言信息处理学会2010年版。

"地方"和"地点"都表示某个空间位置,但并不知道"地方"还可以指事物的某一个部分,而"地点"不行。同样,对于"美丽"和"漂亮",大多学习者只知道"美丽"和"漂亮"都可以表示好看,并不知道"漂亮"还有出色的意思,"美丽"则没有。因此在回答题(6)时,24 名被试中有 16 名误选了选项 A 或 C,错误率达 66.7%(16/24)。可见,初级水平学习者大都只能通过母语或外语对译词来初步建立近义关系,且这种近义关系还只是停留在词条与词条之间的层面上。

(二)中级水平阶段学习者的习得特点

在中级水平阶段,相近义项类和不同义项类题目的正确率较初级阶段均有显著上升。与初级阶段不同,到了该阶段,不同义项类题目的得分显著高于相近义项类题目。这说明中级阶段的学习者区分近义词不同义项差异的能力强于区分相近义项差异。因此,我们推测,中级学习者可能开始意识到一组近义词并非在任何语境下都具有近义关系,而只是在某个或某几个义项上与其他词构成近义关系。

为了进一步证明我们的猜测,我们随机访谈了 4 名中级水平的被试。对于题(5),其中有 3 名能够选出正确答案。在问及为什么题(5)选 A(地方)时,1 名被试回答:"小说有的地方,就是有的部分。"另 1 名被试的回答是:"'地点'不能用来说小说,'地方'可以用在小说、课文等等的东西,比如说课文有些地方我不太懂。"还有 1 名被试回答:"不太清楚。感觉这里'地方'和'地点'意思不太一样。"可见,被试即使不能够准确表达出二者在义项上的差异,但也已经能察觉这种差异的存在。

对于题(6),访谈的 4 名被试也有 3 名选择正确,其中 2

名被试能够准确说出"漂亮"还有表示很好的意思。还有 1 名被试回答:"'美丽'只能用来讲女人、风景,进球要用'漂亮'。"我们进一步问该被试:"那个进球很漂亮是什么意思?"这名被试回答:"就是踢得很好。"可见该学习者对于"漂亮"表示很好、很出色这一义项具有潜在的意识。

实验数据和访谈的结果均说明,在进入中级水平阶段后,学习者已经初步具备以义项为单位建立近义关系的意识,其心理词典中的近义关系网络已经突破以词条为单位的构建模式,部分建立起以义项为单位的近义关系网络。

赵翠莲、张晓鹏均指出,二语学习者多义词的表征是一个以典型义表征为主逐渐转变为各个义项分别表征的动态过程。[①] 在初级阶段,由于学习者对多义词的不同义项并未开始分化,因此无法在义项层面建立与其他词语的近义语义关系。但随着语言水平的提高,到了中级阶段,多义词的不同义项在学习者的心理词典中逐步发展为独立表征,这为学习者以义项为单位建立近义语义关系提供了可能,同时也使得学习者能够更好地分辨不同义项的差异。

值得注意的是,在该阶段学习者能否区分不同义项差异还受义项使用频率的影响。当一组近义词中某个不同义项的使用频率较低时,学习者答题的错误率仍较高。例如:

(7)这个人经常给别人_____麻烦。

    A. 生产 B. 制造 C. 两个都可以

---

① 赵翠莲《多义词心理表征的发展模式——基于对中国 EFL 学习者的实验研究》,《外语教学与研究》2005 年第 4 期;张晓鹏《词义典型性在英语多义词词义表征和提取过程中的作用》,《现代外语》2010 年第 4 期。

题（7）中选择正确答案 B（制造）的有 14 人，正确率仅为 56%（14/25）。这可能是由于"制造"在表示人为形成某种气氛、局面或事件这一义项时使用频率较低的缘故。我们利用北京大学"CCL 语料库检索系统"检索了包含"制造"的前 100 条例句，发现只有 14 条（14%）"制造"表示人为形成某种气氛、局面或事件。可见，在中级阶段，对于多义词中频率较低的非核心义项，学习者心理词典中还未能分化出独立的表征，因此仍会混淆不同义项的用法。

此外，从两类题目的难度系数评分结果来看，在中级阶段，学习者对两类题目的难度评分并无显著差异。这说明学习者对于不同义项的分析还没有足够把握，不同义项在学习者心理词典中的分化可能并未最终完成。

（三）高级水平阶段学习者的习得特点

与中级水平阶段相比，高级水平阶段学习者在相近义项类和不同义项类题目的成绩和正确率又有不同程度的提高，两类题目的正确率均超过 80%，并且统计学分析显示两类题目的成绩没有显著差异。可见，到了高级阶段，学习者对于常用近义词相近义项和不同义项的用法已基本习得。

同时我们也发现，虽然学习者对相近义项类题目的难度评分较初中级阶段已有明显下降，但仍认为这类题目比不同义项类题目难。这可能与相近义项之间区别特征不够凸显、认知难度较高有关。Hatch 认为，第二语言中的一个语言点对学习者来说是否凸显会影响该语言点的习得难度。[①] 一般来说，特征越凸显，则

[①] Hatch, E. *Psycholinguistics: A Second Language Perspective*. Newbury House, 1983.

越容易习得。相对于不同义项的差异，相近义项之间的差异更加细微，区别特征不及不同义项突出，因此学习者认为相近义项类题目选择判断的难度要比不同义项类题目高。

我们在访谈中也发现，即使学习者在不同义项和相近义项类题目上都能做出正确的选择，但他们对不同义项差异的认识要比相近义项差异的认识清晰。以例（8）、（9）为例：

（8）_____一天天过去了，女儿也已经长大了。

　　A.日子　B.日期　C.两个都可以

（9）买东西的时候要看清楚生产_____。

　　A.日子　B.日期　C.两个都可以

4名接受访谈的高级水平被试（1名来自新西兰，1名来自越南，2名来自韩国）均能正确选出题（8）和题（9）的答案。在访谈中，4名被试都说出题（8）中的"日子"表示时间的意思。如其中1名被试回答："这里说的日子不是说哪一天，就是时间一天天过的意思。"还有1名被试回答："这里不是具体的日期，就是时间的意思，时间就过去了。"这说明对于不同义项类题目，学习者已不容易受题中干扰项迷惑，他们能够比较敏感地识别在某个语境中A、B两个词语是否构成近义关系。换言之，高级阶段的学习者在心理词典中已能够较好地分化词条中的不同义项，并基本建立起以义项为单位的近义关系组织模式。

对于题（9），学习者虽然都选择了"日期"，但并不都能准确地回答出两者的区别。比如1名被试解释道："'日期'是具体的哪一天，比如说下个月1号是一个日期。"当被继续问到"日子"是否也可以表示具体的一天时，该被试则回答："哦，对，'日子'也可以表示具体的一天，那可能两个都可以。"另外，还有2名被试认为"生产日期"是固定的说法。如其中1名被试回答："'日期''日子'都可以表示具体的一天，可是'生产日期'，我常常听到这么说，所以可能只能用'日期'。"由此可见，虽然学习者能够选择出正确的答案，但对于相近义项之间究竟能否替换，还不是十分有把握。

四　结论与启示

本节通过实验研究考察了不同水平的汉语二语学习者对近义词相近义项差异和不同义项差异的习得过程及习得特征。

整体而言，在初级阶段，学习者对两类近义词差异均没有清晰的认识，他们不但难以分清一组近义词相近义项之间的差异，而且对于一组近义词中不与其他成员构成近义关系的其他义项也难以区分。到了中级阶段，学习者对不同义项的差异认识显著好于相近义项的认识，但义项的使用频率也对不同义项的区分产生重要影响。随着语言水平的进一步提高，到了高级阶段，学习者已较好地习得两类差异的用法。

从以上习得特征可以看出，汉语二语者心理词典中近义词的组织方式经历了以词条为单位到以义项为单位的动态变化过程。在初级阶段，由于不同义项在心理词典中并未分化，因此学习者在心理词典中是以整个词条为单位识别近义词的。但进入中级阶段后，学习者心理词典中的近义关系组织方式开始出现调整，即从一开始的以整个词条为单位组织近义关系逐渐分化为以义项为单位组织近义关系。但这一调整过程还受到义项频率的影响,对于频率较低的不同义项,学习者还没办法将其从一组近义词的相近义项中分化出来。而到了高级阶段,学习者对不同义项的分化基本完成,并建立起较稳定的以义项为单位的近义关系网络。

以上结论说明,学习者对近义词不同义项差异的习得早于相近义项的差异,因此在教学中也必须考虑两类差异的教学顺序。温晓虹认为,在教学中如果向学生介绍超出他们认知处理水平的知识,即使教师在课堂上做了讲解练习,学生也不能习得。[①]因此,我们认为,教师在初中级阶段讲解近义词时,对相近义项之间特别细微的、区别特征不突出的差异可以暂时不做过多辨析,但应指出一些高频的不同义项用法,这不仅可以减少义项混淆的偏误,更重要的是能够让学习者尽快在心理词典中分化出不同义项的表征,建立起以义项为单位的近义关系网络。

第四节　美国学生"识词不识字"现象实验研究[②]

汉字对外国学生来说可能是一道神秘的风景线,同时也必然是他们学好汉语的一道无法绕开的门槛,特别是对非汉字文化圈的学生来说更是一个难点。谈及汉字难,我们一般强调其难写。

---

① 温晓虹《语言习得与汉语课任务的设计》,《国际汉语》2011 年第 1 期。
② 本节作者:杨玉玲、付玉萍,原载《语言文字应用》2014 年第 2 期。

汉字固然难写，但在实际的教学过程中我们发现汉字的难认也不容忽视，正如石定果、万业馨调查报告中所显示的那样"学生在读音方面的困难多于书写方面"。① 关于汉字的读音，在长期的教学过程中，我们发现了一个非常有意思的现象，即外国学生存在"识词不识字"的现象，如认识"鸡蛋"，却不认识单个的"鸡"和"蛋"，所以把"蛋炒饭"误读成"鸡炒饭"；认识"欢迎"，却不认识单个的"欢"和"迎"，所以把"迎面"误读成"欢面"，把"欢送会"误读成"迎送会"；认识"条件"，却不认识单个的"条"，所以把"苗条"误读成"苗件"等等，而且这种"识词不识字"的现象在美国学生身上表现更为鲜明。为什么会出现如此有意思的现象？这种现象有什么特点？它能说明什么问题？正如赵金铭所言，"这种识词不记字的现象很值得我们重视"。② 而目前这方面的研究还很有限，仅有陈绂、吴晓春、赵金铭、王艳娣等的研究，特别是实验性研究极为不足。③ 为了找出一些合理的解释及解决对策，我们做了如下实验。

---

① 石定果、万业馨《关于对外汉字教学的调查报告》，《语言教学与研究》1998年第1期。
② 赵金铭《汉语作为第二语言教学：理念与模式》，《世界汉语教学》2008年第1期。
③ 陈绂《谈对欧美留学生的字词教学》，《语言教学与研究》1996年第4期；吴晓春《FSI学生和CET学生认字识词考察》，《首都师范大学学报》（社会科学版），2000年第53期；赵金铭《赵金铭国际汉语教育论文集》，北京语言大学出版社2012年版；王艳娣《关于对外汉字教学中的留学生"识词不识字"现象的思考》，《考试周刊》2010年第13期。

一 "识词不识字"现象实验

（一）实验对象

为了找到出现"识词不识字"的根源，我们把实验对象根据其母语分为两组：

第一组：30名美国在校大学生（其中13名为美国明德大学的学生，17名为首都师范大学的留学生），汉语水平中级以上；第二组：30名均为首都师范大学的日韩留学生，汉语水平中级以上。

（二）实验步骤

为了证明是否真的存在明显的"识词不识字"现象，我们把实验分成两步来进行：

第一步：让被试者分别认读我们已经收集到的容易读错的35个单独的汉字：

婚 策 革 该 造 改 识 迎 思 友 服 食 于
欢 条 世 应 关 座 经 表 员 觉 凉 温 独
席 特 意 规 示 城 项 趣 续

这35个汉字都是《高等学校外国留学生汉语教学大纲》中规定的初等阶段汉字（共1414个）。我们选择这35个汉字有两个原因，一是这35个汉字误读的频率比较高；二是它们都是初等阶段必须掌握的汉字，如果在第二步即词语中认识而单独的汉字不认识或者认识不好就更能说明"识词不识字"现象的存在。

第二步：让被试者认读由以上35个汉字组成的词语。为了找到规律和特点，我们尽量找到这些汉字既出现在前面又出现在

第四节 美国学生"识词不识字"现象实验研究

后面的一些词语（或少数短语），同时为了发现是不是词语的难度在影响学生的认读，我们选择初等最常用、初等次常用、中高等和部分由初等阶段汉字组成的超纲词或者短语。当然，这些词语的选择并非任意的，而是根据我们的教学经验最容易误读的词语。共132个：

初等阶段词汇（最常用）：

世界、觉得、认识、热闹、音乐、经过、意思、应该、内容、欢迎、朋友、衣服、跳舞、动物、城市、表示、唱歌、关系、已经、继续、容易、星期、漂亮、睡觉、希望、解决

初等阶段词汇（次常用）：

气温、有关、成长、管理、世纪、时代、条件、结婚、意义、温度、独立、政策、政治、兴趣、转变、婚姻、变化、联系、于是、食品、结果、规定、改革、符合、制造、服务员、由于、座位、感觉、土豆、豆腐、健康、服务、改变、建设、损失、降低、讨论、解释

中等阶段词汇：

舞蹈、达到、送礼、单独、服装、革命、代表、项目、经理、趣味、造成、驾驶、城镇、思考、宝贝、思想、意识、歌星、物质、制度、谈论、婚礼、游戏、设施、美食家、持续

高等阶段词汇：

相应、晚婚、策略、兴起、知识、期望、保健、亏损、亮光、飞舞

超纲词或者词组：

凉菜、表明、迎面、关联、女友、示意、后座、豆瓣、长大、舞迷、苗条、歌声、规则、宝座、清凉、欢快、唱戏、兴起于、睡着、

乐符、豆芽、认知、冰凉、已达、员工、粮食、闹钟、市政府、欢送会、该怎么办、世世代代

为了不干扰学生认读，在调查的时候，我们把这些词语打乱次序进行。

(三) 实验手段

本实验的方法是：被试者认读，测试者用录音记录，然后根据录音进行整理分析。

(四) 实验目的

1. 发现哪些学生容易出现"识词不识字"现象？美国学生还是所有的学生？

2. 发现哪些字容易出现"识词不识字"现象？难的还是容易的？

3. 发现"识词不识字"现象有哪些类型？比如是把误读源词的首字误读成尾字，还是容易把尾字误读成首字？

4. 分析为什么会出现这些现象？

二 实验结果及其分析

(一) 实验结果

通过上面的实验，我们发现一些有意思的现象：

1. "识词不识字"的现象在美国学生身上更为突出

日韩学生和美国学生在单字认读和词语认读中表现出很大不同，具体表现见表5-13。

表 5-13

	单字认读		词语认读	
	误读数	误读率	误读数	误读率
日韩学生	61	61/30*35=5.8%	218	218/30*132=5.5%
美国学生	196	196/30*35=18.7%	312	312/30*132=7.9%

从表 5-13 可以看出，日韩学生在单字认读方面的误读率明显低于美国学生，分别是 5.8% 和 18.7%。如果单纯从数字上来看，实验的第一步似乎只能说明汉字文化圈的学生在认读汉字方面明显优于非汉字文化圈的学生，其实，仔细分析就会发现美国学生在单字认读过程中已经明显地展示出"识词不识字"倾向。比如在认读"革"时，有学生自言自语"改革"的"革"；在认读"造"时，自言自语"创造"的"造"；在认读"迎"时自言自语"欢迎"的"迎"；在认读"欢"时自言自语"喜欢"的"欢"；在认读"婚"时自言自语"结婚"的"婚"；认读"世"时自言自语"'世界'我忘了是哪一个"；认读"规"时自言自语"规则"的"则"等等。而日韩学生如此提取方式却很少。当然实验的第二步更能说明美国学生"识词不识字"现象的存在。日韩学生在单字认读中误读率是 5.8%，而在词语认读中误读率也仍保持在 5.5%；美国学生在单字的认读中误读率高达 18.7%，但在词语认读中误读率下降到 7.9%。有些汉字在单字认读中不认识而在词语认读中他们反倒认识了，只不过在有的词里认识，而在别的词里不认识或者误读，但在误读的这些汉字中明显地存在把一个汉字读成经常和这个汉字组合在一起的另一个汉字的现象。如把"舞"误读成"跳"。我们把引起学生误读的词语称为"误读源词"，比如"跳舞"就是一个误读源词。

在整理分析的过程中,我们还发现被试者在认读的过程中如果速度放慢,其误读率就下降。另外,在不同的美国学生身上"识词不识字"现象的个性差异并不是很大,最大的不同就是从心理词典中搜索和调取过程的外化方式不同,在遇到不太有把握的词语时有的采取自言自语的方式,有的采取放慢语速的方式,有的采取先读出来然后自己更正的方式。

2. 误读源词难度等级一般低于误读词[①]

"识词不识字"现象和词语本身的难易程度有关,误读源词大多是简单的初级词,而误读词多是中高级或超纲词语。见表5-14。

表 5-14

误读源词	结婚（初）	改革（初）	认识（初）	跳舞（初）	兴趣（初）	应该（初）	容易（初）	欢迎（初）	讨论（初）
误读词	晚婚（高）	革命（中）	意识（中）	舞迷（高）	趣味（中）	相应（高）	笑容（高）	欢送（中）	理论（中）

但这种现象也并非绝对,有时也会发现和学生的知识领域、对词语的熟悉度有关。如"阳光"本来是比较容易的词,但"朝阳"是学生住的地方,所以把"阳光"读成"朝光"。再如,按常理,"肺炎"要比"炎热"难,但是有个学生因为专门学过医学知识,所以在他的知识领域里,"肺炎"比"炎热"容易,所以他把"炎热"误读成"肺热"。

3. "识词不识字"现象类型多样

根据我们平时上课收集和实验所得的语料,312例"识词不

---

① "识词不识字"现象虽然在日韩学生中间也存在,但明显低于美国学生,所以以下分析都是针对美国学生进行的。

识字"大致可分为如下几种情况：

第一，把误读源词的尾字误读成首字。如：

"晚婚""婚姻"因受"结婚"的影响误读成"晚结""结姻"；

"革命"因受"改革"的影响误读成"改命"；

"意识"因受"认识"的影响误读成"意认"；

"舞迷"因受"跳舞"的影响误读成"跳迷"；

"趣味"因受"兴趣"的影响误读成"兴味"；

"经理"因受"管理"的影响误读成"经管"；

"责任"因受"负责"的影响误读成"负任"。

这种误读共211例，约占因"识词不识字"而误读偏误的67.6%。

第二，把误读源词的首字误读成尾字。如：

"意义"因受"意思"的影响误读成"思义"；

"结果"因受"结婚"的影响误读成"婚果"；

"欢送会"因受"欢迎"的影响误读成"迎送会"；

"相应"因受"应该"的影响误读成"相该"；

"世纪"因受"世界"的影响误读成"界纪"。

这种误读偏误共94例，约占因"识词不识字"的误读案例的30.1%。这一数据，和我们以前的研究和预设有不小的出入。郭胜春指出，多是把后字读成前字。

"识词不识字"现象多数是把尾字误读成首字，但把首字误读成尾字的数量也不少，是前者还是后者似乎没有什么规律。如同一个学生把"迎面"误读成"欢面"，可"欢快"也会误读成"迎快"；把"婚礼"误读成"结礼"，可"结果"也会误读成"婚果"；把"相应"误读成"相该"，可"该怎么办"也会误读成"应怎么办"。

第三，在甲词（往往是较容易的词）中认识，在乙词（往往是比较难的词）中不认识。如：

认识"热闹"中的"闹"，而不认识"闹钟"中的"闹"；
认识"建设"中的"设"，而不认识"设施"中的"设"；
认识"损失"中的"损"，而不认识"亏损"中的"损"；
认识"继续"中的"续"，而不认识"持续"中的"续"。

这种案例在我们收集的语料中比较少见，仅 4 例，占 1.2%。可是我们相信这种情况应该数量不少。因为没有明显的标志，所以平时上课收集语料的老师认为学生根本不认识这个字，而没有注意到该生在别的词中是认识的；在试验中因为难词较少，也没有反映出来。

如果说前两种是因为误读词在学生心理词典中被整体存储，所以被激活时只是大致模糊提取所致，或者说是从心理词典里提取时发生了错误。那么第三类是根本无法提取，即完全无法从心理词典中被激活所致。

第四，受整体记忆的影响，把甲词误读成包含该词某一汉字的乙词。这种误读的案例也不多，仅收集到 3 例，占 0.9%。如：

把"知识"误读成"认识"；
把"谈论"误读成"讨论"；
把"减低"误读成"降低"。

三 "识词不识字"现象分析

从上面几种误读情况我们可以发现，美国学生在认读汉字时明显地存在"识词不识字"的现象。这种现象说明美国学生的心理词典中是以词为单位来记忆的,最能反映这一特点的是他们在认读过程中存在大量自言自语,这个自言自语的过程也是在心理词典中搜寻某个汉字的过程。如:

认读"歌声"时会自言自语"'唱歌'的'歌'",然后读出"歌声";

认读"笑容"时会自言自语"'容易'的'容'",然后读出"笑容";

认读"理论"时会自言自语"'讨论'的'论'",然后读出"理论";

认读"亲眼"时会自言自语"'眼睛'的'眼'",然后读出"亲眼";

认读"解决"时会自言自语"'了解'的'解'",然后读出"解决";

认读"两旁"时会自言自语"'旁边'的'旁'",然后读出"两旁"。

下面是一个很能说明美国学生"识词不识词"现象的例子:

另外,选择服装时还应考虑到四季(自语"季节"的"季")的不同。在寒冷的季节(很顺利地读出来)里,色彩深的服装……

在上例中,两次出现"季",但前者(四季)需要搜索,后者(季节)很顺利地完成了认读。

更为突出的是如下在心理词典中的搜寻过程。如:

见到"睡着"时自言自语:"'睡觉'中的哪一个?"

见到"豆芽"时自言自语:"是'土'呢还是'豆'呢?"
见到"解释"时自言自语:"是'解'呢还是'决'呢?"
见到"亮光"时自言自语:"'漂亮'我忘了是哪一个?"

可见,美国学生具有通过识词来完成识字这样一种独特的认知特点。在学习汉语的过程中,他们常常是把一个词(两个或两个以上汉字共同的外在形态、发音和内在意义)作为一个完整的信息系统,而不是把组成该词的几个汉字拆开记忆,或者说储存在自己的心理词典中。当这个复合词中某个汉字和其他汉字组成另一个词时,学习者头脑中出现的往往是包含该字的自己最熟悉的那个词,并反应出这个词的读音。按照常理,学生从心理词典调取某个词时首先反应出来的应该是这个词的首字,但通过实验我们发现,首先反应尾字的也不在少数,这反映出学生在记忆中储存这个词时是混沌一片的。陈绂、郭胜春等的研究也表明,留学生对汉语词汇学习有整体记忆的倾向。[①]

为什么美国学生[②]在这方面表现更为突出呢?我们认为,这首先应该是学生母语习得习惯的影响。美国学生在习得第一语言时,就已经形成了记忆词的习惯,这种记忆词的习惯深深地影响着他们的认知行为,使他们习惯于记忆词而不是记忆汉字。这种母语学习习惯在学生的汉语学习中起到了负迁移的作用。在学生的汉字认知能力还没有达到一定的水平时,他们常常受到这个习

[①] 陈绂《谈对欧美留学生的字词教学》,《语言教学与研究》1996年第4期;郭胜春《汉语语素义在留学生词义获得中的作用》,《语言教学与研究》2004年第6期。

[②] 其实,我们相信在母语为其他表音文字的学生中,"识词不识字"现象应该也是比较明显的,但受时间和实验对象所限,本节没能反映出来。

惯的影响。在这种认知特点的影响下，学生在记忆一个词时，有时会把两个字（包括音、形和义全部信息）相互作为一个背景关系储存在自己的心理词典中。如果要激活记忆，就需要同时把握这两个汉字反映出的整体形态特征以及全部内在信息，如果在记忆中失去了其中一个的信息，另一个的信息就会模糊甚至丢失，其中每个汉字独立的形、音、义在学生的记忆中并不十分清晰。比如他们常常把高频词"结婚"这个词的形音义一起储存在自己的记忆中，但对"结"和"婚"单个汉字的形音义并没有真正掌握，一旦认知条件发生变化，这两个汉字和别的汉字进行组合时，就会出现"识词不识字"的现象。这种现象说明学生此时还不能完全在记忆中建立起单个汉字形音义的清晰特征。

人们一般认为笔画越多、字形结构越复杂就越难学会，但从大量的语料中我们发现，学生出现"识词不识字"现象的并不是笔画最多最难的汉字，往往是初中等难度的汉字。付玉萍通过实验也证明了这种现象。[①] 其实验结果是，中外学生对不同笔画的汉字的注视紧张度排序为：6~10画字＞11~15画字＞1~5画字。笔画最少的紧张度最低，笔画最多的却不是紧张度最高的，中等笔画汉字的紧张度最高。注视紧张度越高说明越难识别。

四 解决对策：立足"词本位"，加强"汉字（语素）分析"

从上文的分析我们可以发现，外国学生尤其是美国学生在汉字认读的过程中明显地存在"识词不识字"的现象。主要原因是

---

① 付玉萍《以汉语为第二语言的留学生高级阶段阅读眼动研究》，首都师范大学2008年博士学位论文。

他们是以词为单位来记忆的,但记忆模式和认读模式发生了矛盾。付玉萍利用眼动实验证明,在阅读时,留学生的平均注视点个数多于字数,而中国学生的平均注视点个数少于词数,说明中国学生已经超过了词注视的水平,而留学生基本上还在字注视阶段。①词注视和字注视是在特定条件下产生的注视习惯,它和汉语的特殊性有关,也和读者的语言水平有关。如果字注视是留学生在相当长的时间内的一种必然状态,那么在这个过程中,认字、理解字义就具有非常重要的现实意义。我们应该如何帮助学生尤其是美国学生尽可能地缩短字注视的阶段,即在字注视阶段更好地实现汉字的认读,这是值得我们认真思考的问题。对此赵金铭提出"整词—析字—系连扩展"词汇教学法。② 我们认为这个词汇教学法非常符合汉语作为二语教学的特点和规律,但问题是如何落实这种教学法,比如学到什么阶段进行汉字的教学,主要教哪些汉字(语素)等等,这些问题都需要认真考虑。下面是我们的一点浅显认识。

(一)立足"词本位"教学不动摇

面对外国学生出现"识词不识字"的现象,也许会有很多学者提出"字本位"教学,但我们觉得在词汇的教学中只能以词为单位,词在词汇教学中的地位不能动摇。正如吕叔湘所言:"讲汉语语法,也许'词'不是绝对必要,可是从词汇的角度看,现代汉语的词汇显然不能再以字为单位。"③

首先,人类大脑的基本语言单位是词已经成为学界不争的事

---

① 付玉萍《以汉语为第二语言的留学生高级阶段阅读眼动研究》,首都师范大学 2008 年博士学位论文。
② 赵金铭《现代汉语词中字义的析出与教学》,《世界汉语教学》2012 年第 3 期。
③ 吕叔湘《语文常谈》,生活·读书·新知三联书店 1980 年版。

实，以词为单位进行教学符合学生的心理接受习惯、认知心理，有利于发挥"正迁移"的作用；

其次，以词为单位进行教学利于学生"学以致用"，提高学生的开口度，调动学生的学习积极性，提高学习效率。

最后，如果起初阶段就以字为单位，汉语中很多词语都无法进行很好的解释，如"马路""白菜""马虎""大方""小气"等。

（二）加强"汉字（语素）教学"

首先，汉语词义的一大特点就是词义和语素义关系密切，而且语素义的数量比词义的数量少得多，所以我们通过加强"汉字（语素）分析"进行词汇教学，可以迅速扩大学生的词汇量，提高自学能力，必能达到事半功倍的效果。

其次，"语素在构词时绝大多数保持不变，少数变化情况也是有规律可循的"，"语素基本上是一个封闭集，具有长时间的稳定性"，所以通过加强"汉字（语素）分析"进行词汇教学是可行的。[①] 为了考察能用语素分析词义的具体比例，有学者对《汉语水平词汇和等级大纲》（简称《大纲》）基础部分的双音词进行了分析，《大纲》语素义和词义关系见表 5–15。

表 5–15

词义和语素义情况	语素义和词义有关			语素义和词义无关
	直义	转义	偏义	
义项数（共 2494）	1182	1039	153	120
百分比	47.39%	41.66%	6.13%	4.81%

从表 5–15 可以看出，《大纲》甲乙两级词汇中只有 120 个

[①] 苑春法、黄昌宁《基于语素数据库的汉语语素及构词研究》，《语言文字应用》1998 年第 3 期。

即 4.81% 的词（义项），词义与语素义无关。可见通过语素分析推进词义教学，提高词汇学习的效率，从而培养学生的自学能力和语言生成能力，是完全可行的。①

最后，可以帮助学生逐渐建立起识别汉字的习惯，培养分析汉字形音义的能力，避免"识词不识字"现象的发生。

（三）立足"词本位"，加强"汉字（语素）分析"

要实现立足"词本位"，加强"汉字（语素）分析"，首先要确定的是选择哪些词和哪些汉字（语素）的问题，这一问题的确定主要根据词语使用频率的高低和汉字构词能力的强弱。

从词的角度来看，我们可以根据使用频率确定出现哪些常用词。在立足"词本位"教学的基础上，对有些词进行汉字（语素）分析。至于对哪些词进行语素分析，这主要取决于词的构成成分。如果是单音节词，词的分析就是语素的分析，只需加强字形的分析即可；如果是复合词，则要看构成这个词的语素（汉字）是常用语素（汉字）还是非常用语素（汉字），只需要对常用的、构成能力强的语素（汉字）进行字形、字义和字音的分析。《现代汉语频率词典》列出的 3000 个常用词，其中 1337 个是单音节成词语素，963 个复合词是由这 1337 个成词语素构成的（记为"复合词甲"），534 个复合词是由以上 1337 个成词语素和非常用语素构成的（记为"复合词乙"），另 148 个复合词是由非常用构词语素构成的（记为"复合词丙"）。② 以上关于常用词及其构

---

① 孙德金《对外汉语词汇及词汇教学研究》，商务印书馆 2006 年版。
② 王又民《汉语常用词分析及词汇教学》，《世界汉语教学》1994 年第 2 期；北京语言学院语言教学研究所《现代汉语频率词典》，北京语言学院出版社 1986 年版。

成分析为我们加强"汉字(语素)分析"提供了很大的方便和客观依据。据此数据,我们对这 1337 个常用单音节词的分析只需要加强字形分析即可,因为我们传统的"词本位"教学已经注意到了对字音、字义的教学;对 963 个复合词甲则需要加强语素(汉字)分析,包括字形、字音和字义;对复合词乙需要分析的只是其中 1337 个常用语素;对 148 个复合词丙则不需要分析。

从汉字的角度来看,我们需要对大纲词汇中涉及的汉字(语素)进行一定的整理,选择那些使用频率高、构词能力强、简单易学的汉字(语素)作为第一阶段的学习内容。《现代汉语常用汉字表》综合汉字的使用频率、构词能力等各项指标,确定了 2500 个常用字和 1000 个次常用字,并且进行了检测,结果是:"2500 个常用汉字覆盖率达 97.97%,1000 个次常用字覆盖率达 1.51%,合计(3500 个汉字)覆盖率达 99.48%。"[①] 这一数据说明,在教学中我们最先教给学生的是那 2500 个常用汉字。但 2500 个常用字也不能一下子全倒给学生,先教什么后教什么,也是需要分层进行的。在常用字中再分出层次,必须考虑字频、构词能力等多种因素。《现代汉语频率词典》指出:"前 100 个汉字……累计频率为 47.5204%,出现在 245 次以上的前 1000 个高频汉字……累计覆盖率达 91.25619%。"而从汉字的构词能力来看,"构词能力在 10 条以上的 1689 个字,它们出现的字次总数达到全部语料的 91% 以上"。从这些数字来看,常用汉字再分级不仅是必要的而且是可能的。

---

① 国家语言文字工作委员会汉字处《现代汉语常用字表》,语文出版社 1988 年版。

常用汉字（语素）往往不止一个义项，我们在贯彻"立足词本位，加强汉字（语素）分析"时，不能通过一个常用词把一个汉字（语素）的多个义项全部展示出来。单音节语素只讲本课所用义项，复合词中的语素只讲本词所用义项。至于多个义项的出现顺序，应考察其义项的使用频率，根据使用频率安排其出现顺序。

当然，要真正实现"立足词本位，加强汉字（语素）分析"，要考虑的因素还很多，比如编写大纲，确定词语以及词语的出现顺序，在这些词语中确定要进行汉字（语素）分析的数量、顺序，编写适用的教材，设计合适的教学方法，等等，这绝不是一蹴而就的事情。

第六章

句法习得研究

第一节 汉语动词带宾语"被"字句习得研究[①]

一 引言

(一)前人的研究及存在的问题

动词带宾语"被"字句,是指动词后面带上一个名词或名词词组做宾语的"被"字句。其基本格式记为"N_1 被(N_2) V(P) N_3",如"他被人抢了钱""小李被同学们选为班长"。该句式在现代汉语中使用频率较高,语法研究中也不乏详细描述,如王力、王还、吕叔湘、龚千炎、李临定、蔺璜、李珊、范晓、游舒、王红梅等。[②] 我们考察了6部作品近90万字的语料,发现此类句

---

① 本节作者:彭淑莉,原载《汉语学习》2008年第2期。
② 王力《中国现代语法》,商务印书馆1985年版;王还《"把"字句和"被"字句》,上海教育出版社1985年版;吕叔湘《被字句、把字句动词带宾语》,《中国语文》1965年第4期;龚千炎《现代汉语里的受事主语句》,《中国语文》1980年第5期;李临定《"被"字句》,《中国语文》1980年第6期;蔺璜《动宾谓语"被"字句》,《山西大学学报》(哲学社会科学版)1988年第4期;李珊《现代汉语被字句研究》,北京大学出版社1994年版;范晓《汉语的句子类型》,书海出版社1998年版;游舒《现代汉语被字句研究》,武汉大学2005年博士学位论文;王红梅《现代汉语动词带宾语"被"字句分类初探》,《长治学院学报》2006年第1期。

式在"被"字句中所占比例相当高,平均为 24.97%,详见表 6-1:

表 6-1 动词带宾语"被"字句的出现比例

作品名称	"被"字句总数	动词带宾语"被"字句	所占比例
《骆驼祥子》	87	14	16.09%
《四世同堂》	653	141	21.59%
《空中小姐》	22	6	27.27%
《太阳出世》	33	13	39.39%
《过把瘾就死》	46	7	15.22%
《来来往往》	43	13	30.23%

我们还统计了 55 万字的中高级留学生作文语料,找到 314 个"被"字句,其中动词带宾语的有 90 个,占 28.66%。可见,该句式是留学生在实际表达中经常出现的。但现有的对外汉语教学大纲和教材对动词带宾语"被"字句却重视不够,普遍的问题是涉及的句式单一,或所有句式都安排在一课之内讲完。本节重点考察留学生习得动词带宾语"被"字句的情况,分析内部不同句式的习得特征并测定其顺序,希望对汉语教学实践有所帮助。

(二)语料来源

本节的语料来源有二。一是中山大学中介语语料库。我们从中选取了进修班约 55 万字的自然语料,按提交语料时学生所在的班级分为中级一、中级二和高级 3 个级别[①],从中获得动词带宾语"被"字句 90 个,其中中级一 32 个,中级二 30 个,高级 28 个。二是造句测试。测试对象为中山大学国际交流学院 16 个进修班的 219 名留学生,其中初级 125 人,中级一 43 人,中级二 35 人,

---

[①] 本节所说的初级包括中山大学国际交流学院初级三、四、五班,中级一包括中级一、二班,中级二包括中级三、四班,高级包括高级一、二班。

高级 16 人。被试按测试时所在的班级分为初级、中级一、中级二和高级四个级别。测试方法是让学生在规定时间内随堂完成 5 个"被"字句。因造句测试本身具有一定局限性,所得结果仅能反映留学生形式上习得单句的情况,并不能反映篇章语用中实际的习得情况。我们从回收材料中共获得动词带宾语"被"字句 136 个,其中初级 69 个,中级一 24 个,中级二 32 个,高级 11 个。

二 习得特征考察

(一)动词带宾语"被"字句的类别

综合前人研究成果,我们考察最常用的 6 类动词带宾语"被"字句,分别记为 $T_1 \sim T_6$。

T_1:N_1 与 N_3 有广义领属关系,可分为 2 个小类,一类如下面例(1),N_3"牙齿"从属于 N_1"老李";另一类如下面例(2),N_3"一本"是 N_1"这套小说"的一部分:

(1)老李被老王打掉了牙齿。

(2)这套小说被人借走了一本。

T_2:N_1 与 N_3 是广义同一关系。例如:

(3)诸葛亮一直被人们视为智慧的化身。

(4)这部小说后来被改编成同名电影。

T_3:N_3 是 VP 导致的结果。例如:

(5)箱子被虫蛀了一个洞。

(6)墙被汽车撞了一个窟窿。

T_4：N_3 是 N_1 的起点或终点。例如：

（7）犯人被送往警察局了。

（8）我被他拉出房间。

T_5：N_3 是 N_1 的接受 / 承受方。例如：

（9）那张小纸条被他交给老师了。

（10）房子被法院判给了女方。

T_6：N_1 是 N_3 的接受 / 承受方。例如：

（11）他被上面安排了一个新差事。

（12）他因触犯法律，被判徒刑。

从语料中我们发现，留学生习得 6 类动词带宾语"被"字句时呈现不同特征。

（二）T_1 的习得特征

1. 动词宾语 N_3 由具体到抽象

随着学习程度的提高，N_3 越来越丰富，所指事物从具体逐渐到抽象。我们整理出各阶段出现的 N_3，发现初级只有具体事物，到了中高级，抽象事物逐渐增多，详见表 6-2：

表 6-2　T_1 中的 N_3 在各阶段的分布

初级	屁股、腿、脚、钱包、词典、书、手机、车、行李、钱、房间
中级一	腿、手、钱包、东西、钱、我们的关系、自由、部分
中级二	书、钱、书包、东西、大象（*）、命（*）[①]
高级	钱包、参与的资格、魅力、比赛、想法

---

① 表格中的"*"表示偏误现象。

2. 使用率在各阶段均不高

考察发现，造成 T_1 使用率不高的原因主要有二。

一是受留学生母语背景影响。初级就能输出 T_1 的留学生主要来自韩国、日本、越南、印尼、泰国等国家。他们受母语正迁移的影响，易于输出 T_1。以越南语和泰语为例：

（13）老李被老王打掉了牙齿。

越南语：Anh Lý bị anh Vương đánh gãy răng.
词　译：哥　李　被　哥　王　　打　　掉　牙齿
泰　语：พี่หลี่ โดน\ถูก พี่หวัง ต่อย ฟัน หลุด แล้ว.
词　译：老李 被　　老王　打　牙齿掉　了

但某些语言中却不存在与 T_1 相对应的表达形式。在 40 名以英语、法语、西班牙语、德语、俄语等为母语的留学生中，即使到了中高级也极少输出 T_1（仅有 1 名英国学生例外）。他们更易于输出 "N_1 的 N_3 被（N_2）VP" 或其他表达形式。以英语、法语、西班牙语为例：

（13′）老李被老王打掉了牙齿。

英语：Li's　　tooth　was hit down by Wang.
词译：老李的　牙齿　打掉了　　　被老王
法语：Les dents de Li　Sont Tombé car il a recu un coup de main par Wang.
词译：牙齿　　的李　掉落　　因为他　受到一　拳　的手　被　王

西班牙语： Li fue golpeado por Wang, y se le cayó un diente.

词　　译：老李 打　　　被 老王 和 掉下　　一 牙齿

调查发现，韩国、日本、越南、印尼、泰国等国留学生容易习得 T_1，但以英语、法语、西班牙语、德语、俄语等为母语的留学生却不容易习得，教学中需引起注意。

二是受表达形式多样性影响。同样的意思可以说"老李被老王打掉了牙齿"，也可以说"老李的牙齿被老王打掉了"，且后者占绝对优势。我们做了一个小调查，给出两幅图片，让留学生看图写句子，主语分别为"他、他的衣服"和"他、他的手"。其中初级 66 人，中级一 41 人，中级二 30 人，高级 11 人。各级别使用"被"字句的情况如表 6-3：

表 6-3　看图写句子测验中各级别使用"被"字句的比例（%）

	主语为"他"			主语为"他的衣服/手"		
	被字句（动词带宾语）	非被字句	未写	被字句	非被字句	未写
初级	13.335(3.34)	67.78	18.89	57.78	26.67	15.56
中级一	13.47(3.66)	68.30	18.29	39.02	53.66	7.32
中级二	11.67(1.665)	80.00	10.00	51.67	28.35	8.34
高级	18.19(0)	68.18	13.64	68.19	31.82	0

由上表可见，"他的衣服"、"他的手"做主语时，留学生易于输出"被"字句；"他"做主语时，留学生易于输出非被字句，不仅"被"字句的使用率低，而且动词带宾语的比率更低。

（三）T_2 的习得特征

1. 由初期套语形式走向多元化

初级留学生 T_2 使用不多但正确率高达 100%，超过中高级。

这可能是因为他们将 T_2 作为套语习得,各阶段 T_2 中出现的动词见表 6-4:

表 6-4 T_2 中的动词在各阶段的分布

初级	选
中级一	选、选择、当选、选举;叫、称、誉(为)、视(为);扩建、变
中级二	选;公认、认为、以为、视(为)、推崇、叫、称;改、染
高级	选、选拔;称、算、评、认为、看待;淋;翻译、拍

由上表可见,初级只出现了动词"选";中级一"选"类动词占相当大的比例;中级二"认为"类动词多了起来;高级进入 T_2 的动词就更多了。因此,初学者是将"N_1 被(N_2)选作/为 N_3"作为整体来学习的,随着学习程度的提高,更多创造性的话语会逐渐进入 T_2。

2. 常遗漏"为、作、做、成"

这种遗漏一直持续到高级。例如:

(14)*我被男朋友叫天使。

(15)*全世界注目了这么勇敢的两个小孩子,被称英雄兄弟。

造成遗漏的原因一是母语负迁移所致;二是简化策略的体现,留学生虽已掌握了 T_2 的基本规则,但由于语言处理过程中的困难,输出时往往会对结构进行简化,只使用维持语义的动词和宾语,而常常遗漏对语义影响不大的"为、作、成、做"。

(四)T_3 的习得特征

T_3 在留学生自然语料中未出现,在造句测试中只有错句。为了验证留学生 T_3 的使用情况我们做了一次小调查,让留学生根据

"衣服、火、烧、洞"和"我的脸、蚊子、咬、包"这两组词随堂写两个句子（可增加其他词语）。因为是有条件造句，大部分留学生看到所给词语后即可猜到测试目的是"被"字句，初级 16 人中 56.25%、中级一 28 人中 71.43%、中级二 19 人中 68.42%、高级 11 人中 100% 能造出"被"字句。但是他们输出动词带结果宾语"被"字句的情况并不理想，正确率分别为：初级 6.25%、中级一 12.5%、中级二 15.79%、高级 13.64%。可见，尽管"被"字句使用得较多，但正确使用动词带结果宾语的却不多。从回收材料中我们发现，留学生大量回避使用 T_3，常借助其他表达手段，按出现先后顺序分别整理如下：

第一，用两个分句，"被"字句表因，非"被"字句表果，始现于初级。例如：

（16）今天新买的衣服被火烧了，有了几个洞。

（17）我的脸被蚊子咬了，所以就有一个包在我的脸上。

第二，用"$V_1+V_2+N_3$"来表达，V_2 跟 N_3 是直接的语义关系，始现于中级一。例如：

（18）*我的脸被蚊子咬出现了包。

（19）*我的衣服被火烧产生了大的洞。

（20）*我的脸上被蚊子咬起来了个大包。

（21）*衣服被火烧有洞了。

第三，把 N_3 放在主语的位置上，始现于中级二。例如：

（22）我脸上的包是被蚊子咬的。

第四，用"V+得+有+N_3"来表达结果，始现于高级。例如：

(23)*我的脸被蚊子咬得有几个包。

(24)*司马懿的衣服被诸葛亮的火烧得有几个洞。

产生以上偏误的原因是语言认知难度。Hatch 认为,自然度是第二语言习得的决定因素,如第二语言中某个语言项是简单形式还是复杂形式,后者比前者认知难度高。[①] 动词带结果宾语"被"字句将多个意思叠合在一个形式中表达,相对某些语言中的表达形式来说是复杂结构。以韩语为例:[②]

(25)衣服被火烧了窟窿。

韩语:옷이 불에 타서 구멍이 생겼다.
词译:衣服 火 被 烧   窟窿   产生了

(26)我的手被刺扎出了血。

韩语:나의 손이 가시에 찔려서 피가 났다.
词译:我的手   刺儿被 扎   血   出了

韩国学生一般不会使用 T_3,T_3 跟韩语的复句相对应,结果宾语 N_3 常跟韩语第二个分句的主语相对应。鉴于此,我们认为 T_3 在中级阶段有必要作为一个语法点专门教学。

(五)T_4 的习得特征

T_4 在很多语言中均有对应表达形式,因此认知难度很低,正确率高。例如:

(27)病人被送往医院了。

---

① Hatch, E. *Psycholinguistics: A Second Language Perspective*. Newbury House, 1983.

② 转引自柳英绿《韩汉语被动句对比——韩国学生"被"字句偏误分析》,《汉语学习》2000 年第 6 期。

英　语：The patient was sent　　to　the hospital.
词　译：病人　　　送（过去分词）去　医院

越南语：Bệnh nhân được/bị đưa đi　bệnh viện.
词　译：病　人　被　　送去病院

泰　语：ผู้ป่วย โดน/ถูก ส่ง เข้า โรงพยาบาล แล้ว.
词　译：病人被　送往　医院　　　了

（六）T5 的习得特征

T5 在很多语言中也都有对应表达。例如：

（28）那张小纸条被他交给老师了。

英　语：The note was delivered　to　the teacher by him.
词　译：那　纸条交（过去分词）给　老师　　被他

越南语：Tờ giấy nhỏ kia đã được anh ta nộp cho giáo viên.
词　译：张　纸　小　那 已被　他　　交给　教员

泰　语：เศษกระดาษ แผ่นนั้น โดน/ถูก เขา ส่ง ให้ อาจารย์ แล้ว.
词　译：小纸条　张那　被他　交给老师　　　了

T_5 的认知难度较低，但留学生并未大量使用 T_5，尤其在高级阶段，使用率竟为 0。这与 T_5 的自身特征有关。当 NP_1 不可能充当施事或不可能被人理解为施事时，很多动词都可以直接表示被动意念，且如果只是客观陈述、不附加其他感情色彩，"被"就不是必需的。根据语言经济性原则就不用写出来。T_5 的 NP_1 常为无生命事物，整句的施受关系明确，同样的意思不用 "被" 字句也可表达，且不会引起误解，如 "小纸条他交给老师了""小纸条交给老师了"。随着汉语水平的提高，留学生若能意识到这一点，那么在理论上级别越高，只做客观描述时，类似（28）的

句子会越少。为此,我们又进行了看图造句调查,让留学生看图完成下句:

作业本 _____。(交)

该题属于纯粹描述动作场面,相关图片无任何感情色彩的暗示。各学习阶段留学生用"被"和不用"被"的情况统计如下:

表6-5 看图造句练习中的"被"字句使用情况

	"被"字句	比例(%)	非"被"字句	比例(%)	未写及其他	比例(%)
初级	14	58.33	8	33.33	2	8.33
中级一	19	65.52	8	27.59	2	6.89
中级二	9	31.03	17	58.62	3	10.34
高级	7	36.84	12	63.16	0	0

由上表可见,初级和中级一留学生使用"作业本被(我)交给老师(了)"的比例要远远多于"作业本(我)交给老师了";中级二和高级的情况刚好相反,尤其是在高级,"作业本(我)交给老师了"的比例更是比"作业本被(我)交给老师(了)"多了26%。这也进一步证实了我们关于"级别越高,T_5会越少"的假设。

(七)T_6的习得特征

T_6的习得特征为:使用泛滥,正确率低,受母语负迁移影响大。留学生大量使用T_6,但一直到中级二才能输出较多正确句。例如:

(29)虽然她被朋友倒了九瓶臭水但是她很满足。(中级二)

(30)地主被军阀判死刑了。(高级)

调查发现,T_6的主要偏误都是母语负迁移所致。例如:

(31)＊我被教了很多事情。

英　语：I was taught a million things.
词　译：我 教（过去分词）很多　　事情

(32)＊他被妈妈给一百块。

越南语：Nó được mẹ cho một trăm đồng.
词　译：他　被　妈妈给　一　百　块

很多语言中，间接宾语、直接宾语均可充当被动句主语。我们在汉语教学中应该向学生交代汉语间接宾语不能出现在"被"字句 N_1 的位置上。

三　习得顺序考察

（一）自然语料结果

我们将某一句式出现的次数与动词带宾语"被"字句的总次数的比率记为使用率，将正确使用的某一句式数与该句式出现的总次数的比率记为正确率，具体情况见表 6-6：

表 6-6　自然语料中使用率与正确率分布表（%）

		T_1	T_2	T_3	T_4	T_5	T_6
中级一	使用率	9.37	59.38	0	21.87	3.13	6.25
	正确率	66.67	52.63	/	71.43	100.00	0
中级二	使用率	10.00	53.33	0	16.67	0	20.00
	正确率	33.33	56.25	/	100.00	/	16.67
高级	使用率	14.28	39.29	0	21.43	0	25.00
	正确率	75.00	81.82	/	83.33	/	28.57

第一节 汉语动词带宾语"被"字句习得研究

接着我们考察了各句式使用率和正确率的平均值,并进行了排名,两项排名之和越小,就表明习得的情况可能越好,具体情况见表6-7:

表6-7 自然语料中平均使用率和平均正确率排名表(%)

	平均使用率(%)	排序	平均正确率(%)	排序	总分	排序
T_1	11.22	4	58.33	4	8	4
T_2	50.67	1	63.57	3	4	1
T_3	0	6	0	6	12	6
T_4	19.99	2	84.92	2	4	1
T_5	1.04	5	100.00	1	6	3
T_6	17.08	3	15.08	5	8	4

通过自然语料中各句式平均使用率和平均正确率的排名,我们认为6类句式的习得情况大致可总结为:T_2、T_4 > T_5 > T_1、T_6 > T_3。当然,这一结果还需要进一步验证。

(二)造句测试结果

用同样的方法我们计算出各级别组的使用率和正确率,具体见表6-8:

表6-8 造句测试中使用率与正确率分布表(%)

		T_1	T_2	T_3	T_4	T_5	T_6
初级	使用率	14.49	14.49	0	39.13	5.81	26.08
	正确率	40.00	100.00	/	70.37	100.00	5.55
中级一	使用率	25.00	37.5	4.17	29.16	0	4.17
	正确率	83.33	55.56	0	85.71	/	0
中级二	使用率	15.63	43.75	3.13	9.38	6.25	21.86
	正确率	100.00	71.43	0	66.67	50	14.29

（续表）

		T_1	T_2	T_3	T_4	T_5	T_6
高级	使用率	18.18	45.45	0	9.10	0	27.27
	正确率	100.00	80.00	/	100.00	/	33.33

我们也用同样的方法分别对使用率和正确率的平均值进行了排名，结果见表 6-9：

表 6-9 造句测试中平均使用率和平均正确率排名表（%）

	平均使用率	排序	平均正确率	排序	总分	排序
T_1	18.33	4	80.83	1	5	3
T_2	35.30	1	76.82	3	4	1
T_3	1.83	6	0	6	12	6
T_4	21.69	2	80.69	2	4	1
T_5	3.02	5	75.00	4	9	5
T_6	19.85	3	13.29	5	8	4

综合造句测试中各句式使用率、正确率的平均值排名，本节所考察的 6 类句式的习得情况大致可以总结为：T_2、T_4 > T_1 > T_6 > T_5 > T_3。我们发现这与自然语料中的结果大体一致，验证了自然语料得出的结果。

（三）结果分析

1. 横向考察

在初级，T_1 使用率和正确率都较低，留学生尚未习得该句式；T_2 使用率不高，但正确率在造句测试中达 100%，不排除留学生将其作为套语习得的可能性；T_4 的使用率最高，正确率也较高，是留学生在习得之初最喜欢使用的句式；T_5 使用率低但无偏误，且因其认知难度不高，留学生初步习得了该句式；T_6 使用率不低，但正确率极低，留学生尚未习得该句式。在中级一，T_1 使用率和正确率都有所上升；T_2 使用率首次超过 T_4，之后一直居于首位；在造句测试中 T_3 首次出现，但无一正确尝试；T_4 和 T_5 使用率开始下降；T_6 使用率低且无正确用句，留学生仍未习得该句式。在中级二，T_1、T_2、T_6 正确率均有上升；T_4、T_5 正确率均出现了回落；造句测试中 T_3 仍无正确用句。在高级，T_1、T_2 和 T_4 习得情况稳定，留学生已较好习得；造句测试中 T_3 使用率回归为零，无发展；T_6 发展缓慢，正确率仍然很低，留学生只是初步习得该句式，还存在诸多问题。

2. 纵向考察

纵观四个级别，两项考察的结果有以下共同点：第一，尽管习得过程中会出现一些波折，但 T_1、T_2、T_4、T_6 的正确率总体上呈上升趋势，与学习程度的提高成正比；第二，T_2 和 T_4 无论是使用率还是正确率都较高，说明留学生对这两类句式的掌握情况最好；第三，T_3 使用率和正确率都极低，说明留学生习得该句式时存在的困难最大；第四，T_5 出现早且正确率高，说明其难度不大，但相对 T_2、T_4 来说，T_5 在整个习得过程中无太大发展；第五，T_6 在习得过程中发展缓慢，易产生偏误，是难点所在。

3. 习得顺序

参照上文分析，我们拟构出了留学生习得动词带宾语"被"字句的大致顺序：最早习得 T_2、T_4，其次习得 T_1、T_5，然后习得 T_6，最晚习得 T_3。虽然这种顺序只是一种倾向，但对教学顺序的安排以及汉语教材的编写具有一定的参考价值。

四 余论

唐钰明指出,唐代以后有一类动词带复指宾语的"被"字句。宾语是主语的复指,可分为代词性复指宾语和名词性复指宾语。① 例如:

> (33) 昔有李子敖,身长三寸二分,带甲头牟在于野田之中,被鸣鹤吞之,犹在鹤嗉中游戏。(《敦煌变文集·搜神记·行孝第一》)

> (34) 杨奉言侯成盗其马,被侯成杀了杨奉。(《三国志平话》)

上述用法近于赘语,故后来逐渐消失。有趣的是,我们在留学生自然语料中也发现了这种曾在近代汉语中出现过但现已消失的偏误句。例如:

> (35) *清迈被我难忘了它。(泰国,中级一)

> (36) *他没有信心就是因为他小的时候经常被人骂他。(美国,中级二)

> (37) *他父母对他不好,经常被人小看他。(美国,中级二)

> (38) *元甲难过地离开了天津……被她们的仁慈和宽宏大量指导元甲,学得没有为谁或什么活着,慢慢地开始忘记他的痛苦和仇恨。(印尼,中级一)

不同阶段、不同国家的留学生出现了这类偏误,且经考证得

---

① 唐钰明《唐至清的"被"字句》,《中国语文》1988 年第 6 期。

知其母语均无此表达。偏误与汉语历时发展过程中的动词带复指宾语"被"字句暗合,这一发现至少可为我们今后的研究提供两点启示:第一,留学生输出的某些偏误句很可能曾经作为正确句存在于汉语发展的某个阶段;第二,语言历时发展过程与语言习得过程以及人类的认知等可能存在某些共通之处。

第二节　韩国留学生汉语持续体"V 着"的习得考察[①]

体标记"着"是汉语学习的重要语法项目之一。由于持续体标记并非普遍存在于所有语言中,因此"着"的习得过程呈现出一定的曲折性。李蕊在调查了初级阶段学习者学习"着"一个月内使用"着"的变化后,发现"着"的习得程度与学习时间呈负相关,而且学习者有回避使用"着"的倾向。[②] 李蕊、周小兵对中、高级水平学习者使用"着"的情况做横向观察,发现学习者的习得以"U 形走向"发展:初学阶段掌握较好,其后进入明显退步的低谷阶段,约 1 年半之后出现飞跃阶段。[③] 上述研究还观察到,学习者对"V 着+宾"和"V_1 着 V_2"两个句式掌握得最早、最好;

[①] 本节作者:刘瑜,原载《语言教学与研究》2010 年第 4 期。
[②] 李蕊《对留学生"着"习得情况的调查分析》,《云南师范大学学报》(对外汉语教学与研究版)2004 年第 1 期。
[③] 李蕊、周小兵《对外汉语教学助词"着"的选项与排序》,《世界汉语教学》2005 年第 1 期。

"着"的动态意义相对静态意义难掌握。这两点特征在汉族儿童的一语习得中也有类似的表现,饶宏泉的个案调查发现,儿童使用"着"标记的动词基本都是具有静态、持续意义的动词,"（S）V 着 O"最早习得。①

为了更好地观察学习者语言发展的细节,了解引起语言变化的因素,我们有必要对某一母语学习者的习得情况进行考察。我们从中山大学 60 万字的中介语语料库中提取出母语为韩国语的学习者写作语料中含有"V 着"的句子共 653 例,② 其中不包括"着"做结果补语（如：睡着、找着）和有凝结成词倾向的用法（如：接着、看着办）。语料学时等级分布范围为第 3 至第 6 学期,四个等级用例数依次是 341、95、150、67 句。

为了进行辅助性分析并且以群体和个体相结合的方式进行更加细致的考察,我们从上述语料库中选取一位学习者的语料作为抽样。这位学习者为韩国学生 S,男,1984 年出生,从零起点开始在中山大学国际汉语学院进修汉语,其后进入汉语言本科学习并毕业。抽样语料除了来自 S 的写作作业外,还来自他每周的自由写作,共 83 篇,18723 字,写作内容和字数不限,允许查词典/课本。其中使用"V 着"句共 72 句,等级分布范围同样为第 3 至第 6 学期,四个等级用例数依次为 19、21、20、12 句。

根据句法特征,汉语"V 着"句可划分为下列四种句式：

简式"V 着",如：门开着/外面下着大雨。

---

[1] 饶宏泉《汉族儿童语言时体习得》,安徽师范大学 2005 年硕士学位论文。
[2] 语料总量为 624136 字,其中韩国学生语料为 225937 句。

连动式"V_1 着 V_2",如:他笑着说。

存在式"处所+V 着+NP",如:墙上挂着一幅画。

重叠式"V_1 着 V_1 着,V_2",如:走着走着,突然下雨了。

一 习得表现

(一)总体使用频率

四个学期"V 着"使用频率("V 着"句数/总字数)只有0.3%,抽样语料使用频率为0.38%,都低于本族人书面表达中的使用频率0.83%,较接近本族人口语表达的使用频率0.17%,[①] 这应该与学习者书面写作带有口语表达习惯有关。例如:

(1)下班后,他好久去美容院,他的新头对他很合适,还有他穿着今天买的新正装。(3,库)[②]

(二)各句式最早出现的时间

"着"基本用法(包括简式、连动式、存在式)的教学在第2学期完成,重叠式在第3学期学习,第3学期开始进行汉语写作。在最早的第3学期的语料中,四类句式均已出现,见表6–10。

---

① 本族人书面语料取自王朔《动物凶猛》,总字数为50855字,其中含"V 着"422句;口语语料取自王朔凤凰新媒体访谈全文,总字数为9747字,其中含"V 着"17句。

② 该句为第3学期的语料库语料,简称"3,库",抽样语料简称"抽",下文均采用此标示形式。

表 6-10　第 3 学期各句式使用情况（%）

	简式		连动式		存在式		重叠式	
	使用率	正确率	使用率	正确率	使用率	正确率	使用率	正确率
第 3 学期	36.5	88.2	33.9	84.3	25.2	97.4	3.7	45.5

再看抽样的情况。最早出现在 S 的写作语料中的是存在式，出现在第 3 学期第 5 篇作文中，文章内容主要是介绍理想的房间。例如：

（2）客厅里放着一张沙发和一张桌子。（3，抽）

连动式出现得也很早，最早的用例出现在第 3 学期第 5 篇作文，在介绍房间时使用该结构。例如：

（3）我常常沙发上躺着看电影。（3，抽）

随后出现的是简式"V 着"，最早出现在第 4 学期第 7 篇作文中。在讲述一次倒霉的经历时，文章出现 1 例"V 着"作定语，但用得不当：

（4）*我到柜台去交钱，才发现打开着的我的书包，我的钱包被人偷走了。（4，抽）

重叠式结构最早出现在第 4 学期第 8 篇作文中，在介绍与女朋友相识过程时使用该结构：

（5）我们越谈越亲密，谈着谈着，到了广州。（4，抽）

简式"V 着"做谓语的正确用例最早出现在第 4 学期的第 11 篇作文中，文章在介绍电影内容时出现：

（6）他只能一直呆在机场的休息室里，等待着国家战

争结束的那一天。（4，抽）

（三）各句式总体分布和使用情况

表6-11 四个学期各句式使用情况（%）

	简式		连动式		存在式		重叠式	
	使用率	正确率	使用率	正确率	使用率	正确率	使用率	正确率
第3学期	36.5	88.2	33.9	84.3	25.2	97.4	3.7	45.5
第4学期	40.6	89.3	26.1	100	27.5	100	4.3	66.7
第5学期	51	90	29.1	88.6	13.9	100	4.6	28.6
第6学期	65.5	94.4	29.1	81.25	3.6	100	0	—

由表6-11可知，简式"V着"使用最为频繁，平均使用率为48.4%，其次是连动式（29.6%）和存在式（17.6%），三类句式在各阶段中的分布也较广。重叠式用得很少，平均使用率只有3.2%，并集中分布在第3、4、5学期。

不同阶段句式分布也各有特点，简式"V着"在四个学期都用得最多，第6学期使用率相当高，达到65.5%。连动式在各学期使用频率都较平均，介于25%到35%之间，第4学期稍有回落。存在式在第3、4学期使用率都达到25%以上，但到第5、6学期使用率明显下降。重叠式使用率一直很低，不到5%，第6学期没有出现。

正确率方面，存在式用得最好，平均正确率达到99.4%，其次是简式（90.5%）和连动式（88.5%）。重叠式用得不好，平均正确率只有47%。

不同阶段句式正确率变化情况如下：简式"V着"和存在式的使用较稳定，正确率都稳步上升；存在式正确率达到97%以上，简式正确率达到88%以上；连动式和重叠式的使用不太稳定，正确率都呈现先升后降的发展特点,两句式在第 4 学期都用得最好,但第 5 学期后正确率有所回落,连动式正确率在第 6 学期只有 81.2%,重叠式正确率在第 5 学期低至 28.6%。

抽样语料显示,句式的分布与写作内容密切相关,第 3 学期 S 在一篇介绍房间的文章中过度使用存在式,使用率达到 70%。另外,受语言水平所限,S 在第 3 学期除介绍房间的文章外,其他文章中描写部分非常少,基本是对动作的叙述,简式和连动式使用频率都不到 15%。其后随着描写的增多,简式和连动式使用频率都有所提高,第 5 学期各句式分布较平均,简式、连动式和存在式使用频率分别为 40%、25%、20%。

(四)各句式的习得发展特征

1. 简式 "V 着"

简式 "V 着" 是持续体 "V 着" 的基本结构,最早教学。学习者在第 3 学期掌握该结构不久,使用频率 36.5%,低于其后各阶段(40% 以上)和本族人 45%,[1] 原因在于简式 "V 着" 主要在于描写[2]和提供背景信息[3]。第 3 学期学习者语言水平较低,写作内容大部分为对前景事件、动作的叙述,因此使用简式 "V 着" 的机会不多。这一阶段句子多带宾语,占全部简式 "V 着" 句的 62.7%。例如:

---

[1] 李蕊、周小兵《对外汉语教学助词"着"的选项与排序》,《世界汉语教学》2005 年第 1 期。

[2] 刘宁生《论"着"及其相关的两个动态范畴》,《语言研究》1985 年第 2 期;泽田启二《谈"在"》,大河内、康宪主编《日本近、现代汉语研究论文选》,北京语言学院出版社 1993 年版。

[3] 肖奚强《"正(在)"、"在"与"着"功能比较研究》,《语言研究》2002 年第 4 期。

(7) 街上有各种各样的人，有的人穿着夏季衣服，有的人穿着冬季的。（3，库）

简式"V 着"结构简单，也是最基本的学习内容，学习难度相对较低。学习者不但用得好，而且正确率逐步上升，到了第 5、6 学期，正确率已在 90% 以上，习得相对较稳定。同样，带宾语的句子占多数。例如：

(8) 这时，我才意识到有一个女人一直看着我。（5，库）

(9) 结果发展中的国家里面很多大城市都面临着严重的环境问题，尤其是汽车引起的空气污染。（6，库）

简式"V 着"的习得偏误主要有"V 了"误用为"V 着"。例如：

(10) *小和尚想着一阵，那时候他觉的有一点孤独所以同意住在一起。（3，库）

这一方面受到韩国语的影响，因为韩国语中"一阵子"为持续时间，动词后要带持续标记。例如：

(10′) 스님은 한동안 생각하다가 조금 외롭다고.
和尚_{主题标} 一阵子 想 着 有一点 孤单

느껴서 함께 지내는 것에 동의했다.
觉得 一起 住_{主题标} 事 同意了

另一方面是由于汉语存在表达的特殊性，因为汉语在表示动作持续的时间时，动词后不用持续体标记"着"而用"V 了 + 时段时间"结构。

另外还有与处所短语连用时出现的偏误，如抽样语料中的句子：

（11）*我笑得要命，坐着地下，一会儿以后继续走路。（4，抽）

经询问了解到，S要表达的是"在地上坐着不动"，"坐着地上"的偏误是由于他受到"坐在地上"的语序造成的。"V着＋处所""V着＋在＋处所"的偏误结构在其他母语学习者中也很常见。

第3学期简式"V着"句子基本都是以指人名词或短语作为主语（如：老师、导游、我们），只有5句以指物名词或短语为主语（如：南山、伦敦），占该学期出现的简式"V着"句的4.5%。随着学习者语言水平提高，指物名词或短语为主语的句子数量逐渐增多，第4学期8句（28.6%），第5学期13句（17%），第6学期20句（55.6%）。尤其在第6学期，学习者进行大量议论文写作，以物为主语、"抽象动词＋着"句子出现得很多。例如：

（12）城市里有故宫，从朝鲜时代到现在还保存着。（5，库）

（13）在中国有一句俗话："君子之交淡如水"。这句话意味着朋友之间不要太亲密。（6，库）

主语为事物的简式"V着"句输入最早，如"门开着、灯亮着"，但输出并不同步，使用阶段比较靠后，学习者更倾向于使用以人作为主语的句子。

通过对抽样语料的观察还发现，学习者使用简式"V着"句的表达，经历了从不严谨的并列结构过渡到较严谨的镶嵌结构的发展过程。S 在第 4 学期使用的结构并不复杂，复合结构也只限于用作定语。例如：

(14) 他只能一直在机场的休息室里，等着战争结束的一天。（4，抽）

(15) 那儿的管理人看着我的时候，我不能下水。（4，抽）

随着学习者对该结构日渐熟悉，第 5 学期所用句子更多是复杂的复合结构。例如：

(16) 她个子不高，留着一头披肩发。（5，抽）

(17) 休息时间她一边走来走去，一边眼巴巴等着父亲的消息。（5，抽）

(18) 圣诞节当天，我早点儿起床后，等待着晚上跟朋友们一起吃饭。（5，抽）

这些结构既有与主语分离，用于复句后一分句的，如例（16）；也有与"一边……一边"共现的，如例（17）；还有用在有复杂宾语的子句中的，如例（18）。与第 4 学期相比，句式更加丰富、复杂，有较大的进步。

2. 存在式"处所 +V 着 +NP"

第 3 学期存在式使用的正确率已达到 97.4%，其后三个学期正确率都达到 100%，是所有句式中学得最好、最稳定的。由于存现句是重要的语法教学项目，存在式的教学输入较多，而且结构较为单一、固定，相对容易习得。该句式在第 3、4 学期使用率都在 25% 以上，接近本族人的使用比例 28%，第 5 学期有所回落，第 6 学期使用率只有 3.6%，与写作文体主要为议论文有关。①

抽样语料中，S 第 3 学期的第 5 篇文章为介绍心目中理想的房间。他按照教师的要求，尽量使用该课语法点存现句进行表达，使得文章中存在式使用频率非常高，占全部句式的 70%。不过第 4 学期后的文章涉及更多不同的描述内容和话题，存在式的使用比例大幅下降，但句中的动词更为生动、丰富。例如：

（19）瓜子脸上镶着亮晶晶的眼睛。（4，抽）

（20）夏天的时候，树上、地上都开着各种各样的花。（5，抽）

S 在第 4 学期使用存在式时有 1 例漏用"着"的偏误：

（21）*长安城郊外的南山谷住一位老人，他被炭火黑了。（4，抽）

例（21）前一分句是以存在式结构介绍故事的人物背景信息，应在动词"住"后用助词"着"。在韩国语中两种表达方式主语语序不同，终结式词尾都是"고있다"，对应于汉语存在句和一般陈述句两种表达方式。例如：

（21'）a. 长安城郊外的南山谷住着一位老人。

장안성 교외의 남산곡에 (는) 한 노인이 살고 있다.

长安城 郊外的 南山谷 <u>(主题标)</u> 一 老人<u>主语标</u> 住着

---

① 李蕊、周小兵《对外汉语教学助词"着"的选项与排序》，《世界汉语教学》2005 年第 1 期。

b. 一位老人住在长安城郊外的南山谷。

한 노인이 장안성 교외의 남산곡에 살고 있다.

一 老人_(主语标) 长安城 郊外的 南山谷   住   着

韩国语两种表达对应于汉语的存在句（例21′a）和一般陈述句（例21′b）。韩国语两句中"一个老人"和"长安城郊外的南山谷"的先后次序都与汉语相同，例（21′a）处所词后可带主题标记，但谓语部分两句相同，都以"住"加上终结式词尾"고 있다"表示，而汉语存在句用"住着"，一般陈述句则用"住"。学汉语时，例（21′b）式输入早，用得也更多。学习者受"NP+住在+处所"的表达习惯影响，容易在使用存在句"处所+住着+NP"时只注意到语序变化，而忽略动词后的"着"，引起"着"漏用偏误。

3. 连动式"V_1着V_2"

连动式的使用频率在四个阶段都比较稳定，第4学期略低（26.1%），另外三个学期使用率都在30%左右，与本族人使用比例32%十分接近。[①] 连动式在简式"V着"后进行教学，虽然教学阶段不算晚，输入也比较多，但由于结构中有两个动词，扩展用法多变，相对来说较为复杂难学。该句式的使用情况不太稳定，第4学期用得最好，正确率达到100%，第5、6学期正确率递减，第6学期正确率只有81.3%。

第3学期连动式多为教学中常见的形式，结构较简单，动词多为教学中出现过的。例如：

[①] 李蕊、周小兵《对外汉语教学助词"着"的选项与排序》，《世界汉语教学》2005年第1期。

（22）他们骑着自行车去酒店。（3，库）

自第 4 学期始，连动式内容有所扩展，结构相对较复杂，动词的选择也更为丰富。例如：

（23）人们指着这样的事情说："真倒霉。"（4，库）
（24）不仅如此，上课的时候手里拿着手机窃窃私语的学生为数不少。（6，库）

许多韩国学习者在"V_1"位置上使用形容词成分，这类偏误占了连动式偏误句的 38%，并且从第 3 学期到第 6 学期一直持续。例如：

（25）*大夫看了这个画，忽然生气着说话。（4，库）
（26）*客人吃惊着再问他："什么时候没的？"（6，库）

形容词修饰动词的情况，在汉语中只能用"adj. 地 V"结构表达，而在韩国语中用"아 / 어 / 에서"表达，对应汉语的"adj. 地 V"和"V_1 着 V_2"两种结构。例如：

（26'）손님은 놀라서 다시 그에게 물었다."언제 가졌어요？"

客人_{主题标} 吃惊地 再 他 问了 什么时候 没了

（27）爸爸正在沙发上坐着看报。
아버지는 지금 소파에 앉아서 신문을 보고 제시다.
爸爸_{主题标} 现在 沙发 坐着 报纸_{宾语标} 看 正在

韩国语和汉语二对一的对应关系容易使学习者混淆汉语表示

动作情状和动作方式的两组结构，导致出现"adj. 着 V"的偏误形式。这一偏误在韩国学习者语料中比较突出。

4. 重叠式"V_1 着 V_1 着，V_2"

重叠式使用频率低，只在 4% 左右，略低于本族人使用频率 8.7%。[①] 第 6 学期没有用例。学习者对该句式掌握得并不好，平均正确率仅有 47%。第 4 学期用得相对较好，正确率有 66.7%，但第 5 学期正确率降至 28.6%。总体看，重叠式平均正确率低且发展不稳定，学习者并未完全掌握该句式。

这一句式韩国语有对应形式"V_1+다가V_2"，相当于汉语"（正）V_1 着，V_2 着"或"V_1 着 V_1 着，V_2"，意义和用法都跟汉语相似。重叠式输入本来就少，也不属于主要的语法教学项目，再加上结构复杂，要用于复句当中，而且有一定的语境要求，学习难度相当高。

在使用重叠式时，学习者经常漏用后续句，未能体现出在 V_1 持续的过程中"不知不觉／突然"出现 V_2 的语境，表达不完整，出现偏误。例如：

（28）* 他想出来刚刚听了的几句好话，他想着想着那个几句好话中哪个句最合适。（3，库）

（29）* 他们说着说着，聊着天，只见他们，兴奋得说个没完。（3，库）

语料中也有混淆连动式和重叠式的情况，例如：

（30）* 客人哭着哭着买秤还有衣服。（3，库）

[①] 李蕊、周小兵《对外汉语教学助词"着"的选项与排序》，《世界汉语教学》2005 年第 1 期。

二 简式句带宾语与否的习得难度比较

简式"V 着"句可细分为带宾语和不带宾语两种形式，在各阶段的表现见表 6–12。

表 6–12 简式"V 着"句的习得情况（%）

	带宾语		不带宾语	
	使用率	正确率	使用率	正确率
第 3 学期	62.2	92.8	37.8	81
第 4 学期	75.7	82.1	24.3	100
第 5 学期	53.5	100	46.5	60
第 6 学期	84.4	94.7	15.6	100
平均	68.2	92.4	31.8	85.2

可以看到，在使用简式"V 着"句表达时，大部分是带宾语的句子，占 68.2%。通过调查本族人语料发现，本族人在用简式"V 着"句表达时句子也多数带宾语，但书面语和口语比例有较大差距，书面语中带宾语句占所有简式"V 着"句的 99.7%，比例相当高，而口语中带宾语句占 69%。[①] 学习者的习得表现与本族人的口语情况十分接近。

带宾语的句子正确率也比不带宾语的略高，前者平均正确率达到 92.4%，后者为 85.2%。带宾语句的使用比较稳定，虽然第 4 学期正确率略有下降，但各阶段正确率都在 80% 以上。不带宾语句的正确率波动较大，第 5 学期只有 60%。李蕊、周小兵认为

---

① 书面语料选自北京大学现代汉语语料库，2208 句简式"V 着"句中，共有 2001 句为带宾语句；口语语料选自上文提到的六部影视剧本，对话中 126 句非祈使语气的简式"V 着"句中共有 87 句为带宾语句。

使用频率影响带宾语和不带宾语简式"V着"句的习得难度，日常语言中带宾语句使用频率显著高于不带宾语句，会对学习者接收的语言输入和表达习惯有很大的影响。[①] 教材方面，学习者所使用的两部教材[②] 中的选例，带宾语句分别占全部简式"V着"句的 44.4% 和 46.6%。不带宾语句与带宾语句的比例基本持平，教材的使用频率不见得对学习者的表达趋势有影响。排除教材选例比例不当的误导，使用频率影响带宾语和不带宾语简式"V着"句的习得难度主要还是体现在日常语言的输入方面。

但值得注意的是，受学习者语言水平限制，教材选例中不带宾语句的动词比较有限，多为"开、关、亮、站、坐、等"，如"窗户关着呢"；而带宾语句动词则丰富多了，如"弟弟发着烧呢""小红在房间里修着电脑"。动词种类的数量越多，越能帮助学习者创造性地生成新句子。

在日常语言输入频率和教材选例动词范围的共同影响下，学习者更容易习得带宾语句，带宾语句的习得难度相对较低。从韩国学习者的表现来看，与不带宾语句相比，带宾语句不但用得多、用得好，而且也比较稳定。这与汉族儿童母语习得、不分国别考察的二语习得情况相同。

[①] 李蕊、周小兵《对外汉语教学助词"着"的选项与排序》，《世界汉语教学》2005 年第 1 期。

[②] 本节所考察的两本教材分别为《现代汉语教程·读写课本》（第二册）（李德津、李更新主编，北京语言学院出版社 1989 年版）和《阶梯汉语·初级读写Ⅱ》（翟汛主编，华语教学出版社 2007 年版），课文及练习选例简式"V着"句分别为 57 句、48 句。

三 结语

根据语料库分析和抽样观察,我们发现韩国学生在习得"V着"时主要问题有:"V着"的使用频率偏低,接近本族人口语表达习惯;连动式"V_1着V_2"习得不太稳定,"着"误代"地"形成"adj. 着V"的偏误较突出;重叠式"V_1着V_1着,V_2"不但用得不好,也不稳定。在日常语言输入频率和教材选例动词范围的影响下,带宾语的简式"V着"句比不带宾语句容易习得。

教学中应加强连动式的举例,增加较复杂的镶嵌结构、共现结构的输入。结合语言对比和举例说明,加强对"着""了""地"的辨析。利用关键词(如:忽然、便、竟然)分情况对重叠式的后续句进行举例说明,强调使用重叠式的语境要求。

第三节 新西兰学生"把"字句习得调查[1][2]

"把"字句是汉语中有别于基本语序(主—谓—宾顺序)的一类特殊句式,对"把"字句基本语义的概括和解释一直是汉语语言学界争论的热门话题。主要的学说有:王力的处置说,薛凤

---

[1] 本节作者:高小平,原载《对外汉语研究》2008年总第4期。
[2] 第二语言习得领域有一种观点根据学习环境对语言学习进行了划分,语言学习过程在目的语环境下被称为第二语言习得,在外语环境下则为外语学习。本节采用Ellis(1994)更宽泛的定义,将外语学习看作第二语言习得研究的一部分。
Ellis, R. *The Study of Second Language Acquisition*. Oxford University Press, 1994.

第三节 新西兰学生"把"字句习得调查

生及曹逢甫的"话题—说明"说,以及叶向阳、胡文泽新近提出的致使说。① 汉语语言学家在致力于寻求概括性解释各类复杂"把"字句所共有的语法意义,而"把"字句的第二语言(以下简称"二语")教学却是在此共性基础上,帮助学生掌握各小类"把"字句特性的过程;语言学研究注重对语法现象解释说明,二语教学语法则注重培养学习者运用语言规则的能力,以生成合乎语境的表达;基于两者不同的目的,虽然语言学界对于"把"字句的研究成果颇丰,但"把"字句难教难学的现状改变甚微。② 学习者的语言习得有其自身发展规律,从学的角度发现学生习得的顺序、难点及回避的原因,对二语教学有重要意义。

一 研究背景

"把"字句的习得研究源于海外汉语作为外语的学习。靳洪刚调查了 46 名说英语者在美国习得"把"字句的顺序,以此来说明语言分类规律在语言习得中的作用,即母语为"主语突出"语言(英语)的学习者习得汉语这一"主题突出"语言的过程

---

① 王力《中国语法理论》,《王力文集》(第一卷),山东教育出版社 1984 年版;薛凤生《试论"把"字句的语义特征》,《语言教学与研究》1987 年第 1 期;曹逢甫 A Topic-comment Approach to the *Ba* Construction. *Journal of Chinese Linguistics*, 1987(15);叶向阳《"把"字句的致使性解释》,《世界汉语教学》2004 年第 2 期;胡文泽《也谈"把"字句的语法意义》,《语言研究》2005 年第 2 期。

② 吕文华《"把"字句的语义类型》,《汉语学习》1994 年第 4 期;李大忠《外国人学汉语语法偏误分析》,北京语言文化大学出版社 1996 年版。

是个"语用化"的过程。① 该研究得出的习得顺序为:"把"后名词语法及语义的明晰性,"把"字结构中动词处置意义的强弱,以及"把"字结构的复杂性。Zhang 比较了美国 71 名英语为母语者和 24 名汉语使用者使用"把"字句的情况后,得出二语学习者的习得顺序为:语序＞带体标记"了"的"把"字句＞动词的选择＞带方位短语的"把"字句／动词重叠的"把"字句／带结果补语的"把"字句,Zhang 发现"把"字句的二语习得中存在 U 形发展现象。②Du 调查了 65 名说英语的汉语学习者习得带结果动词性补语和体标记"了"的"把"字句的情况,发现虽然学习者生成的"把"字句少于本族人,但在语法判断测试中的表现却跟本族人相似,认为必须将语法判断测试跟要求学习者使用"把"字句的表现生成数据结合起来才能揭示习得的全过程。③

"把"字句在目的语环境下的习得调查也受到了相当的关注。高小平从"把"字句的结构类型分类出发,用语法判断和翻译方式,调查了 90 名母语分别为英、日、韩语的学生习得 17 小类"把"字句的顺序,并用统计方法检验了该顺序与李向农等④得出的第一

---

① 靳洪刚《从汉语"把"字句结构看语言分类规律在第二语言习得过程中的作用》,《语言教学与研究》1993 年第 2 期。

② Zhang, S. *Second Language Acquisition of the Ba-construction in Contemporary Mandarin Chinese*. Unpublished MA. University of Southern California, 2002.

③ Du, H. *The Acquisition of the Chinese Ba-construction by Adult Second Language Learners*. Diss. The University of Arizona, 2004.

④ 李向农、周国光、孔令达《2—5 岁儿童运用"把"字句情况的初步考察》,《语文研究》1990 年第 4 期。

语言习得顺序的相关性，发现两者成正相关。① 林载浩调查了韩国学生习得 15 小类"把"字结构的顺序。② 黄月圆、杨素英从动词情状的角度对 14 名英语母语者进行了问卷调查，发现英语母语者对"把"字句的终结性关键语义有明显的意识，与语言习得中的"情状假设"普遍倾向一致。③ 李英、邓小宁分析了留学生根据语境造句获得的书面表达语料，按照其对 15 类"把"字句的使用正确率将"把"字句粗略地划分为几个难易等级，以此来排定教学大纲的顺序。④ 程乐乐通过对初级阶段日本留学生习得"把"字句的问卷调查，发现了初级阶段"把"字句的难易序列，即"主语（施事）+把+名词$_1$（受事）+动词+在/到/给/成+名词$_2$">"把+名词（受事）+动词（带有宾语）+补语（结果补语或趋向补语）"，即句式 1 较句式 2 容易掌握，出现的偏误较少。⑤

以上习得研究从不同的角度填补了"把"字句习得研究的空白，但是，尚有一些值得思考与改进之处。第一，上述研究都采用了横向规模问卷调查，试图用不同水平的学生对"把"字句的掌握程度来排定学习者对"把"字句的习得顺序，然而，对学生汉语水平的界定却是个难点。事实上，现有研究大多根据受试在

---

① 高小平《留学生"把"字句习得过程考察分析及其对教学的启示》，北京大学 1999 年硕士学位论文。

② 林载浩《韩国学生习得"把"字句情况的考察及偏误分析》，北京语言文化大学 2001 年硕士学位论文。

③ 黄月圆、杨素英《汉语作为第二语言的"把"字句习得研究》，《世界汉语教学》2004 年第 1 期。

④ 李英、邓小宁《"把"字句语法项目的选取与排序研究》，《语言教学与研究》2005 年第 3 期。

⑤ 程乐乐《日本留学生"把"字句习得情况考察与探析》，《云南师范大学学报》（对外汉语教学与研究版）2006 年第 3 期。

某一学校学习汉语时间的长短作为划分水平等级的标准，甚至有些研究（如：Zhang，2002）还包括了有汉语母语背景的学生，因此在不同研究中相同水平等级的学习者并不一定具有同等的语言能力；不同水平等级的学生能力之间的差异也模糊不清。[1] 第二，由于调查方法不同，测试题目各异，调查人数有限，以及二语习得中存在U形发展行为和回避现象，现有研究所得习得顺序不尽相同，甚至调查结果缺乏可比性。第三，大部分研究所采用的语法判断测试，只能反映学习者对外在语言知识的掌握程度，并不直接反映其内化的语言表达能力；虽然诱导学生语言生成表现的测试手段如翻译、造句，以及看图或录像口头表述等也被采用，但所获语料有限。第四，强制使用某类"把"字句的语境有限，因此较难判定回避现象。第五，使用正确率计算法侧重于学生正确使用的一面，虽然大部分研究都概括了偏误类型，但是偏误是相对于正确的目的语标准来说的，忽略了学习者自身独特的认识变化过程，因此不能揭示学习者中介语的全貌。最后，大部分研究并没有用统计方法对数据差异的有效性做出检验，只是根据原始数据直观地排出了顺序，原始数据上细微的差别都有可能影响排序，增加了所得顺序的不确定性。

多维模式认为，横向规模调查只有配合纵向追踪调查才有效。[2] Ellis 和 Barkhuizen 指出二语习得领域对习得顺序的兴趣从

---

[1] Zhang, S. *Second Language Acquisition of the Ba-construction in Contemporary Mandarin Chinese*. Unpublished MA. University of Southern California, 2002.

[2] Clahsen, H. & Meisel, J. & Pienemann, M. *Deutsch als Zweitsprache: der Sprächerwerb Ausländischer Arbeiter*. Gunter Narr, 1983.

关注描写影响准确序列的因素转向了对这种顺序的解释，而且更加关注学习者对某一语法结构动态的习得过程。[①]"把"字句的复杂性表现在，无论从句法形式上还是从语法意义、语义功能上都可划分为不同的小类，适合采用强制使用分析法（Obligatory Occasion analysis）和使用频率分析法（Frequency analysis），有利于以句法形式为导向的教学。本节在分析规模问卷调查中所得数据时采用前者，在分析纵向追踪访谈的数据时使用后者，试图揭示新西兰学生习得"把"字句的顺序和动态习得过程。

二 调查的设计

（一）横向规模问卷调查

横向规模问卷调查的对象为母语分别为英语和韩语的奥克兰大学中文系二年级、三年级学生，共43人参与了调查，平均年龄21岁。他们至少有一年（约170学时）的中文学习基础，一年级时学过"把"字句。本节参阅了国家汉办及赵淑华等的"把"字句分类[②]，针对16小类"把"字句给出17道多项选择题，其中一题为不该用"把"字句的语境，以考察过度泛化现象，每题给出特定语境和4个选项，分别为正确与错误的"把"字句，正确与错误的非"把"字句，错误的选项收集于学生的书面和口头

[①] Ellis, R. & Barkhuizen, G. *Analysing Learner Language.* Oxford University Press, 2005.

[②] 国家对外汉语教学领导小组办公室《汉语水平等级标准与语法等级大纲》，高等教育出版社1996年版；赵淑华、刘社会、胡翔《单句句型统计与分析》，《语言教学与研究》1997年第2期。

语料，请受试按 5 个等级选出自己对每个句子的使用频率，并留出一个空白选项供受试填写其最常用而选项中未包含的句子。20 名母语为汉语的本族人参加了调查，年龄从 12 岁到 50 岁不等，作为对照组，本族人使用"把"字句的情况可作为二语学习者使用情况的参照，有助于发现回避现象。

（二）纵向长期跟踪访谈

习得顺序注重反映学习者正确使用的情况而忽视其错误使用的一面，不能概括学习者中介语的全貌。为了揭示学习者动态习得过程，本研究同时采用了纵向追踪访谈，由于"把"字句几乎囊括了汉语中所有重要的语法点，如各类补语、动词重叠、体标记"了""着""过"等，在教学中排序靠后，在学生语言中出现也较晚，为了排除教学顺序对习得结果的影响，本研究只选取二年级的学生，限于篇幅，这里只介绍对 1 名韩裔女生的追踪访谈，她来新西兰已 10 年以上，学习汉语已是第三年，奥克兰大学汉语课每年两个学期，每学期授课 12 周，学生每周上 5 个小时中文课，该生课下每周花 1~2 小时学习中文。访谈每月进行一次，至截稿止，已历时 8 个月，共进行了 6 次访谈。在奥克兰大学暑假 4 个月期间，该生参加了去中国云南师范大学为期一个月的汉语短训班。访谈每月进行一次，采用实时录音的方式记录口语语料。由于设定各小类"把"字句出现的强制性语境较为困难，因此，除自由交谈外，本研究还采用了口译和看图讲述的方式。口头表达需要学生根据语境做出快速反应，不像书面语一样容易修改，能较真实地反映学习者内化的语言能力，能更准确地反映学习者的习得情况。定性研究可以验证和补充定量分析的研究成果，对访谈内容的分析可以使横向问卷调查的结论更具说服力。

三 调查结果及分析

（一）横向规模问卷调查结果及分析

问卷调查分两部分进行，二年级的 22 名学生不限时间，课下完成，三年级的 21 名学生在课堂上限定的 20 分钟内完成，本族人在自选时间内完成，学生在各种语境下使用"把"字句的平均频率数据跟本族人平均使用频率的比较，以及运用统计软件 SPSS 中 ANOVA 检验差异有效性的数据，可参看表 6-13。

表 6-13 问卷调查所得新西兰学生与本族人"把"字句使用排序比较

句型	例句	二年级使用率评分	二年级使用率排序	三年级使用率评分	三年级使用率排序	学习者总评分	学习者使用正确率排序	本族人使用率	本族人使用率排序	ANOVA Sig.
把+NP+V给+sb	把衣服送给姐姐	4.44	1	3.52	2	3.93	1	5	1	0.053
把+NP+V到+sp	把信寄到我家	4	4	3.57	1	3.75	2	5	1	0.030
把+NP+V+结果补语	把作业写完	4.17	3	3.30	3	3.68	3	4.88	7	0.021
把+NP+V+在+sp	把书忘在教室里了	4.35	2	2.82	8	3.49	4	5	1	0.013
把+NP+V+着	把门开着就走了	3.61	5	3.14	5	3.35	5	3.75	15	0.574

（续表）

句型	例句	二年级使用率评分	二年级使用率排序	三年级使用率评分	三年级使用率排序	学习者总评分	学习者使用正确率排序	本族人使用率	本族人使用率排序	ANOVA Sig.
把+NP+V+趋向补语	把狗带进商店	3.28	8	3.17	4	3.22	6	4.875	7	0.002
把+NP+V+动量补语	把回国的时间推后了两天	3.5	6	2.86	6	3.15	7	5	1	0.004
把+NP+V+时量补语	把"难"字写了10遍	3.44	7	2.78	9	3.07	8	4.625	10	0.011
把+NP+V+复合趋向补语	把吃的带进图书馆去	2.78	12	2.83	7	2.80	9	4.5	12	0.007
把+NP_1+V成+NP_2	把我看成外国人	2.89	11	2.17	13	2.49	10	5	1	0.000
把+NP+Adj+结果补语	把我累病了	2.71	13	2.30	11	2.48	11	4.625	10	0.000
把+NP+抽象义动词+结果补语	把灯打开	2.44	14	2.45	10	2.45	12	4.75	9	0.000
把+NP+V+了	把要问的问题忘了	3	9	2	14	2.45	13	5	1	0.000

（续表）

句型	例句	二年级使用率评分	二年级使用率排序	三年级使用率评分	三年级使用率排序	学习者总评分	学习者使用正确率排序	本族人使用率	本族人使用率排序	ANOVA Sig.
把+NP_1+V+与事宾语NP_2	把我的病告诉妈妈	3	9	1.73	15	2.3	14	3.5	16	0.042
把+NP+动词重叠	把手洗洗	2.06	16	2.41	12	2.25	15	4.375	13	0.001
把+NP+V+得+补语	把我忙得吃不好、睡不好	2.17	15	1.73	15	1.925	16	3.875	14	0.000

（二）调查结果分析

学生对"把+NP_1+V+在/到/给+NP_2"的使用率最高，在5级评分等级中，正确使用率在4分以上。本族人的该语境中对该类"把"字句的使用评分为5分。这类强制使用型"把"字句[①]最容易为学习者所掌握。从不同语言类型的角度看，这类"把"字句在句法结构上跟英文有一对一的对应规律，结构的语义功能明确，即：使"把"的宾语产生位置或领属的转移。

在应该使用"把+NP_1+V+在/到/给+NP_2"和"把+NP+V+时量/动量补语"的语境中，学生对"把"字句的正确使用率最高，在其他12种语境中，对非"把"字句（"主—谓—宾"结构）

---

① Li, C. N. & Thompson, S. A. Mandarin Chinese: A Functional Reference Grammar. *Journal of Asian Studies*, 1989(42).

的使用频率最高;而作为对照组的本族人,对"把"字句的使用频率(除两题外)均未列第一,且学生的使用频率评分远远低于本族人,这说明学生并不明白这些语境对使用"把"字句的要求,因而回避使用。

对带简单结果补语的"把"字句(如"把作业做完"),使用频率靠前,而对"把灯打开"这种几乎同类的"把"字句使用频率较低。可能有两个原因:一是,实义动词"做"比抽象义动词"打"(在这一特定语境下)更容易理解;二是,学生没有接触过"打开"作为固定结构的用法。"把我累病了"这类状态动词做谓语的致使类"把"字句学生使用率很低,多选择"爬山让我累病了"。

"把 +NP_1+V 成 +NP_2"可看成汉语中结构较固定的句式,也具有强制使用性,可是学习者对该句式的正确使用率却很低,虽然他们在一年级已学过该句式,是否学生因不了解动词的某种用法而影响了判断,还有待进一步研究。

带趋向补语的"把"字句可根据补语的结构进一步细分,其中,带简单趋向补语的较带复合趋向补语的正确使用率更高。

从学生的使用评分来看,排在第九类以后的小类使用率在3分以下,属于较少使用的范畴。对于不同汉语水平的学生来说,二年级学生课下完成的问卷中对"把"字句的使用率反而高于三年级学生。原因大概有:一是,第二语言习得中存在 U 形发展行为,如二年级学生刚学过"把"字句,记忆犹新,努力尝试使用,而三年级学生对于早已学过的语法点,由于在英语环境中没有机会使用,因而有些淡忘或生疏。二是,在紧张或不容思考的状态下,学生的直觉或内化的语言知识更容易受媒介语(英语)或汉语基本语序（"主—谓—宾"语序）的影响。这也有待进一步研究。

第17题是不该用"把"字句的语境，用来考察学生是否会犯过度泛化的错误，结果发现学生几乎没有人选用"把"字句，显然，学习者过度使用"把"字句的情况并不多，这说明普遍语法的影响要强于特殊句式。

在测试"把+NP+V+着"和"把+NP$_1$+V+NP$_2$"动词带与事宾语小类的语境中，本族人"把"字句的使用率都低于非"把"字句，跟学习者一样大部分都选了非"把"字句，特别是对于"把+NP+V+着"，ANOVA的有效性数据为0.574，说明本族人的使用率跟学生的使用率没有什么差别，可能因为题目语境的设计不够成功，对这两小类的排序留待重新考察。

动词重叠的"把"字句使用率很低。因为在学生的母语中没有类似动词重叠的语法现象，现有的汉语教学语法对动词重叠的语用功能及语法、语义的研究还不够透彻，或者已有的研究成果也未能及时体现在教材和教学语法中，因此学生不了解应用的语境，理解起来困难，使用起来不是回避就是过度泛化。

带"得"字情态补语的"把"字句使用频率最低。一是由于"得"字补语后面要带的成分较为复杂，增加了难度，同时由于测试题中要求使用致使义的把字句，学习者习惯用"使"字句和"让"字句来代替。

（三）追踪访谈结果及分析

为了避免因为没有学过而对习得结果产生影响，第一次访谈时，我们又对每一小类"把"字句做了集中讲解输入。采用自由聊天、受试就某一话题阐述观点、翻译，以及看图片讲故事的方式来收集口语语料，同一语境下重复使用的语句只计入一次，当学生自我更正口误时，分别计算为两次，第一次记为错误，第二次记为正确，由此来发现其中介语的变化过程。学生语料见附录表。

使用频率分析法的第一步是先将所收集到的语料大致划分为两个阶段。第一、第二次访谈所得的45个"把"字句为第一阶段，后三次所得的46个"把"字句为第二阶段。然后确立要调查的语言项目，本节的"把"字句分类项目既包括正确的和错误的各小类"把"字句，也包括无法归入以上类型的错误"把"字句，如直接用英文动词等。在表6-14中，每一阶段使用的每小类"把"字句中，左栏为使用有误的"把"字句的数量，右栏为使用正确的"把"字句数量，无法归入各"把"字句小类的分别归入下面的偏误类型。最后，计算学生所用各小类"把"字句在各阶段"把"字句总数中所占的比例。受试使用的各类"把"字句分布如表6-14。

表6-14 受试在两个阶段中使用的"把"字句在各类型中的分布

"把"字句类型	第一阶段		第二阶段	
	错误句数量及所占比例	正确句数量及所占比例	错误句数量及所占比例	正确句数量及所占比例
把 +NP$_1$+V+ 在/到/给 +NP$_2$	6（13%） 4 补语不当 2 补语位置	7（16%）	1（2%）	17（37%）
把 +NP$_1$+V+ 结果补语	1（2%） 缺动词	2（4%）	3（6.5%）	6（13%）
把 +NP$_1$+V+ 趋向补语		1（2%）	1（2%）	1（2%）
把 +NP$_1$+V+ 着		1（2%）		
把 +NP$_1$+V+ 数量补语	1（2%） 补语位置	1（2%）	1（2%）	1（2%）

（续表）

"把"字句类型		第一阶段		第二阶段	
		错误句数量及所占比例	正确句数量及所占比例	错误句数量及所占比例	正确句数量及所占比例
把+NP_1+V 成+NP_2		1（2%）过度泛化	2（4%）		
把+N+V+了		1（2%）	5（11%） 4（9%） 非独立使用		2（4%）
把+NP_1+V+NP_2					
把+NP+动词重叠		1（2%）语义问题		2（4%）	1（2%）
把+NP+V+得+补语			1（2%）		
把+NP+Adj+得+补语		2（4%）动词不当			
动词问题	缺动词	1（2%）		2（4%）	
	光杆动词	2（4%）		3（6.5%）	
	用英文动词	3（6.67%）		5（11%）	
	动词不当			4（9%）	
补语问题	补语不当	3（6.67%）		1（2%）	
语序问题	动词+把+NP	2（4%）		2（4%）	
	状语位置	1（2%）		1（2%）	
	补语位置	3（6.67%）			
杂糅	把+让	1（2%）		1（2%）	
过度泛化		2（4%）			
语义问题		1（2%）			
缺"把"				1（2%）	
总数量		45		46	

表 6-14 中数据显示，受试对带介宾处所短语以及带结果补语的"把"字句的使用频率和使用正确率最高，并且习得过程中有明显提高，从而验证了横向规模调查的结果；受试认为外力使"把"后的宾语产生位移的句子较易理解，并且所用的介词跟英语中的介词有较明确的对应规律。错误的"把"字句数量也在减少，第二阶段对动词重叠型"把"字句的使用明显增加。

偏误类型中，英文动词的使用有增多倾向，这说明所学词汇的限制对学生使用"把"字句的正确率有至关重要的影响。此外，所用"把"字句类型也许受到语境设置的限制，在今后的跟踪调查中，我们会更努力提供使用其他类型"把"字句的语境，以发现学习者习得各小类"把"字句的动态变化过程。

四 小结

纵向追踪访谈不但可以验证横向规模问卷调查的结果，而且可以帮助我们将横向规模问卷所得的顺序有效划分为几个阶段。第一个阶段是带介宾处所补语的"把"字句，这类最容易习得；其次是带结果补语的"把"字句，但要看动词的难易程度。要继续细分后面的阶段还有待纵向追踪访谈的新结果。以上结论基本符合程乐乐所发现的日本学生初级阶段习得顺序[①]。可见，学习者的第一语言并未影响"把"字句的这一习得顺序。此外，习得"把"字句是个相当长的过程，特别对海外汉语学习者来说，即便是学

---

① 程乐乐《日本留学生"把"字句习得情况考察与探析》，《云南师范大学学报》（对外汉语教学与研究版）2006 年第 3 期。

习了两年,可能仍处于汉语初级水平,由于语言环境以及学习时间的限制,语言的习得最主要体现在对所学语言知识的"维护"上。

附录

受试在 8 个月的 6 次访谈中使用的"把"字句

第二次访谈语境	学生使用的语句
房间里很热,你想请朋友开门,怎么说?	请开门。/ 请把门开。/ 请把门开了。
你喜欢考试吗?为什么?	不喜欢。考试把我很累。/ 哦,考试把我很累了。/ 把我累极了。
你的作业给谁了?	我把作业给沈老师拿走了。
新西兰的商店早上几点开门?	新西兰的商店把门开早上 8 点。
你想让妈妈关电视,怎么说?	把电视关。/ 把电视关关。
你不希望你的朋友对你像对外国人,怎么说?	别把我看成外国人。
你想让妹妹打扫房间,怎么说?	把房间 tidy up。
你想推迟下次见面的时间吗?	我想把下次见面的时间两天推迟。
你买这么多礼物要送给谁?	我想把衣服给送姐姐。
You told your classmate that she left her book on the desk.	你把书在桌子上放了。
You told the teacher that you had already put your assignment into the box.	我已经把作业放在 box 了。
You hope to bring the gift back to your home.	我希望把礼物带到家。
The university does not allow the students to bring food into the library.	大学不让学生把吃的东西带在图书馆里。

(续表)

第二次访谈语境	学生使用的语句
The boss was very angry because she brought her dog into the shop.	老板很生气因为她把 dog 带进商店了。
There was no power on Monday because the wind broke the power cable.	风把 cable broke。
I know her, but I forgot her name.	我知道她,可是我把她的名字忘了。
Preparing for the exams made me so worried that I could not eat and sleep well.	预备考试把我急得吃不好、睡不好。
She lent her pen to Laoshi yesterday.	昨天她把笔借给老师了。
Don't tell other students the answers of the questions during the exam.	考试的时候别告诉学生把问题的 answer。
You tell a baby to peel the banana skin first, and then eat.	把 banana skin peel 先,然后吃。
You ask somebody to close the door.	请把门关上。
You said you wrote "bao" as "pao".	我把"饱"写成"跑"了。
I have written this Chinese character twice, but I still cannot remember it.	我把这个字写了两遍,可是我还没记了。
My key couldn't open that door. Probably someone changed the lock of the door.	我的 key 不能开那门,也许有人换了门的 lock。
Everybody left with the door open after class.	大家下课以后把门开着走了。

第三次访谈语境	学生使用的语句
你的书包放在哪儿了?	我把书包放这儿,哦,我把书包放在这儿。

（续表）

第三次访谈语境	学生使用的语句
你怎么吃橘子？	先把 Orange skin peel，把它放在口，吃。
看图讲述《花仙子》的故事	她把 Lunlun 拉到海旁边。
	她计划把 Lunlun push 到海里。
	Lunlun 把花 key 的灯照在白色的花上。
	Lunlun 把 captain 变成了。
	Lunlun 把 Nisia 从海救了。
看图讲述《金发姑娘》的故事	她把椅子坏了。
	她把最小的碗里的汤吃完了。

第四次访谈语境	学生使用的语句
闲聊	我把老师给我的作业写完了。
介绍如何做韩国泡菜	你得把盐放在 cabbage 里。
	把白菜然后等等了6个小时。
	6个小时以后把白菜洗，洗。
	你把鱼露和 Chilli powder 和白萝卜放，放在碗，碗里。
	把这个调料放在白菜里面。
	把白菜一半，切一半。
	然后把盐在，放在白菜里面。
	把 liaotian 放在白菜里以后就好了。
	把这个白菜放在这个大的盒子里。
	你把白菜拿到就把白菜切，切一切。

（续表）

第四次访谈语境	学生使用的语句
	因为你得差不多两天把白菜房间，把白菜放在房间。
	差不多两天以后可以把白菜放 fridge。
讲述如何开车	把 key 转一转。
把手刹抬起来	把 brake lift。
把挡放在倒车的位置	把 clutch 放在 reverse 的情况。
Accelerator 是油门，press 是踩	把 accelerator press，哦，把油门踩一踩。

第五次访谈语境	学生使用的语句
看图讲述一个人一天的活动	他把他的衣服穿，他把他的衣服穿上。
	他的太太已经把在浴生间的东西整理了。
	把背心穿上。
	然后把他的脸洗。
	他把衬衫，一件衬衫和一条裤子穿上。

第六次访谈语境	学生使用的语句
看图讲述如何包饺子	他们把猪肉放在汤里面。
	把绿菜放在汤里面一起吃。
	你把面粉放在里面。

（续表）

第六次访谈语境	学生使用的语句
看图讲述如何包饺子	把鸡蛋放在里面。
	你先把鸡蛋敲开，然后放在里面。
	然后 mix 把这个都。
	把水放在里面。
	然后，盖子关了。
	你要先把软的肉放在盆里面。
	你要把盐和姜放在里面。
	你要把这个姜开。
	你把绿菜放在里面。
	把韭菜 chop。
	这个人把很大的面打开了，哦，分开了。
	让一个很长的，然后把一个切到。
	让把一个小面分，把这个面团让很小。
	把面头，面团扁。
	把一点馅放在扁的，扁的面团里面。
	然后关把这个。
	水热够的时候把饺子放在里面。
	你要把盘子里的饺子提出来，拿。
	可以用勺子拿出来，把饺子拿出来。
	然后把饺子放在盘子里。

（新西兰，奥克兰大学亚洲研究学院）

第四节　汉语准价动词的二语习得表现及其内在机制[①]

汉语作为第二语言教学中经常听到或看到这样不合格的句子：

(1) *现在我也有机会见面他们。
(2) *我决定写您这封求职信。

现代汉语语法系统中，"见面"这样的动词可携带两个论元（当事 NP_1、系事 NP_2），但在基本表达结构中，其系事论元须由介词引导（如"现在我也有机会跟他们见面了"）；"写"这样的动词可携带三个论元（施事 NP_1、与事 NP_2、结果 NP_3），但在基本表达结构中，其与事论元须由介词引导（如"我决定给您写这封求职信"）。这些动词跟前面的介词整合成一个框式结构（schema-construction），如"跟……见面、给……写"。袁毓林将这两类动词分别称作准二元动词和准三元动词[②]。为讨论的简便以及理解的方便，本节径称准二价动词和准三价动词。基于准二价动词与准三价动词在准论元（即需要通过介词引导的论元）句法表现上的共性，我们将两者合称为"准价动词"（quasi-valence verb）。下文术语的分合依考察对象的分合而定。

[①] 本节作者：杨圳、施春宏，原载《世界汉语教学》2013 年第 4 期。
[②] 袁著的命名是基于其将动词的配价层级分为联、项、位、元四个层次这个思路来考虑。袁毓林《汉语动词的配价研究》，江西教育出版社 1998 年版；袁毓林《汉语配价语法研究》，商务印书馆 2010 年版。

第四节　汉语准价动词的二语习得表现及其内在机制

目前，学界对准价动词的习得研究可概括为三类：第一，将准价动词归入相应的非准价动词（准二价视作二价，准三价视作三价），对其所在的非准价动词进行研究。①第二，用例式分析：部分散见于动词习得分析之中；②同时因准价动词大部分配位需用介词，故框式结构习得分析中也有涉及；③同样，随着语块理论在二语习得研究中的运用，人们逐渐扩大了二语习得中语块的范围，将由准价动词构成的框式结构也看作语块的一种类型，进而涉及这种现象的习得分析；④此外，很多词汇习得专题研究（如近义词习得比较、易混淆词辨析），虽考察角度不同，但也对准价动词做了很多个例分析。⑤第三，基于特定视角观察准价动词

---

① 顾英华《新疆汉语学习者二价动词配价偏误分析》，《汉语学习》2004年第4期；冯丽萍、盛双霞《外国学生中文三价动词的习得规律研究》，《云南师范大学学报》（对外汉语教学与研究版）2004年第3期。

② 崔希亮《日朝韩学生汉语介词结构的中介语分析》，崔希亮等《汉语作为第二语言的习得与认知研究》，北京大学出版社2008年版；崔希亮《欧美学生汉语介词习得的特点及偏误分析》，《世界汉语教学》2005年第3期；周文华、肖奚强《现代汉语介词习得研究》，《语言文字应用》2011年第2期。

③ 黄理秋、施春宏《汉语中介语介词性框式结构的偏误分析》，《华文教学与研究》2010年第3期；施春宏《面向第二语言教学汉语构式研究的基本状况和研究取向》，《语言教学与研究》2011年第6期。

④ 周健《语块在对外汉语教学中的价值与作用》，《暨南学报》（哲学社会科学版）2007年第1期；王慧《二语习得中的汉语语块研究》，暨南大学2007年硕士学位论文；钱旭菁《汉语语块研究初探》，《北京大学学报》（哲学社会科学版）2008年第5期；薛小芳、施春宏《语块的性质及汉语语块系统的层级关系》，《当代修辞学》2013年第3期。

⑤ 程娟、许晓华《HSK单双音同义动词研究》，《世界汉语教学》2004年第4期；张博《针对性：易混淆词辨析词典的研编要则》，《世界汉语教学》2013年第2期；萧频《印尼学生汉语中介语易混淆词研究》，北京语言大学2008年博士学位论文；王分年《中级阶段越南留学生使用同义动词的偏误分析》，广西民族大学2009年硕士学位论文。

的某一小类，如杨华梅对维吾尔族学生使用交互动词①的偏误情况做了分析，②但仅为初步的类别考察。就准价动词系统来看，以上研究均未覆盖准价动词全境，没有将准价动词的习得作为独立对象进行系统考察。然而，准价动词的句法配位方式（syntactic arrangement）中介词强制共现以及准论元的位置使其呈现出鲜明的语义—句法、词项—构式互动的多重界面特征（multiinterface feature），使汉语学习者在该项目上表现特殊。同时，例（1）（2）之类的句子即使到了高级阶段学习者仍有输出。因此，对准价动词的习得现象做出全面、系统的分析既有切实的实践意义，也有丰富的理论价值。

本节拟从准价动词的配位方式及其语义—句法、词项—构式互动关系这个角度来系统考察汉语作为第二语言学习者（为行文简便，下文径作"（汉语）学习者"）准价动词的习得情况。本节语料源自北京语言大学"HSK 动态作文语料库"③。学习者语言（learner's language）表现有正有偏，故本节先分析学习者正确输出部分，以此为参照，后关注其偏误部分。在此基础上，本节围绕汉语习得者框式意识的建构过程及其制约因素，从三个方面探讨准价动词习得的内在机制：一是根据对其语言输出的分析指出学习者框式意识建构的层级性；二是基于准价动词非常规形义关系的分析看其对习得过程的制约作用；三是探讨

---

① 即两个论元在语义上为协同、交互义的动词，包括准二价动词中的协同动词以及准三价动词中表协同义的动词。

② 杨华梅《维吾尔族学生使用交互动词偏误分析研究》，《长春理工大学学报》2011 年第 7 期。

③ 该库语料均来自母语为非汉语的外国人参加高等汉语水平考试（HSK 高等）作文考试的答卷。

准价动词的语义—句法、词项—构式互动的多重界面特征对准价动词习得的影响。文章还对本项研究所采取的方法论原则进行了讨论。

一 准价动词习得的正确输出情况分析

根据袁毓林所列的常用准二价动词表和常用准三价动词词项[①]，我们将书中所列词项放入 HSK 动态作文语料库中逐一检索，发现学习者共使用了 306 个准价动词[②]，其中准二价动词 266 个（具体词例参见文末附表一），涉及语料 6418 条，误用 257 条，偏误率为 4%；准三价动词 40 个（参见附表二），涉及语料 729 条，误用 40 例，偏误率为 5.49%。显然学习者准价动词的正确输出数量上远多于误用表现，但类型上，误用表现更为复杂。由于本节着眼于类型，故以正确输出为参照，重点分析误用表现。先就准二价动词和准三价动词的正确输出情况分别说明。

（一）准二价动词的正确输出情况

分析之前，需对准二价动词内部情况进行简要说明。袁毓林根据准二价动词所支配的两个论元之间的语义关系将准二价动词大致分为协同动词和针对动词两大类。[③] 协同动词关涉的两个论元呈现出双向对称关系[④]，其在基本表达结构中共有两种句

---

① 袁毓林《汉语动词的配价研究》，江西教育出版社 1998 年版。
② 本节着眼于准价动词的主要用法，故语料统计中，未做述语动词（如"服务产业"中的"服务"）以及未做直接述语动词（如"我想结婚"中的"结婚"）的准价动词用例不计在内。
③ 袁毓林《汉语动词的配价研究》，江西教育出版社 1998 年版。
④ 如"我和她结婚"中"结婚"涉及的两个论元关系为：我←→她。

法配位方式：A．NP_1+prepNP_2+V（如"我和她结婚"）；B．NPC+V（如"我们结婚"）。① 能与之共现的介词有 4 个："和、跟、同、与"，四者可互换。针对动词关涉的两个论元为单向不对称关系②，其在基本表达结构中具有两种配位方式：C．NP_1+prepNP_2+V（如"我向她道歉"）；D．NP_1+V+prepNP_2（如"他求助于老师"）。与之共现的介词数量较多，基本不可互用③，袁毓林将准二价动词中语义上不属于以上两类的归为其他类；由于该类动词数量较少（语料库中共出现 9 个），为了行文的方便且基于其与两论元不对称关系的共性，故将其放入针对动词中一并讨论。为区分准价动词配位结构的内在层次，本节将准价动词的配位结构中介词与准价动词共现的配位归为框式配位（schematic arrangement），即配位方式 A、C、D；将基本表达结构中不用介词引导论元的配位归为非框式配位（non-schematic arrangement），即配位方式 B，下文用符号标示时简作 NPC 配位。④ 本节将学习者在准价动词框式配位的语言输出中所展现出的对框式结构的感知情况称作框式意识（schematic consciousness）。由于协同动词与针对动词在介词选择、配位方式上差异显著，故对

---

① 袁著中 NPC 指表复数的词或词组，不包括联合词组。为讨论方便，本节中 NPC 包括联合词组。

② 如"我向她道歉"中"道歉"涉及两个论元，其关系为：我→她，而不能为：我←她。

③ 如"*老师因迟到为我们道歉"，但针对动词中存在着介词可以互用的情况，如"我跟/向她道歉"，但此种情况数量较少（而且很多带有汉语地域用法色彩），故此处说"基本不可互用"。

④ 汉语学习者使用准价动词除了这两大类配位方式外，还出现了其他变异形式，如"我结婚了"和"接触异性"之类，由于这样的变异形式只适用于部分准价动词且基本无偏误表现，本节便不做考察。

其分别进行考察。

1. 准二价协同动词的正确输出情况

语料库中共出现协同动词169个，正确用例共计5676例，占总用例（5844）的97.13%。其中框式配位（即$NP_1+prepNP_2+V$）3280例，占57.79%；非框式配位（即NPC+V）2396例，占42.21%。下面我们来看协同动词的正确输出情况：

(3) 过一两年我们结婚了，结了婚也没红过脸。（缅甸）[①]
(4) 我喜欢跟＜与自己性格相近的人＞交朋友。（澳大利亚）

例（3）使用的是协同动词非框式配位形式，句中"结婚、红脸"既是协同动词也是离合词，此类词在学习者使用的169个常用准二价协同动词中共42个，占24.85%。虽然该类词较纯协同动词更复杂，但该学习者准确地灵活运用了离合词的分开和聚合两种形态来满足交际需要，说明学习者可以掌握这类词。例（4）是协同动词框式配位使用中的变异形式，两个协同动词"相近""交朋友"嵌套使用，形成了双层结构且框式结构完整。

2. 准二价针对动词的正确输出情况

针对动词均为框式配位，根据介词与动词的位置可分为两类。本节将介词在准价动词之前的称为前介框式配位，介词在准价动词之后的称为后介框式配位。相比协同动词，针对动词使用较少。语料库中共出现针对动词95个（含其他类9个词），其中正确输出485例（含其他类11例），占准二价针对动词总用例（574）

[①] 画线在正确输出用例中标注的是准价动词，在误用表现用例中标注的是准价动词和误用成分。

的84.49%。正确输出中，前介框式配位457例，占94.23%，占主导；后介词框式配位仅占5.77%。这实际与汉语表达系统中前介框式配位占主导有关。前介框式配位如：

（5）只有他一个人对那个医院开战了。（日本）

（6）目前为止许多国家还是为了得到粮食跟别的国家开战。（韩国）

（7）为国家为社会服务，才是有意义的人生。（新加坡）

前两例分别使用了单向义介词"对"和双向义介词"跟"与针对动词"开战"搭配，这说明针对动词和协同动词是一个连续统，而"开战"就位于其中间地带（这里偏向于针对性）。例（7）通过重复介宾结构来呈现并列的两个框式结构，两个完整的介宾结构反映出该学习者非常好的框式意识。以上是前介框式配位的正确输出，下面我们来看后介框式配位：

（8）毕业以后，我服务于新新广告公司。（新加坡）

（9）这样禁烟活动刮起一股热风蔓延到整个国家。（韩国）

对比例（7）和（8）可知，部分针对动词，如"服务"，兼有前介框式配位和后介框式配位，且可互换。例（9）使用了介词"到"与准二价动词中其他类"蔓延"搭配，构成后介框式配位。与准二价针对动词搭配的位于其后的介词只有"于""到"两个，用"于"时主要引入动作对象或处所（多书面色彩），用"到"时主要引入动作的目标、终点。而且具有此种配位方式的准二价针对动词数量极为有限①，学习时可以将它们作为一个整体来处理。

（二）准三价动词的正确输出情况

学习者使用了 40 个准三价动词，正确输出 689 例，占其总用例（729）的 94.51%。准三价动词可携带三个论元，但与准二价动词论元成分强制性共现不同，它的直接宾语论元可选择性出现。当其所有论元都在基本表达结构中出现时，即实现为准三价框式配位。例如：

（10）记得我刚满十八岁的生日那天，我现在的男友对我表白了他的爱慕之情。（缅甸）

当其论元容纳能力未到达最大化时，表层即实现为准二价框式配位。例如：

（11）比如有一个人喜欢某个人，但他却没有勇气向她表白。（韩国）

均为准三价动词"表白"用例，但例（10）中受事论元"他的爱慕之情"出现了，而例（11）则没有。同时，两句中不同的介词"对""向"表明部分准三价动词在介词搭配上具有可选择性。在准三价动词中不仅有前介框式配位，也有后介框式配位。例如：

（12）离家快一个月了，我才姗姗捎音讯给你们，真是抱歉。（马来西亚）

---

① 如"服务（于）""怪罪（于）""求助（于）""屈服（于）""受制（于）""无益（于）""效力（于）""效忠（于）""有益（于）""有意（于）""有助（于）""矗立（于）"和"进军（到）""蔓延（到）"等。

该句中介宾结构"给你们"置于准三价动词"捎"之后，形成后介框式配位。

二 准价动词习得的误用表现

准价动词非常规形义关系在配位方式上表现为框式配位，因此，只有从框式配位着眼考察其习得情况，才能更好地掌握其习得规律。故本节基于框式配位将准价动词偏误分为两类：与准价动词框式结构有关的归为框式偏误（schematic error），其余归为非框式偏误（non-schematic error）。本节基于该角度以学习者准价动词正确输出为参照分析其误用表现。

（一）准二价动词误用表现

与正确输出分析相同，准二价动词误用表现中仍对协同动词与针对动词分别进行考察。

1. 准二价协同动词的误用表现

准二价协同动词误例共 168 例，偏误率为 2.87%（总用例：5844），整体习得情况较好。

第一，准二价协同动词框式偏误。

学习者的框式意识支配准价动词框式结构的输出，根据学习者准价动词语言输出所反映出的不同程度的框式意识，由低到高，其框式偏误可分为配位方式偏误（包括配位方式选择偏误和框式成分错序）、框式结构残缺（包括介词缺失、对象论元缺失和介宾结构缺失）和框式成分误用（包括介词误用和动词误用）三类。

首先来看协同动词的配位方式偏误：①

（13）*每个人必须要考虑怎么<u>相处别人</u>。（日本）
＜与别人相处＞

（14）*那时候，他<u>恋爱了跟官员的女儿</u>。（韩国）
＜跟官员的女儿恋爱了＞

例（13）该日本学习者将协同动词"相处"误归为二价动词，错选配位方式，该例属于配位方式选择偏误②。戴国华指出日本学习者此类偏误多且顽固，主要受母语负迁移影响所致。③例（14）中出现了"恋爱"的完整框式结构，表明该学习者具有初步框式意识，但框式意识不准确，将介宾结构"跟官员的女儿"置于"恋爱"之后，属于框式成分错序④。

黄理秋、施春宏指出框式结构的关键在"框"，但中介语中的"框"常不完整，出现框式结构残缺的情况。⑤协同动词亦然，按残缺部分的线性序列可分为介词缺失、对象论元缺失和介宾结构缺失三类。

---

① 从例（13）一直到文末诸例均为偏误用例（用"*"标示），相应的正确表达方式在例句后用＜ ＞标出。当然，这里的正用形式只是根据基本表达结构而拟出的一种可能选择。

② 出现此类偏误的协同动词共 10 个：冲突、分开、共存、见面、交往、结婚、恋爱、相处、携手、有关。

③ 戴国华《日本留学生汉语动词常见的偏误分析》，《汉语学习》2000 年第 6 期。

④ 准二价协同动词中出现此类偏误的词项还有：打架、关联、无关。需要说明的是，一个词常常出现两种或多种偏误类型，如"恋爱"，既出现配位方式选择偏误，又出现框式成分错序。这种情况，我们在分析时就分别归入相应类型。

⑤ 黄理秋、施春宏《汉语中介语介词性框式结构的偏误分析》，《华文教学与研究》2010 年第 3 期。

(15)*我认为相识方式是……,(　)一个人偶然相遇,彼此倾心。(新加坡)<跟①>

(16)*杨淑茹——是对我影响最大的一位朋友,我与她的交往不久,但每次与(　)见面聊天,总会获益不浅。(新加坡)<她>

(17)*我是个独生女,所以平时(　)对话的人是父母。(日本)<跟我>

对比例(13),例(15)将对象论元"一个人"置于动词之前,这表明该学习者具有初步的框式意识,但不完整,遗漏了介词②。例(16)虽缺少对象论元"她",但该学习者已具备较为完整的框式意识,因为句中用于标记对象论元的介词业已出现,那么该学习者意识中的对象论元理应出现,为何无实际输出呢?句中作为回指成分的对象论元在前文中分别以"杨淑茹""她"两种先行成分出现,该学习者在框式结构中误用了零形回指(zero/null anaphora),故无实际输出,造成对象论元缺失偏误③。出现此类偏误的学习者框式意识完整,但不牢固。例(17)中介宾结构"跟我"虽可由语境推出,但不能省略或缺失④。

---

① 可以搭配的介词共有"跟""和""同""与"4个,限于篇幅,根据音序,本节一律用"跟"代表。
② 出现介词缺失偏误的准二价协同动词有19个:吵架、打交道、抵触、对话、共处、共存、关联、交往、接触、结婚、类似、聊天、谈话、相比、相反、相同、相遇、有关、争吵。
③ 出现对象论元缺失偏误的准二价协同动词有5个:见面、聊天、谈话、通话、有关。
④ 出现介宾结构缺失偏误的协同动词有7个:对话、见面、交往、类似、谈话、跳舞、相遇。

学习者框式结构输出中,有的虽结构完整,但出现成分错误即框式成分误用,这有两类:

(18)*我<u>对</u>父亲的同事很少<u>接触</u>。(日本)<跟>

(19)*我的父亲住在美国,和我<u>分手</u>已经五年了。(韩国)<分开>

例(18)将单向义介词"对"与协同动词"接触"搭配,语义不匹配,属介词误用①。例(19)属动词误用②,汉语中的"分手、分开"均对译于韩语中同一词"헤어지다",可能由于母语的影响,韩语学习者将用于恋人之间的"分手"用于"我"和"父亲"之间。这种由不同语言间词义上的一对多的现象而引发的混淆使用情况在习得中比较常见。③

第二,准二价协同动词非框式偏误。

非框式成分与框式结构共现时,位置的安排是一个难题,主要表现为非框式成分错序。

(20)*但是,我从来没顶撞过爸爸,<u>也跟爸爸没</u>吵过架。(日本)<也没跟爸爸吵过架/跟爸爸也没吵过架>

由于"跟"兼具两种词性,该结构可分析为两种:介词时,为框式结构"跟爸爸吵过架",故否定副词"没"应置于框式结

---

① 出现介词误用的协同动词共13个:交谈、交往、接触、离婚、聊天、谈话、吻合、无关、无缘、相比、相处、相似、有关。
② 出现此类偏误的协同动词共23个:并排、搏斗、不合、吵、吵架、搭配、打架、打交道、分别、分开、分离、分手、关联、见面、交往、谈心、相比、相称、相处、相配、相同、有关、争论。
③ 张博《针对性:易混淆词辨析词典的研编要则》,《世界汉语教学》2013年第2期。

构之外；连词时，为 NPC 配位，NPC 为"我跟爸爸"，"也"不能置于连词"跟"前。显然学习者混淆了"跟"的两种词性，造成偏误[①]。

前文对准二价协同动词的偏误情况进行了分类描述，表 6-15 是每类偏误的数量分布。由表 6-15 可知，框式偏误是主要类型，占 89.29%。具体类型中，与介词相关的偏误（介词缺失、介词误用和介宾结构缺失）多达 90 例，占 53.57%。这表明介词的使用是协同动词习得中的首要问题。过去研究此类习得偏误时，大多只是就介词本身的句法语义情况做出分析；然而实际上介词使用的偏误只有放到框式结构中才能得到更充分的认识。

表 6-15 准二价协同动词偏误类型分布情况

类型	数量	比重	次类	数量	比重	小类	数量
框式偏误	150	89.29%	配位方式偏误	30	20%	配位方式选择偏误	26
						框式成分错序	4
			框式结构残缺	65	43.33%	介词缺失	53
						对象论元缺失	4
						介宾结构缺失	8
			框式成分误用	55	36.67%	介词误用	29
						动词误用	26
非框式偏误	18	10.71%	非框式成分错序	18			

[①] 出现非框式偏误的准二价协同动词共 14 个：并肩、吵架、冲突、打架、打交道、分开、分手、隔绝、合作、见面、接触、结婚、倾谈、谈话。

2. 准二价针对动词误用表现

准二价针对动词（含其他类）误用共计89例，偏误率为15.51%（总用例：574），远高于协同动词。

第一，准二价针对动词框式偏误表现。

针对动词框式偏误同样分为配位方式偏误、框式结构残缺和框式成分误用三类。例如：

（21）*生活既忙碌又紧张，没回家乡问好你们。（韩国）
<向你们问好>

（22）*还有太温柔的老师不能对发火我们。（日本）
<对我们发火>

此二例属于配位方式偏误。例（21）将"问好"用于二价配位中，属配位方式选择偏误①，可能由于缺乏框式意识，也可能是由于受到与"问好"义近的二价动词"问候"的影响。方绪军指出这类义近价异的词是汉语学习者偏误高发地带，在教学中需要特别说明。② 例（22）则属于框式成分错序，框式结构成分均已出现，但序列位置安排错误③。

（23）*多（　）他们问好，不要只顾疼爱自己的孩子而忘记了他们。（澳大利亚）<向>

（24）*母亲一直在难受，每次大夫给（　）打针，真

---

① 出现此类偏误的针对动词共 11 个：帮忙、报名、搭话、打气、打招呼、道歉、顶嘴、服务、捐款、问好、作对。
② 方绪军《中介语中动词句的配价偏误分析》，《语言教学与研究》2001 年第 4 期。
③ 出现此类偏误的针对动词还有"道歉""屈服"。

的太可怜了①。（日本）<母亲>

(25)*于是他喝完后决定这个事情（　）保密。（日本）<对外>

此三例均属于框式结构残缺。例（23）缺少介词"向"②。同样使用"问好"，例（21）与例（23）中对象论元的不同位置，体现了不同层次的框式意识。例（24）误用零形回指省略了前文已出现过的对象论元"母亲"。例（25）缺少介宾结构③，句子信息量不足。

(26)*换句话说，法律是对人民服务的。（日本）<为……服务>

(27)*请你替我向家人问候。（乌兹别克斯坦）<向……问好>

以上二例均为框式成分误用。例（26）为单向义介词内部误用④。例（27）将"问好"误用为"问候"⑤，两者概念结构基本相同，但前者实现为框式结构，后者实现为双及物构式。

第二，准二价针对动词非框式偏误表现。

准二价针对动词非框式偏误同样与语序有关，数量不多，语

---

① 孤立地看，"每次大夫给打针"似乎可以接受，但在上下文语境中，对象论元不能省略。

② 出现介词缺失偏误的针对动词有6个：辞职、受制、陶醉（属其他类）、问好、有益、有助。

③ 出现介宾结构缺失的还有"打招呼""辩护"。

④ 出现介词误用的针对动词有10个：操心、搭话、打招呼、道歉、发脾气、服务、请假、屈服、效劳、有益。

⑤ 出现动词误用的针对动词有6个：帮忙、辞职、打招呼、宽容、问候、争光。

料库中只有 5 例。例如：

（28）* 我和哥哥已经长大了，你们<u>为我们别操心了</u>。（韩国）<别为我们操心>

将否定副词"别"置于框式结构之中①，说明该学习者框式意识的整体性尚不牢固。

表 6-16 是准二价针对动词各偏误类型的数量分布：

表 6-16　准二价针对动词偏误类型分布情况

类型	数量	比重	次类	数量	比重	小类	数量
框式偏误	84	94.38%	配位方式偏误	20	23.81%	配位方式选择偏误	18
						框式成分错序	2
			框式结构残缺	20	23.81%	介词缺失	16
						对象论元缺失	1
						介宾结构缺失	3
			框式成分误用	44	52.38%	介词误用	24
						动词误用	20
非框式偏误	5	5.62%	非框式成分错序	5			

由表 6-16 可知，框式偏误仍占主导，高达 94.38%，这再次表明准二价动词习得中其框式配位是习得难点。具体来说，如何选择介词，如何选择义近价异的动词（如"问好"和"问候"），是习得针对动词的难点所在。针对动词与介词的高依存度是该结构中介词使用偏误率居高的重要原因。

（二）准三价动词的误用表现

准三价动词误用 40 例，偏误率为 5.49%（总用例：729）。

---

① 出现此类偏误的针对动词有 4 个：操心、打针、点头、发脾气。

从总偏误率来看,整体习得情况较好。但出现偏误的词语有15个(见附表二),因此从出现偏误的词率来看,偏误率并不低,为37.5%,而且偏误的类型也同样复杂多样。

1. 准三价动词框式偏误

准三价动词同样也有配位方式选择偏误、框式结构残缺及框式成分误用三大偏误类型。

(29)*上次我在电话说,朋友介绍我一份工作。(乌兹别克斯坦)<给我介绍一份工作>

(30)*好像我从小时候一两次写信给你们以后直到现在没有了吧。(韩国)<给你们写过一两次信>

此二例都为配位方式偏误。例(29)将"介绍"用作一般三价动词,属于配位方式选择偏误①。例(30)错置介宾结构"给你们"和数量补语"一两次",属于框式成分错序②。

(31)*经过自己考虑和( )妻子讨论,我决定写信,……。(韩国)<跟……讨论>

(32)*父母的兴趣在孩子心目中给( )留下了深刻的印象。(印度尼西亚)<孩子>

(33)*毕业后,我( )商量来中国留学的事儿,父亲不太同意。(韩国)<跟父母>

此三例均为框式结构残缺。例(31)中"考虑""讨论"需要连词连接,而"讨论"需要介词,恰好"和"兼有连词和介词

---

① 出现该类偏误的准三价动词还有"表白""推荐""写"。
② 出现框式成分错序的准三价动词还有"表示""分隔""商量"。

双重身份，该学习者混淆两者，故出现了介词缺失。例（32）遗漏了回指前文已出现的对象论元"孩子"。① 例（33）缺少介宾结构"跟父母"，这可能是由于该学习者缺乏框式意识，也可能是由于语篇策略误用所致②。

（34）* 她对丈夫请求"安乐死"。（日本）＜向……请求＞

（35）* 这是因为我把父亲的三句话成为我的精神支柱。（泰国）＜作为/当作＞

此二例为框式成分误用。例（34）将介词"向"误用为"对"，属于单向义介词内部误用③。"向"一般用于标记动作对象，"对"既可用于标记动作对象也可标记动作关涉内容（如"他对动画片感兴趣"）。这两个介词虽均可标记对象，但"对"标记动作对象时往往对其施加某种影响（如"对他发火"）。崔希亮指出这种语义有关联、分布有差异的介词，学习者容易混用，是习得难点。④ 例（35）把不具有处置义的动词"成为"用于"把"字句中，属于动词误用。准三价动词"当作"的用例中也出现了动词误用

---

① 例（32）这个句子如果直接删除"给"，就是个合格的表达；如果用"给孩子"，则需要删除"在孩子心目中"。其实，这样的分析是基于偏误修改这一角度而言的，而偏误分析应该基于学习者的表达意愿和产出方式而言，学习者既然使用了介词"给"，这已经表明学习者意愿上是试图通过框式结构来输出，所以我们认为从这个角度来分析似乎更加到位。

② 出现介宾结构缺失的准三价动词还有"介绍""协商""作为"。

③ 出现介词误用的准三价动词还有"带""表白""表示""介绍""留""谈""写"。

④ 崔希亮《欧美学生汉语介词习得的特点及偏误分析》，《世界汉语教学》2005年第3期。

情况。同类的还有"表示"被误用作"表明"。

2. 准三价动词非框式偏误

与准二价动词相同，此类偏误仍表现为错序。

（36）*我从来给爸妈没有写过信。（韩国）<没有给爸妈写过信>

（37）*我给你们几次写过信，但是这事情是很久以前的。（韩国）<给你们写过几次信>

例（36）属否定成分误置，而例（37）则属于数量补语误置，韩语的数量补语可前可后，学习者可能受到母语影响将数量补语置于动词之前。非框式偏误还出现在"留"的用例中。

表6-17是准三价动词各偏误类型的数量分布（见下页）。比较可知，准二价动词和准三价动词偏误类型基本一致，这说明框式配位是探究准价动词习得机制的突破口。准三价动词习得中，框式偏误仍占主导，为82.50%。由此我们进一步认识到，准价动词的特殊的语义结构/论元结构和句法结构/配位方式之间的互动匹配关系造成了词项和构式互动过程中的特定表现。准价动词习得中，与介词相关的偏误类型多样，比例偏高，也正是由此多重互动关系的交错影响所致。这必然造成准价动词习得中偏误来源多、习得难度大、习得周期长的特点。汉语学习者习得准价动词的具体表现说明，句法配位关系越特殊，越复杂，习得的难度就越大，偏误类型就越多样。而长期以来我们所进行的语言习得偏误分析，对句法配位关系如何影响词项、句法的习得过程关注得不够充分。

表 6-17　准三价动词偏误类型分布情况

类型	数量	比重	次类	数量	比重	小类	数量
框式偏误	33	82.50%	配位方式偏误	7	21.21%	配位方式选择偏误	5
						框式成分错序	2
			框式结构残缺	7	21.21%	介词缺失	1
						对象论元缺失	1
						介宾结构缺失	5
			框式成分误用	19	57.58%	介词误用	11
						动词误用	8
非框式偏误	7	17.50%	非框式成分错序	7			

三　准价动词习得的内在机制

学习者的语言表现（language performance）由习得的内在机制所决定。前文我们分析了汉语学习者准价动词的习得表现，本部分将对其习得的内在机制进行探讨。准价动词习得的内在机制涉及诸多方面，如词项和句式之间的互动关系，特殊动词的论元结构和配位方式（意义和形式）之间的关系，介词的语义结构及其句法表现，框式结构对配位方式的制约作用和调配功能，框式结构作为一种特殊构式所体现出来的构式性特征，准价动词形义关系所体现出来的句法与语义的界面特征对习得的影响，等等。限于篇幅，基于准价动词的个性特征，本节将主要围绕汉语习得者框式意识的建构过程及其制约因素，逐层重点探讨三个方面的问题：第一，学习者的语言表现表明框式配位是准价动词习得的关键，而框式配位的习得跟学习者框式意识的建构有很大关联，那么学习者的框式意识是如何建构的呢？第二，准价动词习得过程中特殊的语义结构和句法形式之间的相互制约关系如何？第三，特殊的语义—句法、词项—构式互动的多重界面特征对准价动词习得产生怎样的影响？当然，这些问题涉及很多复杂的语言问题和语言习得问题，下面只是做出初步的说明。

（一）框式意识及其建构过程的层级性

前文分析已知，框式结构是准价动词习得的重点和难点，故框式意识的建立是准价动词习得的关键。对准价动词框式结构输出的分析可探知其框式意识的建构情况，其框式结构输出的不同类型反映了不同层次的框式意识。首先，以正误为界，误用部分分为框式结构误用和非框式结构误用。支配框式结构误用输出的框式意识是不完备的，而非框式结构误用例中输出了正确的框式结构，可以说已经基本具备了框式意识。框式结构误用输出可分为框式结构的零输出和误用输出两类，支配前者输出的框式意识未启动，支配后者输出的框式意识不完整或不准确。而支配框式结构正确输出的框式意识均是完备的，根据其输出形式的复杂程度可分为典型的框式意识和拓展的框式意识。由此可见，学习者框式意识的建构过程具有层级性、阶段性。

基于目前的初步分析，根据框式结构的使用与否、完整与否以及准确与否，可以将框式意识的构建过程大体划分为以下五个层次两个阶段：

表6-18 准价动词框式意识层次

阶段	框式意识的层级性	表现类型
阶段一	框式意识未启动	配位方式选择偏误、介宾结构缺失
	初步的框式意识	介词缺失、框式成分错序、介词误用、动词误用
	基本的框式意识	非框式成分错序、对象论元缺失
阶段二	典型的框式意识	（完整、准确的）简单框式结构
	拓展的框式意识	复杂框式结构（如介宾结构重复、双层嵌套）

"框式意识未启动"出现在准价动词习得的最初时期，也对应其习得的最低水平，该层次的学习者未识别准价动词的身份，框式意识更无从谈起，故表现为框式结构的零输出，出现了配位方式选择偏误（如例（13））和介宾结构缺失（如例（33））。

"初步的框式意识"指的是学习者已能识别准价动词，具有模糊的框式意识，但框式结构输出或者不完整，出现框式成分残缺，如介词缺失（如例（15））；或者框式结构输出中虽然各个结构成分都已具备然而并不准确。这种输出形式不准确有两种表现：一种是序列不准确，表现为框式成分错序（如例（14））；另一种是成分不准确即框式成分选择错误，表现为介词误用（如例（18））和动词误用（如例（19））。本节将这两种情况均归为框式意识形成的初步发展时期，但后一种情况的框式意识水平高于前一种情况，后者框式意识是在前者的基础上发展而来的。这表明每个层次内部还可做出更具体的层次划分。下面每个层次都有类似情况。

"基本的框式意识"指的是学习者已经具有了相对完整、正确的框式意识，但是在输出使用时出现误用。该阶段的误用表现类型分别来自句法和语用两个层面。句法层面，学习者具有基本的框式意识且输出了完整、正确的框式结构，但是其他成分与该结构搭配时出现偏误，表现为非框式成分错序。这种情况又可分为两个具体层次：其他成分插入框式结构中（如例（37）），破坏其整体性，表明学习者框式意识已经具备但不具整体性；另一种是其他成分语序错误，但未破坏框式结构的整体性（如"一两次跟男女朋友分手"），体现了学习者完整、正确、整体的框式意识。语用层面，学习者具有完整、正确的框式意识，但无实际输出，表现为对象论元缺失，由于误用了零形回指导致学习者实际输出的框式结构不完整。

以上三个层次的框式结构输出的都为误用形式，框式意识从模糊到清晰，从框式成分不完整到逐步完整。这三个层次可以划归为一个大的阶段。基于这样的认知基础，自然会逐步发展出更高层次的框式意识，从而使框式结构的输出既准确又多样。这一部分的框式意识形成和发展过程大体可以进一步划分为典型呈现时期和拓展使用时期。

"典型的框式意识"指的是学习者具有正确的框式意识且能输出完整、准确的简单框式结构，甚至体现为框式介词选择的多样化（如例（4）），这表明学习者不仅具有正确的框式意识，且能在不同的语用驱动下对框式结构进行微调，满足交际需要。

"拓展的框式意识"指的是学习者利用已经建立的框式意识和习得的简单框式结构输出更为复杂的框式结构，如介宾结构重复（如例（7））、双层嵌套（如例（4））。这表明学习者不仅具有正确的框式意识，且非常牢固，可灵活输出。

需要说明的是，框式意识的建构仅指在使用准价动词时学习者的框式意识，但能否在框式意识的支配下正确输出则是另一个问题，这属于进一步提高的问题。只有正确地使用框式配位才标志着学习者已经习得了准价动词的句法、语义特征。由此可见，框式意识的构建是一个循序渐进、逐步提升的过程。该过程大体可分为五个层次两个阶段，体现出习得过程的层级性和阶段性特征。而这种层级性、阶段性不仅表现在准价动词之上，还体现在其他语言项目中。学习者目的语中复杂语言项目的结构意识的建构过程都具有层级性、阶段性，这种层级性、阶段性遵循学习者的认知规律，在习得研究与教学应用中，我们应充分挖掘、利用习得的层级性及习得过程的阶段性。

（二）准价动词非常规形义关系对其习得过程的制约作用

准价动词习得过程中框式意识的层级性是由准价动词非常规形义关系（即语义结构和句法形式之间的特殊匹配关系）决定的。在汉语句法系统中，一般二价动词的语义结构和句法配位之间的常规匹配关系是：主体论元+V+客体论元；一般三价动词的语义结构和句法配位之间的常规匹配关系是：主体论元+V+与事论元+客体论元。这种词项的语义结构和句法结构的对应性（correspondence）在同一语言类型中具有内部的一致性。如"吃"的语义结构成分是：{施事（NP_1），受事（NP_2），动作行为}，其结构关系是施事发出某个动作"吃"，这个动作施加到受事之上。这种语义结构关系投射到句法结构中，在汉语这种SVO型语言中，形成的基本配位方式是NP_1+V+NP_2。就一般及物动词而言，根据其语义结构和句法结构之间的对应性及常规句法配置情况，习得其基本的语义结构关系，对习得其句法结构关系有一定的预测性。因此在句法配置上的偏误往往并不常见。

就其概念结构而言，部分准价动词的概念结构与学习者的母语中相应表达基本一致。而汉语准价动词的对应性关系的特殊之处在于，准价动词所支配的主体论元之外的某个论元必须由介词引入，且大多数出现在动词之前（"NPC+V"实际也属于其变化形式），少数在动词之后。这必然使其习得表现不同一般。如英汉两种语言中"结婚/marry"的概念结构基本一致：结婚的一方、结婚的另一方、结婚行为。但两者的句法表现并不相同。因此，仅掌握"结婚"的概念结构，并不意味着掌握了"结婚"的准确用法，还得将两者在特定的语言中分别匹配。这种匹配关系受到语言系统和特定配位的制约，具有语言偏向性（language-preference）和现象偏向性（phenomenon-preference）。而这正是语言习得的难点所在。准价动词的习得表现在此显得尤为显著。在词项习得过程中，掌握了其基本概念结构，有利于形式上的把握；明确了形式上的结构关系，更加有利于准确地掌握其概念结构。而如果我们将语义结构和配位方式有机结合在一起，则更能有效提高习得的效率。就准价动词的框式结构而言，只有当学习者在形式和意义之间建立特定的匹配关系之后，才能逐步建构框式意识，比较好地掌握相关词项的句法表现，正确使用由该词项参与组构而成的相关句式。也就是说，在习得准价动词时，除了要习得其概念结构和对应词形（这跟一般词汇习得差异似乎不大）外，更重要的是要习得该词项语义结构中各个语义成分在句法结构中的配位方式，尤其是不同于一般动词句法表现的配位方式。即对汉语准价动词而言，其特殊的形义互动关系是该类词习得的关键之处。

由此我们能够进一步说明，对二语者来说，仅仅掌握词形及

其大致的概念内容是不够的。常有这样的情况，部分准价动词的概念结构与学习者母语中相应表达虽大致相同，但存在细微差异。如对韩国学习者而言，韩语中"헤어지자"与汉语准二价动词"分手"概念结构基本相同：两个人不在一起。但汉语中"分手"所涉及的两个人须为情侣，这就是两词在概念结构上的差异，若没有掌握这种差异则会出现如例（19）韩国学习者将"分手"用于父女之间。对于第二语言学习者而言，此种概念结构的细微差异往往是不易察觉的，因此在二语习得中便可能建立不精确的或错误的形义互动关系。这在准价动词习得中即表现为框式成分误用，该类偏误在针对动词和准三价动词中所占比率均在50%以上。

再者，准价动词习得中不仅涉及实词的形义互动关系，也包括虚词（此即介词）的形义互动关系。实词激活的是事件结构表征的语义场景，而虚词激活的是事件结构表征的语义场景之间存在的结构关系。这些结构关系在语义/概念类型上具有跨语言的共性，均有表示原因、结果、并列、递进等关系类型，但范畴化的结果有同有异。这表现在不同语言中介词的数量、类型、语义关系千差万别。显然，虚词的形义互动关系的习得难度比实词更大，这导致准价动词框式偏误中介词偏误率居高不下。

（三）特殊的语义—句法、词项—构式互动的多重界面特征对准价动词习得的影响

由上可知，汉语准价动词习得的特殊表现既体现了汉语的类型特征差异，也体现为具体动词的个性特征差异。如"见面"的语义结构成分包括：{ 施事（NP_1），当事（NP_2），动作行为 }，但我们不能就此推出"见面"的配位方式是 NP_1+V+NP_2。准价动词显示出更特殊的语义和句法、词项和构式（构式在这里指句层

面的结构式）之间的界面特征，即两个不同界面相互制约而形成的独有的特征。它既有语义结构的促动作用，也受特定句法形式的制约；既将词项的基本句法语义内容投射到句法结构中，也受到特殊构式的系统调配。就此而言，准价动词的习得受到特殊的语义—句法、词项—构式互动的界面特征的多重影响。

而且这种特殊的多重界面特征形成了准价动词特殊的配位方式，除了 NPC+V 外，还有更为常见的 $NP_1+prepNP_2+V$。这就又引发了导致习得偏误的几个方面：介词误用、介词缺失、介宾结构缺失；框式成分错序；配位方式选择偏误等。而介词本身的语义内容及其所涉及的结构关系相当复杂，再加上框式结构的选择问题，就更使这类偏误现象容易发生。甚至动词选用上的偏误也与此相关，如用"问候"来代替"问好"。由此可见，准价动词的多重界面特征增加了诱发偏误的因素，必然造成准价动词习得难度的增加和偏误率的提升，从而形成偏误来源多、习得难度大、习得周期长等特点。

四 余论

具有多重界面特征的准价动词个体性强，概念结构和句法结构的对应性较为特殊，因而造成句法表达的可预测度不高，突出表现就是框式配位方式的选择和使用。本节着眼于准价动词这一本质特征，注重从框式结构的构造方式及其语义特点来考察汉语准价动词的习得情况，发现准价动词的偏误集中表现在框式配位上，这说明框式配位是准价动词习得的关键和难点。然而，无论是哪种类型的准价动词，其正确输出和误用表现中都呈现出极强的系统性，尤其是偏误类型上表现出高度的一致性和系统性。这就使得框式意识的建构过程具有鲜明的层级性和阶段性特征。由此我们可以在句法、语义的复杂度和习得难度与偏误率之间建立某种联系。

前文反复强调框式意识的建构是准价动词习得的关键。因此，在准价动词教学中，应采取"打包"教学法即整体呈现语言项目所在的句法结构，如准价动词教学中将准价动词与其搭配的介词整体呈现，让学习者整体感知和习得该结构，形成整体的结构意识并固化下来。具有界面特征的语言项目形义互动关系特殊，受学习者二语水平所限，其对于形式结构的掌握和形义关系的理解是不同步的。而"打包"教学将理解任务推后，先帮助学习者整体掌握形式结构，并对应于具体功能，再运用于典型语境。这种将语言项目的教学内容化一为三，在教学过程中又将形式、功能、语境合三为一的策略，合乎冯胜利、施春宏所提出的"三一语法"的基本精神，① 也与构式分析的基本观念相契合。②

由于汉语准价动词习得过程中框式意识建构过程的分析是本节的一个重点，这里对准价动词习得过程中构式意识（本项研究的对象具体表现为框式意识）形成过程的层次划分所体现的方法论原则问题做一特别的说明。本节对构式意识及相关语言输出的分析，都基于理论上大体属于同一习得水平的中介语表现差异，而不是对语言项目习得的发展过程的研究。然而，基于当下理论

---

① 冯胜利、施春宏《论汉语教学中的"三一语法"》，《语言科学》2011年第5期。
② 施春宏《句式分析中的构式观及相关理论问题》，《汉语学报》2013年第2期。

语言学对"动态"研究的认识,所谓的动态研究,实际上可以从两个角度来考察,一是从语言现象的历时发展过程(包括自然语言发展过程和个体语言发展过程)着眼,这是基于本体论的动态分析;二是从语言现象的共时差异(包括自然语言的共时变异和个体语言系统中的共时变异)着眼,这是基于方法论的动态分析。前者是就纵向现象说明纵向问题,如历时语法化研究;后者是从横向现象说明纵向问题,如共时语法化研究。本节对构式意识形成过程的分析正类似于共时语法化的研究观念和方法,在共时现象的层级区分中探讨语言习得的发展过程。这种习得过程的共时化考察在语言项目的习得等级分析中已经得到了比较充分的研究,但在理论上的分析和总结,目前尚未充分展开。本节试图借此做出新的探讨。

附表一

HSK 动态作文语料库中出现的准二价动词(共 266 个,其中出现误例的词项用下划线标出,共 78 个)

[1] 协同动词(共 171 个,其中出现误例的词项 50 个)

拜堂　比赛　辩论　并存　并肩　并列　并排　并行　并重
搏斗　不合　不配　吵　吵架　吵嘴　成婚　成亲　冲突
重逢　重复　搭配　打赌　打架　打交道　打牌　打仗
抵触　对话　对换　对抗　对立　对应　恶斗　反目　分别
分工　分家　分居　分开　分离　分手　隔绝　共处　共存
共居　共生　共事　挂钩　关联　合不来　合得来　合伙
合谋　合拍　合影　合资　合作　互补　互惠　互利　互助

第四节　汉语准价动词的二语习得表现及其内在机制

会面　会师　会谈　混合　激战　建交　<u>见面</u>　交涉　<u>交谈</u>
<u>交往</u>　交心　<u>交战</u>　交织　较量　<u>接触</u>　接轨　接吻　结伴
结仇　<u>结婚</u>　竞赛　竞争　聚会　绝交　开战　口角　来往
<u>类似</u>　<u>离婚</u>　<u>恋爱</u>　<u>聊天</u>　轮班　攀谈　配对　<u>碰面</u>　碰头
匹配　媲美　拼命　破裂　齐名　齐心　契合　<u>倾谈</u>　热恋
赛车　赛跑　深谈　<u>谈得来</u>　<u>谈话</u>　谈天　<u>谈心</u>　<u>跳舞</u>
<u>通话</u>　通信　同班　同步　同房　同居　同岁　同心　团聚
团圆　往来　为伍　<u>吻合</u>　握手　<u>无关</u>　无缘　下棋　<u>相爱</u>
<u>相比</u>　相差　<u>相称</u>　相持　<u>相处</u>　<u>相反</u>　<u>相关</u>　<u>相见</u>　<u>相近</u>
<u>相配</u>　相亲　<u>相识</u>　<u>相似</u>　<u>相通</u>　<u>相同</u>　<u>相遇</u>　协力　协调
协作　偕老　<u>携手</u>　叙旧　要好　拥抱　有别　<u>有关</u>　有缘
约会　战斗　<u>争辩</u>　<u>争吵</u>　争持　争斗　<u>争论</u>　争执　做伴
作战　座谈　做爱

［２］针对动词（共 86 个，其中出现误例的词项 27 个）

拜年　<u>帮忙</u>　保密　报复　<u>报名</u>　报喜　<u>辩护</u>　<u>辩解</u>　表演
补课　<u>操心</u>　冲刺　<u>辞职</u>　<u>搭话</u>　<u>打气</u>　<u>打招呼</u>　<u>打针</u>
导游　道别　<u>道歉</u>　道谢　<u>点头</u>　<u>顶嘴</u>　<u>对抗</u>　<u>发火</u>
<u>发脾气</u>　翻脸　<u>服务</u>　告辞　告状　挂钩　怪罪　过敏
加油　解忧　进军　敬酒　敬礼　鞠躬　<u>捐款</u>　开枪　开战
看齐　靠拢　<u>宽容</u>　怄气　<u>请假</u>　<u>求爱</u>　<u>求婚</u>　<u>求情</u>　<u>求助</u>
<u>屈服</u>　认错　撒娇　生气　示范　示威　<u>受制</u>　授权　说媒
送行　诉苦　摊牌　讨教　提问　挑战　投降　问安　<u>问好</u>
问候　无益　<u>效劳</u>　效力　效忠　宣战　永别　<u>有益</u>　有意
<u>有助</u>　招手　<u>争光</u>　致敬　致谢　祝福　作保　<u>作对</u>

［３］其他（共 9 个，其中出现误例的词项 1 个；正文分析

中并入针对动词)

矗立 带队 毒打 告终 蔓延 <u>陶醉</u> 执笔 致辞 自居

附表二

HSK 动态作文语料库中出现的准三价动词（共 40 个，其中出现误例的词项用下划线标出，共 15 个）

<u>表白</u> <u>表示</u> 带 当 <u>当作</u> 订购 <u>分隔</u> 互惠 互通
交涉 接洽 解释 <u>介绍</u> 看待 夸耀 联络 <u>留</u> 埋葬
洽谈 倾诉 请求 <u>商量</u> 商谈 商讨 商议 捎 诉说
谈 谈论 坦白 <u>讨论</u> 提名 透露 吐露 <u>推荐</u> 相约
协商 写 征求 作为

第七章

习得顺序研究

第一节 日本学生汉语元音习得的实验研究[①]

在中介语语音习得领域,母语语音对第二语言语音习得的影响一直是研究重点。对比分析曾是第二语言语音习得中偏误研究的主要途径,它通过对比两种语言结构的异同来预测第二语言语音习得中的难点和容易产生的错误。[②] 母语迁移理论正是基于这一方法建立的一种学习模型。但从20世纪60年代开始,由于受乔姆斯基普遍语法观点的影响,许多语言学家对对比分析假说和语言迁移理论纷纷提出异议,指出并非所有的难点和错误都可以从母语的负迁移中找到答案。Eckman开创性的工作表明,除了母语迁移,语言发展的普遍语法,例如无标记的先获得,有标记的后获得,也是控制中介语系统形成的因素之一。[③] 而继Lado之后,以Flege为首的一批学者又开始强调母语语音在第二语言语音的习得中的重要影响,提出了新的关于母语语音迁移的理论,即"新的音素比相似的音素更容易习得"的假说,对传统的对比

[①] 本节作者:温宝莹,原载《语言教学与研究》2008年第4期。
[②] Lado, R. *Linguistics across Cultures*. University of Michigan Press, 1957.
[③] Eckman, F. R. Markedness and the Contrastive Analysis Hypothesis. *Language Learning*, 1997(27).

分析法进行了修正。[1]因此，目前国际上在第二语言语音习得领域，母语的迁移因素和普遍语法因素的交替作用就一直是一个热门的话题。

本节选取了三十名母语背景为日语的汉语学习者，根据学习时间的长短，将其分为基础、中级、高级三个组，对学习者的七个汉语单元音 /a/、/i/、/u/、/y/、/ə/、/ɣ/、/ɿ/ 的习得进行考察，以期发现日本学习者习得汉语元音的特点，从而对迁移理论和普遍语法理论进行检验。

一 日本学生习得汉语元音

（一）日语和汉语的单元音比较

一般认为，普通话有十个单元音，但并不是一种语言或方言中所出现的元音都能进入元音系统，从音系学观点来看，汉语的语音形式可以分为单字音、派生音、边际音三种。[2] 单字音是本源性的，是分析语音系统的基础，可以称之为基础元音。[3] 每种语言中都存在着基础元音，基础元音反映了元音的基本特性。本节所讨论的就是日本学生对汉语基础元音的习得。

汉语普通话的基础元音有 /a/、/i/、/u/、/y/、/ə/、/ɣ/、/ɿ/ 七个，[4] 其中 /i/、/u/、/y/ 为高元音，/ə/ 为中元音，/a/ 为低元音，/ɣ/、/ɿ/

---

[1] Flege, J. E. The Production of "New" and "Similar" Phones in a Foreign Language: Evidence for the Effect of Equivalence Classification. *Journal of Phonetics*, 1987(15).
[2] 王洪君《汉语非线性音系学》，北京大学出版社1999年版。
[3] 石锋《北京话的元音格局》，《南开语言学刊》2002年第1期。
[4] 同上。

为舌尖元音。

日语的基础元音很简单，只有五个：/a/、/i/、/u/、/e/、/o/。

两个舌尖元音 /ɿ/、/ʅ/ 是汉语所独有的，对日本学生而言，属于新元音。另外，日语中没有和 /i/ 相对应的圆唇元音 /y/，也不存在中元音 /ə/，因此，前高圆唇元音 /y/ 和中元音 /ə/ 对日本学生来说也是新元音。也有人把 /y/ 和 /ə/ 看作新元音。[①] 日语中 /a/、/i/、/u/ 三个元音与汉语中的 /a/、/i/、/u/ 则属于相似元音。但是，同是相似元音，它们与汉语对应元音相似度的大小也不尽相同，为了进一步确定日汉元音之间的相似关系，我们进一步从声学参数、声学空间两个方面对日语和汉语的元音进行了比较，得出了汉日元音的相似等级，如表 7-1。

表 7-1 汉日元音相似等级表

汉语	日语	F_1、F_2 差异（汉语比日语）	声学上的相似度
i	i	F_1 低、F_2 基本一致	相似
u	u	F_1 低，F_2 低	相似
a	a	F_1、F_2 基本一致	非常相似
ə	—		相异
y	—		相异
ɿ	—		相异
ʅ	—		相异

---

① 朱川《汉日语音对比实验研究》，《语言教学与研究》1981 年第 2 期；郭春贵《论对初级班日本学生的汉语教学法》，《世界汉语教学》1987 年第 1 期；王彦承《汉日语音对比与对日汉语语音教学》，《汉语学习》1990 年第 6 期；杜君燕《对日本学生进行汉语语音教学的几个问题》，《第四届国际汉语教学讨论会论文选》，北京语言学院出版社 1995 年版；邓丹《日本学习者对汉语普通话舌面单元音的习得》，北京语言文化大学 2003 年硕士学位论文。

（二）实验说明

1. 实验对象

参加本实验的发音人为三十名日本人，她们是南开大学汉语言文化学院的留学生，均为女性，母语为日语，平均年龄19.7岁。根据学习汉语时间的长短，分为三组，每组十人。第一组为基础组，学习汉语一年左右，第二组为中级组，学习汉语两年左右，第三组为高级组，学习汉语三年以上。作为对照组，还有十名中国人，来自北京，均为女性，平均年龄为25.6岁。

2. 实验材料

我们为三组日本学生和汉语母语者设计的汉语词表为含有汉语元音的七个音节，均以汉字的形式呈现给发音人。如表7–2。

表 7–2 汉语发音词表

元音	i	y	u	a	ə	ɿ	ʅ
发音词	衣	鱼	屋	阿	哥	资	知

每个同学按正常语速朗读词表三遍，使用南开大学开发的电脑语音分析系统"桌上语音工作室"（Mini-Speech-Lab）、Excel和SPSS10.0软件进行实验录音、测算和统计制图。

3. 数据的处理

我们利用统计分析对日本学生和汉语母语者所发的汉语元音进行比较。对于元音第一共振峰（F_1）和第二共振峰（F_2）的统计分析采用被试分析，由于每个元音都有若干个项目，因此，实际用于统计的是每位发音人所发的每个元音的第一共振峰和第二共振峰的均值，计算过程如下：

$$MF_1 = \sum_{i=1}^{n} F_1/n \quad (n \text{ 指每个元音的项目数})$$

$$MF_2 = \sum_{i=1}^{n} F_2/n \quad (\text{n 指每个元音的项目数})$$

4. 实验任务

由于个人生理上的差异，不同的发音人发同一个音时的声学特征会有所不同，同样地，同一个发音人几次发音的特征也会有所变化。因此，汉语母语者发音时的任务是双重的：一，使他们发出的语音与其他汉语母语者的发音在（声学上）听觉上保持一致；二，始终如一地坚持做到使发音不发生偏离。因此，对于外国人学习汉语语音，我们也需要从两方面来评价他们的发音水平：语音的准确度（accuracy）和语音的集中度（precision）。语音的准确度是指学习者发音与汉语标准发音的接近程度；而语音的集中度是指学习者在发同一汉语语音时的一组发音之间自身的接近程度。语音的准确度和集中度之间的关系也可以看作是行为能力（performance ability）和行为可变性（performance variability）之间的关系。学习者对这二者的掌握可以避免语音发音上的模糊性。本实验将从元音的准确度和集中度两方面对日本学习者所发的元音和汉语母语者进行比较，同时对不同等级的学习者的发音进行组间比较，以此来考察学习者的发音在不同发展阶段的差异以及语音习得的发展状况。

（三）日本学习者习得汉语元音

1. 日本学习者习得汉语元音的准确性分析

（1）准确性的测量方法。我们通过单因素 ANOVA 分析对基础、中级、高级组学习者元音发音准确性进行分析。

（2）日本学习者汉语元音发音准确性的发展。我们在表 7-3

中对比了三组不同等级的日本学习者的元音发音和汉语母语者的差异。表中"+"代表学习者与母语者不存在差异,"-"代表存在差异。

表 7-3 基础组、中级组和高级组日本学习者汉语元音发音准确性的比较

元音	基础组		中级组		高级组	
	F_1	F_2	F_1	F_2	F_1	F_2
i	-	+	-	+	+	+
u	-	-	+	-	+	-
a	+	+	+	+	+	+
ə	+	-	+	-	+	-
y	-	+	+	+	+	+
ɿ	-	-	-	+	+	+
ʅ	-	-	-	-	+	+

从上表中我们可以清楚地看出日本学习者对汉语七个元音在准确度上的习得进程。我们可以把七个元音的习得分为三种类型。

第一种,在学习的最初阶段就完成了习得。包括 /a/ 元音。/a/ 元音的发音在学习的初级阶段就和汉语母语者大体一致,并且这种一致性一直维持到学习的中、高级阶段。

第二种,学习时间的延长并没有使元音的发音发生明显改善。包括元音 /u/ 和 /ə/。其中,基础组的学习者的 /ə/ 元音的发音和汉语母语者的发音在舌位的前后上存在差异,/u/ 元音的发音则在舌位的高低前后上都存在差异,到了学习的中、高级阶段,/ə/ 元音的发音和汉语母语者在舌位的前后上仍然存在差异,/u/ 的发音在舌位的前后上还存在差异,改善并不明显。

当然，和汉语母语者的发音不完全一致也并不意味着学习者的发音完全没有改善，我们发现，学习者的 /u/、/ə/ 元音发音虽然最终和汉语母语者的发音在舌位的前后上还存在一定差异，但从学习的基础阶段到中级阶段，再到高级阶段还是一个不断向前发展和改善的过程。值得注意的是，改善的速度在不同的学习阶段有所不同：从学习的基础阶段到中级阶段改善的速度较快，而从中级阶段到高级阶段则明显趋缓甚至停滞。我们认为，在学习的初、中级阶段，学生的元音范畴还未建立，处于机械的模仿阶段，在该阶段，老师会比较注意学生的发音，在老师的指导下，学习者发音相对较好，但实际上并未真正建立起正确的语音范畴，到了学习的高级阶段，没有了老师的强调和督促，学生又开始按自己对该元音的理解发音，将其纳入母语的元音范畴。

第三种，学习时间的延长使元音的发音发生明显改善。包括元音 /i/、/y/、/ɿ/、/ʅ/。元音 /y/ 的改善最为明显，是学习者通过学习时间的延长最早习得的元音，在学习的中级阶段就和母语者达到完全的一致。元音 /i/、/ɿ/、/ʅ/ 则是在高级阶段和母语者达到了完全一致。

综上所述，随着学习时间的延长和语言经验的增加，日本学习者汉语元音的发音都有所提高，但是，不同的元音提高的速度是不一样的，学习者对于某些元音习得比较快，而对于某些元音则习得比较慢。我们根据习得的快慢，将汉语的七个元音分为四个等级：第一级，/a/ 元音，学习者在学习的初级阶段就完成了习得；第二级，/y/ 元音，学习者在学习的中级阶段完成了习得；第三级，元音 /i/、/ɿ/、/ʅ/，学习者在学习的高级阶段完成了习得；第四级，元音 /u/、/ə/，学习者到学习的高级阶段仍然未完成习得。

2. 日本学习者习得汉语元音的集中性分析

（1）集中性的测量方法。我们对汉语母语者和基础组、中级组以及高级组的日本学习者所发的汉语元音的集中度进行比较。我们分别求出了汉语母语者、基础组、中级组和高级组各组内每个元音第一共振峰和第二共振峰的最大值、最小值和标准差。为了方便比较和说明，又分别求出了每个元音第一共振峰和第二共振峰的组内最大值和最小值的差，再求出学习者的差除以汉语母语者的差的商，公式计算如下：

$$\frac{F_1（F_2）学习者最大值 - F_1（F_2）学习者最小值}{F_1（F_2）母语者最大值 - F_1（F_2）母语者最小值}$$

其结果表明了学习者所发的某元音在 F_1 维度上或 F_2 维度上的离散程度和汉语母语者所发的该元音的离散程度的倍数关系。最后，我们将 F_1 维度上的比值和 F_2 维度上的比值相乘，公式如下：

$$\frac{F_1学习者最大值 - F_1学习者最小值}{F_1母语者最大值 - F_1母语者最小值} \times \frac{F_2学习者最大值 - F_2学习者最小值}{F_2母语者最大值 - F_2母语者最小值}$$

其结果表明了学习者所发的某元音和汉语母语者所发的该元音的离散程度的倍数关系。学习者发音和汉语母语者发音的集中度越接近，这个比值就越接近 1；学习者发音和汉语母语者发音差异越大，这个比值越大（>1）或越小（<1），通常的情况下，这个比值都是大于 1 的，因为学习者发音通常会比汉语母语者发音的离散程度大，个别会有小于 1 的情况出现。

（2）日本学习者汉语元音发音集中性的发展。基础组、中级组和高级组学习者各元音发音在 F_1 维度、F_2 维度以及综合的集中度和汉语母语者的比值如表 7-4。

表 7-4 日本学习者汉语元音发音的集中度

元音	基础组			中级组			高级组		
	F_1维度离散度比	F_2维度离散度比	离散度比	F_1维度离散度比	F_2维度离散度比	离散度比	F_1维度离散度比	F_2维度离散度比	离散度比
i	2.16	1.19	2.56	2.1	0.79	1.66	0.53	1.00	0.53
u	1.89	3.94	7.44	1.99	3.16	6.28	1.89	3.22	6.09
a	0.84	1.21	1.01	0.75	1.36	1.02	0.54	0.63	0.34
ə	0.71	1.25	0.89	0.46	1.42	0.66	0.86	0.91	0.78
y	2.94	2.09	6.13	3.20	1.38	4.43	1.66	1.17	1.93
ɿ	1.20	1.10	1.32	1.38	0.83	1.15	0.88	0.93	0.82
ʅ	1.14	1.21	1.38	0.84	2.03	1.71	1.02	1.16	1.19

首先，我们结合发音的准确度对基础组学习者发音的集中度进行分析。

在对基础组学习者发音准确度的评判中，/a/ 元音和汉语母语者基本达到一致，/a/ 元音的离散度也比较小，仅是汉语母语者的 1.01 倍，说明学习者该元音的发音已经相当稳定，可以说已经习得了该元音。基础组学习者其他几个汉语元音的发音，在准确度和集中度上都未与汉语母语者达到一致。其次，我们从不同的维度对基础组学习者发音的集中度进行分析。

从单维度上的离散程度来看，基础组学习者 F_1 维度上的集中性普遍优于 F_2 维度上的集中性，这说明学习者的发音在舌位的高低上的稳定性比舌位前后上相对好一些。学习者发音离散度最大的 /u/ 元音和 /y/ 元音，F_2 维度上的离散度分别是汉语母语者发音的 3.94 和 2.09 倍，可见，这两个元音发音的离散度较大的原因主要是学习者在 $F2$ 维度上发音不稳定。

另外，值得一提的是，学习者所发的 /ə/ 在 F_1 维度上的集中性很好，在学习的初级阶段学习者发音的集中度就已经很高，是汉语母语者发音的 0.89 倍，在中、高级阶段也保持着很高的集中度。但是，集中度高并不意味着发音就好，因为我们在对汉语基础元音格局的分析中指出，中元音 /ə/ 具有纵向游移性，在 F_1 维度的离散度应该是很大的。因此，学习者所发的 /ə/ 元音集中度高正是说明他们的发音缺乏游移性。①

在对中级组学习者发音准确度的评判中，除了在学习的初级阶段就和汉语母语者达到一致的 /a/ 元音以外，学习者 /y/ 元音的发音也和汉语母语者达到了一致，对 /y/ 元音发音的集中度的考察表明，学习者发该元音的离散度比还比较大，是汉语母语者的 4.43 倍，说明学习者该元音的发音虽然和汉语母语者大体一致，但发音还不是很稳定，因此还不能说学习者完全习得了该元音。

元音 /i/、/ə/、/ɿ/、/ʅ/，虽然学习者发音的集中度都比较高，分别是母语者的 1.66 倍、0.66 倍、1.15 倍和 1.71 倍，但是这几个元音在准确度上都未与母语者达到一致。

元音 /u/，学习者发音的离散度仍然很大，是母语者的 6.28 倍，在准确度上也没有和母语者达到一致。

学习者在初级阶段习得的 /a/ 元音，在学习的中级阶段仍然

---

① 石锋、温宝莹《中、日学生元音发音中的母语迁移现象》，《南开语言学刊》2004 年第 2 期。

保持着比较高的集中度，是汉语母语者的 1.02 倍，说明学习者这个元音的发音已经很稳定。

在对高级组学习者发音准确度的评判中，除了在学习的初级阶段和中级阶段就和汉语母语者达到一致的 /y/ 元音和 /a/ 元音之外，学习者又有三个元音的发音也和汉语母语者达到了一致，即元音 /i/、/ɿ/、/ʅ/。对这三个元音发音的集中度的考察表明，学习者元音 /i/、/ɿ/、/ʅ/ 发音的集中度比较高，分别是汉语母语者的 0.53 倍、0.82 倍和 1.19 倍，说明学习者已经完全习得了这三个元音。另外，在学习的中级阶段，学习者 /y/ 元音发音的离散度比较大，而到了高级阶段，学习者该元音发音的集中度急剧提高，是汉语母语者的 1.93 倍，因此我们说，学习者在高级阶段也基本完成了对 /y/ 元音的习得。学习者在基础、中级阶段习得的 /a/ 元音，在学习的高级阶段仍然保持着比较高的集中度，是汉语母语的 0.34 倍，说明学习者这个元音的发音已经很稳定。至此，学习者一共完成了五个元音的习得，即元音 /a/、/y/、/i/、/ɿ/、/ʅ/。

我们结合学习者发音的准确度和集中度两项标准排出日本学习者习得汉语元音的顺序。

对于非常相似的 /a/ 元音，学习者无论是在准确度方面还是集中度方面都是最先与汉语母语者达到一致的，这说明学习者最先真正习得了元音 /a/；对于新元音 /y/，学习者到了学习的中级阶段在准确度上与汉语母语者达到一致，到了高级阶段在准确度和集中度上都与汉语母语者达到一致，说明学习者在学习的高级阶段完成了对该元音的习得；对于相似元音 /i/，学习者到了学习的高级阶段在准确度和集中度上都与汉语母语者达到一致，说明学习者在学习的高级阶段完成了对该元音的习得。对于新元音 /ɿ/、/ʅ/，学习者发音的集中度一直比较高，到了学习的高级阶段，学习者发音的准确度也与汉语母语者达到一致，说明学习者在学习的高级阶段完成了对这两个元音的习得；而对于相似元音 /u/，直到学习的高级阶段，学习者发音无论在准确度还是集中度上都未与汉语母语者达到一致，对于新元音 /ə/，虽然学习者发音的集中度一直比较高，但是到了学习的高级阶段，发音的准确度还未与汉语母语者达到一致，说明学习者这两个元音的发音也还在发展中。

日本学习者习得汉语基础元音的顺序如下：/a/ 先于 /y/、/i/、/ɿ/、/ʅ/ 先于 /u/、/ə/。

二 讨论与结论

我们的实验结果不支持对比分析假说，修正了标记性假说和新迁移假说。

按照对比分析中 Stockwell & Bowen 对外语语音学习的困难度的分析，日本学习者应先习得 /i/、/u/、/a/，其次习得 /y/、/ə/，最后习得 /ɿ/、/ʅ/，因为在困难度的排列中，/i/、/u/、/a/ 属于七级难度，/y/、/ə/ 属于二级难度，/ɿ/、/ʅ/ 属于一级难度，这和我们的实验结果不相符。[1]

按照 Eckman 的标记性假说，学习者先习得的应该是 /i/、/u/、

---

[1] Saporta, S. & Stockwell, R. P. & Bowen, J. D. *The Sounds of English and Spanish*. University of Chicago Press, 1965.

/a/，然后习得的应该是 /y/、/ə/，最后是 /ɿ/、/ʅ/。[①] 因为从标记性的角度来看，汉语的七个基础元音中，/i/、/u/、/a/ 普遍存在于世界语言中，标记性比较弱，应该先习得；/y/、/ə/ 在世界其他语言中出现的频率比较低，标记性比较强，应该稍后习得；/ɿ/、/ʅ/ 在其他语言中更为少见，标记性非常强，应该最后习得。

按照 Flege "语音学习模型" (Speech Learning Modal)，日本学习者先习得的应该是 /y/、/ɿ/、/ʅ/、/ə/，然后习得的是 /u/、/i/（/a/ 是通过母语的正迁移直接习得，这里暂不讨论）。因为对于日本学习者而言，/y/、/ɿ/、/ʅ/、/ə/ 是新元音，/u/、/i/ 是相似元音。SLM 认为新元音比相似元音容易习得。

我们得到的日本学习者的习得顺序是 /y/、/i/、/ɿ/、/ʅ/ 先于 /u/、/ə/，这和 SLM 的推测基本是一致的。只有两个元音存在差异，/ə/ 元音和 /i/ 元音。按照 SLM 推测，新元音 /ə/ 的习得应该先于相似元音 /i/，可是我们的结果却是相反的，相似元音 /i/ 的习得先于新元音 /ə/。

为什么会出现元音 /i/ 和 /ə/ 习得顺序颠倒这一现象呢？我们认为 Flege "语音学习模型"提出的"新元音比相似元音容易习得"这个假说存在局限性，我们可以从三个方面来说明。

首先，新元音的习得并不一定都是先于相似元音，而是前者习得的速度快于后者。

其次，在习得的过程中，除了学习者母语和第二语言语音的相似性对学习者元音的习得顺序起到决定性作用以外，元音内在

[①] Eckman, F. R. Markedness and the Contrastive Analysis Hypothesis. *Language Learning*, 1997(27).

的标记性也会制约元音的习得速度，同是新元音，标记性弱的元音会比标记性强的元音习得的速度快。我们在对日本学生的考察中发现，学习者的 /y/ 元音在学习的中级阶段在准确度上和汉语母语者就达到了一致；元音 /ɿ/、/ʅ/ 在学习的高级阶段达到一致。和 /ɿ/、/ʅ/ 相比较，元音 /y/ 标记性要弱，因为舌尖元音在世界其他语言中极少出现，属于标记性很强的元音。

最后，元音的强标记性会严重阻碍该元音的习得，甚至会使新元音的习得最终晚于相似元音。汉语元音 /ə/ 的实际音值大致为 /ɣ/，在世界语言中出现也比较少，因而标记性比较强，而且在汉语中，该元音的发音具有游移性，更增强了它的标记性，因此学习者学习起来会比较困难，习得比较晚。

因此，我们认为，在第二语言的语音习得中，普遍语法和母语迁移同时起作用，但是普遍语法的决定性作用让位于母语迁移作用，第二语言语音习得的速度与学习者母语和第二语言语音的相似性密切相关，普遍语法则位居其次，只是促进或阻碍学习者的习得进程，不能决定学习者的习得顺序。在此基础上，我们对新迁移假说和标记性假说做出如下修改：决定第二语言元音习得顺序的主要因素是学习者母语元音和目标语元音的相似性，新元音习得的速度快于相似元音。元音内在的标记性在习得过程中不起决定性作用，只有新元音的习得情况受到标记性强弱程度的制约，标记性弱的新元音比标记性强的新元音习得的速度快。但是，元音的强标记性会严重阻碍元音的习得，甚至会使新元音的习得最终晚于相似元音。

第二节 两种"得"字补语句的习得考察[①]

本节主要考察第二语言（汉语）学习者对以下两种状态补语句的习得情况：

A．他打篮球打得很好。N_1+V+O+V+ 得 +C（重动 V 得句，简称"重动句"或 A 式）

B．他篮球打得很好。N_1+O+V+ 得 +C（前受事 V 得句，简称"前受事句"或 B 式）

本节想通过调查了解的是，第二语言（汉语）学习者对这两种句式的习得顺序是什么？影响学习者习得顺序的因素有哪些？这些因素如何起作用？暂不考察可能补语句，"把"字句和程度补语句的情况。

单从结构看，重动句多出一个动词，比前受事句复杂。从汉外对比看，韩语、日语、印尼语、越南语都没有类似汉语的重动句；韩语、日语是 SOV 型，跟汉语前受事句顺序相似；印尼语、越南语是 SVO 型，动宾顺序跟汉语重动句接近。就结构、汉外对比看，似乎可以得出结论：对韩、日母语者来说，前受事句更容易习得；对印尼语、越南语母语者来说，两种句式同样不容易习得。情况是否真的如此呢？上述母语者在习得这两种句式时是否表现出一致的取向？除了母语因素外，还有没有其他因素在起作用？

我们考察了中山大学留学生中介语语料库，并做了三次语法

---

① 本节作者：周小兵、邓小宁，原载《汉语学习》2009 年第 2 期。

测试，探讨不同母语者学习重动句（A式）和前受事句（B式）的规律和制约因素。考察对象为日本、韩国（以下简称"日韩"）学生和印尼、越南（以下称"非日韩"）学生的习得情况。等级包括：初级二（全日制第二学期），中级一（第三学期），中级二（第四学期），高级一（第五学期）。

一 对自然语料的考察

自然语料来源于留学生作文及平时的作业等，共约100万字，本族人自然语料主要来自北京大学汉语语言学研究中心语料库，还有部分网上语料。我们把其中标识清晰的日韩、非日韩学习者的近80万字的语料中的A、B句式提取出来，分别统计出其使用率与正确率，并与本族人1000万字的语料对照，统计结果见表7-5：

表7-5 自然语料中本族人与非本族人两种句式使用频率和正确率

组别	总字数（万）	每万字使用句数及频率（%）		正确句数/正确率（%）	
		A式	B式	A式	B式
日韩	41.2	48/1.17	12/0.29	39/81.3	11/91.7
非日韩	39.6	20/0.5	0/0	12/60	0
合计	80.8	68/0.84	12/0.15	51/75	11/91.7
本族人	1000	106/0.11	94/0.09	106/100	94/100

（一）总体使用频率及正确率

先看二语者和本族人的对比。二语者A式和B式每万字使用频率都比本族人高很多。由此可以推测，二语者一部分V得句可能是滥用。请看以下例句：

第二节 两种"得"字补语句的习得考察

(1)＊现在回想起来,那时爸爸让我停止哭泣让得很焦燥,一瞬间想出了故事。

(2)＊我买了车票,是下午一点十分出发的。可是我看错看得下午一点三十分。

(3)＊如果看电视看得太近,大家很快就近视。

例(1)的"让"表示使役,不能做"得"字句谓语动词。例(2)动词后边出现的是结果补语,应改为"看成下午一点三十分"。例(3)的"近"不是因"看"这个动作行为引发的结果状态,不能做"看"的状态补语。以上几例都是由于学习者不了解重动句的句法语义条件,滥用了重动句。

以上偏误是句内偏误,我们称为显性偏误[①],前受事句语料中没有发现显性偏误。再看下面的例句:

(4)＊我的父亲喜欢汽车。休假的时候,他洗汽车洗得很干净。……我的母亲也喜欢汽车,她开车开得特别好。……我会开车,可是她比我开得好。……我对音乐有兴趣。在宿舍里的时候,<u>我听音乐听得多</u>。

例(4)从单句看没有语病,但从语篇来看则不够连贯。"我听音乐听得多"似乎隐含"在别的地方听音乐听得不多,或者在宿舍做别的事情就不多"的意思。这是隐性偏误[②]。如果做以下修改就会顺畅一些:

(4′)我的父亲喜欢汽车。休假的时候,他洗汽车洗得

---

① 周小兵、朱其智、邓小宁等《外国人学汉语语法偏误研究》,北京语言大学出版社 2007 年版。
② 同上。

很干净。……我的母亲也喜欢汽车。她开车开得特别好。……我会开车,可是没有她开得好。……我对音乐有兴趣。在宿舍的时候,<u>我常常听音乐</u>。

修改后的例(4′)没有那么多重动句和前受事句,比原句自然一些了。类似这些语篇,学习者很少有机会得到系统训练。因为语篇语法太复杂,规则难概括,本体研究成果不多,教科书大多未解释。因此二语者即使单句语法学得很好,到了语篇中还是会出现使用频率差异。

二语者滥用重动句的原因还有:在课堂上得到大量的重动句操练;掌握的其他句式有限。而前受事句使用频率高与二语母语(日语、韩语)迁移有关。同时两种句式的使用频率和正确率都是日韩学习者比非日韩学习者高。因为日韩学生有汉字背景,在完成跟汉字密切相关的书面语作业中明显占优势。

(二)两种句式的使用情况

先看二语者和本族人的对比。从表 7-5 可知,一语者 A 式出现频率比 B 式稍高一些但不显著;而二语者 A 式出现频率远远高于 B 式。这跟汉语句式典型顺序(SVO)的作用相关。另外,前受事句二语者使用率虽然较本族语者高,但句式中动词使用范围很窄。10 句前受事句中共使用了 7 个动词,其中有 4 句的动词是"过",受事是"生活"。另外 6 句的动词分别是:说、讲、打、学习、准备、弹。例如:

(5)我生活过得还不错。

(6)最近你英语学习得怎么样?

据国家汉办(2002)的《高等学校外国留学生汉语教学大纲(长

期进修）》（以下称"大纲"）所定的等级，以上动词除了"弹"属于中级词外，其余都属于初级最常用词，本族语者使用的动词范围则较宽。① 我们从本族语语料中抽取了余华和刘心武的小说，因为他们小说中的前受事句正好也是10句，与二语者等量。结果发现，动词用了9个，其中只有一个"瞪"使用了两次，其他动词各一次，分别是"扭""写""用""吃""织""练""梳""睁"。例如：

(7) 因为下面的泥地凹凸不平，她走过去时臀部扭得有些夸张。（余华《现实一种》）

在句式的使用率上，两组不同背景的二语学习者，A式每万字产出比率都比B式高得多。这跟目的语典型顺序的作用有关。非日韩组没有主动产出B式，因为其母语无此句式。

由前面表7-5可知，前受事句比重动句正确率高。因为前受事句只需把受事放在前边，结构不复杂。语料中仅发现1例错误受事前置句。结果与我们的预测不符，而重动句正确率低的原因，跟该句式学习难度大有关。学习者有的不知道是否需要重复动词，如例(8)；还有的不知道何处重复，如例(9)：

(8) *从那时候，他们三个和尚生活生得和睦。

(9) *我昨天睡觉得睡很早。

从分组情况看，日韩组B式正确率比A式高。这跟母语迁移有关。而非日韩组B式产出率为零，无从统计正确率。

---

① 国家对外汉语教学领导小组办公室《高等学校外国留学生汉语教学大纲（长期进修）》，北京语言文化大学出版社2002年版。

二 语法测试与相关分析

自然语料中未发现非日韩学习者的前受事句，为考察这些学习者对该句式的习得及日韩学习者为何重动句使用率大大高于前受事句，我们进行了 3 次语法测试。

（一）测试概况

3 次语法测试，共 789 人次。日韩被试 529 人次，非日韩被试 260 人次。除中山大学留学生 669 人次外，还包括 40 名（120 人次）日本东京外国语大学和京都外国语大学中文系的学生。从中得到重动句 268 句，受事前置 V 得句 152 句。在本族人中也做了同样的测试，被试 118 人次，都是本科以上学历的文科学生，从中得到重动句 19 个，前受事句 37 个。

（二）测试内容[①]

测试题一是给出两个单句，让被试改写成一个单句，中间不能有逗号，且要求保留原义：

测试题一：马力会说汉语。他的汉语很流利。

改写句可用重动句、前受事句，或其他句子。目的是观察学习者在自由情况下对句式的选用。

测试题二和三是造句，让被试用所给的词语造出一个意思完整的单句，中间不能有逗号：

测试题二：小王 篮球 棒 →

测试题三：玛丽 文章 朗读 极了 →

---

① 测试一有 8 句，测试二有 10 句，测试三有 14 句。因篇幅有限，我们主要把与本节有关的测试句列举并统计出来。但必要时会以其他测试句的数据作为佐证。

测试题三受事"文章"放在动词"朗读"前,诱导被试使用前受事句;测试题二无此诱因。

测试题四是完形填空题,题目要求被试按照给出的词语顺序完成对话:

  测试题四:A:阿里,你_____(汉字 写 漂亮)!
      B:谢谢!

跟测试题三相比,测试题四诱导被试使用前受事句的意图更为明显。

(三)不同语种测试者的不同情况

为均衡测试语料,使统计更科学,我们从每次测试样本中随机抽取不同学时等级的日韩、非日韩二语被试以及本族被试的样本各30个,即4个测试题每组被试各120人次,把使用率、正确率统计出来,绘成表7-6:

表7-6　测试中本族人与非本族人两种句式使用率与正确率

组别	测试题	使用句数与频率(%)		正确句数与正确率(%)	
		A式	B式	A式	B式
日韩	一	18/60	2/7	12/67	2/100
	二	19/63	1/3	17/89	1/100
	三	3/10	4/13	2/67	4/100
	四	7/23	18/60	5/71	15/83
	总计	47/39	25/21	36/77	22/88
非日韩	一	10/33	2/7	6/60	1/50
	二	14/47	0/0	13/93	0/0
	三	2/7	0/0	0/0	0/0
	四	5/17	6/20	5/100	5/83
	总计	31/26	8/7	24/77	6/75

(续表)

组别	测试题	使用句数与频率（%）		正确句数与正确率（%）	
		A式	B式	A式	B式
本族人	一	12/40	3/10	12/100	3/100
	二	6/20	11/37	6/100	11/100
	三	1/3	3/10	1/100	3/100
	四	0/0	17/57	0/0	17/100
	总计	19/16	34/29	19/100	34/100

由于同一道测试题可以有不同的句式选择，测试难以控制成唯一答案，被试除了可选择重动句和前受事句以外，还可以选择别的句式（表7-6统计数据中不含其他句式的使用率和正确率，仅统计A、B两种句式）。比如测试题一和测试题二还可以选择主谓谓语句等其他句式，即：

C. 马力说汉语很流利。/小王打篮球很棒。N+V+O+A（以下称为C式）。

测试题三本族被试的答案除了A、B两式外，还有多种做法如："玛丽把文章朗读得好极了"/"玛丽的文章朗读得棒极了"/"玛丽朗读文章好极了"。因此，测试题三本族被试A、B两种句式的使用率都很低。测试题四可以用"你的汉字写得真漂亮"等，约有一半的本族被试选用该句式。

使用率上，二语者总体来说还是重动句的使用率高于前受事句，与本族被试相反。说明目的语典型顺序对二语者的影响是很大的。日韩被试两种句式的使用率均高于非日韩被试，说明不同母语背景的学习者受目的语典型顺序的影响有差异，但差异的原因尚不清楚。这些结果与自然语料是一致的。日韩被试在被暗示使用前受事句的测试题三中,使用该句式也不显著,只有到了强制性使用前受事句的测试四时,其使用率才明显超过重动句。这说明母语的影响力会因目的语典型顺序的强势作用而有所减弱。非日韩被试测试题二和三的前受事句使用率均为0,与自然语料一致,说明他们很不愿意使用该句式。即便是测试题四,该句式的使用率也不比重动句高多少,与日韩被试差别甚大,这说明母语的迁移作用不可忽视。

正确率上,日韩被试重动句比前受事句正确率低,因为重动句对于他们要经历动宾移位、添加动词两个程序。非日韩被试则重动句的正确率略高于前受事句,说明两种句式对于他们都有难度,似乎要经历移位的前受事句比要添加动词的重动句更难。两组二语被试之间重动句正确率的差异不明显,而前受事句日韩被试高于非日韩被试。这也是母语迁移在起作用。

(四)不同阶段学习者的不同情况

我们从每次测试的各个学时等级的被试中各抽取样本30个,并尽量把日、韩、印尼、越南的样本数量控制到大致相等,四个等级的样本共120个,把统计结果绘成表7-7。

表7-7 测试中不同等级学习者两种句式的使用率与正确率

题目	等级	使用句数与频率(%)		正确句数与正确率(%)	
		A式	B式	A式	B式
测试题一	初二	12/40	0/0	10/83	0/0
	中一	7/23	3/10	3/43	3/100
	中二	12/40	1/3	7/58	1/100
	高一	15/50	0/0	15/100	0/0
	合计	46/38	4/3	35/76	4/100

(续表)

题目	等级	使用句数与频率（%）		正确句数与正确率（%）	
		A式	B式	A式	B式
测试题二	初二	10/33	3/10	6/60	2/67
	中一	19/63	1/3	15/79	1/100
	中二	16/53	2/7	15/94	2/100
	高一	18/60	3/10	17/94	3/100
	合计	63/52	9/8	53/84	8/89
测试题三	初二	5/17	4/13	4/80	3/75
	中一	5/17	1/3	3/60	1/100
	中二	7/23	2/7	5/71	1/50
	高一	2/7	5/17	1/50	5/100
	合计	19/16	12/10	13/68	10/83
测试题四	初二	7/23	6/20	6/86	4/67
	中一	7/23	10/33	3/43	7/70
	中二	6/20	14/47	6/100	9/64
	高一	5/17	14/47	3/60	14/100
	合计	25/21	44/37	18/72	36/82
总体情况	初二	34/28	13/11	26/76	9/69
	中一	38/32	15/12	24/63	12/80
	中二	41/34	19/16	35/85	13/68
	高一	40/34	22/19	36/90	22/100
	合计	153/32	69/15	119/78	58/84

初级二的被试四个测试题都是重动句的使用率高，即便是明确要求不能改变词语顺序的测试题四，仍有7位（23%）被试选用重动句式。还有7位被试不按题目要求的语序，选用"你写得（的）汉字很漂亮"，说明这些被试有可能刻意回避使用前受事句。

因为初级学习者熟悉的句式有限，选择句式的面较窄。

中级一和中级二的被试都只有测试题四前受事句使用率高于重动句，其他都是重动句高。说明这阶段的被试对前受事句仍缺乏认识，很少主动使用。估计这与前受事句的句法限制较大有关。例如当施事受事都是生物体、补语语义指向施事、句子主语后出现"已经""早就""马上""连忙""赶紧""从来"等副词时，不能使用前受事句。例如：

（10）*爸爸孩子骂得很少。

（11）*妈妈衣服洗得很累。

学习者大概也知道前受事句限制多，在不能肯定是否能用该句式时，就用他们认为比较保险的重动句或其他句式。

测试题四选择重动句的比例与其学时等级基本上成反比，学时越长，选用重动句比例越小；而前受事句的使用情况则相反，初级学习者使用的最少，到了中二和高级，使用率虽尚未能与中国被试持平，但已逐步接近。进一步说明随着学习者二语水平的提高，他们逐步了解前受事句的句法限制，前受事句使用率逐渐上升。高级阶段的被试，测试三也是前受事句使用率高于重动句，与本族被试一致，说明这个阶段开始进入前受事句的熟练期。

从总体情况来看，前受事句的使用率与学时等级正相关，学时越长，该句式的使用率越高，但是增长幅度不明显，且与本族被试的总体使用率相比差距仍然很大。二语者重动句的总使用率比前受事句高，与本族被试相反（参看上文表7-6）。而从正确率来看，重动句比较有规律，中一是低谷阶段，其他阶段都是稳步上升。前受事句的正确率则波动较大，初级和中二较低，中一和高级则较高。

三 影响两种句式习得的因素

（一）语际迁移

自然语料和测试都表明，在习得前受事句时，日韩学生有明显优势。这显然是母语 SOV 语序在起作用。在测试中，非日韩学生使用 C 式（"小王打篮球很棒"）的比率远远高于日韩学生，这跟学生母语中存在类似 C 的句式有关。请对比：

(12) 中国语：小王打篮球很棒。
印尼语：Xiao Wang bermain basket sangat hebat
词　译：小王　　　打　　篮球　很　　棒
越南语：TiÓu V˘ng　chơi　bóng rẻ　rÊt giỏi
词　译：小王　　　打　　篮球　很　　棒

非日韩被试受母语影响，会更多地使用 C 式。而日语、韩语都不存在跟 C 式对应的句式（日语、韩语的动词需要转换成名词性词语或添加形式名词后方可做主语），日韩学生选用 C 式的自然就少很多。我们三次测试共产出 C 式 82 句，其中日韩被试产出率是 8.5%；非日韩被试产出率是 14.2%。对于非日韩学生来说，C 式使用条件比 B 式限制少，因此更倾向于使用 C 式而回避 B 式。

（二）目的语典型顺序的作用

动词谓语句大多是由基本句法和语义结构"施事＋动作＋受事／结果"派生或演化出来的。"施事＋动作＋受事／结果"是人认识事件或活动的理想化模型①，凡是违背这一过程的，在语法上就体现为种种有标记句式。②汉语语序通常被认为是SVO型，重动句与汉语典型顺序大体一致，可以认为是SVO的一种变式。其结构虽然复杂，但是由于跟汉语典型顺序大体一致，选用重动句的学习者要比选用前受事句的学习者多。即使是日韩学习者，选用前受事句的比例也不算很高，说明目的语典型顺序起强势作用，母语影响会被这种强势作用削弱。

（三）教材编排的影响

被试使用重动句比前受事句多，与教材的编排也有关系。很多对外汉语教材都比较重视重动句的教学，而前受事句一般不会作为重要语法点出现。我们考察了五套在国内影响较大的初级读写教材，③除了《初级汉语课本》以外，其他教材都把重动句作为重要句式列举出来并配有大量练习。前受事句的练习除了《汉语教程》比较多之外，其他教材几乎没有。三套教材在语言点中出现了前受事句的例句，但只有《实用汉语课本》提到该句式的使用条件，这是为了强调宾语或者当宾语比较复杂时，可以将宾语提到动词或主语的前边。这显然过于简略且十分笼统，加上没

---

① Croft (1991)，转引自沈家煊《不对称和标记论》，江西教育出版社1999年版。

② 王永德《外国留学生习得汉语句子的比较研究》，安徽大学出版社2004年版。

③ 这五套教材分别为：李德津、李更新主编《现代汉语教程·读写课本》（第二册），北京语言学院出版社1989年版；杨寄洲主编《汉语教程·第一册》（下），北京语言学院出版社1999年版；刘珣、邓恩明、刘社会编著《实用汉语课本》（第一册），商务印书馆1988年版；李晓琪主编《博雅汉语·初级起步篇》Ⅰ，北京大学出版社2004年版；鲁健骥主编《初级汉语课本》，北京语言学院出版社2003年版。

有相应的练习可以使学习者真正了解该句式的使用环境。因此，学习者即使知道汉语有前受事句这种句式，也不知道该如何使用。

现有的教材比较偏重于重动句的教学而忽略前受事句的教学，是因为重动句可作为一个意义完整的单句出现，而前受事句在本族人的自然语料里虽然与重动句的出现率相差不大，但是它通常需要依赖一定的语境，语用条件限制较多，教学中也难以把这些条件讲清讲透。因此课堂上操练得最多的是典型顺序句——重动句。学习者接触多了，使用也就多一些，这在一定程度上也削弱了母语的影响力。

第三节 越南语母语者汉语趋向补语习得顺序研究[①]

目前，关于越南学生汉语趋向补语习得的研究主要有杨春雍、白克宁、段芳草和田静的硕士学位论文。[②] 段芳草和田静主要分析的是越南留学生习得汉语趋向补语的偏误类型、偏误原因，没有涉及习得顺序；白克宁在对中介语语料的偏误分析和问卷调查

---

① 本节作者：齐春红，原载《云南师范大学学报》（对外汉语教学与研究版）2014 年第 4 期。

② 杨春雍《越南学生汉语补语习得偏误分析》，云南师范大学 2005 年硕士学位论文；白克宁《越南留学生汉语趋向补语习得研究》，广西民族大学 2007 年硕士学位论文；段芳草《初中级越南学生汉语复合趋向补语习得研究》，华东师范大学 2011 年硕士学位论文；田静《高级阶段越南留学生趋向补语习得偏误研究》，华中师范大学 2011 年硕士学位论文。

的基础上总结出了越南留学生习得趋向补语的顺序,^① 不过他归纳的这个习得顺序是按趋向补语的 10 个子项目在初中高 3 个阶段的平均正确率来定的,这样归纳出来的习得顺序不能全面反映越南留学生习得汉语趋向补语的客观情况,因为习得顺序并不等于习得正确率顺序。

从前人关于汉语趋向补语习得顺序的研究来看,因习得标准不同,得出的习得顺序也不同。关于习得标准,学界最初一般根据准确率来界定,^② 然而准确率只反映了某一个横向阶段该语法项目的习得情况,并且语言的习得受多种因素的影响,习得情况在下一个阶段往往还会波动,此外,由于学生回避使用比较难的语法项目,即使某个语法项目的习得准确率高,也并不代表该项目在该阶段就已经习得了。本节的习得标准从四个方面来衡量:一是准确率是否达到 80%^③;二是使用频率是否达到汉语母语者的使用标准;三是使用频率和准确率在下一个阶段是否出现下滑;四是结合偏误类型考察"不该用的时候也用了"(过度泛化)的情况,分析这种情况产生的原因,权衡这种情况对习得顺序的影响。如果某个语法项目的使用频率达到或超过了汉语母语者的使用频率,习得准确率又达到了 80%,并且到了下一个阶段使用频

---

① 白克宁《越南留学生汉语趋向补语习得研究》,广西民族大学 2007 年硕士学位论文。

② Dulay, H. C. & Burt, M. K. Natural Sequences in Child Second Language Acquisition. *Language Learning*, 2010(24).

③ 习得标准一直是个很有争议的问题,Brown, R.(1973)把强制语境中连续三次样本的通过率达到 90% 或以上作为习得标准,后人大多接受这一标准或稍做调整,比如将具体的习得标准定为 80% 甚至 60%。因此我们的标准基本定在达到 80%。

率和习得准确率没有出现下滑，我们就判定该项目在该阶段已经习得了。

一 越南语母语者汉语趋向补语习得顺序

我们对越南语母语者汉语趋向补语习得顺序的研究是通过对初中高三个阶段汉语中介语语料库的定量统计来实施的。我们的作文语料来源如下：高级来自北京语言大学 HSK 动态作文语料库中 HSK 考试分数在 60 分以上的越南学生作文语料和云南师范大学取得高级证书的越南学生作文语料，共计 1.48 万字；中级来自云南师范大学取得中级证书的越南留学生作文语料 10.2 万字；初级来自云南师范大学初级水平的越南留学生学生作文语料 15.8 万字，三阶段共计 27.5 万字。我们沿用肖奚强、周文华的做法把汉语趋向补语分为以下 14 个句式：Ⅰa：主＋动＋简单趋向动词（本义），Ⅰb：主＋动＋简单趋向动词（引申义），Ⅱa：主＋动＋宾语＋简单趋向动词（本义），Ⅱb：主＋动＋宾语＋简单趋向动词（引申义），Ⅲa：主＋动＋简单趋向动词＋宾语（本义），Ⅲb：主＋动＋简单趋向动词＋宾语（引申义），Ⅳa：主＋动＋复合趋向动词（本义），Ⅳb：主＋动＋复合趋向动词（引申义），Ⅴa：主＋动＋宾语＋复合趋向动词（本义），Ⅴb：主＋动＋宾语＋复合趋向动词（引申义），Ⅵa：主＋动＋趋向动词$_1$＋宾语＋趋向动词$_2$（本义），Ⅵb：主＋动＋趋向动词$_1$＋宾语＋趋向动词$_2$（引申义），Ⅶa：主＋动＋复合趋向动词＋宾语（本义），Ⅶb：主＋动＋复合趋向动词＋宾语

（引申义）。①

基于对中介语语料库的统计，我们把越南学生汉语趋向补语各句式的使用情况制成以下 3 个表格：

表 7-8　越南语母语者初级阶段汉语趋向补语使用情况统计表

句式	越南学生使用情况				汉语母语者使用频率	越南学生和汉语母语者使用频率之差	外国学生使用频次
	使用频次	使用频率	错误频次	正确频率（%）			
句式Ⅰa	121	7.67	5	95.87	2.7005	4.9695	2.2
句式Ⅰb	105	6.653	18	82.9	0.7595	5.8935	0.067
句式Ⅱa	18	1.14	0	100	0.4375	0.7025	2.4
句式Ⅱb	3	0.1901	2	33.3	0.006	0.1841	0
句式Ⅲa	172	10.898	12	93.02	1.1615	9.7365	2.233
句式Ⅲb	574	36.368	24	95.8	4.1495	32.2185	0.533
句式Ⅳa	51	3.231	1	98.04	3.265	−0.034	1.367
句式Ⅳb	84	5.322	3	96.4	10.594	−5.272	2.4
句式Ⅴa	2	0.1267	1	50	0.063	0.0637	0.033
句式Ⅴb	1	0.06336	1	0	0.026	0.03736	0.033
句式Ⅵa	6	0.3802	0	100	1.4845	−1.1043	0.133
句式Ⅵb	0	0	0	0	0.957	−0.957	0.2
句式Ⅶa	2	0.19	1	50	0.0285	0.1615	0.033
句式Ⅶb	4	0.2534	1	75	0.011	0.2424	0.467

---

① 肖奚强、周文华《外国学生汉语趋向补语句习得研究》，《汉语学习》2009 年第 1 期。

表7-9 越南语母语者中级阶段汉语趋向补语使用情况统计表

句式	越南学生使用情况				汉语母语者使用频率	越南学生和汉语母语者使用频率之差	外国学生使用频次
	使用频次	使用频率	错误频次	正确率（%）			
句式Ⅰa	41	4.03	0	100	2.7005	1.3295	3
句式Ⅰb	83	8.17	7	91.6	0.7595	7.4105	0.533
句式Ⅱa	2	0.197	0	100	0.4375	−0.2405	0.9
句式Ⅱb	3	0.295	1	66.7	0.006	0.289	0
句式Ⅲa	69	6.79	5	92.75	1.1615	5.6285	6.567
句式Ⅲb	465	45.75	18	96.1	4.1495	41.6005	3.567
句式Ⅳa	7	0.689	0	100	3.265	−2.576	1.167
句式Ⅳb	78	7.673	6	92.3	10.594	−2.921	6.433
句式Ⅴa	2	0.197	1	50	0.063	0.134	0
句式Ⅴb	0	0	0	0	0.026	−0.026	0.6
句式Ⅵa	3	0.295	0	100	1.4845	−1.1895	0.4
句式Ⅵb	1	0.197	0	100	0.957	−0.76	0.2
句式Ⅶa	0	0	0	0	0.0285	−0.0285	0.033
句式Ⅶb	2	0.098	2	0	0.011	0.087	0.9

表7-10 越南语母语者高级阶段汉语趋向补语使用情况统计表

句式	越南学生使用情况				汉语母语者使用频率	越南学生和汉语母语者使用频率之差	外国学生使用频次
	使用频次	使用频率	错误频次	正确率（%）			
句式Ⅰa	0	0	0	0	2.7005	−2.7005	6.867
句式Ⅰb	3	2.027	0	100	0.7595	1.2675	0.933
句式Ⅱa	0	0	0	0	0.4375	−0.4375	1.433
句式Ⅱb	2	1.351	0	100	0.006	1.345	0
句式Ⅲa	8	5.405	1	87.5	1.1615	4.2435	6.833

(续表)

句式	越南学生使用情况				汉语母语者使用频率	越南学生和汉语母语者使用频率之差	外国学生使用频次
	使用频次	使用频率	错误频次	正确率(%)			
句式Ⅲb	145	14.265	10	93.1	4.1495	10.1155	4.9
句式Ⅳa	0	0	0	0	3.265	−3.265	2.733
句式Ⅳb	16	10.811	0	100	10.594	0.217	9.433
句式Ⅴa	0	0	0	0	0.063	−0.063	0.067
句式Ⅴb	0	0	0	0	0.026	−0.026	0.033
句式Ⅵa	1	0.676	0	100	1.4845	−0.8085	0.333
句式Ⅵb	0	0	0	0	0.957	−0.957	0.733
句式Ⅶa	0	0	0	0	0.0285	−0.0285	0.1
句式Ⅶb	0	0	0	0	0.011	−0.011	1.067

附注：表 7-8 到表 7-10 的使用频次是指相应句式在该阶段中介语语料中出现的总次数，使用频率＝使用频次/该阶段的总字数，表中出现的使用频率的数据单位都是万分位的；正确率＝每个句式正确的频次/总的使用频次×%；在这三个表格中，初中高三级外国学生使用频率的数据来自肖奚强、周文华的论文。[①] 汉语母语者使用频率来自我们对国家语委 2000 万字现代汉语语料库的统计。

Goldschneider 和 Dekeyser 指出一个给定变量的高程度预测效度在很大程度上是由于其与另一变量的相关度高，[②] 为此我们分析了初中高三个阶段各句式的相关性，结果如下：句式Ⅰa 和句式Ⅱa、Ⅲa、Ⅲb、Ⅳa、Ⅴa 均高度相关，除和Ⅳa（双侧检验，

---

① 肖奚强、周文华《外国学生汉语趋向补语句习得研究》，《汉语学习》2009 年第 1 期。

② Goldschneider, J. M. & Dekeyser, R. M. Explaining the "Natural Order of L2 Morpheme Acquisition" in English: A Meta-analysis of Multiple Determinants. *Language Learning*, 2010(51).

$p<0.05$）相关系数为1外，和其他句式的相关系数都是99.9%（双侧检验，$p<0.05$）；句式Ⅰb和句式Ⅱb相关，相关系数为1（双侧检验，$p<0.05$）；句式Ⅶa、Ⅶb高度相关，相关系数为1（双侧检验，$p<0.01$）。句式Ⅳb、Ⅴb、Ⅵa、Ⅵb未检测出与其他句式的准确率相关，这说明这几个句式的习得数据带有一定的偶然性。通过相关分析，我们可以看到我们的统计数据有很强的说服力。

从表7-8到表7-10可以看到，初级阶段Ⅰa、Ⅰb、Ⅱa、Ⅲa、Ⅲb、Ⅳa（使用频率和汉语母语者相差甚微）达到了习得标准，初级和中级阶段Ⅳb的习得准确率达到了习得标准，然而使用频率不足，到高级阶段Ⅳb才完全达到习得标准，因此Ⅳb的习得应该排在这些初级阶段就已经习得的语法项目的后面。同时，我们还可以看到Ⅲb是各个阶段习得准确率和使用频率都达到习得标准的句式，Ⅰa、Ⅱa、Ⅳa在初级阶段达到了习得标准，到了高级阶段没有出现用例，这应该是由于语料中语体限制的原因，因为我们调查的高级阶段语料多为议论性话题，议论性话题中趋向补语的本义使用率会低一些。鉴于Ⅰb的习得准确率在初级阶段排在Ⅰa、Ⅱa、Ⅲa、Ⅲb、Ⅳa的后面，我们把Ⅰb的习得排在Ⅰa、Ⅱa、Ⅲb、Ⅲa、Ⅳa的后面；鉴于Ⅳa的使用频率在初、中级阶段略嫌不足，因此把它排在Ⅰa、Ⅱa、Ⅲa、Ⅲb的后面；鉴于Ⅲa在初中级阶段达到习得标准后，到了高级阶段习得准确率下降，我们把Ⅲa的习得顺序排在Ⅰa、Ⅱa、Ⅲb的后面，鉴于Ⅱa在中级阶段使用频率呈现不足，我们把它排在Ⅰa和Ⅲb的后面。Ⅵa的习得准确率3个阶段都很高，但是使用频率一直不足，我们把它排在上述项目的后面；Ⅵb初级和高级都没有出现，中级阶段习得准确率达到了100%，然而使用频率不足，Ⅵb 初级阶段和高级阶段都没有出现，中级阶段只出现了两例，虽然正确率是 100%，我们把它排在Ⅵa 的后面。中介语语料库中Ⅱb、Ⅴa、Ⅴb、Ⅶa、Ⅶb 这 5 个句式的使用频率都极低，使用正确率带有极大的偶然性，比如，Ⅱb 高级阶段出现了 2 次，正确率是 100%，仅就依据这两个正确用例确定Ⅱb 已经习得不能让人信服；再从汉语母语者的使用频率上来看，Ⅱb、Ⅴa、Ⅴb、Ⅶa、Ⅶb 的使用频率都在万分之 0.1 以下，使用频率低也应该是《汉语水平等级标准和语法等级大纲》没有把这几个句式列入留学生应习得的语法项目的原因。此外Ⅴa、Ⅴb、Ⅶa、Ⅶb 的使用准确率也未达到习得标准；因此我们把他们列在习得序列的最后面。

总之，综合越南学生在三个阶段趋向补语各句式的习得情况，我们得出以下习得顺序：

Ⅰa ＞ Ⅲb ＞ Ⅱa ＞ Ⅲa ＞ Ⅳa ＞ Ⅰb ＞ Ⅳb ＞ Ⅵa ＞ Ⅵb ＞ Ⅱb、Ⅴa、Ⅴb、Ⅶa、Ⅶb

我们根据三个阶段的习得准确率，用蕴含量表进行排序，借此验证我们通过上述分析得到的习得顺序。

表 7-11　语料库蕴含量表（以 80% 为标准的二维量表）

容易←────────────────────────────→难

	Ⅰb	Ⅲa	Ⅲb	Ⅳb	Ⅵa	Ⅰa	Ⅱa	Ⅳa	Ⅵb	Ⅱb	Ⅴa	Ⅴb	Ⅶa	Ⅶb
初级	1	1	1	1	1	1	1	1	0	0	0	0	0	0
中级	1	1	1	1	1	1	1	1	1	0	0	0	0	0
高级	1	1	1	1	0*	0*	0*	0*	1	1	0	0	0	0
正确	3	3	3	3	3	2	2	2	1	1	0	0	0	0
错误	0	0	0	0	0	1	2	0	2	2	0	0	0	0

这样我们得到趋向补语各句式的 4 个难度等级：

a. Ⅰb、Ⅲa、Ⅲb、Ⅳb、Ⅵa
b. Ⅰa、Ⅱa、Ⅳa
c. Ⅵb、Ⅱb
d. Ⅴa、Ⅴb、Ⅶa、Ⅶb

该量表的伽特曼再生系数为 90.5% > 90%，证明该量表的难度预测是有效的。我们前文已经分析过Ⅰa、Ⅱa、Ⅳa到高级没有出现是由于语料数量不足和语体限制的原因，因此，这三个项目可以调到第一阶段，看作和它们一样难度的语法项目。Ⅵa虽然三个阶段准确率都很高，但三个阶段Ⅵa使用的只有"到……来""到……去""出……去""进……来""进……去""回……去"6个趋向补语，且使用频率都不足，因此Ⅵa的排序我们把它调到蕴含量表中 a 和 b 两个难度等级的后面，这样，越南学生习得汉语趋向补语的排序是：

Ⅰa、Ⅱa、Ⅳa、Ⅰb、Ⅲa、Ⅲb、Ⅳb > Ⅵa > Ⅵb、Ⅱb > Ⅴa、Ⅴb、Ⅶa、Ⅶb

这个顺序和我们前面的分析基本上是一致的。这说明我们得到的越南母语者趋向补语的习得顺序是合理的，有科学依据的。

二 越南语母语者趋向补语习得顺序与目前已有研究结论的对比

关于趋向补语习得顺序的研究，李建成、汪翔和农友安做了较为详尽的述评。① 李建成重点分析了目前关于趋向补语习得顺序研究存在的不足，例如语料不系统、不全面，考察的语法项目不统一，习得标准不够科学，缺乏纵向、动态研究等。我们在此对钱旭菁、杨德峰、陈晨和肖奚强等所得出的结论进行比较，找出异同，分析差异存在的原因，我们在分析时把他们的研究结论转换成我们对趋向补语下位句式的分类，以便进行排序比较。②

最早对趋向补语习得顺序进行研究的是钱旭菁，对日本留学生习得汉语趋向补语习得顺序进行了研究，在 10 万字中介语语料和 150 份调查问卷的基础上考察了以下 16 项语法项目，并得出了以下习得顺序：

Ⅰa、Ⅰb＞Ⅳa、Ⅳb＞Ⅲb＞"起来"表示开始＞Ⅱa、Ⅴa＞Ⅶb＞"出来"表示暴露＞Ⅱa、Ⅴa＞"下去"表示继续＞"起来"表示评价＞"过来"表示恢复＞"过去"表示失去＞"下来"表示开始＞"起来"引申带宾语＞"起来"表示集中

钱旭菁还指出日本学生最难习得的是"动词＋处所宾语＋趋

---

① 李建成《趋向补语第二语言习得研究回顾》，《南宁师范高等专科学校学报》2009 年第 3 期；汪翔、农友安《近五年外国学生汉语趋向补语习得研究述评》，《广西教育学院学报》2011 年第 2 期。

② 钱旭菁《日本留学生汉语趋向补语的习得顺序》，《世界汉语教学》1997 年第 1 期；杨德峰《英语母语学习者趋向补语的习得顺序——基于汉语中介语语料库的研究》，《世界汉语教学》2003 年第 2 期；杨德峰《朝鲜语母语学习者趋向补语习得情况分析——基于汉语中介语语料库的研究》，《暨南大学华文学院学报》2003 年第 4 期；杨德峰《日语母语学习者趋向补语习得情况分析——基于汉语中介语语料库的研究》，《暨南大学华文学院学报》2004 年第 3 期；陈晨、李秋杨《汉泰语音对比研究与语音偏误标记分析》，《暨南大学华文学院学报》2007 年第 4 期。

向补语",主要原因是这个结构和日语里的对应表达的差异大。①对于这个习得顺序,她也做了简单的归纳,即留学生先习得Ⅰa、Ⅰb和Ⅳa、Ⅳb,后习得动词带宾语的简单趋向补语和复合趋向补语;先习得"起来"不带宾语的引申用法(Ⅳb),后习得"起来"带宾语的引申用法(Ⅴb、Ⅵb、Ⅶb)。

杨德峰在北京语言大学中介语语料库的基础上对日语母语学习者汉语趋向补语的习得顺序进行了进一步考察,他指出钱旭菁的习得顺序"表示本义的趋向补语的习得顺序基本上都在表示引申意义的趋向补语的前面"有失偏颇,他着重指出他和钱的差异有两点,一是表示引申意义的"动词+趋$_1$+宾语+趋$_2$(Ⅵb)"要比"动词+趋$_1$+宾语+趋$_2$(Ⅵa)"先习得,二是"动词+简单趋向补语(引申义)"带宾语(Ⅲb、Ⅱb)要比"动词+简单趋向补语(本义)"带宾语(Ⅲa、Ⅱa)先习得。② 其实,深究起来,从上面它们各自得到的习得顺序可以看出在第二点上杨德峰和钱旭菁的结论是一致的,只是第一点和钱旭菁先习得本义后习得引申义的观点不一致。

杨德峰首先在中介语语料库的基础上,考察了英语母语者习得汉语趋向补语10个语法项目的情况,构拟出了英语母语者的以下习得顺序:③

Ⅰa＞Ⅰb＞Ⅳa＞Ⅲb＞Ⅵa＞Ⅵb＞Ⅳb＞Ⅴb、Ⅶb＞

---

① 钱旭菁《日本留学生汉语趋向补语的习得顺序》,《世界汉语教学》1997年第1期。

② 杨德峰《日语母语学习者趋向补语习得情况分析——基于汉语中介语语料库的研究》,《暨南大学华文学院学报》2004年第3期。

③ 杨德峰《英语母语学习者趋向补语的习得顺序——基于汉语中介语语料库的研究》,《世界汉语教学》2003年第2期。

第三节 越南语母语者汉语趋向补语习得顺序研究

Ⅱa、Ⅲa＞Ⅴa、Ⅶa

Shuling Wu 在对英语母语者习得汉语趋向补语的实验设计的基础上,得出了他们习得汉语趋向补语的顺序,即:

Ⅰa、Ⅰb＞Ⅳa、Ⅳb＞Ⅲb＞Ⅱa、Ⅲa＞Ⅴb、Ⅵb、Ⅶb＞Ⅴa、Ⅵa、Ⅶa

杨德峰考察了朝鲜语母语者汉语趋向补语的习得,考察项目在以上提到的10个语法项目的基础上又增加了"到……来/去(本义)"和"动词+到……来/去(本义)"两个语法项目。① 根据习得正确率,杨德峰指出初级阶段已经基本习得的语法项目有"到……来/去(本义)""动词+简单趋向补语(本义)(Ⅰa)""动词+复合趋向动词(本义)(Ⅳa)""动词+趋$_1$+宾语+趋$_2$(本义、引申义)(Ⅵa、Ⅵb)",中级阶段基本掌握的语法项目是"动词+简单趋向补语(引申义)(Ⅰb)"。该文指出习得不稳定的语法项目是"动词+简单趋向补语(引申义)"带宾语(Ⅲb),到了中级阶段仍未掌握的语法项目是"动词+到……来/去(本义)"(Ⅵa)、"动词+简单趋向补语(本义)"带宾语(Ⅱa、Ⅲa)、"动词+复合趋向补语(引申义)(Ⅳb)"、"动词+复合趋向补语(本义)+宾语(Ⅴa、Ⅶa)和动词+复合趋向补语(引申义)+宾语(Ⅴb、Ⅶb)。这里有一个矛盾所在,即"动词+到……来/去(本义)"本身也是属于"动词+趋$_1$+宾语+趋$_2$(本义、引申义)(Ⅵa、Ⅵb)"的,Ⅵa、Ⅵb 初级阶段就已经习得了,而属于这一类的"动词+到……来/去(本义)"

---

① 杨德峰《朝鲜语母语学习者趋向补语习得情况分析——基于汉语中介语语料库的研究》,《暨南大学华文学院学报》2003年第4期。

却未习得,这种情况说明朝鲜语母语者使用Ⅵa、Ⅵb的范围是有限的,仅仅依靠准确率来确定习得顺序是不全面的。这一点李建成也提出了明确的质疑。① 李建成在对汉语母语者进行问卷调查的基础上,对问卷结果进行了蕴含量表分析和聚类分析,他指出他的研究结论和杨德峰最大的不同在 "动词+趋$_1$+宾语+趋$_2$(本义、引申义)(Ⅵa、Ⅵb)" 的习得上,Ⅵa、Ⅵb的习得应该在韩语母语者习得汉语的最后阶段而不是第一阶段,我们认为他的分析是中肯的,有科学依据的。②

陈晨、李秋杨在偏误分析的基础上归纳了泰国学生习得汉语趋向补语的一般规律,即在结构形式方面,不带宾语的简单趋向补语(Ⅰa、Ⅰb)习得难度最小,依次是不带宾语的复合趋向补语(Ⅳa、Ⅳb)、带一般宾语的简单趋向补语(Ⅲb)、带处所宾语的简单趋向补语(Ⅱa、Ⅲa)、带一般宾语的复合趋向补语(Ⅴb、Ⅵb、Ⅶb),带处所宾语的复合趋向补语(Ⅴa、Ⅵa、Ⅶa)的习得难度最大,在语义方面,基本义的习得难度最小,引申义的习得难度较大。③

纵观以上建立在对留学生使用汉语准确率上的习得结果,他们也有明显一致的地方,就是先习得Ⅰa、Ⅳa、Ⅰb、Ⅲb,再习得Ⅱa、Ⅲa,然后再习得其他语法项目。

肖奚强、周文华基于对90万字的中介语语料库和汉语母语

---

① 李建成《趋向补语第二语言习得研究回顾》,《南宁师范高等专科学校学报》2009年第3期。

② 李建成《韩国留学生汉语趋向补语习得过程中的言语加工策略研究》,北京语言大学2007年硕士学位论文。

③ 陈晨、李秋杨《汉泰语语音对比研究与语音偏误标记分析》,《暨南大学华文学院学报》2007年第4期。

者语料库中的趋向补语使用情况的统计，综合外国学生汉语趋向补语14种下位句式的使用频率和正确率，得出了外国学生汉语趋向补语句的习得顺序为：①

Ⅲa＞Ⅰa＞Ⅳb＞Ⅲb＞Ⅳa＞Ⅰb＞Ⅴa＞Ⅵa＞Ⅶb＞Ⅱa＞Ⅵb＞Ⅴb＞Ⅶa＞Ⅱb

这个习得顺序和前面众多专家的研究不一致，有一些属于研究上的失误，比如，仅仅依据Ⅳb的使用频率高于Ⅲb，就把Ⅳb的习得顺序调在Ⅲb前面不合适，理由是：从肖奚强、周文华的统计数据我们可以看到，外国学生Ⅲb和Ⅳb的使用频率和母语使用者相比均不足，Ⅲb相差万分之1.867，Ⅳb却相差万分之2.089，相差得更多；再从外国留学生使用正确率上看Ⅲb是93.3%，而Ⅳb是89.6%，明显比Ⅲb低；② 因此，无论从使用频率还是从正确率上来看，都没有根据把Ⅳb的习得排在Ⅲb的前面。再参看《汉语水平等级标准和语法等级大纲》，Ⅲb属于乙级语法项目，而Ⅳb属于乙级和丙级语法项目，这种调整确实有待于实践检验。此外，除了人为的原因外，还有一个原因就是肖奚强、周文华的中介语语料没有分国别。

我们得出的越南学生习得汉语趋向补语的顺序是：

Ⅰa＞Ⅲb＞Ⅱa＞Ⅲa＞Ⅳa＞Ⅰb＞Ⅳb＞Ⅵa＞Ⅵb＞Ⅱb、Ⅴa、Ⅴb、Ⅶa、Ⅶb

我们把得出的越南语母语者趋向补语的习得顺序和前贤的研究进行对比，发现主要的不同是Ⅱa和Ⅲa的排序提前。

---

① 肖奚强、周文华《外国学生汉语趋向补语句习得研究》，《汉语学习》2009年第1期。

② 同上。

Ⅲa 和 Ⅱa 的习得顺序应该和母语的影响有关。从钱旭菁的研究来看，对于日语母语者来说"动词＋处所宾语＋趋向补语（Ⅱa）"是学习的难点，是由于日语和汉语的差异过大。[①] 为什么越南学生习得汉语Ⅲa 的顺序提前呢？我们还得深究一下越南语与汉语趋向补语类型的差异。越南语里没有复合趋向补语，只有简单趋向补语，趋向补语和汉语的语序规则差别不大，当不带宾语时，越南语和汉语简单趋向补语的结构语序都为：动词＋简单趋向补语；当带宾语时，越南语趋向补语结构类型主要跟所带宾语性质有关，当宾语为一般宾语时，语序为"动词＋简单趋向补语＋一般宾语"或"动词＋一般宾语＋简单趋向补语"，如果宾语为处所词的话，则只有一种语序，即"动词＋简单趋向补语＋处所宾语"。越南语里没有复合趋向补语，因此补语和宾语的语序相对简单，带一般宾语时有两种语序，在学习汉语里带处所宾语的趋向补语时，把汉语趋向补语语序"动词＋趋向动词＋处所宾语（Ⅲa）"和"动词＋处所宾语＋来/去（Ⅱa）"像母语里带一般宾语的趋向补语的语序一样分开来记就可以了，因此对越南学生来说Ⅲa 和 Ⅱa 相对容易一些，习得顺序提前。可见越南语母语者Ⅲa 和 Ⅱa 的习得和日语母语者一样，是受母语影响的。

[①] 钱旭菁《日本留学生汉语趋向补语的习得顺序》，《世界汉语教学》1997 年第 1 期。

三 余论

越南学生汉语趋向补语的习得基本上遵循着句式上由简单到复杂，语义上由基本义到引申义的大致顺序，然而决定趋向补语习得顺序的因素很多，包括各构成成分的"累积复杂性"、母语对该项目的迁移以及学习者对语言的认知等情况。[1] 以Ⅲb和Ⅲa的习得为例，Ⅲa是基本义，Ⅲb是引申义，然而Ⅲb是类型学上的无标记形式。根据 Talmy，无论是动词框架语言还是卫星框架语言，只要它是 SVO 语序，它对运动事件的表达方式都是"动词+路径/方式+宾语"的形式，即Ⅲa或Ⅲb的表达形式，因此Ⅲa或Ⅲb相对于其他带宾语的表达式Ⅱa等是无标记的表达形式。[2] 在汉语里跟Ⅲb相比，Ⅲa是有标记的，因为汉语里的Ⅲa句式（V+趋向动词+处所宾语）里的趋向动词是有限制的，不可以是"来""去"，Ⅲb句式对动词后的趋向动词却没有特别的要求。因此Ⅲb相对于Ⅲa来说是无标记的，从累积复杂性上来看虽然Ⅲa是趋向补语本义，Ⅲb是趋向补语引申义，但Ⅲa的形式更为复杂，从而变成比Ⅲb更难习得的形式。语言里无标记形式比有标记形式更简单，因此使用频率也更高，国家语委 2000 万字现代汉语语料库中Ⅲb的使用频率是万分之 4.1495，而Ⅲa的使用频率是万分之 1.1615，使用频率更高的Ⅲb相对于Ⅲa来

---

[1] Mellow, J. D. & Stanley, K.（2002）把两个很有名的概念"累积复杂性"（cumulative complexity）"和"竞争"整合到对习得顺序成因的解释中来，他们指出相关符号或结构网络是根据其构成成分的特点以某种特定的顺序被习得的，构成成分的特点包括形式成分和功能成分的聚合复杂加工性能，累积的顺序是从形式成分和功能成分的在各个符号网络中的相互作用的过程中产生的。

[2] Talmy, L. *Toward a Cognitive Semantis*. The MIT Press, 2000.

说是无标记的形式,因此也是形式上较为简单的形式,这一点也可以证明Ⅲa的累积复杂性高于Ⅲb。从认知上看,Ⅲa句式是趋向补语的本义,然而越南语里的Ⅲa要对应于汉语里的Ⅲa和Ⅱa两种句式,根据普拉特(Prator, C.)由零迁移、正迁移和负迁移的概念出发,制订的"难度等级模式"架构,Ⅲa属于五级语言项(母语的一个语言项对应目的语的两个或多个语言项,属于对比等级6级,难度等级5级),这个Ⅲa是最难习得的语言项目,而越南学生却在初级阶段就轻松地习得了Ⅲa,这说明一个语法项目的习得虽然和母语的影响有关,但更和习得者对这个项目的难易度的认知有关,学生能轻松地把Ⅲa和Ⅱa区别开来,这两个项目也就不难了。[1]

通过我们的研究和前贤研究的对比可以看到,虽然研究方法不尽相同,但所得出的规律仍旧体现出某种共性,这说明趋向补语的习得确实遵循着一个大致相似的习得顺序,然而母语的迁移在某种程度上影响着某些语法项目的习得,如Ⅲa和Ⅱa的习得就因母语的影响而呈现出习得序列上的提前或退后。

---

[1] Ellis, R. *Understanding Second Language Acquisition*. Shanghai Foreign Language Education Press, 1999.

图书在版编目(CIP)数据

汉语第二语言学习者语言系统研究/王建勤主编.—北京:商务印书馆,2019
(商务馆对外汉语教学专题研究书系.第二辑)
ISBN 978-7-100-17931-7

Ⅰ.①汉… Ⅱ.①王… Ⅲ.①汉语—对外汉语教学—教学研究 Ⅳ.①H195.3

中国版本图书馆 CIP 数据核字(2019)第 252812 号

权利保留,侵权必究。

汉语第二语言学习者语言系统研究
王建勤 主编

商 务 印 书 馆 出 版
(北京王府井大街 36 号 邮政编码 100710)
商 务 印 书 馆 发 行
北京新华印刷有限公司印刷
ISBN 978-7-100-17931-7

2019 年 12 月第 1 版　　开本 880×1230　1/32
2019 年 12 月北京第 1 次印刷　印张 14
定价:45.00 元